NEUKIRCHENER

# Wissenschaftliche Monographien zum Alten und Neuen Testament

Begründet von
Günther Bornkamm und Gerhard von Rad

Herausgegeben von
Cilliers Breytenbach, Bernd Janowski,
Reinhard G. Kratz und Hermann Lichtenberger

126. Band
Andreas Reinert
Die Salomofiktion

Neukirchener Verlag

Andreas Reinert

# Die Salomofiktion

## Studien zu Struktur und Komposition des Koheletbuches

2010

Neukirchener Verlag

Neukirchener Verlag
Neukirchener Verlagsgesellschaft mbH, Neukirchen-Vluyn

Umschlaggestaltung: Kurt Wolff, Düsseldorf
Satz und Druckvorlage: Andreas Reinert
Gesamtherstellung: Hubert & Co., Göttingen
Printed in Germany
ISBN 978-3-7887-2380-4
ISSN 0512-1582



Bibliografische Information der Deutschen Nationalbibliothek

Die Deutsche Nationalbibliothek verzeichnet diese Publikation in der Deutschen Nationalbibliografie; detaillierte bibliografische Daten sind im Internet über http://dnb.d-nb.de abrufbar.

Dem Andenken meines Vaters

Karl Reinert
(1916-1991)

# Vorwort

Die Struktur und Komposition des Koheletbuches geben der Forschung schon lange Rätsel auf, ein sinnvoller Aufbau wurde häufig ganz abgelehnt. Sentenzen-, Reflexionen- und Topoitheorien wechselten sich mit literarkritischen, redaktionsgeschichtlichen und dispositorischen Theorien ab. In jüngerer Zeit sind einige Vorschläge gemacht worden, die sich an bestimmten Themen des Buches oder an der antiken literarischen Rhetorik orientieren. Ziel dieses Buches ist es, den Schlüssel zum Aufbau des Koheletbuches im hebräischen Text selbst zu finden und mit Hilfe einer Analyse von Leitworten eine Struktur zu eruieren, die über bloße Stichwortverbindungen, Lexemwiederholungen oder gelegentliche strukturbildende Signale hinausgreift. Dies soll an der sogenannten Salomofiktion exemplarisch gezeigt werden.
Diese Studie ist im Herbst 2005 fertiggestellt und im Sommersemester 2006 von der Evangelisch-Theologischen Fakultät der Eberhard-Karls-Universität Tübingen als Dissertation angenommen worden. Für den Druck wurde sie überarbeitet und gekürzt.

Viele Menschen haben die Entstehung dieser Arbeit mit guten Wünschen und großer Geduld begleitet. Neben meinen Freunden Wolfgang Vetter und Georg Leiberich möchte ich zunächst meinem Doktorvater, Herrn Prof. Dr. Bernd Janowski, herzlich danken. Er hat mich 1986 in einem Tübinger Seminar zur biblischen Anthropologie für die Schönheit des Alten Testaments begeistert und ist seit dieser Zeit ein treuer Begleiter meiner Forschungen geblieben, auch während der Vikars-, der Pfarrvikars und der Pfarrerszeit. Er war es auch, der es mir ermöglichte, im Graduiertenkolleg „Religion und Normativität" an der Universität Heidelberg meine theologischen Erfahrungen in einem interdisziplinären Dialog zu prüfen und zu vertiefen. Die vorliegende Studie ist, nach einer Untersuchung zur Gottebenbildlichkeit des Menschen und einer zu den Himmelsvorstellungen im Alten Orient und im Alten Testament bereits die dritte größere Arbeit, die ich bei ihm schreiben konnte. Die nun fast 25 Jahre des gemeinsamen Weges und die vielen Jahre in seinem Doktorandenkolloquium waren für mich wertvoll, mehr aber noch sein nicht enden wollender Zuspruch und seine immerwährende Geduld – auch auf manchen Umwegen.

Sein Credo, Forschung und Lehre immer zusammen zu halten war und ist für mich auch in meinem jetzigen Arbeitsfeld, der Schule, wichtig. Für die Erstellung des Erstgutachtens danke ich ihm herzlich, ebenso wie Herrn Prof. Dr. Heinz-Dieter Neef für das Zweitgutachten, dessen Hinweise mir auch zur Erstellung der Druckvorlage große Dienste geleistet haben. Herrn Janowski und Herrn Prof. Dr. Reinhard Gregor Kratz gilt Dank für die Aufnahme der Arbeit in die Reihe „Wissenschaftliche Monographien zum Alten und Neuen Testament“.
Nicht vergessen möchte ich den herzlichen Dank an Prof. Dr. Martin Klopfenstein, der mir in zwei Studienjahren in Bern die Liebe zum Buch Kohelet eröffnet hat und bei dem ich erste Schritte in diese Untersuchung hinein gegangen bin. Ferner möchte ich Herrn Prof. Dr. Hans-Jürgen Hermisson danken, der in den letzten Jahren meines Tübinger Studiums mit hilfreichen und weiterführenden Hinweisen zu Kohelet geholfen hat. Schließlich möchte ich mich sehr bedanken für die gute verlegerische Betreuung durch Herrn Dr. Volker Hampel vom Neukirchener Verlag, der mir für die Erstellung der Druckvorlage hilfreiche Tipps gab.

Vor allen anderen Menschen aber möchte ich meiner Frau danken, die die Wachstumsphasen nicht nur dieser Studie, sondern verschiedener Veröffentlichungen im religionspädagogischen Bereich mit liebevoller Geduld begleitet hat und noch begleitet. Sie weiß am besten, wie schwer es ist, neben den Alltagsgeschäften des Berufes das wissenschaftliche Arbeiten zu pflegen und wie hart es sein kann, Opfer an Zeit und Zuwendung zu bringen. Hätte mein Vater die Veröffentlichung dieser Schrift noch erleben können, wäre er sicher sehr stolz gewesen; ihm ist dieses Buch deshalb gewidmet.

Tübingen, im Dezember 2009 Andreas Reinert

# Inhalt

# Teil 1: Einführung

Die Forschungen am Koheletbuch, die in den vergangenen drei Jahrzehnten wieder stark zugenommen haben, sind kaum mehr zu überblicken[1]. Es ist jedoch nicht nur die große Zahl von neuen Untersuchungen, es ist vor allem die Ausdifferenzierung der Analysen zum Koheletbuch und einzelner Aspekte des Buches, die ein sehr hohes Niveau erreicht hat[2]. Auf einer Metaebene geht es gar um eine Reflexion der Forschungen zum Koheletbuch selbst[3].

Unser Ziel, mit dieser Untersuchung zu einem Verständnis der Struktur und der Komposition des Koheletbuches beizutragen, erscheint demgegenüber vergleichsweise bescheiden. Dies nicht zuletzt auch deshalb, weil schon viel Mühe verwendet worden ist, um der Struktur und Komposition des Koheletbuches näher zu kommen; doch provozieren die Forschungen nach wie vor das oft zitierte Urteil von *Franz Delitzsch*, weil es, überblickt man alle bisherigen Versuche, so evident erscheint: „‚Alle Versuche, in dem Ganzen [sc. des Koheletbuches] ... genetischen Fortgang, allesbeherrschenden Plan und organische Gliederung nachzuweisen, mußten bisher und werden inskünftig scheitern‘. Dieses 1875 von Franz Delitzsch geäußerte Urteil ... hat bis zur Stunde nichts von seiner Gültigkeit verloren“[4]. Es scheint fast so,

---

[1] In den letzten zwei Dekaden sind eine Fülle neuer Kommentare zum Koheletbuch erschienen und die Forschungen sind intensiviert worden, vgl. beispielsweise das Ergebnis des Kongresses der Arbeitsgemeinschaft der deutschsprachigen Alttestamentler/innen vom 2.9. bis 6.9.1996 in Graz, zusammengefasst in: *Schwienhorst-Schönberger*, Kohelet.

[2] Überblick zum aktuellen Stand der unterschiedlichen Forschungsschwerpunkte mit erschöpfenden Literaturverweisen bei *Krüger*, Kohelet, 11-67, Literaturverzeichnis zu den einzelnen Schwerpunkten 68-92 sowie für die neuere Literatur *Schwienhorst-Schönberger*, Kohelet 2004, 15-40. Vgl. ferner die große Bibliographie für 1988-1998 durch *Allisson,* Bibliographie, in: *Rose*, Rien de nouveau, 557-612. Für die Zeit bis 1988 siehe *Michel*, Qohelet.

[3] *Spaller*, Geschichte.

[4] So *Galling*, Prediger, 47-90, dort 49; 2.Aufl. 1969, 73-125, dort 76, nach Galling noch oft und wieder zitiert, zuletzt durch *Schwienhorst-Schönberger*, Das Buch Kohelet, in: *Zenger* (Hg.), Einleitung, 336-344, dort 337. Das von Galling Zitierte stammt aus: *Delitzsch*, Hoheslied und Koheleth, 195. Das gesamte Zitat lautet: „...stufengängige Entwicklung, fortschreitende Beweisführung läßt sich vermissen und sogar die Gruppierung des Gleichartigen ist nicht rein durchgeführt; die Gedankenverknüpfung ist öfter durch Aeußerliches und Zufälliges bestimmt und

als wollte das Koheletbuch den Forschern, die sich um eine Struktur und Komposition des Buches mühen, sein „Motto" immer wieder entgegenhalten: „Das ist alles nichtig und ein Haschen nach Wind" (Koh 1,2 u.ö.).
Dennoch möchten wir einen neuen Versuch unternehmen, der Struktur und der Komposition etwas näher zu kommen. Es ist einerseits natürlich nicht sehr ermutigend, mit der „Mitgift" Delitzschs aus dem vorvergangenen Jahrhundert eine Struktur- und Kompositionsanalyse des Koheletbuches zu beginnen, zumal sie bei einem der profiliertesten Koheletforscher Zustimmung gefunden hat und als „Ertrag der Forschung" festgehalten wurde[5]. Trotz dieses apodiktisch gefällten Urteils hat es andererseits aber – gerade in jüngster Zeit, da die Koheletforschung zu diesem eng abgrenzbaren Bereich mächtig zugenommen hat[6] – nicht an Versuchen gefehlt, diesem Verdikt entsprechende Entwürfe entgegenzustellen und dem Geheimnis der Disposition des Koheletbuches näher zu kommen.
Einen kleinen Beitrag zu einem hoffentlich besseren Verständnis der

---

nicht selten schiebt sich in die Kette des Sachverwandten ein fremdartiges Glied ein. [...] Die Aneinanderreihung der Bekenntnisse wird von c. 3 an aphoristisch, und die eingelegten Spruchreihen lassen sich nicht befriedigend rubricieren. Die Gründe, Anlässe und Absichten, welche den Verf. bestimmten, Bekenntnisse und Sittensprüche gerade so einander folgen zu lassen, entziehen sich größtentheils der Beobachtung. Alle Versuche, in dem Ganzen nicht nur Einheit des Geistes, sondern auch genetischen Fortgang, allesbeherrschenden Plan und organische Gliederung nachzuweisen, mußten bisher und werden inskünftig scheitern". Weitere wichtige Arbeiten von *Galling*: Kohelet-Studien, 276-299 und sein Forschungsüberblick: Stand und Aufgabe der Kohelet-Forschung, 355-373.

5 *Michel*, Qoheleth, S.12 zitiert Galling und Delitzsch in diesem Sinne. Er selbst schreibt zur Einleitung: „Auch ein aufmerksamer Leser wird sich vergebens bemühen, im Buche Qohelet planvollen Aufbau und fortschreitende Gedankenführung nach der Art zu finden, wie wir sie heute von einer wissenschaftlichen Abhandlung als selbstverständlich erwarten" (ebd. 9). Er konstatiert eine „nicht erkennbare Disposition und gelegentliche sachliche Widersprüche" (ebd.). Lange vor Michel hatte schon *Allgeier*, Buch des Predigers oder Koheleth, 7, festgestellt: „tatsächlich hat noch keine Disposition allgemeine Anerkennung gefunden. Spottet Koh nicht jedem Versuch, logisch zu disponieren?" (ebd. 5-11 zu „Text, Sprache und Aufbau"); auch *Ogden*, Qoheleth, 11, meint dazu: „In fact, even for those who are convinced that there ist a demonstrable structure to the work, there is little agreement about what the structure is". Vgl. ferner *Murphy*, Ecclesiastes, 125-149, dort 127: „There is simply no agreement concerning the structure of Ecclesiastes".

6 In den letzten Jahren sind etliche Monographien erschienen, die sich speziell oder u.a. auch mit Struktur, Aufbau und Komposition des Koheletbuches beschäftigen: *Backhaus*, Zeit und Zufall, 1993; *Schwienhorst-Schönberger*, Nicht im Menschen, 1994; *Ders.*, Kohelet: Stand und Perspektiven, 1997, 5-38; *Ders.*, Kohelet-Kommentar 2004; *Crenshaw*, Ecclesiastes, 1987; *D'Alario*, Il libro del Qohelet, 1993; *Fischer*, Furcht Gottes oder Skepsis?, 1997; *Gese*, Komposition des Koheletbuches, 69-98; *Klein*, Kohelet, 1994; *Michel*, Koheletbuch, 345-356; *Murphy*, Ecclesiastes, 1992 – um nur einige zu nennen.

Struktur und Komposition des Koheletbuches beizutragen wäre nicht möglich ohne die Lebensleistung großer deutschsprachiger Koheletforscher (den schon erwähnten *Diethelm Michel* und vor allem *Norbert Lohfink*, dem wir viele Einsichten verdanken, möchten wir herausheben). Gerade die Untersuchungen dieses letztgenannten „Nestors der Koheletforschung" haben uns immer wieder deutlich gemacht, wie wichtig es ist, in Einzelfragen und im Detail sorgfältig zu arbeiten, ohne das Ganze aus dem Blick zu verlieren. So haben wir uns bemüht, dies auch für unsere Arbeit gelten zu lassen[7].

---

7 Zu Methode und Aufbau der Untersuchung siehe Teil 1 B).

# A) Entwürfe zum Aufbau des Koheletbuches

Es ist für unsere Untersuchung nicht nötig, die Komplexität *aller* Entwürfe zu Struktur und Komposition des Koheletbuches en détail darzustellen. Worauf es uns allerdings ankommt, ist ein Überblick über die gegebenen Entwürfe, auf denen wir unsere Analyse aufbauen.

## I. Überblick zur Forschungsgeschichte[1]

*Diethelm Michel* teilt die Entwürfe zum Koheletbuch in drei Gruppen ein, die verschiedene Theorien zu Struktur und Komposition des Buches entwickelt haben[2]:

1. Die Sentenzen-, Reflexionen- oder Topoitheorien
Diese Theorien bestreiten eine planvolle Disposition und finden keinen fortschreitenden, logischen Gedankengang; stattdessen nehmen sie an, daß das Buch Sentenzen, Reflexionen oder Topoi aneinanderreiht (die Terminologie differiert), deren Anordnung letzten Endes aber nicht zufällig oder willkürlich sei, sondern eine in Stil, Topik und Thematik begründete Einheitlichkeit widerspiegele. Aus der Eigenart dieser Sentenzen verdeutliche sich manche Widersprüchlichkeit, die oft biographisch erklärt wird.

2. Literarkritische Theorien
Auch sie bestreiten eine planvolle Disposition, sehen den Grund dafür aber in Ergänzungen und Umstellungen, die am ursprünglich planvollen Werk vorgenommen worden seien. Scheide man die Zusätze aus, bekomme man das ursprüngliche Buch, das in sich dann auch

---

[1] Einen Überblick über die unterschiedlichen Aufbauschemata seit *Hertzberg*, Der Prediger (1963) bis *Schwienhorst-Schönberger*, Kohelet-Kommentar (2004) bieten Anhang 2a und 2b. Für die Zeit davor sei verweisen auf (die allerdings ziemlich unübersichtliche Tabelle bei) *Ellermeier*, Qohelet, 129-141. Einen sehr schönen und ausführlichen Bericht über die Forschungslage zu Struktur und Komposition des Koheletbuches bis Ende der 1980-er Jahre bietet *Michel*, Qohelet, 9-45. Die Forschung bis ins neue Jahrtausend überblicken *Schwienhorst-Schönberger*, Das Buch Kohelet, 337f und *Krüger*, Kohelet, 19-24 sowie *Schwienhorst-Schönberger*, Kohelet-Kommentar 2004.

[2] Natürlich sind auch andere Gruppierungen und Benennungen denkbar, vgl. *Schwienhorst-Schönberger*, Kohelet-Kommentar 2004, S.64-69.

nicht mehr widersprüchlich sei. Meist wird eine Grundschrift eruiert (= ursprünglicher Kohelet), der dann „Texte mit weisheitlichem Charakter (=ḥakam) und Texte mit orthodox-frommem Charakter (=ḥasid)“[3] eingearbeitet worden seien.

3. Dispositionstheorien
Diese Theorien versuchen durch sachgemäße Analyse eine vom Verfasser des Buches intendierte Disposition festzustellen. Eventuelle Widersprüchlichkeiten im Buch seien dadurch zu erklären, daß Kohelet offensichtlich ältere Weisheit zitiere, von der er sich aber absetze. Mit dieser Feststellung wird nun zwar das Problem der Widersprüchlichkeit einzelner Textpassagen erklärt, die Schwierigkeit, die nun aber neu entsteht, ist zu klären, welche Sprüche die Meinung Kohelets wiedergeben und welche als Zitate fremder Ansichten zu bewerten sind. Hierfür werden verschiedene Kriterienkataloge entwickelt.

Man kann diese Dreiteilung Michels gut nachvollziehen, kann allerdings auch – etwas einfacher – zunächst in zwei Gruppen unterscheiden, nämlich in die Gruppe derer, die im Buch *keinerlei planvollen Aufbau* sehen (II.) und solchen, die zwar einen *ursprünglich planvollen Aufbau* vermuten, der aber durch literarkritische, redaktionsgeschichtliche und andere Textentwicklungen heute nicht mehr unmittelbar erkennbar sei (III.).

## II. Die Bestreitung eines planvollen Aufbaus

Hierzu gehören die von Michel unter der Überschrift „Sentenzen-, Reflexionen- oder Topoitheorien“ zusammengefassten Theorien, die grundsätzlich einen planvollen Aufbau bestreiten.
Diese Theorie wird neben den schon in der Einleitung erwähnten *F. Delitzsch* und *K. Galling* (sie denken an eine *Sentenzen*sammlung)[4] auch von *G. Wildeboer* vertreten: „Das Buch selbst spottet jeder Einteilung. Vergeblich hat man versucht, das Ganze in verschiedene

---

[3] *Michel*, Qohelet, 21.

[4] Ganz offensichtlich bei *Galling*, Der Prediger, der das Buch in seinem Kommentar in insgesamt 37 „Sentenzen“ und zwei Nachworte einteilt (S.78-125). In der zweiten Auflage 1969 reduziert er dann die Anzahl der „Sentenzen“ auf 26. Als Begründung für die Sentenzenstruktur schreibt er: „Die einzelnen Sentenzen stehen sich im Gesamttenor so nahe, daß es keiner übergreifenden Gliederung bedurfte, um jeweils *eine* Gruppe von Sentenzen von einer nachfolgenden abzusetzen“ (ebd. 76). *Delitzsch*, Hoheslied und Koheleth, hatte zuvor konstatiert: die „Aneinanderreihung der Bekenntnisse wird von c. 3 an aphoristisch und die eingelegten Spruchreihen lassen sich nicht befriedigend rubricieren“ (195). Freilich hat gerade er an gleicher Stelle auch vermerkt, daß trotz des Fehlens einer Struktur das Buch „durchweg gleiche Weltanschauung mit gleicherm Ultimatum und auch insofern Kunst der Composition“ zeige (195).

Hauptteile zu zerlegen; denn bis jetzt sind noch keine zwei Ausleger in ihren Versuchen je zu übereinstimmenden Resultaten gekommen"[5]. Ganz ähnlich spricht *V. Zapletal* davon, es hieße, „die vorüberziehenden Wolken in einen Rahmen fassen, wollte man die *Reflexionen* Kohelets in eine streng logische Ordnung bringen"[6]. *O. Loretz* hat sich in mehreren Arbeiten mit der Disposition des Koheletbuches befaßt, „eine leicht ersichtliche Gedankenordnung" aber erkennt er nicht[7]. Stattdessen sei das Buch „im engsten Anschluß an die *Topoi* der israelitischen [...] Weisheitsliteratur entstanden", die Topoi aber kreisten „mit jedem neuen Wort um sein [des Buches] Thema: ‚Alles ist nur ein Windhauch'[8]. Der These, das Buch Kohelet habe nur *ein* Thema, hat *W. Zimmerli* widersprochen: „Das Buch Kohelet ist kein Traktat mit klar erkennbarem Aufriß und einem einzigen, bestimmbaren Thema. Es ist aber mehr als eine lose Sentenzensammlung"[9]. *G. v. Rad* sieht die Einheit des Buches ebenfalls nicht in einer „lineare[n] Gedankenentwicklung oder durch einen logischen Fortschritt in der Denkbewegung" begründet, wohl aber in einer „Einheit des Stils, der Topik und der Thematik"[10]. Auch die Kommentare von *A. Lauha* und *H. W. Hertzberg* kann man hier einreihen: für Lauha ist Kohelet „eine Sammlung von Sentenzen" [...], „aus mehr oder weniger voneinander unabhängigen Reflexionen zusammengesetzt [...]; ein logisch fortschreitender Gedankengang ist wahrlich nicht zu erkennen", auch keine „Entwicklung in der Darstellung". Dennoch sei „der Aufbau des Buches in keinem Falle zufällig. Das Predigerbuch ist kein Konglomerat loser Sprüche wie das Buch der Proverbien, sondern die Sentenzen bilden Abschnitte, denen gewisse Topoi eine innere Zusammengehörigkeit verleihen"[11]. Hertzberg lehnt ebenfalls einen „logisch fortschreitenden Gedankengang" ab, konstatiert aber „doch eine völlige *Einheitlichkeit* des Gedankengefüges"[12]. In jüngerer Zeit

---

5 *Wildeboer*, Der Prediger, 109-168, 110-113 zu Inhalt und Integrität, das Zitat dort 110. Vgl. zu Wildeboer auch ganz ähnlich *Plumptre*, Ecclesiastes,1898[2].

6 *Zapletal*, Das Buch Kohelet, 14-42 zur Komposition des Buches (§§ 2-4), das Zitat dort 32 (Hervorhebung von mir).

7 *Loretz*, Qohelet und der Alte Orient, 210. Vgl. auch *Ders.*, Gotteswort, 113-190.

8 *Loretz*, Qohelet, 208 bzw. 212.

9 *Zimmerli*, Das Buch Kohelet, 221-230, dort 230. Siehe auch seinen Kommentar: Das Buch des Predigers Salomo, 123-253. Es lasse sich nämlich „die Tatsache schwerlich übersehen, daß in gewissen Partien des Buches Kohelet über längere Strecken, und über eine Mehrzahl von *Galling*schen Sentenzen hin eine Fragestellung durchgehalten und – gewiß nicht in gedanklicher Einlinigkeit, sondern in einer inneren assoziativen Weiterführung weiterentwickelt wird" (ebd. 230).

10 *Rad*, Weisheit in Israel, 293.

11 *Lauha*, Kohelet, 4f.

12 *Hertzberg*, Der Prediger, 19-238, dort 35-42 zu Aufbau und Einheitlichkeit, das Zitat 39. Er selbst teilt „das Buch in 12 Abschnitte von unregelmäßiger Länge" (ebd. 36).

hat *H. D. Preuß* sich diesen Ausführungen angeschlossen, der feststellt: „Mehr als eine [...] Grobgliederung dürfte in Kohelet nicht auffindbar sein“[13]. Dem dürfte wohl auch *K. Farmer* zustimmen, die gar keinen Versuch macht, das Buch über die Kapiteleinteilungen hinaus zu gliedern und für Kap. 1-6 vage festhält: „All of chs. 1 through 6 can be grouped rather loosely under this larger topic of ‚What is good [or worthwhile] for humans to do during their brief lives on earth?‘“[14].
Die Widersprüche des Buches werden innerhalb dieser Theorie oft biographisch erklärt. *V. Zapletal* spricht von einer „Art chronologischer Ordnung“, nach der Kohelet „seine Gedanken aufgezeichnet [hat], wie sie kamen“[15], *P. Volz* rechnet in seinen „Betrachtungen des Kohelet“ mit einem „schriftstellerischen Prozeß“, in dem die Erfahrungen nach und nach aufgezeichnet wurden[16], und *K. Budde* erklärt, Kohelet hätte nicht bei einem „bloßen [pessimistischen] Verneinen“ stehen bleiben können und sei deshalb „zu den Wirklichkeiten des Lebens“ zurückgekehrt – und so erklärten sich die Widersprüche[17].

### III. Argumente für einen planvollen Aufbau

Die Versuche, im Koheletbuch einen ursprünglich planvollen Aufbau zu entdecken, lassen sich in verschiedene, auch miteinander kombinierbare Theorien aufschlüsseln; wir unterscheiden Theorien, die im engeren Sinne *literarkritisch* oder *form-* bzw. *redaktionsge-schichtlich* vorgehen von Theorien, die in den mannigfachen Span-nungen und Widersprüchen des Koheletbuches ein *literarisches Stilmittel* sehen. Einige ältere, vor allem aber neuere Aufbauschemata orientieren sich letztlich *thematisch*. Eine Sonderstellung nehmen Versuche ein, die über *Zahlenmuster* eine Ordnung in das Buch bringen wollen.

#### 1. Literarkritische und redaktionsgeschichtliche Theorien

Schon früher wurde vermutet, daß die Uneinheitlichkeit mancher Textpassagen nicht nur literarkritische, sondern auch redaktionsgeschichtliche Gründe haben könnte. Es ist immerhin denkbar, daß die

---

13 *Preuß*, Weisheitsliteratur, 212.

14 *Farmer*, Who knows?, 152. Gleichwohl bildet sie für die jeweiligen Kapitel in ihrem Kommentar Zwischenüberschriften für einzelne Stellen, die jedoch weitgehend thematisch orientiert sind oder manchmal etwas willkürlich erscheinen. Eine Gliederung, ein Aufbau oder eine Struktur, gar eine Komposition des Buches läßt sich daraus gewiss nicht ablesen.

15 *Zapletal*, Das Buch Kohelet, 32.

16 *Volz*, Betrachtungen des Kohelet, 231-261, dort 234: „die Erfahrungen und Beobachtungen stammen aus verschiedenen Zeiten und sind wohl teilweise früher aufgezeichnet worden, aber das Ganze ist doch eine einheitliche, so ziemlich aus einem Guß entstandene Arbeit“.

17 *Budde*, Der Prediger, 421-442, dort 422. Zu den Widersprüchen im Koheletbuch vgl. Teil 1 A) III.3 und *Backhaus*, Widersprüche und Spannungen, 123-154.

Redaktoren sich nicht nur auf Anfang und Schluß des Buches (die beiden Epiloge) beschränkt, sondern darüber hinaus auch innerhalb des Textcorpus Veränderungen vorgenommen haben können. Nachdem es allerdings längere Zeit den Anschein hatte, als würden literarkritische und redaktionsgeschichtliche Lösungstheorien im engeren Sinne keine Zustimmung mehr finden, sind in jüngster Zeit, einem aktuellen Trend innerhalb der alttestamentlichen Wissenschaft folgend, wieder verstärkt (vor allem redaktionsgeschichtliche) Erklärungstheorien herangezogen worden:

Nach dem originellen Versuch von *G. Bickell*[18], der sich nicht scheute, die johanneische Blattvertauschungstheorie auch auf das Koheletbuch anzuwenden, und deshalb von Michel „in das Raritätenkabinett der exegetischen Wissenschaft" gesteckt wird[19], wurden die literarkritischen und redaktionsgeschichtlichen Versuche zunächst immer vorsichtiger. Dazu gehörte *T. K. Cheyne* sicherlich nicht: er nahm sehr spekulativ noch an, daß Kohelet die ersten beiden Kapitel ausgearbeitet hatte, der Rest aber aus losen Notizzetteln bestehe[20] (*R. B. Salters* erklärt dies noch 1975 damit, daß Kohelet wohl zu früh starb, um sein Werk zu vollenden[21]). Nach Cheyne eruierte *C. Siegfried* neben der Grundschrift des „pessimistischen Philosophen" Qohelet (= $Q^1$) noch vier weitere Bearbeiter ($Q^{2-5}$), zwei Redaktoren ($R^{1+2}$) sowie zwei weitere Verfasser der Epiloge[22]. Auch *P. Haupt* erkannte zahlreiche Zusätze zum ursprünglichen Text, „die theils aus erklärenden Glossen und erläuternden Citaten, zum grössten Theil aber aus abschwächenden und corrigirenden orthodoxen Einschüben bestehen"[23].

---

18 *Bickell*, Der Prediger über den Wert des Daseins, 1884.

19 Vgl. *Michel*, Qohelet,17 und die Kritik, die *Siegfried*, Prediger und Hoheslied an *Bickell*, Der Prediger über den Wert des Daseins, übt (ebd.).

20 *Cheyne*, Wisdom of the Old Testament, 199-285, v.a. 199-206. „It seems to me that the 'labour of the file' has brought the first two chapters to a considerable degree of perfection; but the rest of the book, upon the whole, is so rough and so disjointed, that I can only suppose it to be based on certain loose notes or *adversaria*, written solely with the object of dispersing his doubts and mitigating his pains by giving them expression" (204).

21 *Salters*, Qoheleth and the Canon, 339-342, dort 340: „it may well be that Qoheleth died while attempting to write the book and that his notes were collected and edited by Wisdom School of which he was a teacher".

22 *Siegfried*, Prediger und Hoheslied, 2-12. Neben dem „pessimistischen Philosophen" ($Q^1$) sind das „ein epikuräischer Glossator aus sadduzäischen Kreisen" ($Q^2$), „ein glossirender Chakam aus der Gemeinde der Weisen" ($Q^3$), „ein glossirender Chasid" ($Q^4$), „andere Glossatoren, die sich vor allem auf dem Gebiet der allgemeinen Spruchweisheit bewegen", zusammengefaßt in $Q^5$, „ein Redaktor, der den Text von 1,2-12,7 zusammengestellt hat" ($R^1$), ein „Verfasser von 12,13.14" ($R^2$) sowie der „Verfasser des Epilogs 1: 12,9.10" und schließlich der „Verfasser des Epilogs 2: 12,11.12", vgl. ebd. 10-12.

23 *Haupt*, Koheleth oder Weltschmerz in der Bibel, dort S.vi. „Sobald man die späteren Zusätze von anderer Hand beseitigt und den ursprünglichen Zusammen-

Die nachfolgenden Entwürfe operierten jedoch etwas vorsichtiger. Zu nennen sind hier v.a. *A. H. MacNeile* und *G. A. Barton*[24], die neben der Grundschrift jeweils nur mit zwei Glossatoren (einem „Chasid glossator" und einem „Hokma glossator") und einem Editor rechnen. Ganz ähnlich verfährt auch *E. Podechard*, dem nur noch *T. R. P. D. Buzy* folgt, der sich der gemäßigten Linie seiner drei Vorgänger anschließt[25]. *J. Coppens* denkt auch an eine Grundschrift („un livret fondamental"), die von der Redaktion erweitert wurde[26].
In jüngerer Zeit haben besonders die Arbeiten von *O. Loretz* eine neue Runde im Hinblick auf literarkritische und redaktionsgeschichtliche Lösungstheorien eingeläutet: Schon seit 1964 beschäftigt er sich mit dem Koheletbuch[27], dem er sich immer wieder neu in Aufsätzen über die ugaritische bzw. kanaanäische Sprache und deren semantischen Topoi[28], sowie, damit zusammenhängend, über Erkenntnisse seiner Forschungen zur jüdischen und griechischen Philosophie[29] annähert. In den 1980er-Jahren hat er vor allem formgeschichtlich am Koheletbuch gearbeitet und dabei vielbeachtete Schlussfolgerungen literarkritischer und redaktionsgeschichtlicher Art veröffentlicht[30]. Seine grundlegende und präzise durchgeführte Unterscheidung von „Prosa" und „Poesie" führt ihn zur Annahme verschiedener Autoren(gruppen): „This leads to the conclusion that in den Book of Qoheleth verse and prose are to be attributed to different authors: The sections in prose, which represent a new departure, are to be attributed to a wise man who in the book bears the name Qoheleth; on the other hand the sections in verse originate from the traditionalists of the post-exile schools of wise men and scholars, who in this way intended to put a curb on Qoheleth"[31]. Zu dieser ursprünglichen prosaischen Schicht des Autors Kohelet und der zweiten Schicht der poetischen Überarbeitung und Erweiterung nachexilischer Autoren(gruppen) sei schließlich eine dritte Schicht in Form von Kommentierungen durch Glossatoren hinzugekommen, die

hang herstellt, treten die philosophischen Anschauungen Kohéleth's klar und folgerichtig zu Tage." Der „ursprüngliche Zusammenhang" aber ist bei Haupt – obwohl er „die Schicksale des Buches nicht miterlebt" hat (S.vii) – recht willkürlich vorgenommen worden, was zu einem wilden Durcheinander der Sprüche geführt hat (vgl. seine „Tafel der Anordnung", 34-36).

24 *MacNeile*, An Introduction to Ecclesiastes, 1904; *Barton*, Book of Ecclesiastes, 43-46, reprinted 1959 ebd.

25 *Podechard*, L'Ecclésiaste; *Buzy*, L'Ecclesiaste,189-280, dort v.a. 196; vgl. auch *Ders.*, Les Auteurs de l'Ecclesiaste, 317-336.

26 *Coppens*, La structure de l'Ecclésiaste, 288-292.

27 *Loretz*, Qohelet und der Alte Orient, 1964.

28 *Loretz*, Topoi im Buche Kohelet, 267-278; *Ders.*, Kolometrie, 249-266.

29 *Loretz*, Anfänge, 223-244.; *Ders.*, Philosophie im Buch Qohelet, 245-281; *Ders.*, Jüdischer Gott, 151-176.

30 *Loretz / Kottsieper*, Colometry, 1987; *Loretz*, Poetry and Prose, 155-189.

31 *Loretz*, 1993, Poetry and Prose, 188f.

schließlich zu der nun vorliegenden Form des Koheletbuches geführt habe. Diese „drei Schichten“[32] führen zur Genese des Buches Kohelet: „Das Buch Qohelet ist dem Prolog und dem Abschnitt 3,1-15 zufolge Spiegelbild einer dreifachen jüdischen Auseinandersetzung mit der griechischen Philosophie der hellenisti-schen Zeit: Wenn *erstens* mit der Prosa eine neue Aussagemöglichkeit gemacht und gefunden wird, so steht ihr *zweitens* in der Poesie wohl nicht nur die traditionelle Gestalt der Weisheitslehre gegenüber, sondern sicher auch die mehr der Vergangenheit verpflichtete Einstellung. Das Ergebnis der Redaktion, die Verbindung von Poesie (= Tradition) mit Prosa (= Neuerung) wird *drittens* von den Glossatoren weiter ausgebaut“[33].

Auch *Alexander Achilles Fischer* hat ein redaktionsgeschichtliches Modell vorgelegt[34], wonach die Endfassung des Buches das Werk des 1. Epilogisten sei. Dem ist zunächst nicht zu widersprechen[35], eine darüber hinausgehende Analyse der Gliederung des Buches lehnt Fischer allerdings ab: demnach sei es „unmöglich, das Buch Kohelet als ein *literarisches Gesamtkunstwerk* zu betrachten. Vielmehr setzt es sich aus verschiedenen Stücken zusammen, die ursprünglich einmal selbständige Darlegungen bildeten und auf ihre Verwendung in der Schule hindeuten“[36]. Immerhin konstatiert er als „Grundstock“ des Buches eine „als kompositionelle Einheit konzipierte Darlegung in 1,3 - 3,15, die wir als *Grundschrift* oder besser als *Traktat* bezeichnen. Danach folgen kürzere und längere Abschnitte, die teils thematisch gruppiert, teils als gedanklich zusammenhängende Erörterungen anzusprechen sind. Eine durchgängige literarische Disposition ist freilich nicht zu ermitteln, es sei denn, daß man den einen oder anderen Text gewaltsam in eine Ordnung zwingt“[37]. An einzelnen Stellen (6,11f; 7,23f; 8,16f) zeigten sich aber „*redaktionelle* Übergänge [...], die im Interesse einer übergreifenden Komposition geschaffen worden“ seien. Diese kann er auch als „Nahtstellen“ bezeichnen[38].

Ein redaktionsgeschichtliches Modell wie Fischer, wenn auch mit gänzlich anderen Ergebnissen, hat *Martin Rose* vorgelegt[39]. Demnach liegt dem Koheletbuch ein kleines Büchlein eines Weisen namens

---

32 *Loretz*, Anfänge, 239.

33 *Loretz*, Anfänge, 239. Kritische Bemerkungen und Einwendungen, insbesondere zur Methodik Loretz' finden sich bei Backhaus, Widersprüche, 134-145.

34 *Fischer*, Skepsis oder Furcht Gottes?, 1997.

35 *Lohfink*, Strukturen und Struktur, 50-52.

36 *Fischer*, Skepsis oder Furcht Gottes?, 20. Einen Überblick zum „Gesamtaufbau des Buches Kohelet“ gibt er 252.

37 *Fischer*, Skepsis oder Furcht Gottes?, 5-6. Den festgestellten „Traktat“ 1,3-3,15 analysiert er ausführlich 183-225, vgl. auch die „Komposition des Traktats 1,3-3,15“, 254.

38 Ebd. 11.

39 *Rose*, Rien de nouveau, 1999.

Kohelet zugrunde („Le livret de Qohéleth le Sage")[40], der in der Perserzeit des 5. Jahrhunderts gelebt habe. Diese (recht kurz geratene) Grundschrift des Lehrers einer Weisheitsschule schildert in dürren Worten den Versuch Kohelets, durch Weisheit zu Erkenntnis zu gelangen, sein Scheitern und seine Schlußfolgerung, die im „carpe diem" von 8,15 resultiert. In der Folge wurde dieses „Büchlein" in einem ersten Schritt durch einen Schüler der beginnenden Diadochenzeit („Le Disciple")[41] in einer „première lecture" entscheidend erweitert. Er bringt in die Grundschrift das spätere „Motto" des Buches ein (Koh 1,2; 12,8) und verleiht dem dadurch entstandenen Werk einen resignativen Grundzug. Die durch die Redaktion des „Schülers" entstandenen Spannungen im Koheletbuch versucht ein „theologischer Redakteur" (Théologien-Rédacteur") dann am Ende des 3. Jahrhunderts in einer groß angelegten „seconde relecture"[42] miteinander zu harmonisieren, indem er die negativen Erfahrungen einseitig der Welt, die positiven, auf die Freude am Leben gerichteten Erfahrungen jedoch Gott zuschreibt. Dabei werden die durch den „Schüler" geschaffenen drei größeren Ergänzungen („Trois développements supplémentaires") noch einmal gründlich überarbeitet und um Ergänzungen erweitert[43]. Interessant ist in diesem Zusammenhang auch die Bewertung der Epiloge, die Rose den „drei Verfassern" des Koheletbuches zuschreibt; fast scheint es so, als sei hier der Ausgangspunkt für die Gesamtthese zu sehen[44] – eine Harmonisierung der Spannungen zugunsten der Behauptung verschiedener Redakteure ist aber nicht immer die beste Lösung.

*Renate Brandscheid* hat eine interessante Untersuchung vorgelegt, die „literar*geschichtliche*, formgeschichtliche und traditionsgeschichtliche" Aspekte für das gesamte Corpus Koh 1-12 bedenkt[45]. Sie operiert allerdings auch literar*kritisch* und *redaktions*geschichtlich, wie ihre hoch differenzierten Ergebnisse deutlich machen: Sie unterscheidet neben einer Grundschicht Kohelet (GK) zwei Bearbeitungsschichten

---

40 Analyse dieses Teils vgl. ebd., 43-102. Der Text dieses Büchleins besteht aus Koh 1,1a.4-7.9a.12a.14a.17aα.bα.18; 2,12a.13aαβ.b.14a.bα.bβ.16bβ.*20a; 3,9-11bα. 12aα.aβ.b; 8,9a$\alpha_1$.a$\alpha_2$.b.15aα.aβ.b; 12,10a.b.13a und ist abgedruckt 533-534.

41 Analyse dieses Teils vgl. ebd. 103-166. Der von *Rose* rekonstruierte und gegenüber dem „livret" deutlich längere Text ist abgedruckt auf 537-542.

42 Vgl. ebd. 167-280.

43 Analyse der drei Ergänzungen des Schülers 281-328, deren Überarbeitungen durch den „Theologischen Redakteur" 329-402, die Nachträge („compleménts") des „Theologischen Redakteurs" 403-498.

44 Die Epiloge werden gedrittelt, indem Koh 12,10.13a als „Unterschrift" („souscription) dem „livret initial" und damit „Qohelet le Sage" zugeschrieben werden (501-510), Koh 12,10.*12-13 als „L'avertissement final" dem Schüler und Koh 12,9-14 (in der schließlich überarbeiteten Fassung) als „Epilog" dem „Theologie-Rédacteur).

45 *Brandscheidt*, Weltbegeisterung und Offenbarungsglaube, 1999.

B¹ und B², die noch durch Ergänzungen (E) angereichert sind[46]. Auf dem Boden dieser literarkritischen Analyse[47] stellt sie dann für jede „Schicht" getrennt form- (S.131-212) und traditionsgeschichtliche Untersuchungen (S.213-507) an.

2. Formgeschichtliche Theorien

Auch formkritische Merkmale werden zur Auffindung von Strukturen herangezogen: *G. R. Castellino* geht formkritisch vor und teilt das Buch in zwei Teile: der erste, 1,1-4,16, ein persönlicher Erlebnisbericht im Ich-Stil, werde ergänzt von einem zweiten, 4,17-11,12 , der v.a. Aufforderungen (Imperative in 4,17ff) enthalte[48]. Auch für *A. G. Wright* galt in seiner ersten Veröffentlichung zur Struktur des Koheletbuches: „to put attention, first of all, not on the thought but on the form"[49]. Er setzt den Einschnitt aber nicht bei 4,17 (wie Castellino), sondern erst bei 6,9[50]. Ihm folgt *J. S. M. Mulder*, der in allen wesentlichen Bestandteilen Wright aufnimmt und nur gelegentliche Änderungen anbringt[51]. Formkritische Erwägungen, wenn nicht zur Eruierung einer Komposition des Koheletbuches, so doch zu Einzeluntersuchungen, zeigen sich aber bei fast allen Forschern.

3. Widersprüche als literarisches Stilmittel

Schon *M. Mendelssohn* und nach ihm *J. G. Herder*[52] hatten versucht, die Widersprüchlichkeiten im Koheletbuch mit Hilfe der Annahme zu erklären, Kohelet zitiere fremde Meinungen. So nahm Mendelssohn an, „daß nicht alles, was darinnen steht, die Meinung des Königs Salomo sey, sondern manchmal redet er, wie einer, der über eine Sache disputirt"[53]. In Anfang und Schluß des Buches sah er den „orthodoxen" Kohelet. Herder nahm einen Dialog an zwischen einem „Forscher" und

---

46 Vgl. dort 509-518. Als Ergebnis der „literarkritischen Analyse" (128) vgl. die Übersicht 128-130. Abdruck des von den Ergänzungen und den Bearbeitungen gereinigten, ins Deutsche übersetzten „Urtextes" 133-137; Abdruck zusammen mit B¹ 154-165, GK+B¹+B² auf 178-197.

47 *Brandscheidt* bedauert 510, dass im Gefolge der von *Siegfried*, Prediger und Hoheslied, durchgeführten, „sichtlich überzogenen und weder durch form- noch traditionsgeschichtliche Arbeitsgänge abgesicherten Ergebnisse" und durch *Michel*, Qohelet, die literarkritische Methode für das Koheletbuch von letzterem als „erledigt" bezeichnet wurde – „obwohl die Anwendung der Literarkritik bei einem ausdrücklich als Traditionsliteratur ausgewiesenen Buch (vgl. Koh 1,2f.12; 7,27; 12,9ff.) eigentlich keiner Diskussion mehr bedürfen sollte."

48 *Castellino*, Qohelet and his Wisdom, 15-28, dort 22.

49 *Wright*, The Riddle of the Sphinx, 313-334 (das Zitat dort 318), entspricht *Crenshaw* (Hg.), Studies in Ancient Israelite Wisdom, 245-266.

50 *Wright*, The Riddle of the Sphinx, 325f eine Gliederung.

51 *Mulder*, Qoheleth's Division, 149-159.

52 *Mendelssohn*, Der Prediger Salomo, 1771. *Herder*, Brief 11, 242-252, darin 248-251 und Kommentar 859-1195, darin 1026-1027.

53 *Mendelssohn*, Der Prediger Salomo, ohne Seitenzahl.

einem „Lehrer“ und vermutete eine „Zusammensetzung aus mehreren einzelnen Stücken“, denen eine „zwiefache Stimme“ zugrunde liege. Da der Ansatz der „Stimmenstruktur des Koheletbuches“ in neuester Zeit wieder aufgegriffen wird[54] und schon Herder u.E. hier etwas Richtiges gesehen hat, sei er wenigstens kurz zitiert; nachdem er über die literarische Einheitlichkeit reflektiert hat, führt er zur Stimmenstruktur aus:

„Wäre man indeß hierauf begierig: so wundert michs, da man die zwiefache Stimme im Buch nicht bemerkt hat, da Ein Grübler Wahrheit sucht, und in dem Ton seines Ichs meistens damit, ‚daß alles eitel sey‘ endet; Eine andere Stimme aber, im Ton des Du, ihn oft unterbricht, ihm das Verwegne seiner Untersuchungen vorhält und meistens damit endet, ‚was zuletzt das Resultat des ganzen Lebens bleibe?‘ Es ist nicht völlig Frag‘ und Antwort, Zweifel und Auflösung, aber doch aus Einem und demselben Munde etwas, das beyden gleichet, und sich durch Abbrüche und Fortsetzungen unterscheidet. Man kann das Buch also gleichsam in zwo Kolumnen theilen, davon die Eine dem ermatteten Sucher, die zweyte dem warnenden Lehrer gehöret; hier ist eine Probe:

| | 1. Der Forscher | 2. Der Lehrer |
|---|---|---|
| Kap. | 1,1-11 | |
| | 1,12-18 | |
| | 2,1-11 | |
| | 2,12-26 | |
| | 3,1-15 | |
| | 3,16-22 | |
| | 4,1-16 | |
| | | 4,17 |
| | | 5,1-8 |
| | 5,9-19 | |
| | 6,1-11 | |
| | 7,1 | |
| | | 7,2-15 |
| | 7,16 | |
| | | 7,17-23 |
| | 7,24-30 | |
| | 8,1 | |
| | | 8,2-13 |
| | 8,14-17 | |
| | 9,1-3 | |
| | | 9,4-10 |
| | 9,11-18 | |
| | 10,1-3 | |
| | | 10,4 |
| | 10,5-7 | |
| | | 10,8-19 |
| | | 10,20 |
| | | 11,1-10 |
| | | 12,1-7 |

54 *Lohfink*, Strukturen und Struktur, 54-59.

Worauf das Thema wiederholt wird, und der Schluß folget. Nochmals gesagt, ich gebe die Eintheilung nicht für einen Dialog zwischen Ich und Du aus; indeßen ist der Unterschied doch merkwürdig und läßt vielleicht eine Zusammensetzung aus mehreren einzelnen Stücken vermuthen"[55].

Interessant ist an diesem Ansatz, daß Herder schon lange vor aller historisch-kritischen Forschung diesen Unterschied bemerkt hat, mehr aber noch die Idee der „Stimmenstruktur", die erst spät wieder von *M. Fox* und *N. Lohfink* aufgegriffen wurde sowie – und dies vor allem! – die Einteilung der einzelnen Abschnitte; wir werden darauf zurückkommen.

*F. Hitzig* war der Meinung, Kohelet mache sich fremde Meinungen dienstbar wie einen „Ring in der Kette der Deduktionen", um diese dann durch eigene Argumente zu überwinden[56]. Die neuere Forschung hat sich dann der Aufgabe zugewandt, Kriterien für die Kennzeichnung einzelner Sprüche oder Textpassagen als Zitate aufzustellen. In mehreren Untersuchungen hat v.a. *R. Gordis* das Problem der Zitate in der Weisheitsliteratur behandelt[57]. Als Kriterien zur Auffindung von Zitaten gibt er an: „Such quotations can be recognized only by internal evidence and a sympathetic understanding of the writer's personality"[58] – Kriterien freilich, die noch zu unscharf waren, als daß sich die theologische Forschung damit zufriedengestellt sehen konnte. Es bleibt aber das Verdienst von Gordis, daß er die Verwendung von Zitaten geradezu als charakteristische Stileigentümlichkeit Kohelets angesehen hat, „which has not been adequately noted in the past, with disastrous results for our understanding of the book"[59]. Die Forschungen von Gordis haben einen tiefen Eindruck hinterlassen, so daß auch neuere Forscher – zu nennen sind hier wohl v.a. *N. Lohfink*, *R. N. Whybray* und *D. Michel* – sich ihm wenigstens teilweise angeschlossen haben.

*N. Lohfink* rechnet in seinem schmalen, aber gewichtigen Kommentar mit einer ganzen Reihe von Zitaten und weist nach, daß Kohelet bisweilen nicht nur fremde Ansichten, sondern sogar sich selbst zitiert[60].

*R. N. Whybray* stellt vier Kriterien auf, mit denen zu arbeiten sei; die Zitate müssen seiner Meinung nach folgende Bedingungen erfüllen:

---

55 *Herder*, Brief 11, 250-251.

56 *Hitzig*, Der Prediger Salomo's, 113-222; 2. Aufl. 181-314, 1. Aufl. 124f. Auch er hält fest an der „Abweisung eines durch das ganze Buch zu verfolgenden Planes und einer stetig fortschreitenden Gedankenentwicklung" (2. Aufl. 189).

57 *Gordis*, Quotations, 103-116, vgl. auch seinen Kommentar: Koheleth, 1951, 3. Aufl. 1962.

58 *Gordis*, Quotations, 129.

59 *Gordis*, Koheleth, 95.

60 *Lohfink*, Kohelet, 53 und 61.

„1. sayings which are self-contained: that is, which when considered independently of their contexts express complete thoughts;
2. sayings which in *form* correspond closely to sayings in Proverbs;
3. sayings whose *themes* are characteristic of Proverbs, and at the same time in partial or total disagreement or tension either with their immediate contexts or with Qoheleth's characteristic ideas expressed elsewhere in the book;
4. sayings whose *language* is free from late features such as those of the language of Qoheleth, and is either that of classical Hebrew or more particularly of early wisdom literature“[61].

*D. Michel* hingegen geht in seinen Veröffentlichungen anders vor[62]: er sieht in Koh 1,3-3,15 ein Traktat vorliegen, in dem sich „Qohelet mit der traditionellen Weisheit auseinandersetzt“; „was mit der dort dargelegten Grundposition nicht übereinstimmt, ist als Anführung fremder Meinungen anzusehen, die Qohelet zitiert, um sich mit ihnen auseinanderzusetzen“[63].

4. Thematische Gliederungen und Kompositionstheorien[64]
Heute finden sich einige Entwürfe, die das Buch in mehr oder weniger größere Teile dividieren. Hierzu kann man von den älteren Entwürfen die Arbeiten von *H. L. Ginsberg* rechnen, der das Buch in vier Teile spaltet, wobei sich der erste und dritte sowie der zweite und vierte

---

61 *Whybray*, Identification , 435-451, hier 437.

62 *Michel*, Qohelet, 32f und *Ders.*, Eigenart des Buches Qohelet, 1-83.

63 *Michel*, Qohelet, 32; vgl. auch schon Ders., Qohelet-Probleme, 81-103, dort 86f. Nach *Whybray*, Identification, gibt es für Kohelet drei Aspekte der Verwendung festzuhalten: „1. His use of wisdom sayings from an earlier period shows that Qoheleth regarded himself as a wisdom writer in the Israelite tradition. [...] 2. His purpose in quoting these sayings was not to demonstrate their falsity. He quoted them because he accepted their truth. 3. His approval of them, however, was of a distinctive and characteristic kind. He saw in the contrast which they make between wisdom and folly not the optimistic doctrine that man is free by choosing wisdom to seek and obtain success and happiness but rather the pessimistic one that folly generally prevails over wisdom, so that life is meaningless“ (450). Mindestens die zweite Schlußfolgerung muss angesichts der „zwar-aber-Schemen“ von Koh 9,16.18 und der schmalen Basis der von *Whybray* untersuchten Texte u.E. in Frage gestellt werden.

64 Unter dem Begriff „Kompositionstheorie“ werden in jüngerer Zeit die Argumente für einen planvollen Aufbau des Koheletbuches zusammengefasst, die von thematischen Einheiten und thematischer Einheitlichkeit des Buches ausgehen und deren Gliederungsvorschläge in der Regel thematisch orientiert sind. Zum Begriff „Komposition“ vgl. aber unten die Definition in Teil 1 B), zum Begriff „Kompositionstheorie“ *Schwienhorst-Schönberger*, Predigerbuch, 1579-1583, dort 1580: „Die ‚Kompositionstheorie‘ tendiert zu der Annahme, daß sich die formale und motivliche Vielfalt des Buches in einer thematischen Einheit bündelt“; er schränkt aber sofort ein: „Wie diese näher zu bestimmen sei, wird in der Forschung kontrovers diskutiert“.

entsprechen[65]. Auch *D. Lys* unterteilt in seinen Arbeiten das Buch in vier Teile, differenziert aber noch mehr aus als Ginsberg[66].

In den letzten Jahren wird fast nur noch thematisch gegliedert, allerdings unterstützt durch syntaktische Beobachtungen:

Einen sehr interessanten, aber auch sehr komplexen Ansatz bietet *Norbert Lohfink*, der strukturelle mit inhaltlichen Argumenten und Beobachtungen kombiniert. Zunächst geht er von einer Überzeugung seines Lehrers Augustin Bea aus, „daß man nämlich im Koheletbuch grundlegend ‚an die Konstruktionsprinzipien der damals gerade bei den Kynikern entwickelten Form der philosophischen Diatribe erinnert' werde"[67] (s.u.). Damit kombiniert er eine strukturelle Grob-gliederung von insg. 9 Teilen, innerhalb derer die „Religionskritik" von Koh 4,17-5,6 das „Zentrum einer [...] palindromischen Gesamtkonstruktion" bildet, in der Lohfink ein „fast spielerisch hingeworfene[s] Zugleich von Diatribe und Palindromie" erkennt, das „höchstes gestalterisches Können" des Verfassers anzeigt:[68]

| | | | | | |
|---|---|---|---|---|---|
| 1,2f | Rahmen | | | | |
| 1,4-11 | | Kosmologie (Gedicht) | | | |
| 1,12-3,15 | | | Anthropologie | | |
| 3,16-4,16 | | | | Gesellschaftskritik I | |
| 4,17-5,6 | | | | | Religionskritik (Gedicht) |
| 5,7-6,10 | | | | Gesellschaftskritik II | |
| 6,11-9,6 | | | Ideologiekritik | | |
| 9,7-12,7 | | Ethik (am Ende: Gedicht) | | | |
| 12,8 | Rahmen | | | | |

In seiner jüngsten Veröffentlichung korrigiert Lohfink diese palindromische Struktur an einigen Stellen und reduziert von 9 auf 7 Teile, nennt aber auch neue Gründe für die dem „linearen Ablauf des Buches" (s.u.) „konkurrierende Struktur". Die neue palindromische Struktur sieht so aus[69]:

---

65 *Ginsberg*, Studies in Koheleth, 1950; *Ders.*, Supplementary Studies in Koheleth, 53-62; *Ders.*, The Structure and Contents, 138-149, entspricht *Altmann* (Hg.): Biblical and other Studies, 47-59. Nach der Studie Structure and Contents besteht der erste Teil aus Koh 1,2-2,26, der zweite Teil aus Koh 3,1-4,3, der dritte Teil aus Koh 4,4-6,9 und der vierte Teil aus Koh 6,10-12,8.

66 *Lys*, Par le temps qui court, 299-316; vgl. *Ders.*, L'Ecclesiaste ou Que vaut la vie?, 1977; vgl. *Ders.*, L'être et le temps, in: *Gilbert* (Hg.), La Sagesse de l'Ancien Testament, 249-258. Eine Gliederung findet sich bei *Michel*, Qohelet, 39f.

67 *Lohfink*, Strukturen und Struktur, 44 in Aufnahme von *Bea*, Liber Ecclesiastae, 1950, VII.

68 *Lohfink*, Kohelet, 10. Die „Religionskritik" hieß in *Ders.*, War Kohelet ein Frauenfeind?, in: *Gilbert* (Hg.): La Sagesse de l'Ancien Testament, 259-287, dort 269, Anm.39 noch „Ethik des religiösen Verhaltens". Die übrige Aufteilung findet sich schon dort 267-269.

69 Die neue Gliederung in *Lohfink*, Strukturen und Struktur, 109.

| | | | | | |
|---|---|---|---|---|---|
| A | | | | 1,2-11 | Exordium (darin: Gedicht) |
| | B | | | 1,12-3,15 | Königserzählung |
| | | C | | 3,16-4,16 | Gesellschaftliche Dimension I |
| | | | X | 4,17-5,6 | Religiöses Verhalten |
| | | C‘ | | 5,7-6,9 | Gesellschaftliche Dimension II |
| | B‘ | | | 6,10-9,10 | Auseinandersetzung |
| A‘ | | | | 8,16-12,8 | Lebensweisung (am Ende: Gedicht) |

*Lohfink* kombiniert nun diese strukturelle Gesamtkonstruktion mit einer linearen, an inhaltlich-thematischen Feldern orientierten, den Prozess der Lektüre dynamisch voranbringenden Vierteilung des Buches[70], die er folgendermaßen aufbaut[71]:

I.1,2-3,15(*exordium* und) *demonstratio*, vielleicht sogar *narratio*
II.3,16-6,9*explicatio*
III.6,10-9,10*refutatio*
IV.8,16-12,8*applicatio* (und *peroratio*)

Ferner beobachtet er nun auch – im Anschluß an die „frame-narrative"-These von *Michael V. Fox* eine „Stimmenstruktur des Koheletbuches"[72], die Buchverfasser-Stimme („Rahmenerzähler") von einem Buchautor unterscheidet. „Die vom Rahmenerzähler referierte Stimme ‚Kohelet‘ differenziert sich selbst abermals zeitlich gestaffelt in verschiedene Stimmen". Doch der „Sachverhalt wird nochmals komplizierter: Kohelets erzählte Ich-Vergangenheit nimmt zum Teil fiktiven Charakter an, nämlich in der Salomo-Travestie"[73].
Um das Ganze dann noch etwas komplexer zu machen, rechnet Lohfink zudem mit „*Strukturüberlagerung und Strukturkonkurrenz*", also mit Strukturen, die nicht nur unterschiedlichen Ebenen zuzuordnen seien, sondern auch gleichzeitig z.B. einen chiastischen und palindromischen Aufbau verfolgen könnten, sowie mit „*Erwartungsenttäuschungen*", die „der Involvierung der Leser in die fortschreitende Wahrnehmung der Struktur" bewusst eine „Destruktion einer zunächst geweckten Strukturerwartung zugunsten einer neuen Struktur" entgegensetzten[74]. Schaut man auf das Ganze und nimmt man alle kompositionellen Elemente Lohfinks zusammen (1. „Konstruktionsprinzip Diatribe"; 2. „Palindromische Gesamtkonstruktion"; 3. „Inhalt-

[70] *Lohfink*, Kohelet, 10. Vgl. dazu auch die Darstellung von *Lohfinks* Konzept bei *Schwienhorst-Schönberger*, Das Buch Kohelet, 10 und vor allem den eindringlichen Hinweis von *Lohfink* auf den „springende[n] Punkt – nämlich die offenbar bewußt erzeugte Spannungzwischen linearer Dynamik und in sich zurücklaufender Ringkomposition". Diese Präzisierung findet sich in: *Ders.*, Strukturen und Struktur, in: *Schwienhorst-Schönberger* (Hg.), Das Buch Kohelet, 39-121, hier: 44.
[71] *Lohfink*, Strukturen und Struktur, 109.
[72] *Lohfink*, Strukturen und Struktur, 54-59.
[73] *Lohfink*, Strukturen und Struktur, 55.
[74] *Lohfink*, Strukturen und Struktur, 59-60.

lich-thematische Vierteilung des Buches"; 4. „Stimmenstruktur" sowie 5. „Strukturüberlagerung, Strukturkonkurrenz und Erwartungsenttäuschungen") und bedenkt die unterschiedlichen Ebenen der Argumentation, der Zugänge und der möglichen „Entstehungsgeschichte des Koheletbuches"[75] (z.B. „Spannung zwischen linearer Dynamik und in sich zurücklaufender Ringkomposition"; „sprachliche Politurarbeit"; Epilogisten; „Selbstzitate"; „Siebenerphänomene"), so kommt man zu einem kaum mehr durchschaubaren Gesamtkonstrukt, das Zweifel an einer solch komplexen Anordnung nicht gänzlich ausschließen kann: Ob das Einfachere vielleicht nicht manchmal doch das Bessere ist?[76]
Ebenfalls eine Vierteilung des Buches empfiehlt *C. L. Seow*[77] in seinem Kommentar, jedoch mit anderen thematischen Einschnitten als Lohfink. Er unterscheidet innerhalb von zwei großen Teilen (Teil I: 1,2-6,9 und Teil II: 6,10-12,8) jeweils einen Reflexionsteil (I.A. 1,2-4,16 bzw. II.A. 6,10-8,17) von einem Ethik-Teil (I.B. 4,17-6,9 bzw. II.B. 9,1-12,8). So kommt er zu folgendem Aufbauschema:

| | | |
|---|---|---|
| 1,1 | Überschrift | |
| Teil I. | I.A. Reflexion: Alles ist vergänglich und unzuverlässig | |
| | I.A.1: 1,2-11 | Vorwort |
| | I.A.2: 1,12-2,26 | Nichts ist wirklich verlässlich |
| | I.A.3: 3,1-22 | Alles ist in der Hand Gottes |
| | I.A.4: 4,1-16 | Relativ gut ist nicht gut genug |
| I.B. | Ethik: Auseinandersetzung mit der Unsicherheit | |
| | I.B.1: 4,17-5,6 | Haltung vor Gott |
| | I.B.2: 5,7-6,9 | Genuss statt Habgier |
| Teil II. | | |
| II.A. | Reflexion: Alles ist unfassbar | |
| | II.A.1: 6,10-7,14 | Niemand weiß, was gut ist |
| | II.A.2: 7,15-29 | Gerechtigkeit und Weisheit sind unfassbar |
| | II.A 3: 8,1-17 | Die Welt ist willkürlich |
| II.B. | Ethik: Auseinandersetzung mit Gefahren und dem Tod | |
| | II.B.1: 9,1-10 | Carpe Diem |
| | II.B.2: 9,11-10,15 | Die Welt ist voller Gefahren |
| | II.B.3: 10,16-11,6 | Leben mit Gefahren |
| | II.B.4: 11,7-12,8 | Schlussfolgerung |
| 12,9-13a | Epilog | |
| 12,13b-14 | Weiteres Material | |

[75] *Lohfink*, Strukturen und Struktur, 52-54.
[76] Wir haben versucht, in Anhang 2b die Komplexität der *Lohfink*schen Zugänge in ein Gliederungsschema zu überführen, wobei nicht alle Feinheiten eingetragen werden konnten; zum Vergleich mit anderen Gliederungen des Buches erschien uns eine Konzentration auf die mit den Stichworten „Palindromische Gesamtkonstruktion" und „Inhaltlich-thematische Vierteilung des Buches" angesprochenen Gliederungsmerkmale aber angemessen und hinreichend.
[77] *Seow*, Ecclesiastes, 46f.

*F. J. Backhaus* äußert sich in drei großen Arbeiten zur Komposition des Koheletbuches[78]. Auch er sieht vier Teile im Koheletbuch vor, gliedert allerdings anders als Lohfink und Seow, wenn hier oft auch nur Nuancen eine Rolle spielen; er unterscheidet eine „program-matische Grundschrift" (Teil I), von der sich drei weitere Teile (II: ohne übergreifendes Thema; III: Drei rhetorische Fragen und deren Beantwortung; IV: Das Todesgeschick) abheben, die keinerlei inhaltliche Bezüge zu dieser und untereinander erkennen lassen[79].

| | | |
|---|---|---|
| I. | 1,3-3,22 | Programmatische Grundschrift<br>(a) Negative Antwort auf die Frage nach dem Gewinn (1,3);<br>(b) Begründung mit Hinweis auf das Todesgeschick des Menschen, die Allmacht Gottes und die Niedrigkeit des Menschen. |
| II. | 4,1-6,9 | Keine übergreifende Komposition, die auf einen Gedankengang schließen läßt. „Resignierendes Beobachten politisch-sozialer Verhältnisse (Qoh 4,1-3; 4,13-16; 5,7-8) wechselt mit der Haltung gegen die Gier nach Reichtum und Besitz ab (Qoh 4,4-6.7-12; 5,9-6,9). Eine Ausnahme bildet diesbezüglich Qoh 4,17-5,6"[80]. |
| III. | 6,10-8,17 | Gedankliche Entfaltung der drei rhetorischen Fragen 6,11b; 6,12a; 6,12b: Allmacht Gottes und Unerforschlichkeit seiner Werke |
| IV. | 9,1-12,8 | Das alle Menschen gleichermaßen treffende Todesgeschick. |

Dieser Einteilung schließt sich *L. Schwienhorst-Schönberger* an[81]. Anders als Backhaus sieht er in der Anordnung der vier Teile aber eine Systematik, die „vor dem Hintergrund der antiken literarischen Rhetorik zu verstehen" sei, weil sie an *einem* Thema, nämlich der „Frage nach dem Inhalt und der Bedingung der Möglichkeit des menschlichen Glücks" interessiert seien und formal „Entsprechungen zu den vier Teilen der klassischen antiken Rede" (propositio – explicatio – refutatio – applicatio) zeigten[82]. Seine Einteilung sieht so aus[83]:

| | | | |
|---|---|---|---|
| 1,1 | Überschrift | | |
| | 1,2 | Rahmen und Mottovers („Windhauch") | |
| | | 1,3-3,22 | 1. Teil: Darlegung (proposito). Darlegung und Beantwortung der Fragen nach Inhalt und Bedingung der Möglichkeit menschlichen Glücks. |

78 *Backhaus*, Zeit und Zufall, 1993; *Ders.*, Widersprüche und Spannungen, in: *Schwienhorst-Schönberger*, Das Buch Kohelet, 123-154; *Backhaus*, „Es gibt nichts Besseres", 1998.

79 *Backhaus*, Zeit und Zufall, 211.

80 Ebd. 213.

81 *Schwienhorst-Schönberger*, Nicht im Menschen, 3.5-6. Dies bekräftigt er noch einmal in *Ders.*, Kohelet, in: *Ders.* (Hg.), Das Buch Kohelet, 5-38, dort 11f und *Ders.*, Kohelet-Kommentar 2004, 46-53, dort 51-53.

82 *Schwienhorst-Schönberger*, Kohelet, S.11. Die Gliederung der rhetorischen Rede übernimmt er von *Lausberg*, Handbuch, 1990.

83 *Schwienhorst-Schönberger*, Kohelet, 12, vgl. auch *Ders.*, Predigerbuch, 1580, wieder in *Ders.*, Kohelet-Kommentar 2004, 52..

4,1-6,9 2. Teil: Entfaltung (explicatio): Auseinandersetzung mit einem vorphilosophischen Glücksverständnis: Entwertung traditioneller Werte im Hinblick auf die Bestimmung des höchsten Gutes.
6,10-8,17 3. Teil: Verteidigung (refutatio): Auseinandersetzung mit alternativen Glücksbestimmungen.
9,1-12,7 4. Teil: Anwendung (applicatio): Aufruf zur Freude und zu tatkräftigem Handeln.
12,8 Rahmen- und Mottovers („Windhauch")
12,9-14 Zwei Nachworte

Zu dieser Gliederung („vierteilige Komposition mit doppelter Rahmung"[84]) hat er noch einige Ausführungen angeschlossen: „Im 1. Teil (1,3-3,22) findet sich in Grundzügen eine ‚Philos. des Glücks' [...]. Hier hebt sich die sog. Königstravestie (1,12-2,26) heraus: Qohelet schlüpft in die Rolle eines Königs, um einen spezifischen Lebensentwurf durchzuspielen. [...] Der 2. Teil (4,1-6,9) widmet sich der Konkretisierung jener im 1.Teil grundgelegten Lehre vom guten und gelingenden Leben [...]. Probleme und Themen der damaligen Lebenswelt werden im Horizont jener Eudaimonologie entfaltet [...]. Im 3. Teil (6,10-8,17) wird v.a. das normative Wissen der Zeit einer krit. Überprüfung unterzogen. Hier schlägt v.a. der weisheitskrit. Zug des Buches durch. Im Gespräch mit traditioneller Spruchweisheit entwickelt Qohelet im 4. Teil (9,1-12,7) seine Weisungen zum tatkräftigen Handeln, die im Aufruf zur Freude (9,7-10; 11,9-12,7) ihr Ziel und ihren Abschluß finden."[85] Mit dieser Einteilung[86] kommt er sehr nahe an das von Lohfink vorgeschlagene Modell heran; die Nähe zur Erklärung der Struktur durch das griechische Rhetorik-Modell ist mit Händen greifbar. Ob allerdings diese Vierteilung des Buches, die mehr an der griechischen Rhetorik als an der Struktur des Koheletbuch interessiert scheint, eine Erschließung des Buches wirklich leisten kann, bleibt fraglich. *Schwienhorst-Schönberger* jedenfalls sieht in der Vierteilung des Buches eine breite Übereinstimmung der jüngeren Forschungsansätze, die „sich sowohl in der Abgrenzung als auch in der inhaltlichen Bestimmung auf der von *N. Lohfink, F. J. Backhaus* und *L.*

---

84 *Schwienhorst-Schönberger*, Predigerbuch, 1580.

85 *Schwienhorst-Schönberger*, Predigerbuch, 1580, vgl. *Ders.*, Kohelet-Kommentar 2004, 53.

86 Zur näheren Beschreibung seiner These schreibt er: „Genau genommen müßte man den ersten Teil, die proposito, noch etwas feiner untergliedern in: prooemium (1,3-11), narratio (1,12-2,26: in Form einer Ich-Erzählung als Königstravestie) und probatio (= argumentatio) (3,1-22). Die argumentatio im engeren Sinne wird durch prooemium und narratio vorbereitet. Ferner übernimmt der zweite Teil (4,1-6,9) bereits Aufgaben der refutatio, freilich bezogen auf ein vorphilosophisches Glückverständnis" (*Schwienhorst-Schönberger*, Das Buch Kohelet, 12, vgl. die feinere Einteilung auch in *Ders.*, Predigerbuch, 1580).

*Schwienhorst-Schönberger* gezeichneten Linie bewegt: (1) 1,3-3,15; (2) 3,16-6,12; (3) 7,1-8,17; (4) 9,1-12,7. Hier scheint sich ein Konsens anzubahnen“[87].

Dieser großen Übereinstimmung kann sich mit Einschränkungen auch *Andreas Vonach* anschließen[88]. In einer Kombination des Ansatzes von Michael V. Fox[89], von dem er die These übernimmt, daß das Koheletbuch nicht aufgrund diverser Redaktionen entstanden sei, sondern durchaus aus einer Hand stammen könne, und der neueren Forschung von Michel bis Schwienhorst-Schönberger gelangt er zu einer Grobgliederung, die manches von den genannten Argumenten aufnimmt und etliches mit der Gliederung Lohfinks gemeinsam hat. Besonders wichtig bei seiner Struktur sind neben den üblichen Annahmen zur Rahmung des Buches die vier als „Gedichte“ gekennzeichneten Abschnitte 1,4-11; 3,1-8; 7,1-14 und 11,9-12,7 sowie die „*ma-jitron-Frage*“ in 1,3 und 3,9, die das Corpus binnenstrukturell gliedern[90]; so gelangt er zu folgendem Aufbau[91]:

| | | | | |
|---|---|---|---|---|
| 1,1 | Prolog | | | |
| 1,2 | | Mottovers | | |
| 1,3 | | | *ma-jitron-Frage* | |
| 1,4-11 | | | | Gedicht |
| 1,12-2,26 | | | Königsfiktion | |
| 3,1-8 | | | | Gedicht |
| 3,9 | | | *ma-jitron-Frage* | |
| 3,10-6,12 | | | Darlegungen Kohelets als Weiser I | |
| 7,1-14 | | | | Gedicht |
| 7,15-11,8 | | | Darlegungen Kohelets als Weiser II | |
| 11,9-12,7 | | | | Gedicht |
| 12,8 | | Mottovers | | |
| 12,9-14 | Epilog | | | |

87 *Schwienhorst-Schönberger*, Kohelet, 14.

88 *Vonach*, Nähere dich um zu hören, 1999.

89 *Fox*, Qohelet And His Contradictions, 1989. Mit der Aufnahme von *Fox* setzt er sich allerdings signifikant von der neueren Forschung ab, der er im übrigen vorwirft, *Fox'* Ansatz nicht genügend rezipiert zu haben. Nur *Krüger* und *Seow* hätten sich damit auseinandergesetzt (11, Anm.14).

90 *Vonach*, Nähere dich um zu hören, 10-19. Er hat allerdings Mühe, die „Gedichte“ genannten, doch recht unterschiedlichen Stücke einerseits und die beiden Fragen andererseits als strukturbildende Merkmale plausibel zu machen – schon deshalb, weil sich auch sonst poetische Stücke finden und die יתרון-Frage sich keineswegs auf diese beiden Stellen reduziert.

91 *Vonach*, Nähere dich um zu hören, 19. Dieser Aufbau bietet allerdings manche Merkwürdigkeit, so z.B., dass Vonach Koh 1,1 als „Prolog“ bezeichnen kann, während die gesamte übrige Forschung darin die Überschrift des Buches sieht. Außerdem bleiben die doch sehr umfänglichen Textstücke Koh 3,10-6,12 und Koh 7,15-11,8 mit den Titeln „Darlegungen Kohelets als Weiser I + II“ doch recht vage. Ferner übersieht er, dass die יתרון-Frage auch Koh 6,8.11 auftaucht, aber auch noch in anderen Kontexten eine Rolle spielt.

Dieser avisierte Konsens ist aber schon durch den Kohelet-Kommentar von *Thomas Krüger* wieder in Frage gestellt[92], der eine Einteilung in fünf größere Textkomplexe vorschlägt, in denen er „formal ähnliche und / oder thematisch verwandte Einheiten“ vermutet, die „eine Klammer um größere Textkomplexe zu bilden scheinen“. „Der Aufbau des Koheletbuches lässt sich dann insgesamt folgendermaßen skizzieren“[93]:

| | | |
|---|---|---|
| 1,1 | Überschrift | |
| 1,2 | Motto | |
| 1,3 - 4,12 | Der König und der Weise | |
| | 1,3-11 | Vorspiel: Gibt es einen Gewinn angesichts der Ewigkeit? |
| | 1,12 - 2,26 | Reflexionen des Königs Kohelet: Die Entwertung des unverfügbaren Glücks |
| | 3,1-9 | Zwischenspiel: Gibt es einen Gewinn angesichts der Zeit? |
| | 3,10 - 4,12 | Reflexionen des Weisen Kohelet: Das unverfügbare Glück als höchstes Gut |
| 4,13 - 5,8 | Der König und der Gott | |
| | 4,13-16 | Kritik falscher Erwartungen an einen König |
| | 4,17 - 5,6 | Aufruf zur richtigen Haltung gegenüber dem Gott |
| | 5,7f | Kritik falscher Erwartungen an einen König |
| 5,9 - 6,9 | Armut und Reichtum | |
| | 5,9-11 | Sprichwörter |
| | 5,12-16 | Negative Fälle |
| | 5,17-19 | Positive Fälle |
| | 6,1-6 | Negative Fälle |
| | 6,7-9 | Sprichwörter |
| 6,10 - 8,17 | Kritische Diskussion gängiger Weisheiten | |
| | 6,10-12 | Grenzen des Menschen |
| | 7,1-14 | Kritik weiser Ratschläge |

---

92 *Krüger*, Kohelet, 19f.

93 Ebd. Vgl. die Übersicht im Anhang C) 2.b). Im einzelnen führt er aus: „So wird 5,9-6,9 durch je drei Sprichwörter in 5,9-11 und 6,7-9 gerahmt. Vor und nach 1,12-2,26 finden sich poetische Abschnitte (1,3-11 und 3,1-9), die jeweils mit der Frage nach einem möglichen „Gewinn“ für den Menschen beginnen (1,3) bzw. enden (3,9). Die Ratschläge für das religiöse Verhalten in 4,17-5,6 werden gerahmt von Texten, in denen es um das Verhältnis zu Herrschenden geht (4,13-16 und 5,7f). Die Themen von 9,1-12 (V. 1-6: Tod – V. 7-10: Freude – V. 11f: Kontingenz) werden in 11,1-12,7 in umgekehrter Reihenfolge wieder aufgenommen (11,1-6: Kontingenz – 11,7-10: Freude – 12,1-7: Tod). Und 8,16f wendet sich wie 6,10-12 gegen Ansprüche auf eine besonderes ethisches Orientierungswissen. Aufgrund dieser Beobachtungen lassen sich 1,3-3,9; 4,13-5,8; 5,9-6,9; 6,10-8,17 und 9,1-12,7 als Teilkompositionen des Koheletbuches betrachten, die jeweils (wie auch das Buch als Ganzes) nach dem Muster A-B-A' aufgebaut sind“. Eine Ausnahme von dieser Regel findet er allerdings in dem Abschnitt 3,10-4,12 (ebd.).

| | | |
|---|---|---|
| | 7,15-22 | Grenzen der Gerechtigkeit und der Weisheit |
| | 7,23-29 | Grenzen der Weisheit |
| | 8,1-9 | Wissen und Macht |
| | 8,10-15 | Gerechte und Frevler |
| | 8,16-17 | Grenzen der Weisheit |
| 9,1 - 12,7 | Leben in Anbetracht des Zufalls und der Vergänglichkeit | |
| | 9,1-12 | Aufruf zur Freude und zu tatkräftigem Handeln im Blick auf den Tod und den Zufall |
| | 9,13-10,20 | Stärken und Schwächen der Weisheit |
| | 11,1-12,7 | Ratschläge für das Leben angesichts der Unsicherheit der Zukunft und der Gewissheit des Todes |
| 12,8 | Motto | |
| 12,9-14 | Nachwort | |

*Krüger* schränkt die Gültigkeit dieser Einteilung mit Hinweis auf *J. Vilchez*[94] jedoch sogleich ein: „Diese Aufbauskizze erhebt keineswegs den Anspruch, die ‚richtige' und einzig zutreffende Gliederung des Koheletbuches anzugeben – dazu sind die Struktursignale im Text zu wenig deutlich und eindeutig"[95].

5. Einzelelemente als strukturbildende Signale

Einzelne Forscher versuchen in immer wiederkehrenden Formulierungen des Koheletbuches strukturbildende Signale zu erkennen.
Zu erwähnen ist hier zunächst *G. S. Ogden*, der die Frage nach dem יתרון als inhaltliches Strukturmittel einführt: „the question (מה־יתרון) and its response (אין טוב) are integrally related and provide the literary framework around which these portions of the book are built"[96].
In eine ähnliche Richtung tendiert *A. G. Wright*, der sich[97] an der Verteilung der „הֶבֶל-Urteile" orientiert (allerdings nur für Kap. 1-6) sowie an den Aussagen, die das Scheitern des Menschen in seinen Bemühungen konstatieren (מצא: vorwiegend in Kap. 7f; ידע: vor allem in Kap. 9.11).
Diese beiden sehr interessanten Untersuchungen, die wir teilweise in unserer eigenen Analyse aufgreifen[98], scheinen der Leitwort-Analyse Rosenzweigs[99] verpflichtet, die ebenfalls Leitworten eine strukturbildende Kraft zugesteht. Einen ganz anderen Zugang hatte *A. G. Wright*

---

94 *Vilchez*, Rezension zu *Schwienhorst-Schönberger*, Nicht im Menschen, in: Bib 76 (1995), S.562-565.

95 *Krüger*, Kohelet, 21.

96 *Ogden*, Qoheleth's Use, 339-350, das Zitat 350. Vgl. auch die anderen wichtigen Werke von *Ogden*: The Tôb-Spruch in Qoheleth, 1975; The „Better"-Proverb (Tôb-Spruch), 489-505; wieder aufgenommen im Kommentar (*Ders.*, Qoheleth, 1987).

97 *Wright*, Ecclesiastes (Qoheleth), in: *Brown* u.a. (Hg.): The New Jerome Biblical Commentary, 1990, 489-495.

98 Siehe dazu unten Teil 2 C).

99 Vgl. unten Teil 1 B) III. Leitwort-Analyse.

schon 1980 gefunden: er konstatiert „numerical patterns" (Zahlenmuster), nach der die Gesamtzahl der Verse (222 an der Zahl) durch den Einschnitt in 6,9 in je 111 geteilt wird[100].

## IV. Fazit

Das Grundproblem aller Modelle ist die dem Buch inhärente *Thematische* Widersprüchlichkeit mancher Textpassagen: erklärt die Sentenzentheorie diese oft biografisch, so versucht die literarkritische Methode diese durch Zuweisung an eine spätere Überarbeitung auszugrenzen, die Dispositionstheorie wiederum unter Identifizierung solcher Widersprüche als Zitation fremder Meinungen. Am ehesten könnte das Redaktionsgeschichtliche Modell diese Spannungen auflösen, wenn es nicht neue Probleme mit sich brächte.
Grundsätzlich kann man über das vergangene Jahrhundert hinweg eine Bewegung feststellen, die unter dem Titel *„von der Sammlung zur Komposition"*[101] zusammengefaßt werden könnte, d.h., immer mehr Forscher rechnen damit, im Koheletbuch Strukturmerkmale und einen kompositorischen Zusammenhang entdecken zu können, wenngleich nach wie vor kein Konsens hergestellt werden konnte und das *„vanitas vanitatem"* bis zum jüngsten Urteil von *A. Fischer* gilt: „Von den vergeblichen Versuchen, einen planvollen Aufbau nachzuweisen zeichnet die Forschungsgeschichte ein eindrucksvolles Bild."[102]

---

100 *Wright*, The Riddle of the Sphinx Revisited, 38-51. Zu diesem interessanten Versuch, aber auch zur Kritik an ihm vgl. *Michel*, Qohelet, 37-39.

101 So *Schwienhorst-Schönberger*, Das Buch Kohelet, 7; vgl. *Ders.*, Kohelet-Kommentar 2004, S.53.

102 *Fischer*, Skepsis oder Furcht Gottes?, 6, Anm.14.

# B) Methode und Aufbau dieser Untersuchung

## I. Definitionen der operativen Begriffe

In den Forschungen zu einem Aufbau des Koheletbuches werden unterschiedliche Begriffe gebraucht; „Aufbau“ und „Gliederung“, „Struktur“ und „Komposition“ sind nur einige von ihnen. In den Kommentaren werden diese Begriffe jedoch häufig sehr unterschiedlich verwendet; deshalb ist es angezeigt, diese Begriffe, bevor man sie benutzt, zu definieren. Die Literaturwissenschaft und darin besonders die (Text-) Linguistik können hier weiterhelfen:

### 1. Struktur

„*Struktur*, ein alter Begriff aus der Anatomie und der Linguistik, ist heute schon sehr abgegriffen; alle [Geistes- und] Sozialwissenschaften bedienen sich seiner“[1]. Der differierende Gebrauch des Begriffs in den Wissenschaften erschwert eine eindeutige Definition; wollte man die verschiedenen Strukturbegriffe aber „auf ihren kleinsten gemeinsamen Bedeutungsnenner […] reduzieren und diesen zum *Grundbegriff* erheben, dann käme man etwa zu folgender Formulierung: Struktur ist das Modell von den Beziehungen zwischen den verschiedenen Komponenten eines komplexen Gegenstandes“[2]. Unter „Struktur“ im Hinblick auf das Koheletbuch verstehen wir in Anlehnung an diese Definition deshalb zunächst ganz allgemein das von lat. *structura* („Zusammenfügung“, „Ordnung“[3]) abgeleitete, aus Elementen zu einer komplexen Ganzheit aufgebaute Ordnungs- und Beziehungsgefüge, das sich im Text des Koheletbuches niedergeschlagen hat[4]. Dabei „verweist uns die Vereinigung gleichartiger

---

1 *Barthes*, Die strukturalistische Tätigkeit, 153. Der Begriff findet Verwendung in der Mathematik, in den Naturwissenschaften, der Technik, der Architektur und der Ökonomie (Ökonometrie), aber eben auch in den klassischen Geistes- und Sozialwissenschaften wie der Philosophie, der Soziologie und eben auch in der Literaturwissenschaft.

2 *Fietz*, Strukturalismus, 18.

3 Vgl. die Wörterbücher: Lat. „structura“ ist abgeleitet von „struó“ (strúxí, strúctus) 1. aufschichten, zusammen-, über-, nebeneinanderlegen; 2. bauen, errichten, bereiten, veranstalten; 3. ordnen, anordnen.

4 Im Unterschied zur „Struktur von Sprache“ wird man bei der „Struktur von Texten“, also auch des Koheletbuches, bedenken müssen, dass der „Textverfasser

Elemente zu Strukturen höherer Ebenen, und die nichtgleichartiger zu Strukturen niedrigerer Ebenen“[5]. Will man also innerhalb des Textes des Koheletbuches eine in diesem Sinne definierte Struktur „höherer Ebene“ finden, so empfiehlt es sich, nach Elementen des Textes zu suchen, die gleich oder gleichartig sind; durch sie werden erstens die Anordnung der Teile eines Ganzen zueinander, also deren innere Gliederung, und zweitens deren innerer Zusammenhang beschrieben[6]. Der gesamte zweite Teil unserer Untersuchung widmet sich deshalb der „Strukturanalyse des Buches Kohelet“.
Von dieser Definition aus ergeben sich (mindestens) zwei Perspektiven: Erstens wird in unserer Untersuchung der Blick auf das Detail wichtig sein, denn von ihm aus entwickelt sich der Aufbau des Gesamtgefüges als Ordnungs- und Beziehungsgefüge (Blick vom Detail zum Ganzen). Zweitens wird aber auch das Gesamtgefüge als ordnende Größe den inneren Zusammenhang verdeutlichen, um die Details einzuordnen (Blick vom Ganzen zum Detail). Damit knüpft unser Vorgehen an den literarischen „Strukturalismus“[7] an, der – bei aller Differenzierung im Einzelnen – als gemeinsames Programm die Funktionen eines geordneten Textganzen nicht allein mittels der Einzelanalyse von Teilen, sondern auch aus seinem Gesamtaufbau zu bestimmen versucht.

Damit ist zweitens auch zu erwarten, zumal bei einem Buch wie Kohelet!, daß das eine (das Detail) manchmal nicht zum anderen (zum Gesamtgefüge) passen wird – und umgekehrt. Gefragt ist also keine, den frühen Strukturalismus kennzeichnende, Vorgehensweise, die der Analyse oftmals ein vermeintlich verobjektivierendes, ahistorisches Vorgehen zugrunde legte, sondern eine den „Post-Strukturalismus“ (Dekonstruktivismus)[8] kennzeichnende, dynamische Vorgehensweise, die Strukturen als grundsätzlich für Veränderungen offen begriffen und ihre mögliche Festschreibung der Kritik unterworfen hat. Dies wird sich als zum Buch Kohelet passend zeigen, angefangen bei den

---

seiner Anschauung vom Realen *Ausdruck* verleiht und durch [den Text] seine *Absicht* im Hinblick auf den Leser zu realisieren versucht“ (*Fietz*, Strukturalismus, 33).

[5] *Lotman*, Die syntagmatische Achse der Struktur, in: *Ders.*: Die Struktur literarischer Texte, 287-299, dort 292.

[6] Siehe dazu und über den Zusammenhang zur Semiotik unten III. Leitwort-Analyse.

[7] Als Strukturalismus bezeichnen wir im Zusammenhang dieser Untersuchung die auf *Ferdinand de Saussures* (1857-1913) zurückgehende strukturalistische Sprachwissenschaft (Cours de linguistique générale; dt. 1916: „Grundfragen der allgemeinen Sprachwissenschaft“), die die moderne Linguistik als eigene Sprachwissenschaft begründete. Vgl. *Fietz*, Strukturalismus, 19-26 eine Zusammenfassung.

[8] *Fietz*, Strukturalismus, 199-202. Vgl. auch *Bertram*, Hermeneutik und Dekonstruktion, 2002.

schon oft festgestellten „Widersprüchen" im Koheletbuch bis hin zur sogenannten „Stimmenstruktur des Koheletbuches"[9].

2. Komposition

Unter „Komposition" verstehen wir die kunstvolle Zusammenstellung und das Zusammenwirken der sich aus den einzelnen Abschnitten unserer Untersuchung ergebenden Elemente der Struktur, der Formen, der Themen und Perspektiven des masoretischen Textes des Koheletbuches. Der ansonsten in der Allgemeinen Sprachwissenschaft erstaunlicherweise wenig gebräuchliche[10] Terminus „Komposition" wird von uns deshalb in diesem Sinne eingeschränkt gebraucht, insofern zu einer umfassenderen Analyse auch die textgeschichtlichen, zeit- und kulturgeschichtlichen Kontexte seiner Entstehung sowie seine Wirkungs- und Rezeptionsgeschichte zu erschließen nötig wäre, was im Rahmen unserer Untersuchung allerdings nicht geleistet werden konnte. Wenngleich wir an einigen Stellen auch die Textgeschichte aufgreifen und einzelne Stellen als „Glossen" und „redaktionelle Bearbeitungen von sekundärer Hand" betrachten, interessiert uns vor allen Dingen die jetzige Gestalt des Buches, nicht dessen eventuelle Vorstufen und Vorgeschichte[11].

II. Syntax des Koheletbuches

„Gliederungstechnisch fundamental sind natürlich die syntaktischen Analysen. Sie führen oft, speziell wenn sie sich auch mit einigen Gattungsgesichtspunkten verbinden, erstaunlich genau zur Abgrenzung kleinerer Untereinheiten. Seit Ellermeier sehen wir für das Koheletbuch auf dieser Ebene eigentlich weithin klar"[12]. Nach dieser

---

9 Vgl. neuerdings wieder *Lohfink*, Strukturen und Struktur, 54-59 in Auseinandersetzung mit der Position von *Fox*, Frame-narrativ and Composition, und *Fox*, Qohelet And His Contradictions, 311-321. *Lohfink* spricht in diesem Zusammenhang 59f auch von möglichen „Strukturüberlagerungen" und „Strukturkonkurrenzen" innerhalb des Buches.

10 In diversen Grundrissen, Einführungen und Sachwörterbüchern der Sprach- und Literaturwissenschaft ist dieser Begriff oft nicht einmal im Schlagwortregister verzeichnet, geschweige denn ausführlich definiert; vgl. z.B. *Homberger*, Sachwörterbuch zur Sprachwissenschaft, 2003; *Neuhaus*, Grundriss, 2003; *Schulte-Sasse / Werner*, Einführung in die Literaturwissenschaft, 1994.

11 Ich schließe mich hier ebenfalls *Lohfink*, Strukturen und Struktur, 54 an, der schreibt: „Interessanter als seine Vorgeschichte ist das Buch Kohelet selbst - das Buch, nicht die Absichten seines Autors oder Letztbearbeiters. Dieses Buch können wir aus Leserperspektive als objektives Werk zur Kenntnis nehmen. Nur im Sinne dieses werk- und rezeptionsorientierten, nicht dagegen eines produktionsorientierten Ansatzes spreche ich im folgenden von der Buchstruktur". Im Unterschied zu *Lohfink* sprechen wir in diesem Falle allerdings nicht von der „Struktur" (siehe dazu oben), sondern von der „Komposition" des Buches.

12 So *Lohfink*, Strukturen und Struktur, 62 zu *Ellermeier*, Qohelet, 48-93 und unter Hinweis auf *Backhaus*, Zeit und Zufall sowie *Klein*, Kohelet.

Aussage verwundert es einigermaßen, daß seit der Untersuchung von Ellermeier (1967) eigentlich nur sehr wenige Forscher[13] seine Ergebnisse wirklich in ihre Studien aufgenommen haben[14].

Einerseits sei deshalb unter „Syntax“ in unserer Untersuchung, abgeleitet vom griechischen σὐνταξις („Zusammenstellung“, „Anordnung“) nicht nur allgemein die „Lehre vom Bau eines Satzes“ im Sinne von zulässigen Verbindungen von Wörtern zu Wortgruppen und Sätzen hinsichtlich ihrer äußeren Form, ihrer inneren Struktur und Funktion bzw. Bedeutung[15], sondern darüber hinaus die hinter der linearen Reihung der Worte verborgene innere Struktur des Satzes als hierarchisches Gefüge von Abhängigkeitsbeziehungen, die inhaltliche Beziehungen ausdrücken, verstanden („Dependenz-Syntax“ nach *L. Tesnières*[16]). *Backhaus* unterscheidet in gleicher Weise zwischen „*Textstruktur*“ und „*Textintention*“, weil seine „Syntaxanalyse insofern inhaltsorientiert vorgeht, da sie die mit den Zeichenformen verbundenen Funktionen (grammatikalisierte Inhaltselemente) mitnotiert“[17]. Im Koheletbuch führen so verstandene syntaktische Analysen in der Tat zu weitreichenden Ergebnissen, die für eine Strukturanalyse des Buches große Bedeutung haben, da sie nicht nur strukturelle Signale evozieren, sondern eben häufig mit Gattungs- und Formunterscheidungen einhergehen.

Andererseits jedoch darf man von der Syntax nicht alles erwarten. Gerade beim Koheletbuch scheint es über das (selbst in diesem Sinne erweiterte) Verständnis von Syntax hinausreichende Strukturelemente

---

13 Zum Beispiel *Backhaus*, Zeit und Zufall, dann aber auch *Klein*, Kohelet, 63.

14 Die Studie von *Ellermeier*, die ursprünglich noch sehr viel ausführlicher angelegt war (vgl. die Planungen von *Ellermeier*, Qohelet, 20f), dann aber leider nicht mehr ausgebaut werden konnte (bis auf eine kleine Ergänzung: *Ellermeier*, Qohelet Teil I, Abschnitt 2. Einzelfrage Nr. 7: Das Verbum חוש in Koh 2,25. Akkadisch vásu(m) „sich sorgen“ im Lichte neu veröffentlichter Texte. 2. Aufl. Herzberg 1970) – wird zwar in nahezu allen Literaturlisten geführt, offenbar aber nur noch von wenigen wirklich wahrgenommen. Das ist umso bedauerlicher, als er minutiös entscheidende Beobachtungen zur Syntax des Textes aufgelistet hat, wenn manches mal auch etwas umständlich oder mit einer mühsamen Verschlüsselung; vgl. *Ellermeier*, Qohelet, 52-79 die Analyse und 80-88 die auswertende Analyse. Dennoch bleiben seine Erkenntnisse wegweisend und grundlegend für jede Untersuchung, die sich um eine Struktur oder einen Aufbau des Buches Kohelet bemüht - und entsprechend oft ist sie von uns in unserer Strukturanalyse aufgenommen worden (siehe unten Teil B. Strukturanalyse des Buches Kohelet).

15 Zur Syntax der hebräischen Sprache vgl. etwa *Gesenius / Kautzsch*, Hebräische Grammatik, in: Dies. / *Bergsträsser*, Hebräische Grammatik, 319-530 oder auch *Lettinga*, 1992, Grammatik des biblischen Hebräisch, 157-195.

16 *Tesnières*, Grundzüge der strukturalen Syntax, 1980. Vgl. ferner *Stechow / Sternefeld*, Bausteine syntaktischen Wissens, 1988; *Bünting / Bergenholtz*, Einführung in die Syntax, 1989.

17 So *Backhaus*, Zeit und Zufall, 3 mit Anm. 1 und im Anschluss an *Irsigler*, Psalm 73, 120, Anm.26.

zu geben, die wir in sog. „Leitworten" sehen, nach denen das Buch aufgebaut ist. Ja, man wird sogar sagen müssen, daß die Leitwort-Analyse letztlich für das Verständnis von Strukturen im Koheletbuch aufschlussreicher sein kann als eine syntaktische Analyse.

## III. Leitwort-Analyse

Grundlegend für den hier vorgelegten Versuch zur – in oben genanntem Sinne definierten – „Struktur" und „Komposition" des Koheletbuches ist der von *Franz Rosenzweig* stammende und in Zusammenarbeit mit *Martin Buber* bei der Übersetzung des Alten Testaments gewonnene „*Leitwortstil*", der davon ausgeht, daß bestimmte Texte durch Leitworte geprägt seien, die eine strukturbildende Kraft haben können[18]. Beim Leitwortstil geht es darum, das, wie Martin Buber schreibt, „Aderngeflecht" und den „Kreislauf" eines Textes wahrzunehmen[19], um darin „Wortbrücken"[20] zu erkennen, die, oft über große Textpassagen hinweg, Textteile in „Entsprechungsverknüpfungen"[21] miteinander verbinden. „All diese nur anklingenden Verknüpfungen und Entsprechungen müssen nun aber im Textzusammenhang selber vernommen werden, ohne daß eine darauf hinzeigende Interpretation sie mit Bedeutung überbürdet, dann [...] erscheint in ihnen auf eine nur andeutende, aber bedeutungsvolle Weise ein Sinn, der keineswegs weniger wichtig ist als der an der Oberfläche verlautende"[22].
In den Sprachwissenschaften ist dieses literarische Phänomen unter dem Begriff „Leitmotiv" eingeführt, das „analog dem Leitmotiv in der Musik eine einprägsame, im selben oder im annähernd gleichen Wortlaut wiederkehrende Aussage, die einer bestimmten Gestalt, Situation, Gefühlslage, einer Idee oder einem Mittel wie Reim und Alliteration verwendet und durch ihr mehrfaches Auftreten gliedernd und akzentuierend wirkt, Zusammenhänge vorausdeutend oder rückverweisend hervorhebt sowie zur literarischen Symbolbildung eines Werkes beiträgt"[23].

---

[18] Vgl. hierzu *Askani*, Das Problem der Übersetzung, 199-203 am Bespiel von der Erzählung von „Jakob und Esau", dort 199: „Der sogenannte ‚Leitwortstil' ist im Rahmen der gemeinsamen Übersetzungsarbeit die [...] wichtigste Entdeckung ihrer [sc. *Bubers* und *Rosenzweigs*] Übersetzungsmethode und -theorie". Vgl. zu den diese Methode ergänzenden Prinzipien Bibelübersetzung, nämlich der „absoluten Wortwahl" und der „relativen Wortwahl", der Wiedergabe lautlicher, grammatischer und syntaktischer Gegebenheiten sowie der Kolometrie ebd. 152-247.
[19] *Buber*, Das Leitwort, 1150-1158, dort 1158. Vgl. auch *Buber*, Leitwortstil, 1131-1149.
[20] *Buber*, Leitwort, 1150.
[21] *Buber*, Leitwortstil, 1143f.
[22] *Askani*, Das Problem der Übersetzung, 203. Vgl. zum Ganzen auch *Bauer*, Rosenzweigs Sprachdenken, 1992.
[23] Vgl. *Schweikle / Schweikle* (Hg.): Metzler Literatur Lexikon, 250.

In Anknüpfung an das zur „Struktur" Ausgeführte soll damit bekräftigt werden, daß der strukturalistische „Versuch, Strukturen und (Teil-) Systeme des Textes freizulegen, um auf diese Weise ein Verstehen des Gesamttextes zu erreichen"[24] sich einerseits auf das Engste mit dem sogenannten Leitwortstil Rosenzweigs vereinbaren lässt und andererseits unmittelbar anknüpft an die literaturwissenschaftliche Semiotik, nach der die Texte in ihren Grundbestandteilen als „aufgeladene Zeichen" verstanden werden, die Signalcharakter haben; die Welt und ihr sprachlicher Ausdruck in Texten ist „nichts anderes [...] als ein komplexes System von Zeichensystemen"[25]. „Jegliche Erkenntnis kann man sich [umgekehrt] als Dechiffrierung einer Mitteilung vorstellen"[26]. Textlinguistisch gesprochen geht es also, ausgehend von einer Leitwort-Analyse, um das Aufzeigen einer *Textkohärenz*, ja mehr noch um die Herausarbeitung einer *Textkonstitution*, die die syntaktisch-semantische Verknüpfung von Sätzen zu einer Einheit als Verkettung von Sätzen durch Elemente (Textkonstituenten = Leitwörter) erkennen lässt[27] sowie um eine *Textphorik*, die das Verweissystem der Textkonstituenten anaphorisch und kataphorisch hervortreten lassen[28].
In diesem Zusammenhang ist uns nicht klar geworden, was Lohfink[29] zu den Stichworten „Lexemwiederholung und -häufung" schreibt. Einerseits verbucht er diese Hinweise und Details im Text unter der Überschrift „Brauchbare Kriterien und deren Leistung" (sc. im Sinne strukturbildender Mittel), andererseits schreibt er solchen häufig wiederkehrenden Wendungen, wenn wir ihn recht verstanden haben, keine strukturbildende Kraft zu: „Die vielfach regelmäßige Wiederkehr oder gar die Häufung bestimmter Wörter und Wendungen weist auf stilistische und inhaltliche Einheitlichkeit eines Textes, zeigt aber nicht notwendig eine Struktur an. Aus vielen ‚Lieblingswörtern' Kohelets, die Oswald Loretz einst zusammengestellt hat[30], läßt sich für die

24 *Neuhaus*, Grundriss, 199.

25 *Eco*, Zeichen, 14.

26 *Lotman*, Die Struktur literarischer Texte, 92.

27 Zur textlinguistischen Theorie vgl. *Heinemann / Viehweger*, Textlinguistik, 1991 und *Heinemann / Heinemann*, Grundlagen der Textlinguistik, 2002. Ferner *Lee*, Textkohärenztypologie, 2002.

28 Vgl. dazu auch *Backhaus*, Zeit und Zufall, 1-2 (Einleitung). Im Unterschied zu *Backhaus* ist uns aber nicht so sehr an einem voraus- bzw. zurückweisenden Bezugssystem, sondern vielmehr am Aufzeigen einer bestimmte Textabschnitte verbindenden Leitwort-Analyse gelegen.

29 *Lohfink*, Strukturen und Struktur, 62f.

30 Gemeint ist *Loretz*, Kohelet, 167-179.210. Den Ansatz von Loretz hat sehr viel später *Michel* wieder aufgegriffen und im Zusammenhang mit der (durch Lohfink! gemachten) Beobachtung von Selbstzitaten im Koheletbuch (siehe unten bei der Analyse von Koh 3,15: „Selbstzitate bei Kohelet?") ebenfalls von „Leitwörtern" gesprochen; *Michel*, Untersuchungen, 100 kann er z.B. bei der Analyse von Koh 8,2-9 sagen: „In vv. 6-9 werden Zentralbegriffe (Leitwörter) des Textes vv. 2-5 aufgenommen".

Buchstruktur nicht mehr herausholen als seine ‚stilistische Einheit'. Leitworte und Leitmotive sind sogar wegen ihrer Häufigkeit zur Strukturanzeige eher ungeeignet. Höchstens ihr massiertes Vorkommen in eng umgrenzten Textstücken kann – zusätzlich zu anderen Beobachtungen – helfen, einen solchen Bereich als eigenen Teil oder (so meistens) als Unterteil auszuweisen"[31].
Gerade die Verwendung immer wieder kehrender Wendungen oder einzelner Leitwörter in Rosenzweig-Buberschem Sinne zeigt u.E. aber Strukturbildung an, im Falle des Koheletbuches sogar deutlich mehr als die thematischen Zusammenhänge! Im übrigen hatte Lohfink selbst geschrieben: „Für umfassendere Strukturen werden [...] andere Phänomene der sprachlichen Oberfläche wichtig. Sie lassen sich [...] meist auf das Grundphänomen ‚Wiederholung' zurückführen: Wiederkehr von Lexemen, Lexemgruppen, Sätzen, Bildern, Themenabläufen"[32].
Ferner wird man eine Unterscheidung zu treffen haben zwischen „Lieblingswörtern" und „Leitwörtern". Während erstere keine strukturbildende Kraft in sich tragen, weil sie mangels anderer Artikulationsmöglichkeiten einfach inflationär gebraucht werden, besitzen „Leitwörter", zumal wenn sie massiert in bestimmten textintentionalen Stücken oder Argumentationszusammenhängen gebraucht werden, in der Tat strukturanzeigende Kraft.
Der von Rosenzweig und Buber aufgezeigte Zugang kann, speziell beim Koheletbuch, zu erstaunlichen Ergebnissen führen. Bei unserer Analyse sind wir in der Tat zu der Meinung gelangt, daß der Text des Buches mit solchen „Zeichensystemen", besser: „Leitworten" versehen ist, die seine Struktur deutlich hervortreten lassen.

## IV. Aufbau dieser Untersuchung

Um der Struktur und Komposition des Buches Kohelet näher zu kommen, sind ganz verschiedene Wege gegangen und im ersten Teil dieser Untersuchung in einem *Überblick zur Forschungsgeschichte* gewürdigt worden. Die bisherigen Entwürfe einer strukturellen oder kompositorischen Analyse, ob sie nun literarkritisch, formgeschichtlich oder redaktionsgeschichtlich vorgehen, arbeiteten vor allem *themen*orientiert und achteten in dem Bemühen, Leitlinien der Argumentation oder themenbedingte Zusammenhänge und Stichwortverbindungen zu finden, u.E. zu wenig auf die vom Text selbst, von den *Vokabeln*, ja mehr noch: *in* den Vokabeln sich nahelegende Struktur. So hat es sich unsere Untersuchung in einem zweiten Teil *(Strukturanalyse des Buches Kohelet)* zur Aufgabe gesetzt, diese

---

31 *Lohfink* führt dann als Beispiele (relativ unpassend, wie ich finde) מצא und אלהים an (Strukturen und Struktur, 63).
32 *Lohfink*, Strukturen und Struktur, 62.

Ansätze zu ergänzen, indem sie versucht, eine an den *Vokabeln* des Buches orientierte Struktur zu erarbeiten, die, über bloße Stichwortverbindungen, Lexemwiederholungen oder gelegentliche strukturbildende Signale hinausgreifend, zu einem der Gliederung des Koheletbuches entsprechenden Aufriß anhand einer *Leitwort-Analyse* zu gelangen bestrebt ist. Diese Aufgabe umfaßt den Hauptteil unserer Untersuchung, worin wir die Salomofiktion (Koh 1,12-4,16) strukturell untersuchen. Eine solche Strukturanalyse anhand von Leitworten kann aber nur dann sinnvoll sein, sofern die Struktur des Koheletbuches wirklich in den Vokabeln des Buches zu finden ist. Deshalb führen wir in Ergänzung hierzu (wenn auch nicht umfassend) *Wortanalysen* durch. Die Wortanalysen beschäftigen sich dabei mit den nach unserer Meinung für die Struktur des Textes wichtiger „*Leit- oder Schlüsselwörter*" innerhalb der Salomofiktion. Anschließend kann in einem Ausblick die Relevanz dieser Strukturen auch für die weiteren Textcorpora des Koheletbuches aufgezeigt werden.

Dieser Ansatz versucht wahrzunehmen, daß einerseits „ein Text ein Text ist und kein cluster von Lexemen" (Erhard Blum), das heißt: Einzelwortanalyse und Formanalyse fügen sich in die Strukturanalyse als *Zusammenhang* der Vokabeln ein, wollen „den Schlüssel zum Text im Text selbst finden" (Erich Zenger) und nicht in übergeordneten Prämissen, die – wie in der Forschungsgeschichte bis auf den heutigen Tag – aufgrund bestimmter Setzungen literarkritische und redaktionsgeschichtliche Zäsuren vornehmen, die am Zusammenhang der Vokabeln im Text selbst nicht verifiziert werden können.

Erst wenn diese Untersuchungen durchgeführt sind, kann auch neu über zusammenhängende und strukturübergreifende *Themen* des Koheletbuches nachgedacht werden, die, teilweise mit der Struktur harmonierend, teilweise sie übersteigend, erst die eigentliche Komposition, den Aufbau des Buches hervortreten lassen. Dieser letzte Zugang soll dann in einen abschließenden dritten Teil zur *Komposition des Koheletbuches* führen, in dem wir unsere Ergebnisse zusammenfassen. Unter heuristischer Perspektive ist auch bei diesem letzten Schritt noch wichtig, sich nicht von vornherein auf eine der dargelegten und in der Forschungsgeschichte angewandten Methoden festzulegen, sondern am Text entlang ihre jeweilige Plausibilität zu überprüfen bzw. in Frage zu stellen. Mit dieser Kombination der Methoden muss deshalb im letzten Schritt auch eine Kombination der Erklärung der Widersprüche in Kohelet einhergehen.

# Teil 2: Strukturanalysen[1]

## Vorbemerkung

Bei folgender, an den methodischen Vorüberlegungen dieser Untersuchung[2] orientierten Strukturanalyse sollen nicht alle für die jeweiligen Textabschnitte möglichen text-, form-, literar- und redaktionskritischen sowie inhaltlichen Argumente aufgezeigt werden. Der Schwerpunkt der Analyse liegt in der Herausarbeitung der für die Struktur (und die Komposition) des Koheletbuches relevanten Merkmale[3], jedoch werden an einigen Stellen auch ausführlichere Analysen vorgenommen, sofern sie zum Gesamtduktus dieser Untersuchung etwas beitragen.

Die Bearbeitungen der einzelnen Abschnitte, die sich entsprechend der Aufgabenstellung vor allen Dingen um die strukturellen Fragestellungen kümmern, ist in einen Vierschritt von Text – Übersetzung – Anmerkungen – Analyse und Kommentar geteilt. Leitworte des jeweiligen Abschnittes, die, über den einzelnen Textabschnitt hinausgreifend, strukturbildende Merkmale zeigen, sind nicht eigens hervorgehoben, doch wird jeweils besonders darauf hingewiesen.

---

1 Die nachfolgende Analyse orientiert sich am Text der BHS und der BHQ 18 (Megilloth). Die textkritischen Editionen (siehe z.B. *Seow*, Ecclesiastes, 5-11) sind in Auswahl in der Bibliographie verzeichnet; ferner wurden, unabhängig von textkritischen Einzelfragen zu den einzelnen Abschnitten, besonders die Hinweise zum *Gesamttext* von *Hertzberg*, Der Prediger, 25-28; *Gordis*, Koheleth, 133-143; *Lauha*, Kohelet, 7-11, und *Krüger*, Kohelet, 64-67 beachtet. Aufschlussreich waren auch die Untersuchungen zur Sprache Kohelets, die *Schoors*, The Preacher Sought to Find Pleasing Words, 1992 in einer überragenden Analyse angezeigt hat; ferner waren die Hinweise von *Lohfink*, Kohelet übersetzen, wichtig. Grundsätzlich kann man sich dem Urteil von *Seow*, Ecclesiastes, anschließen: „In general, the Hebrew text is in good order, there being relatively few textual corruptions“ (5) – was noch nichts für die syntaktischen Schwierigkeiten bedeuten muss, mit denen man im Koheletbuch auf Schritt und Tritt konfrontiert ist.

2 Siehe oben Teil 1: Einführung B) Methode und Aufbau dieser Untersuchung.

3 Eine Übersicht über wichtige neuere Gliederungsentwürfe seit *Hertzberg* (1963) – also etwa der letzten 50 Jahre – findet sich in Anhang 2a (1963-1988: *Hertzberg, Galling, Lauha, Ogden, Michel*) und in Anhang 2b (1993-2004: *Lohfink, Seow, Backhaus, Krüger, Schwienhorst-Schönberger*).

# A) Grobgliederung des Buches

## I. Der äußere Rahmen des Buches: Überschrift und Epiloge: Koh 1,1; 12,9-14

### 1. Die Überschrift: Koh 1,1

#### Übersetzung:

„Die Worte Kohelets[a], des Sohnes Davids, des Königs[b] in Jerusalem."

#### Anmerkungen

a Zum Begriff קֹהֶלֶת siehe unten b) Syntaktische Probleme mit Anm. 157-160.

b Die Septuaginta fügt nach מֶלֶךְ Ισραηλ ein, vermutlich durch Koh 1,12 motiviert, an dieser Stelle aber durch die beiden rahmenden Worte בֶּן־דָּוִד, und den Zusatz בִּירוּשָׁלִָם ziemlich überflüssig.

#### Analyse und Kommentar:

Es ist *communis opinio* der Forschung, daß in Koh 1,1 eine nachträglich zum Buch hinzugekommene Bemerkung vorliegt, die der Kanonizität des Buches dienen wollte. Ältere Anschauungen können wir hier beiseite lassen: Weder ist das Koheletbuch von Salomo selbst, noch in seiner Zeit geschrieben[1]. Schon 1963 konnte Hertzberg in seinem Kommentar feststellen: „Daß der Verfasser nicht Salomo *ist*, braucht nicht mehr erörtert zu werden. Doch ist zu fragen, ob er

---

[1] Die *beabsichtigte* Identifikation von „Kohelet, dem Davidsohn, dem König von Jerusalem" mit Salomo wird von Koh 1,12 her klar. Wir verzichten darauf, zu Problemen wie Abfassungszeit und -ort, zur Identität des Verfassers und zum Verhältnis von Koh zum übrigen AT Stellung zu beziehen, da sie unser Thema nicht unmittelbar tangieren; vgl. dazu die einschlägigen Einleitungen der Kommentare, etwa von *Lauha*, Kohelet, 1-24 oder *Hertzberg*, Der Prediger, 23-56 oder auch neuerdings von *Krüger*, Kohelet, 39-42 und *Koosed*, Permutations. Ein ganzes Büchlein widmet dieser Frage *Vílchez*, Qohélet, 1991. Insgesamt gesehen ist deutlich, daß die gesamte Forschung nicht von Salomo als dem Verfasser des Koheletbuches ausgeht. Doch keine Regel ohne Ausnahme: *Garrett*, Ecclesiastes, in: *Ders.*, Proverbs, Ecclesiastes, Song of Songs, 253-345 versucht die salomonische Verfasserschaft zu verifizieren (ebd. 254-267) – eine Meinung, mit der er vermutlich alleine bleiben wird.

Salomo sein *will*"[2]. Darauf könnte Koh 1,12 in Kombination mit Koh 1,1 hinweisen, doch selbst wenn der zweite[3] Epilogist (Koh 12,12-14, s.u.) dieser Auffassung gewesen wäre, wäre dies aus dem vorliegenden Text nicht unmittelbar ableitbar.
Schon bei diesem ersten Satz begegnen uns die Schwierigkeiten der Syntax des Koheletbuches, die den gesamten Text bis zu seinem Ende prägen und immer wieder zu höchst unterschiedlichen Übersetzungen geführt haben. Für Koh 1,1 als „Ellipse im erweiterten Nominalsatz"[4] ergeben sich mehrere Fragestellungen: Diskutiert wird, erstens, ob Koh 1,1 möglicherweise aus zwei (oder gar drei) Teilen besteht: die älteren, möglicherweise ursprünglichen oder vom 1. Epilogisten hinzugefügten „Die Worte Kohelets" (דברי קהלת)" wären dann zu einem späteren Zeitpunkt ergänzt worden durch die Worte „des Sohnes Davids, des Königs in Jerusalem", oder, in einem ersten Schritt, zunächst um die Worte „des Sohnes Davids" und in einem weiteren um die Worte „des Königs in Jerusalem"; in jedem Falle wären diese Ergänzungen dann auf den Redakteur zurückzuführen, der auch Koh 1,12 formuliert haben mag[5]. Zweitens stellen sich diverse syntaktische Probleme, je nachdem, ob man דברי קהלת und מלך בירושלם determiniert oder indeterminiert übersetzen will. Drittens muss der Zusammenhang mit Koh 1,12 diskutiert werden.

a) Koh 1,1 – zwei oder drei Teile?

Die Frage, ob Koh 1,1 möglicherweise in mehreren Stufen gewachsen ist, ist letztlich nicht mehr eindeutig entscheidbar, kann aber, wenn überhaupt, u.E. nur im Zusammenhang mit und von Koh 1,12 her reflektiert werden[6]. Sofern man davon ausgeht, daß Koh 1,12 zum ursprünglichen Bestand des Buches gehört – und davon gehen wir in der Tat aus! – wird man Koh 1,12 gegenüber der sekundären Rahmung in Koh 1,1 einen gewissen Vorrang einräumen. Da aber schon in Koh 1,12 der „מלך [...] בירושלם" erwähnt wird, spricht nicht viel dafür, diese Formulierung als Zusatz für דברי קהלת in Koh 1,1 anzusehen, sondern eher zu vermuten, daß Koh 1,1 in seiner jetzigen Form keinem Wachstum in zwei oder drei Schritten unterlegen ist. Aber wie gesagt: endgültig ist dies nicht mehr zu entscheiden. Die Annahme eines

---

2 So *Hertzberg*, Der Prediger, 52; vgl. *Schwienhorst-Schönberger*, Kohelet-Kommentar 2004, S.139-141.

3 Der erste Epilogist (Koh 12,9-11, s.u.) scheidet u.E. in jedem Falle aus, da er offenbar Kohelet nicht mit dem König Salomo identifiziert, sondern als einen „Weisen" bezeichnet, der das Volk gelehrt habe. Lauha, Kohelet, 29, sieht in בן־דוד מלך בירושלם einen Zusatz des zweiten Redakteurs.

4 *Ellermeier*, Qohelet, 162: „Der Titelbegriff stellt [...] das Prädikat eines Nominalsatzes dar, dessen Subjekt [die Buchrolle] als selbstverständlich, weil vor Augen liegend, ausgelassen ist".

5 Darstellung dieser Diskussion bei *Krüger*, Kohelet, 95-99.

6 Siehe dazu unten die Ausführungen zu Koh 1,12.

„Wachstums“ des Textes in Koh 1,1 hätte zur Folge, daß man mit der Möglichkeit noch weiterer „Epilogisten“ und „Redakteure“ rechnen müsste. Eher wäre u.E. zu fragen (aber wohl auch nicht mehr zu entscheiden), warum, wenn in Koh 1,12 schon „מלך על־ישׂראל בירושלם“ stand, die Wendung על־ישׂראל in Koh 1,1 weggelassen wurde?

b) Syntaktische Probleme

Was die Determination angeht, so gilt zweitens, was Ellermeier auch für Prv 25,1 als Vergleichstext (משלי שלמה) anführt: eine Wendung mit Eigennamen „ist nach den Regeln der Grammatik durch den Eigennamen determiniert“[7] – die Frage ist nur, ob קהלת ein Eigenname ist? Natürlich gibt es dazu eine ausführliche Diskussion[8]. Diese betrifft zunächst den Begriff selbst[9], den man wörtlich mit „Versammlerin“ wiedergeben müsste[10]; damit ist aber nichts geklärt und die Schwierigkeiten beginnen erst. Da einerseits קהלת durchaus eine Funktion bezeichnen kann, die wir heute aber nicht mehr verifizieren können[11], Koh 1,12 mit der Formulierung אני קהלת jedoch andererseits offenbar ein einzelner, wenn auch fiktiver Mensch vorausgesetzt ist und Koh 1,12 als ursprünglicher Textbestand Koh 1,1 regiert, „leidet es keinen Zweifel, daß ‚Kohelet‘ hier wirklich als Eigenname

---

7 *Ellermeier*, Qohelet, 162f., obwohl er selbst indeterminiert übersetzt. Vgl. *Gesenius / Kautzsch*, § 125, 419-422) („Abweichungen von dieser Regel sind entweder nur scheinbar oder beruhen auf Textverderbnis“, 420) und alle anderen Grammatiken.

8 Siehe dazu die Diskussion in nahezu allen Kommentaren. Die Mehrheit der Ausleger entscheidet sich, in קהלת einen (verschlüsselten) Eigennamen zu sehen.

9 Speziell zur femininen Form des Partizips Singular Qal von קהל (Ni. „sich versammeln“, Hi. „versammeln“) und den damit zusammenhängenden Problemen vgl. *Michel*, Qohelet, 1-8 und *Loretz*, Kohelet, 145-148 sowie *Müller*, (Art.) קהל *qahal* Versammlung, in: THAT II, 609-619 und *Hossfeldt / Kindl / Fabry*, (Art) קהל *qahal*, in: ThWAT VI, 1204-1222. Zusammenfassend siehe *Krüger*, Kohelet, 97-99. Zur Bezeichnung der Sprüche Kohelets als דברים (Koh 1,1) bzw. משלים (Koh 12,9) s.u.

10 Die wörtliche Ableitung, die auch die Septuaginta mit ihrer Übersetzung ῥήματα Ἐκκλησιαστοῦ υἱοῦ Δαυιδ βασιλέως Ισραηλ ἐν Ιερουσαλημ voraussetzt, legt die neutrale Übersetzung „Teilnehmer(in) an einer (Volks-) Versammlung“ (קהל) nahe, was auch durch die Vulgata mit der Wiedergabe „Ecclesiastes“ bestätigt wird. Die feminine Form bietet Schwierigkeiten in der Übersetzung. Dies berücksichtigt selbst Martin *Buber* in seiner Übersetzung nicht; er schlägt vor, קֹהֶלֶת mit „Versammler“ zu übersetzen, vgl. *Buber / Rosenzweig*: „Das Buch Versammler“, in: Die Schrift, 387-409.

11 Man kann aber קֹהֶלֶת auch im Kontext anderer, ebenfalls in femininer Nominalform bekannten Berufsgruppenbezeichnungen interpretieren, vgl. z.B. בְּנֵי־הַסֹּפֶרֶת (Esr 2,55: „Schreiberamt“) und פכרת (Esr 2,57: „Gazellenpflegeramt“), worauf mich Heinz-Dieter *Neef* aufmerksam gemacht hat. Vgl. auch schon *Hertzberg*, Der Prediger, 54 und *Gunneweg*, Esra, 51-53. Vgl. auch *Ingram*, Ambiguity, 75-90.

aufgefaßt ist“[12]. Deshalb sollte דברי קהלת mit „Die Worte Kohelets“ übersetzt werden, ohne daß damit eine „Vollständigkeit der Sammlung“ der Worte Kohelets behauptet werden muss[13]. Auch determiniert kann „Kohelet“ daneben noch „andere Worte“ gesagt oder niedergeschrieben haben. Die Determination bezieht sich auf die Worte *Kohelets*, nicht auf die *Worte* Kohelets. Ist für דברי קהלת in diesem Sinne entschieden, dann gilt dies auch für בן־דוד, so daß zu übersetzen ist: „Die Worte Kohelets, des Sohnes Davids, des Königs in Jerusalem“[14]. „Sohn Davids“ kann sich zunächst (als Bezeichnung der Nachfahren des ersten großen Königs) neben dem leiblichen Sohn Salomo auch auf jeden anderen König in Israel beziehen kann (Davids-Dynastie). Die Formulierung מלך בירושלם hingegen kann sich sowohl auf קהלת als auch auf בן־דוד rückbeziehen.

c) Zusammenhang mit Koh 1,12

Wie dem auch sei: Koh 1,1 muss in seiner heutigen Form als *Überschrift und Titel des gesamten Buches* als eigenständige Größe angesehen werden, die nicht mit Koh 1,2 oder 1,3 oder gar mit Koh 1,4-11 kombiniert werden darf[15]. In ihr sind die wesentlichen Informationen gesammelt: Name, Abstammung, Funktion und Ort. Die Überschrift dient in erster Linie der Legitimation der „Worte“, weniger durch den Namen selbst, der weiterhin rätselhaft bleibt, als vielmehr durch die nachgestellten und von Koh 1,12 her motivierten „Epitheta“ zur Abstammung und Funktion. Zu unterscheiden ist zwischen „Autor“ und „Autorität“. Zweifellos ist durch die Häufung der Begriffe aber die Absicht erkennbar: Die Bemerkung soll dazu dienen, Salomo als Autor zu kennzeichnen. Umso erstaunlicher ist freilich, daß der Name erst in Koh 1,12 erscheint[16], wobei festgehalten werden muss, daß die Angaben „nicht im Sinne eines modernen Autoren-Begriffs zu verstehen

---

12 *Ellermeier*, Qohelet, 163.

13 So argumentiert auch *Ellermeier*, Qohelet, 163. Er spricht sich jedoch trotzdem für Indetermination aus; diese legt fest, daß die vorliegenden „Worte“ nicht alle Worte Kohelets darstellen.

14 *Ellermeier*, Qohelet, 161 polemisiert gegen diese Formulierung, indem er eine vergleichbare deutsche Formulierung konstruiert: „Das Bellen Plutos, des Hundes des Nachbarn, des Schreckens im Stadtviertel“ und diese (zu Recht) zu einem „Sprachgebilde [erklärt], von dem sich jeder mit Schaudern abwenden wird“. So sehr wir ihm hier zustimmen, so sehr wollen wir doch betonen, daß deutsche und hebräische Syntax vielleicht doch besser nicht über einen Kamm geschert werden sollten und für unmittelbare Vergleiche nicht taugen; quod licet Iovi, non licet bovi, oder in diesem Falle: das „Bellen Plutos“ sollte vielleicht doch besser nicht mit den „Worten Qohelets“ verglichen werden.

15 Siehe dazu unten die Analyse bei Koh 1,4-11.

16 „Möglicherweise wirkte hier die Angabe des ersten Epilogisten ein, der ausdrücklich (12,9) hervorhebt, Koh sei ‚ein Weiser‘“. *Hertzberg*, Der Prediger, 67.

sind“[17], wenn auch der „Name“ קֹהֶלֶת als Eigenname übersetzt werden sollte. Jedenfalls geht die Mehrheit der Forscher davon aus, daß Koh 1,1 als *Überschrift und Titel des Buches* dient und mit den beiden Epilogen (Koh 12,9-11 und 12,12-14) zum Rahmen des Buches gehört[18]. Ein Blick auf jüngere Gliederungen des Koheletbuches kann dies erweisen: In der Regel wird von allen Kommentatoren Koh 1,1 als „Überschrift“, „superscription“ oder „Buchtitel“ bezeichnet[19].

## 2. Die Epiloge: Koh 12,9-11und Koh 12,12-14

### Übersetzung:

12,9 Und darüber hinaus, daß Kohelet ein Weiser war[a], lehrte er[b] auch das Volk Erkenntnis, er wog ab und forschte, fasste[c] viele Sprüche ab.

12,10 Kohelet trachtete danach, schöne Worte zu finden, und Worte der Wahrheit redlich aufzuschreiben.

12,11 „Worte von Weisen sind wie Treibstacheln[d],
und wie eingeschlagene Nägel die Glieder der (Spruch-) Sammlungen“.
Sie wurden von *einem* Hirten gegeben.

12,12 Ein Ertrag darüber hinaus[e]: Und über all dies, mein Sohn, lass Dich warnen: Des vielen Büchermachens ist kein Ende, und das viele Studieren ermüdet das Fleisch.

12,13 Am Ende einer Rede hören wir die Zusammenfassung:
Gott fürchte, und seine Gebote halte, denn das gilt für alle Menschen.

12,14 Denn ein jegliches Werk wird Gott vor Gericht bringen,
über alles Verborgene, sei es gut, sei es böse.

### Anmerkungen

a וְיֹתֵר שֶׁ־ vgl. Gesenius / Buhl, 1962 (Ges[17]), S.296: „außerdem“. Das Partizip aktiv Qal von יתר hi. – „übrig lassen“ ist nicht so leicht zu übersetzen, eigentlich: „Das Übrige / das Übriggelassene“. Syntaktisch wäre wohl auch möglich: „Und übrig bleibt (festzustellen), daß Kohelet ein Weiser war...“, so Lohfink, 1996. Vgl. auch Longman, 1998, S.277, der es wie Ges[17] als Konjunktion versteht („furthermore“); vgl. ferner Krüger, Kohelet, 364 zur Stelle.

b למד pi., eigentlich „üben, gewöhnen“, hier wohl eher im Sinne von „lehren“, also die Tätigkeit, bei der „Kohelet“ dem Volk Erkenntnis / Wissen „einübte“.

c Wörtlich: „Und er erwog und er erforschte und er machte gerade (= verfasste) Lehrsprüche“.

d Übersetzungen haben hier häufig „Ochsenstecken“ oder „-stachel“ (Ges[17], 167; Krüger, Kohelet, 364), womit der eiserne Stachel des Ochsensteckens zum Antreiben der Ochsen gemeint ist. Da die Kastration im AT aber

---

[17] *Krüger*, Kohelet, S.95.

[18] Vgl. z.B. jüngst wieder *Huwiler*, Ecclesiastes, in ihrem Kommentar 167: „In this commentary ist is assumed that the pre-existing materials, whatever they may have been, now function as part of the final work and that Qohelet is the speaker of 1:2-12:8“ – letztere Angabe jedoch ist sehr umstritten.

[19] Vgl. den Überblick in den beiden Anhängen 2a und 2b.

verboten ist, wird wohl eher an Stiere zu denken sein. Vgl. dazu Baumgärtel, Die Ochenstachel, 98.

e Wie in Koh 12,9 ist der Neueinsatz syntaktisch schwierig und nicht eindeutig zu interpretieren. Krüger, Kohelet, 364f bietet zwei Varianten, die beide möglich sind: „Und darüber hinaus bleibt noch übrig (zu sagen): Mein Sohn, lass dich warnen! Es werden viele Bücher gemacht..." bzw.: „Und übrig bleibt (festzustellen): Vor ihnen (scil. den in V.11 genannten Worten und Sprüchen), mein Sohn, lass dich warnen!..."

Analyse und Kommentar:

Für die Epiloge des Koheletbuches[20] gibt es mehrere wichtige Fragestellungen, die für die Struktur dieser Abschnitte relevant sind: erstens die Frage nach der Anzahl der Epiloge, zweitens die Frage nach deren inneren Struktur und drittens die Frage des Zusammenhangs mit Koh 1,1 (und Koh 1,12).

a) Anzahl der Epiloge

Die Gliederung des editorischen Rahmens des Buches zeigt einen auffälligen Befund: die Mehrzahl der angloamerikanischen Forscher unterscheidet nicht zwischen zwei Epilogen, während die Mehrzahl der neueren deutschsprachigen Forschungen in der Nachfolge Lauhas (1978) zwischen zwei Epilogen differenziert[21]. Die Einteilung in Koh

---

[20] Auswahl der Forscher, die sich den Epilogen in den letzten Jahren mit Einzeluntersuchungen speziell zugewandt haben: *Dohmen*, Der Weisheit letzter Schluß?, 12-18; in Auseinandersetzung damit: *Backhaus*, Der Weisheit letzter Schluß!, 28-59; *Auwers*, Problèmes d'interpretation de l'épilogue de Qohèlet, in: *Schoors*, Qohelet in the Context of Wisdom, 267-282; *Loretz*, Poetry and Prose, 155-189; *Koenen*, Zu den Epilogen des Buches Qohelet, 24-27; *Lavoie*, Un éloge à Qohélet, 24-27; *Shead*, Reading Ecclesiastes „Epilogically", 67-92; *Lohfink*, Les épilogues du livre de Qohélet, 1995; *Ders.*, Satzeröffnungen im Epilog des Koheletbuches, 131-147; *Seow*, „Beyond Them, My Son, Be Warned, 125-141; *Wilson*, „The Words of the Wise", 175-192.

[21] Nur *einen Epilog*, in den manchmal noch das Motto von 12,8 mit eingebettet wird, sehen *Hertzberg*, Der Prediger, 215 (allerdings mit drei Teilen, nämlich Koh 12,9-11.12.13-14); *Gordis*, Koheleth, 349 (wie „Section I" (1,1-11) ist die „Section XIX" (12,9-14) „Introductory Note" genannt); *Ginsburg*, Coheleth, 470-479 (Koh 12,8-14); *Baum*, Worte der Skepsis, 28; *Scott*, Ecclesiastes, 256; *Leimann*, Koheleth, 218-224 (Koh 12,8-14 „Summary"); *Bergant*, Ecclesiastes, 289-291; *Beek*, Prediker, 131-133 („Slotwoorden"); 247-255 („Conclusion: The Teacher's Discipline - The Student's Duty"); *Eaton*, Ecclesiastes, 152-156; *Fischer*, Ecclesiastes, 88; *Fox*, Qohelet And His Contradictions, 311-329: „Exkursus III: Author And Speaker; The Epilogue"; *Whybray*, Ecclesiastes, 169-174; *Murphy*, Ecclesiastes, 131-155; *Perry*, Dialogues with Koheleth, 171-174: Koh 12,8-14: „P's Epilogue and the Ongoing Tradition of Righting"; *Bonora*, Il Libro Di Qoèlet, 168-171: „Qoèlet era un saggio"; *Seow*, Ecclesiastes, 382-396: „Qoh 12,9-14: Epilogue"; *Huwiler*, Ecclesiastes, 217: „Qoh 12,9-14: Epilogue".

Eine Unterscheidung in *zwei Epiloge* , wenn auch zum Teil mit unterschiedlichen Abgrenzungen, sehen *Lauha*, Kohelet, 217-223 (Der Kolophon, 12,9-11; Ein Vorbehalt, 12,12-14); *Lohfink*, Kohelet, 85-86: „Zwei Nachworte von Heraus-

12,9-11 und 12,12-14 ist in der Regel motiviert und nachvollziehbar in Einzelexegesen, begründet durch das zweimalige ויתר in V.9 und 12, das den „doppelten Ertrag“ des Buches festhalten möchte. Manche Forscher gliedern Koh 12,12 als eigenen „Epilog“ aus, da er „nach rückwärts keine Verbindung“ habe und sich „auch durch seine Einleitung (ויתר, vgl. V.9) als etwas Neues“[22] darstelle. In der Formulierung von 12,13 (סוֹף דָּבָר הַכֹּל נִשְׁמָע) wäre dann eine „Ergänzung“ zu Koh 12,12 zu sehen, die allerdings einen eigens zu bewertenden Neuansatz einleite, der dem in Koh 12,9 und 12,12 gleichzustellen sei. Schaut man auf die Vielzahl der durch die Forscher angeregten Abgrenzungen, so muss man sagen, daß es eigentlich nichts gibt, was es nicht gibt:

1. Einige Forscher zählen Koh 12,8 zu dem/n Epilog/en hinzu.
2. Der erste Epilog umfasst bei manchen Forschern nur Koh 12,9-10, die meisten führen ihn bis Koh 12,11, aber auch bis Koh 12,12.
3. Koh 12,12 wird von einigen Exegeten als „Nachtrag“ ausgegrenzt.
4. Koh 12,12-14 ist in der Regel der „2.Epilog“, manche führen ihn aber auch nur bis Koh 12,13 und scheiden Koh 12,14 als Glosse aus.

Wir schließen uns der Auffassung der neueren deutschsprachigen Forscher an und halten fest:

1. Das zweimalige ויתר in Koh 12,9 und Koh 12,12 leitet ganz offensichtlich jeweils einen Neuansatz ein.
2. Es besteht ein thematischer Zusammenhang einerseits von Koh 12,9-11 (Kohelet wird als ein Weiser beschrieben) und andererseits Koh 12,12-14 (Thema ist das Verhältnis von Erkenntnis und Gottesfurcht).
3. Beide Epiloge sind in der 3. Person verfasst.
4. Zwischen Koh 12,12 und Koh 12,13-14 besteht offenbar kein Widerspruch[23].

---

gebern: 12,9-11; 12,12-13“; *Crenshaw*, Ecclesiastes, 189-192 („The Epilogue(s)“); *Goldberg*, Ecclesiastes, 139-143 (Epilogue: The Teacher's Qualifications (12:9-10); Wisdom and its Balance (12,11-12)); *Glenn*, Ecclesiastes, 1006-1007 (12:9-10; 12:11-12; 12,13); *Farmer*, Who knows?, 195-197 (12,9-10: A Summary of Qoheleth's Career; 12,11-14: The Sayings of the Wise are like Goads); *Backhaus*, Zeit und Zufall, 344-352 („Die zwei Nachträge Qoh 12,9-11 und Qoh 12,12-14“); *Schwienhorst-Schönberger*, Nicht im Menschen, 6-11 („Zwei Nachworte Koh 12,9-11.12-14“); *Longman*, The book of Ecclesiastes, 274-284 („The Evaluation of the Frame Narrator (12:8-12)“; „The Conclusion: Fear God (12:13-14)“); Krüger, Theologische Gegenwartsdeutung, 20-39 („Der ‚editorische‘ Rahmen des Buches (1,1 und 12,9-14), wobei er S.21f „die Nachwort(e)“ noch einmal in V.9-11: „Darstellung“ und V.12-14: „Mahnung“ differenziert; *Krüger*, Kohelet, 363-376: 12,9-14: „Nachwort“, aber differenziert in 12,9-11 und 12,12-14 (376).

22 *Hertzberg*, Der Prediger, 220.

23 Dies räumt auch *Hertzberg*, Der Prediger, 220 ein: „Man kann nicht sagen, daß die Schlußverse 13f. V.12 widersprechen“.

Wir gelangen deshalb zu der Auffassung, daß in Koh 12,9-11 und Koh 12,12-14 zwei Epiloge zum Koheletbuch vorliegen, die nach aller Wahrscheinlichkeit von zwei Epilogisten verfasst worden sind. Die Analyse der inneren Struktur der Epiloge kann dies verdeutlichen:

b) Aufbau der Epiloge

Der erste Epilog in Koh 12,9-11 beginnt mit der Aussage in 9a, daß Kohelet ein „Weiser" gewesen sei, 9bα beschreibt seine Lehrtätigkeit, 9bβ.10 beschreiben seine schriftstellerische Tätigkeit. Koh 12,9-10 sind in Prosa gehalten und legen in diesem Nachtrag des ersten Herausgebers dar, was das wesentliche Verdienst Kohelets war: Er war nicht nur ein Weiser, sondern das Besondere an ihm war, daß er „darüber hinaus auch das Volk Erkenntnis / Wissen" lehrte. Über den Hintergrund dieser Formulierung gibt es eine ausführliche Diskussion[24], ebenso wie über den Zusammenhang dieses Abschnittes mit dem Buch Sirach[25] und den Proverbien[26] – diesen Assoziationen müssen wir aber an dieser Stelle nicht nachgehen. Koh 12,11 schließlich schließt den 1. Epilog mit einem Sprichwort ab (Wechsel von Prosa zu Poesie), das an dieser Stelle zitiert wird.

Somit ergibt sich für den 1. Epilog folgende Struktur:

| | | |
|---|---|---|
| וְיֹתֵר שֶׁהָיָה קֹהֶלֶת חָכָם | 12,9a | Kohelet, ein Weiser |
| | | Charakterisierung: |
| עוֹד לִמַּד־דַּעַת אֶת־הָעָם | 12,9bα | 1. Lehrtätigkeit |
| וְאִזֵּן וְחִקֵּר תִּקֵּן מְשָׁלִים הַרְבֵּה | 12,9bβ.10 | 2. Schriftstellerische Tätigkeit |
| | 12,11 | Sprichwort |

Der zweite Epilog beginnt wie der erste mit dem betont vorangestellten ויתר, an das sich ein paränetisches Wort, ganz im Sinne einer Unterweisung an einen Schüler („mein Sohn") durch einen Weisen[27], wie es

---

24 Vgl. schon *Hertzberg*, Der Prediger, 217f im Gegenüber zu *Gordis*, Koheleth, dessen Argumentation *Lohfink*, Kohelet, 85 aufgreift: „Vermittlung der Bildung an einfache Leute oder (Alternativübersetzung!) öffentliches Lehrangebot an alle Interessierten muß etwas Neues oder Außergewöhnliches gewesen sein – sonst würde es hier nicht so herausgestellt".

25 Vgl. z.B. *Krüger*, Kohelet, 365-375 und *Schwienhorst-Schönberger*, Nicht im Menschen, 7-9.

26 Es sei wenigstens kurz erwähnt, daß Koh 12,13 mit seiner Aufforderung zur Gottesfurcht natürlich an die überlieferte Auffassung der älteren Weisheit anknüpft, nach der die Furcht Gottes der Anfang der Erkenntnis sei (Spr 1,7), wie überhaupt der Abschnitt Koh 12,9-14 in seiner Gestaltung sehr an Spr 1,1-8 erinnern.

27 Koh 12,12 kann entweder als eine Warnung vor dem „Machen", das heißt dem Schreiben weiterer Bücher und dem Studieren von Büchern gelesen werden (so z.B. *Lohfink*, Kohelet, 86: „Dieses zweite Nachwort […] polemisiert gegen die Abfassung neuer Bücher (Lehrbücher?) und vielleicht sogar gegen die Überlastung der

oft in weisheitlichem Kontext (etwa in Spr 1-9) nachzuweisen ist[28], anschließt (Koh 12,12). Diese Paränese kann in Zusammenhang mit dem thematisch durchaus passenden Koh 12,13-14 gelesen werden, weil das „Machen / Studieren der Bücher“ aus Koh 12,12 auf das dort kritisch gesehene „Menschenwerk“ (Koh 12,14: אֶת־כָּל־מַעֲשֶׂה) bezogen werden kann, woraus zu folgern wäre, was in Koh 12,13 steht: Die Gottesfurcht. Koh 12,13a formuliert dabei die paränetisch zusammenfassende Einleitung (סוֹף דָּבָר הַכֹּל נִשְׁמָע), 12,13bα die These (Gottesfurcht), die in 12,13bβ (mit כִּי angeschlossen) und in 12,14 (ebenfalls mit כִּי angeschlossen) doppelt begründet wird.
So ergibt sich folgende Struktur:

| | | |
|---|---|---|
| וְיֹתֵר מֵהֵמָּה בְּנִי הִזָּהֵר | 12,12 | Paränese 1 |
| | | Paränese 2: |
| סוֹף דָּבָר הַכֹּל נִשְׁמָע | 12,13a | Einleitung |
| אֶת־הָאֱלֹהִים יְרָא וְאֶת־מִצְוֹתָיו שְׁמוֹר | 12,13bα | These: Gottesfurcht |
| כִּי־זֶה כָּל־הָאָדָם | 12,13bβ | 1. Begründung (כִּי) |
| כִּי אֶת־כָּל־מַעֲשֶׂה הָאֱלֹהִים יָבִא בְמִשְׁפָּט... | 12,14 | 2. Begründung (כִּי) |

c) Zusammenhang mit Koh 1,1
Was den Zusammenhang mit Koh 1,1 betrifft, so gibt es einige Übereinstimmungen und signifikante Unterschiede:
Erstens ist auf der sprachlichen Ebene zunächst deutlich, daß (wie Koh 1,1) auch die Epiloge in der 3. Person geschrieben sind und damit ihre sekundäre Entstehung andeuten. Sie bilden mit der Überschrift Koh 1,1 den *äußeren Rahmen* um das Buch. Die Epiloge entsprechen insofern *nicht*, wie durch die Bezeichnung „Prolog“ vermutet werden könnte, dem Textstück Koh 1,4-11[29], sondern der Überschrift in Koh 1,1.
Zweitens gibt es Wortentsprechungen zwischen Koh 1,1 und Koh 12,9-11, was ein Vergleich der Leitworte dieser beiden Abschnitte verdeutlichen kann, denn die דִּבְרֵי קֹהֶלֶת aus Koh 1,1 sind gleich mehrfach in Koh 12,9.10.11 aufgenommen:

| | | | |
|---|---|---|---|
| Koh 1,1 | דִּבְרֵי קֹהֶלֶת | Koh 12,9 | קֹהֶלֶת חָכָם |
| | | Koh 12,10 | דִּבְרֵי־חֵפֶץ ... דִּבְרֵי אֱמֶת |
| | | Koh 12,11 | דִּבְרֵי חֲכָמִים |

Schüler durch immer umfangreichere Lehrbücher“ – oder man liest es als eine Warnung an diejenigen, die sich als Schüler überlegen, den „Weg des Weisen“ einzuschlagen, mit dem notwendig ein Schriftstudium zusammenhängt, das viel Mühe bereitet (so z.B. *Ogden*, Qoheleth: „[…] a solemn counsel to any who would follow the sage that such a decision calls for a sincere commitment to an endless and all-consuming task“).

28 Vgl. die Verweisstellen in den Kommentaren, z.B. *Krüger*, Kohelet, 370.

29 Dem „Prolog“ Koh 1,4-11 entspricht das Schlussgedicht in Koh 12,1-7.

Drittens stellen die Entsprechungen der beiden Leitworte natürlich auch eine Verbindung zu Koh 1,12 her; da aber Koh 1,1 sekundär aus Koh 1,12 gebildet ist (s.o.) und der 1. Epilogist Koh 12,9-11 ebenso wie Koh 1,1 formuliert haben mag, ist dies nicht weiter zu bewerten – mit Ausnahme des Hinweises, daß der 1. Epilogist die Tätigkeit des „Weisen Kohelet“ durchaus richtig eingeschätzt hat, was für den 2. Epilogisten in gleicher Weise nicht zutreffen wird. Aus diesem Grunde ist es u.E. auch hoch wahrscheinlich, daß Koh 1,1 und Koh 12,9-11 aus der Feder des gleichen Epilogisten stammen.

## II. Der innere Rahmen – das Motto: Koh 1,2; 12,8

Text:

1,2 הֲבֵל הֲבָלִים אָמַר קֹהֶלֶת הֲבֵל הֲבָלִים הַכֹּל הָבֶל׃
12,8 הֲבֵל הֲבָלִים אָמַר הַקּוֹהֶלֶת הַכֹּל הָבֶל׃

Übersetzung:

1,2 Nichtigkeit der Nichtigkeiten[a], spricht[b] Kohelet,
Nichtigkeit der Nichtigkeiten, alles[c] ist Nichtigkeit.

12,8 Nichtigkeit der Nichtigkeiten, spricht (der) Kohelet,
alles ist Nichtigkeit.

Anmerkungen

a הֲבֵל heißt eigentlich „Windhauch“ oder „Hauch“, hier ist u.E. am besten mit „Nichts“ oder „Nichtigkeit“ zu übersetzen (s.u.). Formal liegt entweder ein genitivus partitivus oder ein Superlativ vor; ersterer macht keinen rechten Sinn, so daß der Superlativ „nichtigste Nichtigkeit“ bzw. „Nichtigkeit der Nichtigkeiten“ übersetzt werden kann; vgl. Gesenius / Kautzsch § 133 i. Mit הֲבֵל liegt eine irreguläre Constructus-Form vor, die sich nur in 1,2 und 12,8 findet, vgl. *Schoors*, The Preacher Sought, 75 und Dritter Teil: Wortanalysen A.I.3. In der Regel wird in der Irregularität ein Aramaismus gesehen (z.B. *Hertzberg*, Prediger, 68). Vgl. ferner *Krüger*, Kohelet, 102 und *Schwienhorst-Schönberger*, Kohelet-Kommentar 2004, S.143f sowie *Albertz* (Art.) הֶבֶל *hæbæl* Hauch, in: THAT Bd.I, 467-469 sowie *Seybold* (Art.) הֶבֶל *hæbæl*, in: ThWAT Bd.II, 334-343. Vgl. auch Ingram, Ambiguity, 91-129.

b Präsens oder Präteritum, klassisches oder mittelhebräisches Verbsystem? Zum Problem vgl. *Lohfink*, Kohelet übersetzen, 275f. Wir entscheiden uns, gegen die Mehrzahl der neueren Kommentare, für präsentische Übersetzung von אמר, da dieses Motto innerhalb des Buches und als Summe der Gedanken Kohelets „immer präsent“ ist, und, wie es *Gesenius / Kautzsch*, 1985, ausdrücken (§ 106.a, S.319f), „zum Ausdruck von Handlungen, Ereignissen oder Zuständen [dient], die der Redende als *faktisch vorliegende* hinstellen will, mögen sie nun einer endgültig abgeschlossenen Vergangenheit angehören oder noch in die Gegenwart hereinragen oder, obwohl noch zukünftig, als schon vorliegend gedacht werden“ – was alles sicherlich auf das „Motto“ Kohelets zutrifft!

c Zu הַכֹּל gibt es eine breite Diskussion, vgl. unten bei 3,11.

Analyse und Kommentar:

1. Innerer und äußerer Rahmen

Das innerhalb des Buches immer wiederkehrende Motto „Alles ist nichtig“[30] ist u.E. vom (sekundären) Rahmen des Buches zu unterscheiden, weil es möglicherweise zum ursprünglichen Bestand des Buches gehört und als eine „Summe“, als ursprünglicher Rahmen das Buch in Koh 1,2 und Koh 12,8 umklammert haben mag[31]. Andererseits verwendet Kohelet außer in Koh 1,2 und Koh 12,8 niemals den Plural הֲבָלִים, so daß Koh 1,2 und Koh 12,8 den Eindruck einer „Summe“ machen, die *nach* der Lektüre des Buches geformt wurde und nicht Einleitung des Autors sind, „sondern dessen, der es gelesen und herausgegeben hat“, nämlich des ersten Epilogisten, „der Kohelet, vielleicht als Schüler, sicher als Anhänger, persönlich gekannt hat“[32], und dieses Motto über und unter das Buch setzte. Darauf deutet auch hin, daß Koh 1,2 und Koh 12,8 in der 3. Person formuliert sind. Auf alle Fälle ist Koh 1,2 (und 12,8) von Koh 1,1 einerseits (s.o.) und Koh 1,3 andererseits (s.u.) zu unterscheiden, da beide eigenständige Größen sind.

2. Konstruktion des Mottos

Koh 1,2 ist syntaktisch gesehen, wie *Lohfink* schreibt, „subtil gebaut. Zunächst liegt die ganze Emphase auf dem Prädikat. Also auf *hæbæl*. Der Leser merkt, daß es darauf ankommt: alles ist nicht etwa schön, wertvoll, bleibend, ewigkeitsträchtig oder wie immer, es ist ‚Windhauch‘. Doch mitten im Satz wird die Emphase verlagert. Das noch nicht genannte Subjekt der *hæbæl*-Aussage wird unverhältnismäßig zurückgehalten. Dadurch steigt die Spannung darauf. Wenn es dann endlich kommt, steht es nicht in Normalposition, hinter dem Prädikat, sondern durch einen Nebensatz des ganzen wird ihm ermöglicht, an der Tonstelle, vor dem Prädikat, zu stehen“[33]. Durch diese Konstruk-

---

30 Vgl. zu Bedeutung und Übersetzung von הֶבֶל Anm. a und zusammenfassend *Schwienhorst-Schönberger*, Kohelet-Kommentar 2004, S.82-91.

31 Die Meinungen gehen hier auseinander: während *Hertzberg*, Prediger, 67 Koh 1,2 schon zum Prolog rechnet und entsprechend Koh 12,8 noch zum Abschnitt Koh 11,9ff zählt (204), ordnet *Lauha*, Kohelet, Koh 1,2 als „Leitwort“ dem Prolog vor (30). Ihm entspricht das „Schlußwort“ Koh 12,8 (216). *Lohfink*, Kohelet, rechnet Koh 1,2 zu einem 1,2 und 1,3 umfassenden „Vorspruch“ (19), und kennzeichnet Koh 12,8 als „Rahmenvers“ (85). *Michel*, Qohelet, bezeichnet Koh 1,2 und 12,8 als (urspr.?) „Rahmung“ des Buches (127 bzw. 167); vgl. auch *Ders.*, Eigenart des Buches Qohelet, 2.

32 Vgl. zum Problem der Ursprünglichkeit von Koh 1,2 z.B. *Ellermeier*, Qohelet, 96-100, dort das Zitat 100. Die Nähe des 1. Epilogisten zu Kohelet scheint mir im Unterschied zum 2. Epilogisten nicht fraglich.

33 *Lohfink*: Koh 1,2 „alles ist Windhauch“, 201-226, dort 201; erneut abgedruckt in: *Lohfink*, Studien zu Kohelet, 125-142, dort 125.

tion, aber auch durch die Mittelstellung von אָמַר קֹהֶלֶת zwischen dem zweimaligen Superlativ הֲבֵל הֲבָלִים scheint Koh 1,2 einen doppelten Schwerpunkt zu haben, weil man den Satz nach vorne und nach hinten wenden kann. In der Entsprechung Koh 12,8 fehlt hingegen das zweite הֲבֵל הֲבָלִים, so daß dort die Mittelstellung von אָמַר קֹהֶלֶת eindeutiger ist. Der doppelte Superlativ des Anfangs jedoch eröffnet das Buch mit der höchsten Steigerungsform, die man sich denken kann.

3. Inhalt des Mottos

Der Inhalt dieses „Mottos" ist mehrdeutig; Exegeten mögen nur wenig Trost darin finden, daß Schopenhauer über diesen Satz gesagt habe, „niemand könne ihn völlig verstehen, bevor er 70 Jahre alt geworden sei"[34]. Denn nicht nur das Wörtchen הֶבֶל, sondern auch הַכֹּל läßt vieles offen:

Zunächst ist, erstens, הֶבֶל mindestens ebenso unbestimmt wie der „Name" קֹהֶלֶת und wird deshalb auch höchst unterschiedlich übersetzt[35]. Unbeschadet der verschiedenen Konstruktionen, in denen das Wort im Koheletbuch gebraucht wird und den Funktionen, die es dabei übernimmt, scheint seine Grundbedeutung „je nach Kontext zwischen (negativ wertendem) ‚wertlos, nichtig' und (wertneutralem) ‚vergänglich, flüchtig' zu variieren"[36]; ja sogar eine „ironische" Verwendung, der ein positiver Aspekt abgewonnen werden kann, scheint plausibel[37].

Sodann ist, zweitens, auch nicht klar, was mit הַכֹּל („Gesamtheit") in Koh 1,2 eigentlich gemeint ist. Die im Unterschied zu Koh 3,11 ohne nota accusativi, aber durch den Artikel determinierte Form von כֹּל (wobei כֹּל im Hebräischen per se schon determiniert ist[38]), könnte nach *Yehoshua Amir* darauf hindeuten, daß הַכֹּל hier evtl. im Sinne des

---

[34] Zitiert bei *Hertzberg*, Der Prediger, 69.

[35] *Buber / Rosenzweig*, Das Buch Versammler: „Dunst"; *Lauha*, Kohelet: „Eitelkeit"; *Loader*, Ecclesiastes: „emptiness"; *Mildenberger*, Der Prediger Salomo: „eitel"; Ogden, Qoheleth: „enigma, mystery"; *Lohfink*, Kohelet, und *Lohfink*, Warum ist der Tor unfähig zu handeln: „Windhauch"; *Fox*, Qohelet and his contradictions, und *Michel*, Qohelet: „absurd"; *Habermann*, Alles Seifenblasen: „Seifenblasen" – bzw., in schwäbischem Akzent: „Soifablosa"; *Krüger*, Kohelet: „nichtig und flüchtig".

[36] *Krüger*, Kohelet, 102.

[37] Vgl. dazu *Good*, Irony in the Old Testament, 1981². Die Position von *Good* wurde unterstrichen durch die Analysen von *Polk*, The Wisdom of Irony, 3-17 sowie v.a. durch *Klopfenstein*, Koheleth und die Freude am Dasein, unter Berufung auf *Ogden*, Qoheleth, 22.

[38] *Gesenius / Kautzsch* § 117 c: „Als […] determinierte Akkusative sind erstlich die mit כֹּל *Gesamtheit* ohne nachfolg. Artikel oder determin. Genetiv eingeleiteten Collectiva zu betrachten, sofern schon die Bedeutung von כֹּל eine Determination einschließt".

griechischen τὸ πᾶν „das (Welt-)All" übersetzt[39] und insofern kosmologisch interpretiert werden müsste. *Norbert Lohfink,* der dieser Frage ausführlich nachgegangen ist[40], kommt jedoch zu der Ansicht, daß הַכֹּל in Koh 1,2 in engem Zusammenhang mit seinem Kontext in Koh 1,3 gelesen werden muss, der von „all den Mühen" spricht, die Menschen „unter der Sonne" haben[41] und deshalb anthropologisch zu interpretieren ist. In Zusammenhang mit der Parallelstelle in Koh 3,11 und in Aufnahme der Einsicht, daß Kohelet in seinem Buch grundsätzlich anthropologisch orientiert ist im Hinblick auf „alles, was unter der Sonne" – und das meint eben: auf der Erde, nicht im (Welt-)All – geschieht, stimmen wir dieser Interpretation zu[42]. Die schlichte Übersetzung „alles" scheint uns deshalb für die Interpretation mehr als ausreichend und angemessen. „Alles" wird nach unserer Meinung dann durch die unterschiedlichen Erkenntniswege Kohelets, besonders in der Salomofiktion, näher bestimmt (s.u.). Liest man beide Worte (הַכֹּל הָבֶל) zusammen, kommt drittens noch die eigentümliche Spannung hinzu, die wir auch noch in der deutschen Übersetzung spüren, wenn „alles" und „nichts" so unmittelbar kontrastiv nebeneinander gestellt und hier die Antagonisten schlechthin in *eine* Wendung verwoben werden: הַכֹּל הָבֶל. Wenn „alles nichts" ist, wenn das „Nichts" sogar in den Superlativ hinein gesteigert als „gar nichts" definiert ist[43], wie kann dann ein Buch geschrieben werden, das weisheitlich geprägt sein soll: Ist damit schon zu Beginn des Buches (und dann wieder an seinem ursprünglichen Ende in Koh 12,8) „alles" gesagt und das weisheitliche Bemühen von Jahrhunderten *ad absurdum* geführt?

## III. Die zentrale Frage des Buches: Koh 1,3

Übersetzung:

1,3 Was ist der Gewinn für den Menschen von[a] all seinen Mühen, mit denen[b] er sich abmüht unter der Sonne?

---

[39] *Amir*, Doch ein griechischer Einfluß auf das Buch Kohelet?, 35-50. Vgl. auch *Hengel*, Judentum und Hellenismus, 266.

[40] Grundlegend für die Diskussionslage – wenn auch gerade *nicht* für die Interpretation als kosmologischer Begriff – ist der Aufsatz von *Lohfink*, Koh 1,2 „alles ist Windhauch", 201-216 (vgl. auch *Lohfink*, Studien zu Kohelet, 125-142), der anhand von Koh 1,2 den Begriff für das Koheletbuch grundlegend untersucht.

[41] Ebd. 137f: „Insofern erscheint es als angemessen, in *hakkol* von 1,2 das zu sehen, was oben als ‚Vorverweis auf eine durch *kol* determinierte Größe' bezeichnet wurde. Diese Größe ist nicht kosmisch, sondern bezieht sich auf die Welt des Menschen, genauer: auf seinen Umgang mit der welthaften Wirklichkeit. Wir sind bei der Anthropologie".

[42] Siehe dazu die Auslegung zu Koh 3,11.

[43] Die Differenzierungen über „Das Nichts", die in der Philosophie und Theologie vorgenommen werden, bleiben hier unberücksichtigt. Siehe aber *Steinmann*, Nichts, 286-288 und *Krüger*, Alles Nichts?, 184-195.

Anmerkungen

a Das Beth kann, worauf Jenni, Präpositionen 1, 345, Nr. 442 zu Koh 1,3 hinweist, mit „bei“ oder „in“ übersetzt werden. Krüger, Kohelet, 109 deutet die Präposition als Beth pretii und übersetzt: „Welchen Gewinn hat der Mensch *von* seiner ganzen Mühe und Arbeit unter der Sonne?“. Wir schließen uns seiner Meinung an, alle drei Übersetzungen sind jedoch möglich.

b Aramaisierendes Relativpronomen, oft in späteren Büchern des AT und oft auch in Kohelet, vgl. Gesenius / Kautzsch § 36.

Analyse und Kommentar:

Ebenfalls an exponierter Stelle findet sich die Zentralfrage des Buches: „Was ist der יִתְרוֹן[44] des Menschen bei all seiner Mühe?“ Drei Diskussionsfelder ergeben sich in diesem Zusammenhang: Es wird erstens diskutiert, ob man Koh 1,3 (wie die Rahmung und das Motto) dem Verfasser des Koheletbuches ab- und einem Herausgeber zusprechen sollte. Damit zusammenhängend wird zweitens die Frage nach der Eigenständigkeit von Koh 1,3 gestellt und schließlich stellt sich drittens die Frage nach der Bedeutung der Frage als solcher: Ist sie rhetorisch oder nicht rhetorisch?

1. Stammt Koh 1,3 von „Kohelet“?

*Ellermeier* hatte in seiner Analyse gefragt: „Wer wollte ernsthaft behaupten, Qohelet beginne sein von ihm gefügtes Buch mit einer Frage, die sich erst im folgenden als rhetorische Frage offenbart, während die These, die das Denkergebnis seines Lebens darstellt [sc. Koh 1,2], Sache des Herausgebers war?“[45]. *Ellermeier* schreibt Koh 1,3 wie Koh 1,2; 12,8.9-11 dem 1. Epilogisten zu. Dabei wird, wie *Michel* bemerkt[46], übersehen, daß die Koh 1,3 gestellte Frage offenbar keineswegs rhetorisch ist, sondern eine Beantwortung erfährt (Koh 2,11). Von daher ist es nicht unmöglich, daß der Verfasser des Koheletbuches die Frage nach dem Gewinn pointiert vorangestellt hat. Diese Meinung wird mit Nachdruck von *Ogden* vertreten; er sagt, „that a programmatic question about humanity's *yitron* or ‚advantage’ (1.3), together with its answer (negative), and the response which flows from that, provide the framework necessary for understanding Qoheleth's

---

44 Zu Übersetzung und Bedeutung von יתרון das zu Koh 2,11 zu Sagende. Auf die nähere Bedeutung sowie den ökonomischen Hintergrund des Wortes braucht im Rahmen unserer Untersuchung nicht eingegangen werden, vgl. dazu z.B. *Hertzberg*, Der Prediger, 69 oder auch wieder *Fischer*, Furcht Gottes oder Skepsis?, 186-190 mit weiterführenden Literaturangaben. Die Definition von *Hertzberg* scheint immer noch zuzutreffen: „יתרון ist eigentlich das, was übrigbleibt, der Rest, mit מה verbunden fast in rechnerischem Sinne: Welches ist das Fazit, was kommt dabei heraus? Das scheint das Gemeinte besser zu treffen als das gewöhnliche ‚Vorteil, Gewinn, Nutzen‘“ (ebd. 69).

45 *Ellermeier*, Qohelet, 101.

46 *Michel*, Untersuchungen, 3f.

structure“[47]. Ogden erkennt in der יִתְרוֹן-Frage nicht nur nicht das rhetorische Stilmittel allein, sondern billigt ihr sogar strukturbildende Kraft zu; die Frage wurde u.E. durch den Verfasser des Buches deshalb an diese äußerste Position gerückt, um deren Gewicht zu verdeutlichen! Sie ist aus diesem Grund auch zum Kernbestand des Buches zu rechnen und nicht einem Epilogisten zuzuschreiben.

2. Eigenständigkeit von Koh 1,3

Die Eigenständigkeit der Zentralfrage wird von den wenigsten Forschern bejaht, da sie in der יִתְרוֹן-Frage in Koh 1,3 kein eigenes strukturbildendes Signal erkennen können[48]. Es stellt sich die Frage, ob Koh 1,3 entweder noch zu Koh 1,2 hinzuzurechnen[49] ist, ob sie, falls man sie dem Verfasser des Koheletbuches zuspricht, schon zum Prolog gehört[50] oder ob ihr eigenständige Bedeutung zukommt.
Da die Frage im weiteren Verlauf des Buches und auch außerhalb des Prologs vorkommt[51], erhält sie innerhalb des letzteren, falls man sie ihm zuspricht, zumindest ein besonderes Gewicht – auch durch ihre Stellung am Anfang. Strittig bleibt, ob sie thematisch überhaupt auf

---

47 *Ogden*, Qoheleth, 13.

48 In der Tat deutet bei den meisten Kommentatoren alles darauf hin, die יִתְרוֹן-Frage in einen größeren Zusammenhang einzubetten (z.B. *Schwienhorst-Schönberger*, Kohelet-Kommentar 2004, S.149; vgl. unten bei Koh 1,4-11). Es ist seltsam, daß *Fischer*, Furcht Gottes oder Skepsis? über die von ihm als eigenständige Größe beachteten „Frage nach dem Gewinn“ sagen kann: „Die programmatische Bedeutung der rhetorischen Frage in 1,3 ist in der Koheletforschung grundsätzlich anerkannt“ (186) – eine *programmatische Bedeutung* billigen die wenigsten Forscher der Frage zu.

49 *Lohfink*, Kohelet, bettet sie als Auftakt in einen „Vorspruch“ Koh 1,2-3 ein und zieht die הֶבֶל-Aussage mit der „Frage nach dem Gewinn“ zusammen. Vgl. *Ders.*, Die Wiederkehr des immer Gleichen, S.126f. und *Klein*, Kohelet, 123. Ebenso *Crenshaw*, Ecclesiastes, 57-61. *Lauha*, Kohelet, meint „daß man das Wort יתרון in V.3 als beabsichtigten antithetischen Parallelismus zu הבל in V.2 verstehen und insofern die beiden Verse zusammenbinden kann“ (32) – er selbst jedoch zieht Koh 1,3 dann zum Prolog hinzu, weil Koh 1,2 und 1,3 „nicht einmal der Form nach miteinander vergleichbar“ seien (ebd.).

50 So *Lauha*, Kohelet (s.o.). Ebenso *Hertzberg*, Der Prediger, 67. Er hatte schon Koh 1,2 zusammen mit 1,3 zum Prolog gezogen und insofern weder der הֶבֶל-Aussage noch der יִתְרוֹן-Frage eine eigenständige strukturbildende Bedeutung zugemessen. Siehe dazu auch unten die Diskussion bei der Analyse des Prologs Koh 1,4-11.

51 Siehe unten. *Michel*, Untersuchungen zur Eigenart des Buches Qohelet, spricht zwar Koh 1,3 Kohelet zu, begrenzt die Bedeutung der Frage aber auf Koh 1,3-3,15 (dort Koh 3,9). Sie kommt aber, wie auch *Fischer*, Furcht Gottes oder Skepsis?, 186-192 nachweist, in dieser Bedeutung mindestens noch Koh 5,15b; 6,8.11 vor (über die anderen Belege außerhalb von Koh 1,3-3,15 (מוֹתַר 3,19, מַה־יּוֹתֵר; 6,8a bzw. מַה־יֹּתֵר 6,11b, וְיֹתֵר 7,11, וְיִתְרוֹן 7,12, יוֹתֵר 7,16, וְיִתְרוֹן 10,10, יִתְרוֹן 10,11 und וְיֹתֵר in 12,9 und 12,12) siehe unten, vgl. auch *Ingram*, Ambiguity, 130-149.

den Prolog zu beziehen ist[52], sie reicht aber in jedem Fall in ihrer Bedeutung über ihn hinaus (das ergibt sich schon von ihrem oftmaligen Vorkommen her), so daß wir sie als eigenständige Größe betrachten, auf die sich in direktem Anschluss der Prolog bezieht. Wir sind der Meinung, daß die Zentralfrage von Koh 1,3 *eines* der Strukturmittel darstellt, die Kohelet einsetzt. Die Frage nach dem יִתְרוֹן in Koh 1,3 und die Antwort in Koh 2,11 stehen gleichsam als Hintergrund für den Prolog und die „Salomofiktion“[53]. Nach *Fischer* besitzt sie für den gesamten Komplex Koh 1,3-3,15 und Koh 5,9-6,9 eine „thematische Funktion“[54], weswegen sie u.E. auch nicht nur als eine „rhetorische“ Frage angesehen werden kann. Wir meinen vielmehr, daß sie noch über diese von *Fischer* angegebenen Textstücke hinaus Bedeutung hat, da sie, über das ganze Buch verteilt, immer wieder vorkommt. Die Wurzel יתר begegnet in Koh 1,3; 2,11.13 (2x).15; 3,9.19; 5,8.15; 6,8.11; 7,11.12.16; 10,10.11; 12,9.12, allerdings in drei Derivaten in unterschiedlichen Verwendungen und Bedeutungen[55]; sie gewinnt damit eine zentrale thematische *und* strukturelle Funktion innerhalb des ganzen Buches, was ihre exponierte Stellung am Anfang des Buches nur unterstreicht.

3. Strukturbildende Funktion der Zentralfrage

Die Mehrzahl der Forscher scheint hier von einer *rhetorischen* Frage auszugehen: „Die Funktion von 1,3 ist also nicht die einer wirklichen Frage und sie dürfte auch von seinen Schülern nicht als eine offene verstanden worden sein“[56], wobei dies nichts über den Stellenwert der Frage aussagen muss, sofern man mit „rhetorisch“ nicht rhetorisch im Sinne von „scheinbar, uneigentlich“ oder gar im Sinne von „unernst“ oder „unecht“ meint[57].

---

52 Siehe die Diskussion bei Koh 1,4-11.

53 Das hat *Michel*, Untersuchungen, 8 erkannt: „Nachdem Qohelet in 1,4-11 eine Antwort auf die Frage von 1,3 mit den Mitteln eines weisheitlichen Analogiewortes gegeben hat [nämlich in 1,11], geht er in 1,12ff. dasselbe Problem noch einmal an, indem er die Erfahrung des Weisen einbringt. Nach der allgemeinen Antwort in 1,4-11 wird die Argumentation jetzt spezieller: die Empirie wird als Stütze herangezogen.“

54 So *Fischer*, Furcht Gottes oder Skepsis?, 186. Vgl. dort die sorgfältige und ausführliche Analyse von Koh 1,3 S.186-192.

55 Siehe zu יִתְרוֹן unten die Wortanalysen.

56 So wieder *Fischer*, Furcht Gottes oder Skepsis?, 192; ähnlich vor ihm *Lauha*, Kohelet, 33; *Johnson*, Question, 126-135; *Whybray*, Ecclesiastes, 36; *Fox*, Qohelet And His Contradictions, 170; *Murphy*, Ecclesiastes, 7; *Seow*, Ecclesiastes, 111. Als nicht rhetorische, „wirkliche“ und „offene“ Frage wird Koh 1,3 hingegen von *Michel*, Untersuchungen, 4 bezeichnet. Schon früher hatten *Good*, The Unfilled Sea, S.63f und *Holzer*, Der Mensch und das Weltgeschehen, 164.195 die Frage als „nicht bloß“ rhetorische Frage eingeschätzt.

57 Selbst dann jedoch ist hervorzuheben, daß rhetorische Fragen als Fragen gelten können, in denen die Rhetorik als „Wissenschaft von der kunstgemäßen Aus-

Die Frage nach dem יִתְרוֹן תַּחַת הַשָּׁמֶשׁ ist u.E. in ihrer Funktion anders einzuschätzen als die rhetorischen Fragen des Koheletbuches sonst: Sind die rhetorischen Fragen des Buches jeweils eingebunden in einen bestimmten Gedankengang, so haben die Fragen nach dem „Gewinn“ schon von ihrer ersten Erwähnung in Koh 1,3 her eine Sonderstellung, die sich durch das ganze Buch hindurch bemerkbar macht (s.o.). Die Frage nach dem יִתְרוֹן kann u.E. gar nicht losgelöst vom הֶבֶל-Urteil hinsichtlich der menschlichen Möglichkeiten und Bemühungen um einen „Gewinn“ verstanden werden. Vieles bei dieser Entscheidung zwischen „rhetorischer“ oder „wirklicher“ Frage hängt natürlich wieder an der Begrifflichkeit. Eine „rhetorische Frage“ ist eine scheinbare, eine uneigentliche Frage, die eigentlich eine nachdrückliche Aussage oder eine Aufforderung formulieren will[58]. Die nachdrückliche Aussage oder die Aufforderung in diesem Falle ist u.E. aber nicht in der יִתְרוֹן-Frage selbst, sondern in deren echter Beantwortung in Koh 2,11 und innerhalb des durch die Erkenntniswege Kohelets eröffneten Horizonts zu sehen[59]. Deshalb ist es wichtig, die Frage nach dem Gewinn nicht als eine rhetorische einzuschätzen, sondern sie in ihrer Bedeutung innerhalb der Komposition des Koheletbuches, ja der Theologie Kohelets zu begreifen[60].
Die strukturbildende Kraft der יִתְרוֹן-Frage liegt aber auch in der Funktion der Leitworte, die in allen Aufnahmen der Zentralfrage durch das gesamte Buch hindurch aufgenommen werden. Für Koh 1,3 legen sich zunächst das Wort יִתְרוֹן und das Wort עָמָל nahe; wie wir noch sehen werden, sind diese beiden Worte die prägenden Leitworte für diesen Textkomplex, der in unterschiedlichen Variationen den Gedankengang des Buches begleitet.

gestaltung öffentlicher Reden“ eine Redebegabung und ein stilistisches Gespür voraussetzen, die gut zum Duktus des Prologs des Koheletbuches passte. *Krüger*, Kohelet, 111 bezeichnet wohl in diesem Sinne das Stück 1,3-11 in Anlehnung an die sorgfältige Analyse des Prologs durch *Backhaus*, Zeit und Zufall, 8ff, als „poetisch-stilisiertes Vorspiel“.

58 Vgl. *Schweikle / Schweikle* (Hg.): Metzler Literatur Lexikon, 389; *Neuhaus*, Grundriss der Literaturwissenschaft, 107.

59 Vgl. dazu auch *Backhaus*, Zeit und Zufall, 47-50.

60 Siehe Teil 3 B) II.

## IV. Der Prolog: Koh 1,4-11[61]

### Übersetzung[62]:

4 Eine Generation geht, und eine Generation kommt –
doch die Erde bleibt immer bestehen,
5 denn die Sonne geht auf[a] die Sonne geht unter
und strebt[b] ihrem Ort zu, an dem sie aufgeht[c].
6 Es weht nach Süden, und es dreht nach Norden
immer drehend weht der Wind
und in seinem Drehen kehrt der Wind zurück.
7 Alle Flüsse laufen in das Meer,
doch wird das Meer nicht voll.
Zu dem Ort, wohin die Flüsse münden,
dorthin kehren sie sich zurück, um dorthin zu laufen.
8 Alle Worte mühen sich ab,
niemand kann (alles) ausreden[d].
Das Auge wird beim Sehen nicht satt
und das Ohr beim Hören nicht voll.
9 Was geschehen ist, das wird (wieder) sein
und was getan wurde, wird man (wieder) tun:
Denn nichts völlig Neues[e] gibt es unter der Sonne.
10 Wenn es etwas gibt, von dem man sagt:
„Sieh dies, das ist neu“,
so hat es das schon längst in fernen Zeiten gegeben,
die vor uns gewesen sind[f].
11 Es bleibt kein Erinnern an die Früheren[g] ,
wie auch nicht an die Späteren, die es geben wird,
An sie wird es keine Erinnerung geben –
bei denen, die später da sein werden.

### Anmerkungen

a Angesichts der Häufung der Partizipien in Koh 1,4-7 könnte man eine Korrektur der Vokalisation von וְזָרַח in וְזֹרֵחַ erwägen. Eine Vertauschung im Konsonantenbestand, wie es BHS und auch *Lauha*, Kohelet, 31 vorschlägt, scheint mir aber nicht notwendig zu sein, vgl. *Krüger*, Kohelet, 109f.

b Wörtlich: „lechzt“. Das Part.Sg. von שׁאף I. „(nach Luft) schnappen, lechzen“

[61] Die Menge der Literatur zum Prolog ist beeindruckend, siehe nur die ausgewählten Kommentare der letzten 50 Jahre: *Hertzberg*, Der Prediger, 67-73; *Gordis*, Koheleth, 205-209; *Barucq*, Ecclésiaste – qohéleth, 57-62; Baum, Worte der Skepsis, 6-7; *Scott*, Ecclesiastes, 210-211; *Lauha*, Kohelet, 31-37; *Lohfink*, Kohelet, 21-23; *Bergant*, Ecclesiastes, 229-232; *Beek*, Prediker, 38-42; *Crenshaw*, Ecclesiastes, 61-68; *Whybray*, Ecclesiastes, 39-46; *Farmer*, Who knows?, 153f; *Murphy*, Ecclesiastes, 5-10; *Bonora*, Il Libro Di Qoèlet, 33-37; *Seow*, Ecclesiastes, 113-117; *Huwiler*, Ecclesiastes, 179-182; *Krüger*, Kohelet, 108-122 sowie *Schwienhorst-Schönberger*, Kohelet-Kommentar 2004, 155-181.

[62] „Von den Konsonanten und Vokalen des masoretischen Textes abzuweichen gibt es in Koh 1,4-11 keinen einzigen textkritisch vertretbaren Grund“ (so *Lohfink*, Die Wiederkehr des immer Gleichen, 126; wieder in: *Lohfink*, Studien zu Kohelet, 96) – vielleicht mit einigen wenigen Ausnahmen, die in den folgenden Anmerkungen verzeichnet sind; zwingend sind diese Änderungen jedoch nicht.

muss, wenn es Sinn machen soll, entgegen der masoretischen Akzentsetzung mit dem vorhergehenden וְאֶל־מְקוֹמוֹ verbunden werden (vgl. *Krüger*, Kohelet, 110). Eine Änderung in שָׁב אַף, wie sie BHS vorschlägt, ist m.E. weder angezeigt noch notwendig und wird deshalb in BHQ auch nicht mehr angegeben.

c Es gibt keinen Grund, diese Wendung, wie von BHS vorgeschlagen, als Additum zu streichen; gleiches gilt für V. 6bβ (vgl. BHQ).

d Die von BHS vorgeschlagene Konjektur scheint mir willkürlich.

e *Krüger*, Kohelet, 110 schreibt zur Stelle: „Der Ausdruck וְאֵין כָּל־חָדָשׁ ist doppeldeutig: Je nachdem, ob man כָּל enger mit אֵן verbindet oder mit חָדָשׁ, kann man übersetzen: ‚es gibt *gar* nichts Neues' oder ‚es gibt nichts *völlig* Neues'. Die masoretischen Akzente deuten eher auf das zweite Verständnis, das auch dem Kontext besser entspricht."

f Obwohl in einigen Handschriften היו steht, folge ich dem Änderungsvorschlag von BHS nicht, da auch היה wegen des Kollektivums möglich ist; der Verweis auf Koh 2,7 ist deshalb hinfällig, weil dort ebenfalls היה und nicht היו steht (vgl. zur Stelle BHQ und *Gesenius / Kautzsch*, 1985, § 145u, S.489).

g Der Plural רִאשֹׁנִים in 11a wie auch der Plural אַחֲרֹנִים in 11bα kann sich auf frühere Menschen und Generationen beziehen (vgl. *Krüger*, Kohelet, 109 und *Schoors*, Preacher, 201f.) und sollte dann mit „die Früheren" (im Sinne der Vorfahren) bzw. „die Späteren" (im Sinne der Nackommen) übersetzt werden. Eine unpersönliche Übersetzung (etwa „das, was früher war / was später geschieht", so *Lauha*, 31 mit Verweis auf *Gesenius / Kautzsch*, 1985, § 130a) scheint uns die weniger sinnvolle Alternative. Interessant wird die Übersetzung auch im Hinblick auf die abschließenden Bemerkungen Kohelets zum König und seine(n) Nachfolger in Koh 4,13-16, vgl. S.160f. Vgl. *Lauha*, Kohelet, 31.

Analyse und Kommentar:

Im Wesentlichen sind mit dem Prolog des Koheletbuches drei Diskussionsgänge verbunden: Erstens die Frage nach der Abgrenzung nach vorne, zweitens die Frage nach dem inneren Aufbau und, damit zusammenhängend, aber auch davon zu unterscheiden, die Fragen nach den (poetischen) Formen des Prologs. Drittens kommen die Forscher noch immer zu diametral auseinander liegenden Ergebnissen, was die theologische Aussage des Prologs angeht.

1. Abgrenzung nach vorne

Man ist sich weitgehend darüber einig, daß der Prolog des Buches eine eigene Größe innerhalb des Buches und eine Art Auftaktfunktion, ein „Tor" (*Hertzberg*) zum Ganzen darstellt. Die Abgrenzung nach hinten ist dabei nicht umstritten; tatsächlich nehmen mehr oder weniger alle neueren Forscher eine Zäsur nach Koh 1,11 vor[63]. Die Abgrenzung nach vorne jedoch wird sehr unterschiedlich gehandhabt. Hier gibt es im wesentlichen fünf verschiedene Möglichkeiten. Während jüngere

[63] Siehe dazu die Übersicht in Anlage 2a und 2b. Es gibt auch Ausnahmen: *Barton*, Ecclesiastes, 69, trennt Koh 1,9-11 von 1,4-8; ihm schließt sich *Loretz*, Kohelet und der Alte Orient, 194 an.

Entwürfe zu einer größeren Differenzierung neigen, bieten ältere Gliederungsschemata manchmal einen Zusammenhang von Koh 1,1-11[64]. Manche Forscher sehen in Koh 1,2 und 1,3 eine zusammenfassende Bemerkung am Anfang des Buches und behandeln diese entweder eigenständig[65] oder zählen sie dem Prolog zu und plädieren für einen Zusammenhang von Koh 1,2-11[66], etliche Forscher ziehen Koh 1,3 zum Prolog hinzu[67], nur wenige erkennen in Koh 1,3 eine eigenständige Größe (s.o.) und grenzen den Prolog nach vorne deshalb bei Koh 1,4 ab[68]. Insgesamt lässt sich eine Bewegung hin zu größerer Differenzierung ausmachen, die die einzelnen Elemente des Anfangs (Koh 1,1 Überschrift – 1,2 Motto – 1,3 Zentralfrage – 1,4-11 Prolog) auseinander hält. Dieser Möglichkeit neigen auch wir aus den bei der Analyse dieser Stücke schon genannten Gründen zu; sie seien hier noch einmal kurz zusammengefasst:

a) Koh 1,1 ist als *Überschrift des Buches* zu werten und schon deshalb vom übrigen Textbestand zu unterscheiden. Die Formulierung in der 3. Person rechtfertigt ebenfalls eine Unterscheidung vom folgenden.
b) Koh 1,2 ist mit Koh 12,8 zusammen als „Innerer Rahmen“ und als *Motto des Buches* von Koh 1,1 einerseits und Koh 1,3 andererseits zu unterscheiden. Koh 1,2 führt das eigenständige Thema der Nichtigkeit aller menschlichen Bemühungen ein und ist trotz unterschiedlicher Formulierungen als Strukturelement anzusehen.
c) Koh 1,3 bietet als die mit Koh 1,2 thematisch zusammenhängende, aber dennoch eigenständig zu wertende *Zentralfrage des Buches*

---

64 *Galling*, Der Prediger, der sogar die Überschrift Koh 1,1 noch hinzuzählt und in 1,1-11 eine „Einleitung und erste Sentenz“ erkennt, aber auch *Gordis*, Koheleth, 203-209, der Koh 1,1-11 als „Section I – Introductory Note“ bezeichnet und innerhalb dieser Einheit weiter unterteilt in 1,1 („superscription by an editor“); Koh 1,2-8 („first section“) und Koh 1,9-11 (ohne weitere Benennung); *Bergant*, Ecclesiastes, 229-232 („The Profitlessness of Toil“); Auch *Huwiler*, Ecclesiastes, 179-182, sieht darin noch zusammenhängende „opening matters“.

65 Diese Forscher grenzen den Prolog dann von 1,4-11 ab. So z.B. *Barucq*, Ecclésiaste – qohéleth, 54-56 („Thème général“); *Lohfink*, Kohelet, 19-20 und in seinen späteren Veröffentlichungen; *Crenshaw*, Ecclesiastes, 57-61 („Motto and Thematic Statement“); *Whybray*, Ecclesiastes, 34-38 („Vanity of Vanities“);

66 So etwa *Hertzberg*, Der Prediger, 67-73 (vgl. den Überblick in Anlage 2a); ferner Baum, Worte der Skepsis, 6-7; *Seow*, Ecclesiastes, 100-117; *Krüger*, Theologische Gegenwartsdeutung, 125-127 und *Krüger*, Kohelet, 108-122, der Koh 1,3-11 als „Vorspiel“ bezeichnet.

67 *Scott*, Ecclesiastes, 210f; *Lauha*, Kohelet, 31-37; *Beek*, Prediker, 38-42; *Murphy*, Ecclesiastes, 5-10.

68 *Farmer*, Who knows?, 152-153. Sie billigt Koh 1,3 zwar eine Sonderstellung zu, zieht allerdings Koh 1,1 und 1,2 zusammen („Titel and Thematic Summary“); *Bonora*, Il Libro Di Qoèlet, grenzt ebenfalls bei Koh 1,4 nach vorne ab, zieht dafür aber 1,1-3 zu einem Komplex („Tutto è come un soffio“) zusammen. Ferner die unter Anm. 211 genannten *Barucq*, *Lohfink*, *Crenshaw*, *Whybray*.

eine eigene Größe, die schon wegen ihrer exponierten Stellung am Anfang des Buches, aber auch in ihrem Zusammenhang mit Koh 2,11 und den gesamten Komplex Koh 1,3-3,15 und Koh 5,9-6,9, sowie, wie wir überzeugt sind, durch die sie prägenden Leitworte noch darüber hinaus als strukturbildendes Element angesehen werden muss, dessen thematischer Zusammenhang zu Koh 1,4-11 aufgezeigt, dessen Eigenständigkeit als strukturbildendes Mittel aber auch darüber hinaus beachtet werden muss[69]. Als Frage hebt sie sich auch stilistisch von Koh 1,2 und Koh 1,4-11 ab[70] und wird innerhalb von Koh 1,4-11 nicht beantwortet[71]; ergo ist sie wohl auch deshalb nicht unmittelbar zum Folgenden zu zählen.

d) Koh 1,4-11 unterscheidet sich schon der Form und der Länge wegen von den ersten drei Stücken. Dieses erste Gedicht[72] führt den Leser nach der Eröffnung durch das Motto und die Zentralfrage auf die Höhe dessen, was ihn in den späteren Erkenntniswegen Kohelets erwartet. Damit soll nicht gesagt sein, daß Koh 1,4-11 nicht thematisch an Koh 1,2 und Koh 1,3 anknüpft – dafür spricht die Wiederaufnahme von Koh 1,3 תחת השמש in Koh 1,9 und des Menschen in Koh 1,3 (לאדם) durch דור in Koh 1,4 – dennoch bildet Koh 1,4-11 zusammen mit den anderen mehrgliedrigen Maschalen eine eigene Gattung innerhalb des Koheletbuches: Der Prolog über den Wechsel der Generationen in Koh 1,4-11, der Maschal über die Zeit in Koh 3,1-11 und der Abschluß des Buches über das Alter in

69 Dies gilt u.E. trotz der von *Backhaus*, Zeit und Zufall, 4 und gerade wegen der ebd. 40-42.47-50 gemachten Ausführungen!

70 Das sieht auch *Krüger*, Kohelet, 111 so, wenngleich er Koh 1,3 zum Prolog mit hinzuzählt.

71 *Krüger*, Kohelet, 112, sieht dies zwar auch, meint aber: „Eine Teilantwort auf diese Frage ergibt sich jedoch *a fortiori* aus V.11: Wenn es schon auf lange Sicht keine Erinnerung […] mehr an einen Menschen geben wird, um wie viel mehr muss dann jedenfalls die Dauer jedes möglichen anderen Gewinns menschlicher Anstrengungen begrenzt sein (מַה־יִּתְרוֹן ? – אֵין זִכְרוֹן !)“. Siehe auch schon Krüger, Theologische Gegenwartsdeutung, 126, wo er den Zusammenhang durch Stichwortverbindungen zwischen Koh 1,3 und Koh 1,4-11 begründet sieht. Mehr jedoch als eine Teilantwort, wenn überhaupt, kann dies nicht sein; die Antwort für die Zentralfrage steht schlicht und ergreifend in Koh 2,11 – wenngleich sie selbst dadurch nicht „erledigt“ ist, wie ihre Wiederkehr in Koh 3,9; 5,15b und 6,8.11 belegt.

72 „Es ist ein Gedicht, und als solches steht es in hartem Kontrast zu der in 1,3 vorangehenden, fast jargonhaft formulierten Frage: ‚Welchen Vorteil hat der Mensch von all seinem Besitz, für den er sich anstrengt unter der Sonne?‘ Fast verbindet es sich über diesen Satz hinweg mit der sprachlichen Höhe des Einleitungssatzes 1,2: ‚Windhauch, Windhauch, sagte Kohelet, Windhauch, Windhauch, alles ist Windhauch‘. Doch wenn dieser Satz vom Leser noch von Mustern der klassischen Literatur Israels her aufgenommen werden konnte, so wird von 1,4 ab auf neue, fast revolutionäre Weise gedichtet“; vgl. *Lohfink*, Die Wiederkehr des immer Gleichen, 126f, wieder in: *Lohfink*, Studien zu Kohelet, 97.

Koh 11,7-12,7 sind besondere Gedichte[73], die sich vom sonstigen Duktus des Buches abheben[74]; selbstverständlich werden in ihnen Themen verhandelt, die sich auch sonst im Buch finden, aber eben doch auf eine besonders poetische Art und Weise.

2. Komposition und Poetik

Der Aufbau des Prologs gibt immer wieder Anlass zu ausführlichen Analysen[75]: Nach *Michel* besteht er aus einem „kunstvollen, *sieben*fach gegliederten Analogiewort" (Koh 1,4-8: „das Kommen und Gehen der Geschlechter, den Lauf der Sonne, das Wehen des Windes, das Fließen der Bäche, Reden, Sehen und Hören des Menschen"[76]), dem eine Folgerung, eine Verallgemeinerung nachsteht (Koh 1,9-11), deren zentrale Peroration (1,9b: „Es gibt nichts Neues unter der Sonne") der Schlüssel zum Verständnis sei. *Loretz* hingegen spricht von einem „leicht erkennbaren, *fünf*teiligen Aufbau", weil er Reden, Sehen und Hören des Menschen als *ein* Bild begreift[77]. In seiner präzisen Untersuchung des Prologs hat *Lohfink* eine sehr sorgfältige Analyse durchgeführt[78]: Er unterscheidet einerseits die Zeilenanzahl der Verse 4-11, wobei die Verse 4 und 5 jeweils zweizeilig konstruiert, die Versgruppen 6-8 und 9-11 hingegen „parallel gebaut [sind]: auf einen dreizeiligen folgen jeweils zwei vierzeilige Zeilenkomplexe"[79].

[73] Siehe dazu unten die Analyse zur Stelle.

[74] Darauf hatte *Vonach*, Nähere dich um zu hören, 18f eigens hingewiesen und diese drei Stücke, zusammen mit einem vierten (Koh 7,1-14) als strukturgliedernde Gedichte vom übrigen Textbestand abgegrenzt.

[75] Neben den Kommentaren wurde folgende Spezialliteratur zu diesem Abschnitt berücksichtigt: *Loretz*, Kohelet und der Alte Orient, 136-138; *Ellermeier*, Qohelet, 186-211; *Michel*, Humanität angesichts des Absurden, 22-36; *Good*, The Unfilled Sea, 59-73; *Braun*, Kohelet, 56-66; *Lohfink*, Die Wiederkehr des immer Gleichen, 125-149; *Holzer*, Der Mensch und das Weltgeschehen, 1981; *Ogden*, Interpretation, 91-92; *Rousseau*, Structure de Qohelet, 200-217; *Müller*, Theonome Skepsis, 1-19; *Auffret*, „Rien du tout de nouveau sous le soleil", 145-166; *Whybray*, Ecclesiastes 1.5-7 and the Wonder of Nature, 105-112; *Fischer*, Ecclesiastes, 1991; *Loretz*, Anfänge, 223-244; *Backhaus*, Zeit und Zufall, 3-56; *Verheij*, Words Speaking for Themselves, 183-188; *Rose*, „Der Früheren gedenkt man nicht mehr", 83-103.

[76] *Michel*, Untersuchungen, 4f (Hervorhebung von uns) in Anknüpfung an *v. Rad*, Weisheit in Israel, der von einem „Vergleichsspruch" gesprochen hatte: „hier werden Zusammenhänge sichtbar, die auf eine übergreifende Ordnung hinweisen, in der [die] Phänomene miteinander verbunden sind" (160f). *Michel* setzt sich damit gegen *Ellermeier*, Qohelet, ab, der nicht an eine Analogie für ein und diesselbe Ordnung, sondern an „die stetige Wiederholung des gleichen Geschehens" (ebd. 188) denkt – ein feiner Unterschied.

[77] *Loretz*, Kohelet und der Alte Orient, 194 (Hervorhebung von uns).

[78] *Lohfink*, Die Wiederkehr des immer Gleichen; wieder abgedruckt in *Lohfink*, Studien zu Kohelet, 95-124. Es ist innerhalb dieser Untersuchung leider nicht möglich, alle von *Lohfink* entdeckten Aspekte entsprechend ausführlich zu berücksichtigen und zu würdigen.

[79] Ebd. 129 bzw. 100.

Diesen Versgruppen ist ein „chiastisches Grundschema“ eigen, das sich aus I. V.4 (Geschichte A), II. V.5 (Kosmos B), III. V.6-8 (Kosmos B‘) und IV. V.9-11 (Geschichte A‘) zusammensetzt. Schematisch kann dies, in Kombination mehrerer Aufstellungen Lohfinks, folgendermaßen dargestellt werden:

| | | | | | |
|---|---|---|---|---|---|
| I. | Vers 4 | 2 | Zeilen | Geschichte A | Mensch (4a); Erde (4b) |
| II. | Vers 5 | 2 | Zeilen | Kosmos B | Sonne (5) |
| III. | Vers 6-8 | 3+4+4 | Zeilen | Kosmos B‘ | Wind (6); Flüsse+Meer (7) |
| IV. | Vers 9-11 | 3+4+4 | Zeilen | Geschichte A‘ | Folgerung (9), Antwort (10), Steigerung (11) |

Damit hat *Lohfink* sicher die Ansätze von *Michel* und *Loretz* verfeinert; ganz zu überzeugen vermag diese Einteilung jedoch nicht, da sie u.E. auch Schwächen zeigt: So ist z.B. in Koh 1,8 plötzlich wieder der Mensch im Mittelpunkt (wie in Koh 1,4) – das passt aber schlechterdings nicht zur Bezeichnung „Kosmos B“ von Lohfink. Auch Koh 1,9-11 als „Geschichte A“ zu bezeichnen will nicht so recht einleuchten. *Krüger* hat 1990 (in Anlehnung an *Fox*) eine etwas andere Einteilung vorgeschlagen:

| | | |
|---|---|---|
| Vers 3 | Frage | |
| Verse 4-7 | Beschreibung von Phänomenen | |
| Verse 8-9 | Schlußfolgerungen | |
| | 8 | These 1 |
| | 9 | These 2 |
| Verse 10-11 | Diskussion | |
| | 10a | Einwand gegen These 2 (= Illustration zu These 1) |
| | 10b | Widerlegung des Einwands (= Bekräftigung von These 2) |
| | 11 | Begründung (= Bestätigung der Thesen 1 und 2) |

Diese Arbeiten wurden durch *Backhaus* ergänzt um eine hochdifferenzierte Untersuchung zur syntaktischen Struktur von Koh 1,3-11 (syntagmatische Analysen zu jedem einzelnen Vers)[80], die u.E. keine Wünsche mehr offen läßt[81].

In Kombination der verschiedenen Ansätze wäre deshalb, die syntagmatischen Untersuchungen und die Zeilenlängen vorausgesetzt sowie die Themen mit bedenkend, u.E. folgender Aufbau naheliegend:

---

80 *Backhaus*, Zeit und Zufall, 3-56, v.a. 11-21. Ihm schließt sich weitgehend auch *Schwienhorst-Schönberger*, Kohelet-Kommentar 2004, 158 an.

81 Zuvor hatten sich schon *Isaksson*, Studies in the Language of Qohelet (mit Schwerpunkt „Verbalsyntax“) und *Fredericks*, Qoheleth’s Language, besonders um die Sprache des Koheletbuches bemüht. Vgl. ferner für kleinere Einheiten *Fredericks*, Chiasm and Parallel Structure, 17-35; *Ders.*, Life’s Storms, 95-114.

| | | | | | |
|---|---|---|---|---|---|
| I. | Vers | 4a | These | Anthropologie | Mensch kollektiv (Geschlechter) |
| II. | Verse | 4b-7 | Beispiele | Kosmologie | |
| | | 4b | | | Erde |
| | | 5 | | | Licht (Sonne) |
| | | 6 | | | Luft (Wind) |
| | | 7 | | | Wasser (Flüsse und Meer) |
| III. | Vers | 8 | | Anthropologie | Mensch individuell (Reden, Sehen, Hören) |
| IV. | Vers | 9a | These | (Wiederaufnahme und Bekräftigung der These) | |
| | | 9b | Peroration | | |
| V. | Vers | 10f | Erläuterung | | |

a) Mit Ausnahme von Koh 1,7.10f liegen in Koh 1,4-11 synonyme, antithetische oder synthetische parallelismi membrorum vor[82], unterbrochen von Prosa in V. 7 und 10-11[83]; Übersicht:

| | |
|---|---|
| Koh 1,4-6: | Poesie |
| Koh 1,7: | Prosa |
| Koh 1,8-9: | Poesie |
| Koh 1,10-11: | Prosa |

| Vers | Anzahl der Kola | Konsonantenzahl einschl. matres lect. | Poetische Figur |
|---|---|---|---|
| 1,4 | Bikolon | 12/14 | antithet. par. membr. |
| 1,5a-b | Bikolon | 8/7 | synthet. par. membr. |
| 1,5c-d | Bikolon | 12/9 | chiast. par. membr. |
| 1,6a-b | Bikolon | 10/11 | synthet. par. membr. |
| 1,6c-d | Bikolon | 15/16 | synonym. par. membr. |
| 1,7 | Prosa, allerdings nach „formal-poetischen Kriterien durchgestaltet“[84]. | | |
| 1,8a | Monokolon | 13 | |
| 1,8bcd | Trikolon | 13/14/14 | |
| 1,9a-d | Bikolon | 14/16 | |
| 1,9e | Monokolon | 16 | |
| 1,10 | Prosa | | |
| 1,11 | Prosa | | |

b) Koh 1,4-7 sind vor allen Dingen in Partizipialsätzen konstruiert, was der Parallelität der Aussagen dient; der Zusammenhang zwischen den einzelnen Versen ist auch durch Stichwortverbindungen ausgedrückt[85].

---

82 Vgl. *Backhaus*, Zeit und Zufall, 8-10.

83 *Seow*, Ecclesiastes, 100 bringt diesen Wechsel von Poesie und Prosa, wie viele andere Kommentare auch, durch einen Wechsel im Druckbild zum Ausdruck, wobei er Koh 1,7 ebenfalls als Poesie interpretiert.

84 *Backhaus*, Zeit und Zufall, 9.13-14.

85 Vgl. *Krüger*, Kohelet, 111.

### 3. Theologische Aussage des Prologs

Zum eigentlichen Verständnis des Prologs ist man damit aber noch nicht durchgedrungen; *Lauha* etwa schreibt in seinem Kommentar: „Der Prolog des Predigerbuches bringt eine trostlose Lebensanschauung zum Ausdruck: das Leben hat kein Ziel und keinen Zweck. Alles ist und bleibt wie früher, alles ist ganz und gar gleichförmig, etwas Endgültiges ist nie zu erreichen“[86]. Und nach *Baum* „empfindet Kohelet dieses immer wiederkehrende Geschehen als lastende Monotonie, als ein ewiges Einerlei, quälend und sinnlos“, worin sich eine „pessimistische Grundstimmung“[87] ausdrücke. *Bergant* resümiert: „And what ist the point of it all? Nothing seems to have permanent significance“[88]. So *kann* man den Prolog verstehen, und so *wurde* er zumeist verstanden; im Zusammenklang mit dem Motto des Buches folgerte man daraus, daß Kohelet ein „pessimistischer Skeptizist“[89] sei, der ein sinnloses Leben beklage[90].

Die Ordnung der Welt, die sich in diesen Versen ausdrückt, kann vor dem Hintergrund weisheitlichen und antiken[91] Denkens allerdings auch ganz anders verstanden werden. Gerade in weisheitlichem Denken spielt das Ordnungsdenken, wie *Gese* grundlegend anhand einer Analyse ägyptischer „Instruktionen“ (Lehren) gezeigt hat, eine wichtige, wenn nicht *die* zentrale Rolle[92]. Die Maat[93], durch die

---

[86] *Lauha*, Kohelet, 36f.

[87] *Baum*, Worte der Skepsis, 6.

[88] *Bergant*, Ecclesiastes, 232. Ähnlich *Crenshaw*, Ecclesiastes, 68: „The examples stress the monotony, repetition, and unfulfilled nature of constant activity. The prologue serves as a suitable introduction to the whole book“. Fast noch deprimierender *Farmer*, Who knows?, 154, die auch weiterführende Perspektiven möglicher Hilfe durch Gott ausschließt: „Many of us hope we will leave a permanent mark on the world by our presence in it. Qohelet gently but firmly degresses our pretensions. Since this entire section of Ecclesiastes opens with a question about *human* achievements […], there is no reason to conclude that Qohelet is projecting limits to what *God* might do. Qohelet does not include God's activities in the category of what is done ‚under the sun'“. Ähnlich *Murphy*, Ecclesiastes, 9-10.

[89] *Gese*, Lehre und Wirklichkeit, 1; Differenzierter Klopfenstein, Die Skepsis des Kohelet, 97-109, der das „israelitisch-jüdische Erbe Qohelets als Grund und Grenze seiner Skepsis“ betrachtet (98.105-109); vgl. *Klopfenstein*, Kohelet und die Freude am Dasein, 97-107.

[90] Vgl. zum Beispiel auch *Hertzberg*, Der Prediger, 73: „Der Verfasser bleibt nicht bei den Dingen stehen, wie sie sich darbieten, sondern denkt sie durch und nennt alles schonungslos beim Namen. […] Aber wie er auch das Leben ‚unter der Sonne‘ betrachtet, das Ergebnis ist das gleiche: kein יתרון, nur עמל, alles הבל! *Das* steht an dem Tor geschrieben, durch das wir nunmehr in das eigentliche Buch einzutreten haben.“

[91] Vgl. die Ausführungen von *Schwienhorst-Schönberger*, Kohelet-Kommentar 2004, 170-173: „Exkurs: Der Mythos von der ewigen Wiederkehr“.

[92] *Gese*, Leben und Wirklichkeit. Freilich betont gerade *Gese*, ebd. 1, Kohelet sei „ein pessimistischer Skeptizist, der an der Lehre der Proverbia irre geworden zu sein scheint“.

Schöpfung an die Stelle der Unordnung (Chaos) gesetzt, ist das „Zentrum der ägyptischen Welt- und Lebensanschauung", weil sie sowohl die Ordnung des Kosmos als auch die Ordnung des menschlichen Lebens umfaßt[94]. Dieses Denken, in der alten israelitischen Weisheit aufgenommen und modifiziert[95], scheint mir auch beim Prolog des Kohelet im Hintergrund zu stehen. Wäre das richtig, dann könnte man die Wiederholungen des Prologs auch positiv werten und, ähnlich wie die Ägypter in der ewigen Wiederholung des Re-Osiris-Kreislaufes oder der jährlichen Überschwemmungen des Nils, die immer wiederkehrende Regelmäßigkeit nicht als frustrierende Monotonie, sondern als beruhigende Konstante zugunsten der Menschen erblicken[96]. Nicht das Gewöhnliche, sondern das Ungewöhnliche, nicht das Ordentliche, sondern das Außerordentliche wäre dann erschreckend, der Koheletprolog aber Ausdruck jener von Gott eingesetzten, guten, dem Menschen dienlichen Ordnung[97]. Man kann für eine positive Deutung des Prologs aber nicht nur auf den ägyptischen Hintergrund rekurrieren; bedenkt man, daß Kohelet stark von hellenistischem Denken beeinflusst ist, muss man auch betonen, daß der „Kreislauf kosmischen Geschehens [...] in den antiken Philosophien und vorphilosophischen Lebensauffassungen nicht die Funktion [hatte], eine Ziel- oder Sinnlosigkeit der Welt und des menschlichen

---

93 Vgl. dazu *Gese*, ebd. 11-28 und *Helck* (Art.) Maat, in: LÄ III, Sp.1110-1119, ferner *Preuß*, Einführung, 20-23 und *Assmann*, Ma'at, 1990.

94 *Gese*, ebd. 12. Gese fasst allerdings eine geschichtliche Entwicklung der Vorstellung von der Maat nicht ins Auge, vielmehr betont er gerade ihre gleichbleibende Gültigkeit und Unwandelbarkeit, indem er lediglich eine Erweiterung der Weisheitslehre, nicht aber deren innere Umgestaltung annimmt (20-28); es gebe zwar eine „historische Entwicklung der Instruktionen" vom AR zum NR, diese sei jedoch nur eine „quantiative Erweiterung", keine „qualitative Umgestaltung" (21). Anders verfährt *Helck*, der geschichtlich vorgeht und die Entwicklung der Vorstellung bis hin zur Göttin aufzeigt (ebd.), und, noch weitaus differenzierter, *Assmann*, Ma'at, 15-24 (grundlegend) und 51-57 für das AR. Vgl. auch *Assmann*, Tod und Jenseits, 491-496.

95 *Gese*, ebd. 33-50. Modifiziert nach *Gese* durch den Determinationsgedanken (45-47), v.a. aber durch die Unabhängigkeit und Souveränität Jahwes gegenüber der von *ihm* eingesetzten Ordnung (48-50). Man müßte m.E. eigentlich schon mit *Fichtner*, Die altorientalische Weisheit, von einer besonderen *Prägung* sprechen, die die altorientalische Weisheit in Israel annahm (1933).

96 Vgl. dazu auch *Assmann*, Sinngeschichte, 25-38.

97 So auch *Lohfink*, Die Wiederkehr des immer Gleichen, 124: „Gegenüber gängigen Auslegungen dieses Gedichtes kann man das Positive der Aussage kaum genügend betonen. Strahlender, ewig kreisender Kosmos der Antike tritt hier vor Augen, und der Mensch hat Anteil daran. Gott kommt in dem Gedicht nicht vor. Doch das heißt nicht, daß er im Buch Kohelet nicht vorkommen werde. [...] Nichts ist vorhanden von so billigen Dingen wie pessimistischer oder optimistischer Einstellung zur Zukunft."

Lebens aufzuzeigen“[98], sondern geradezu eine Bestätigungsfunktion für das menschliche Leben und damit eine positive Grundaussage zum Inhalt hatte, die sich in der zyklischen Zeitvorstellung und der beruhigenden Konstante des immer Wiederkehrenden ausdrückte.
Im Grunde genommen entscheidet sich vielleicht schon hier das Verständnis des gesamten Koheletbuches. Je nachdem, ob man den Prolog negativ (*Lauha, Zimmerli*[99] u.a.) oder positiv bewertet, wird man auch in Kohelet den „pessimistischen Skeptiker“ oder den nach Erkenntnis forschenden Weisen erkennen. Es gibt aber auch noch einen dritten Weg zwischen „Pessimismus“ und „Positivismus“, der sich nach unserer Überzeugung im Fortgang des Buches immer deutlicher zeigen wird: der „Realismus“ des „Kohelet“.
Zweifelsohne kann man in Koh 1,4-11 auch zeitkritische Töne anklingen hören, die „eher Reflexion als Reflex“[100] der mit der hellenistischen Herrschaft und Kultur verbundenen Neuerungen sind und als eine Distanzierung von diesen vermeintlichen Neuerungen interpretiert werden können[101]. Zugleich wird man die Reflexionsgänge Kohelets immer auch vor dem Hintergrund der und als Kritik an den eschatologischen und apokalyptischen Geschichtsentwürfe und Szenarien seiner Zeit lesen müssen[102].

## V. Das Schlußgedicht: Koh 11,7-12,7[103]

### 1. Abgrenzung und Gliederung

Das Koheletbuch beginnt und endet mit einem Gedicht – sofern man den Titel in Koh 1,1, das Motto in Koh 1,2 und die Epiloge als

---

98 Vgl. *Schwienhorst-Schönberger*, Kohelet-Kommentar 2004, 173 mit Verweis auf *Eliade*, Kosmos und Geschichte und *Ders.*, Religionen.

99 *Zimmerli*, Struktur der alttestamentlichen Weisheit, 177-204, dort 197.200f.

100 *Krüger*, Kohelet, 118-119.

101 Vgl. hierzu als Hintergrund *Hengel*, Judentum und Hellenismus, und im Anschluß an ihn und speziell für Kohelet besonders die Arbeiten von *Kaiser*, Die Sinnkrise bei Kohelet, 3-21 und die Wiederaufnahme dieser Argumentation in *Ders.*, Gottesgewißheit und Weltbewußtsein, 122-134, sowie *Ders.*, Judentum und Hellenismus, 135-153. Ferner *Ders.*, Anknüpfung und Widerspruch, 54-69 und *Ders.*, Kohelet, 35-38.

102 *Kaiser*, Die Sinnkrise bei Kohelet, 100 schreibt, daß es kaum denkbar sei, „daß ein jüdischer Theologe des 3. vorchristlichen Jahrhunderts diese These [Es gibt nichts Neues unter der Sonne] ohne eine Seitenblick auf die gleichzeitigen Geschichtsentwürfe nachprophetischer Eschatologie und Apokalyptik vertritt“. Man kann es u.E. aber auch übertreiben, vgl. *Otomo*, Kohelet und die Apokalyptik, nach dem Kohelet mit seinen Ausführungen eine „antiapokalyptische Strategie“ (136-146) verfolge, da Kohelet „in traditionellem israelitischen Gedankengut“ wurzele und „ein konservativer Jude“ sei, dessen „Traditionalismus […] bereits sadduzäisch-pharisäische Tendenzen“ ausweise (206f).

103 Vgl. z.B. *Ogden*, Qoheleth XI 7 - XII 8, 27-38.

sekundären Rahmen betrachtet, was in der Forschung kaum mehr umstritten ist. Dem Anfangsgedicht des Prologs in Koh 1,4-11 entspricht das Schlussgedicht am Ende des Buches; letzteres kann dann „als der letzte Satz Kohelets und das definitive Ende der letzten Einheit des Buches“[104] bezeichnet werden. Umstritten ist, ob das Schlussgedicht schon in Koh 11,7 oder erst in Koh 11,9 beginnt, wobei die Mehrzahl der Kommentatoren den Beginn bei Koh 11,7 bevorzugen[105]. Andere schlagen einen Beginn bei Koh 11,9 vor[106]; einige nur führen das Gedicht nach vorne bis Koh 11,1[107] und nach hinten bis einschließlich Koh 12,8[108] – oder disponieren ganz anders[109]. Aufgrund unserer Strukturanalyse schließen wir uns der Mehrheit der Forscher an und sehen in Koh 11,7-12,7 einen dreiteiligen Aufbau vorliegen[110]:
In seinem ersten Teil, Koh 11,7-8 bringt er in einer Hinführung das das Schlussgedicht beherrschende Thema zur Sprache: Die Jugend und das Alter. In seinem zweiten Teil fordert er mit Hilfe des koheletschen Programmes, konstruiert mit den für sie prägenden Leitwörtern noch

---

104 *Klein*, Kohelet, 150.

105 *Gordis*, Koheleth, 333-349; *Lauha*, Kohelet, 204-215; *Witzenrath*, Süß ist das Licht, 1979; *Loader*, Polar Structures, 107-111; *Ogden*, Qoheleth XI 7 - XII 8, 27-38; *Loader*, Ecclesiastes, 1986; *Crenshaw*, Youth and Old Age in Qoheleth, 1-13; *Crenshaw*, Ecclesiastes, 181-189; *Ravasi*, Qohelet; *Scharbert*, Altersbeschwerden , 289-298; *Murphy*, Ecclesiastes, 111-122; *Backhaus*, Zeit und Zufall, 297-317; *Klein*, Kohelet, 150-157; *Seow*, Ecclesiastes, 346-381; *Backhaus*, Es gibt nichts Besseres, 170-185.

106 *Hertzberg*, Der Prediger, 204-215; *Lohfink*, Kohelet, 81-85; *Whybray*, Ecclesiastes, 161-168; *Michel*, Untersuchungen, 127-168; *Lohfink*, Freu dich, junger Mann, 12-19; *Farmer*, Who knows what is good?; *Lohfink*, Grenzen und Einbindung, wieder in *Ders.*, Studien zu Kohelet, 167-180; *Schwienhorst-Schönberger*, Nicht im Menschen, 224-230; *Ders.*, Kohelet-Kommentar 2004, S.520-526; *Vonach*, Nähere dich um zu hören, 106-115; *Maussion*, Le mal, le bien, 146-148.

107 *Krüger*, Theologische Gegenwartsdeutung, 314-333, wobei er Koh 11,1-6 von 11,7-12,7 als eigenen Teil trennt; *Fredericks*, Life's Storms, 95-114, der 112f die Argumente für einen Beginn in Koh 11,1 zusammengestellt hat; *Fischer*, Aufforderung zur Lebensfreude, 149-172 v.a. 152-162; *Krüger*, Kohelet, 335-359. Er betont einerseits den durch die Kopula ו hergestellten Zusammenhang von Koh 11,1-6 mit 11,7-12,7 und gliedert Koh 11,7-12,7 „inhaltlich in vier (formal recht verschiedene) Abschnitte“ (345); vgl. zum Ganzen 345-359.

108 So z.B. *Lohfink*, Grenzen und Einbindung, wieder in *Ders.*, Studien zu Kohelet, 167-180.

109 Z.B. *Perry*, Dialogues with Kohelet, der völlig anders aufteilt und Koh 10,8-11,10 (A Debate in Proverbs) von Koh 12,1-7 (An Allegory on Old Age and Death) unterscheidet. Im angloamerikanischen Raum ist es offenbar weit verbreitet, das eigentliche Schlussgedicht erst bei Koh 12,1 beginnen zu lassen.

110 Ganz ähnlich auch *Schoors*, La structura littéraire de Qohéleth, 91-116, dort v.a. 113f. Er betrachtet Koh 11,7-8 als „introduction“ zu den beiden Teileinheiten Koh 11,9-10 und 12,1-7. Zur Erläuterung dieser Einteilung siehe die Einzelanalyse.

einmal zur Freude auf (11,9-10[111]), ehe dann in 12,1-7 die Ermahnungen, bezogen auf den ersten Teil, folgen.
Diese Dreiteilung ist gut begründet durch
a) die semantische Begrifflichkeit, die für einen engen Anschluss von Koh 11,7-8 an Koh 11,9-10 einerseits und Koh 12,1-7 andererseits spricht. *H. Witzenrath* hat in ihrer Untersuchung die für diese Textkohärenz sprechenden Argumente zusammengestellt[112]: „Von den 18 Lexemen, aus denen Koh 11,8 besteht, kehren nur 4 im Bereich von Koh 11,9-12,8 nicht wieder“[113]!
b) Es ist möglich, die Aufforderung zur Freude in Koh 11,9-10 von den anderen Teilen des Stückes zu unterscheiden, wenn auch nicht zu trennen. Wie wir noch sehen werden, sind die Aufforderungen zur Freude, wie sie im Koheletbuch immer wieder begegnen (Koh 2,24-26a; 3,12-15; 3,22; 5,17-19; 8,15; 9,7-10) aus ganz bestimmten Leitwörtern zu einem Textbaustein zusammen gefügt, der in seinem lexematischen Grundbestand kaum Variationen zeigt. Diese von uns *Programm* Kohelets genannten Textbausteine sind durch die Leitwörter שִׂמְחָה / שָׂמַח („Freude / sich freuen“), חֵלֶק II. („Teil“) bzw. מַתַּת אֱלֹהִים („Gabe Gottes“), אכל („essen“) und שׁתה („trinken“) sowie טוֹב („Gutes“ / „gut“) geprägt, und der Abschnitt Koh 11,9-10 spielt ganz offensichtlich darauf an.
c) Die Textintegrität von Koh 12,1-7 wird u.W. von niemandem bezweifelt; die Frage ist nur, ob das Motto aus Koh 12,8 noch hinzuzurechnen ist oder nicht? Dazu gibt es zwar unterschiedliche Ansichten, für gewöhnlich wird Koh 12,8 allerdings dem sekundären Rahmen zugerechnet.

## 2. Hinführung: Koh 11,7-8

Übersetzung:

7 Wahrlich[a]: süß ist das Licht, und gut für die Augen, die Sonne zu sehen / zu schauen.

8 Ja / Denn[b], wenn der Mensch viele Jahre lebt, freut er sich[c] an / in ihnen allen – gedenkt[d] aber [auch] der dunklen Tage[e], denn es werden viele sein[f]:
alles, was kommt, ist nichtig!

---

[111] Koh 11,9b wird wohl als sekundärer Einschub des zweiten Epilogisten zu gelten haben (vgl. Koh 12,9b mit 12,14! und unten).

[112] *Witzenrath*, Süß ist das Licht, 20.

[113] *Lohfink*, Grenzen und Einbindung, wieder in *Ders.*, Studien zu Kohelet, 169, Anm.10. Vgl. auch *Lohfink*, Kohelet, 81: „Das Gedicht ist in 11,7f intensivst vorbereitet“. In ähnlicher Weise formuliert er in Grenzen und Einbindung, 36f, wieder in Ders., Studien zu Kohelet, 170, man könne „den Befund auch so deuten, daß 11,7f eine dem Gedicht vorangestellt, es mit dem bisherigen Text verbindende, es einführende und im voraus schon deutende, dabei seinen Aufbau ankündigende eigenständige Einleitung sei, die bewußt mit dem Motiv- und Lexemmaterial des eingeleiteten Gedichts arbeitet“.

Anmerkungen:

a 11,7 leitet die Abschlußsequenz des ursprünglichen Koheletbuches ein. Das ו ist deshalb mit einem gewissen Nachdruck zu übersetzen; wir wählen hier wie *Lauha*, Kohelet, 204 „Wahrlich". Vgl. auch *Fredericks*, Life's Storms, 104f.

b Wir fassen כִּי hier als Bekräftigung für die in Koh 11,7 genannte These auf (s.u.). Deshalb ist eine Übersetzung mit „Ja" durchaus denkbar.

c Zur indikativischen Übersetzung von יִשְׂמָח s.u. b)

d זכר „gedenke", vgl. 12,1. Zur indikativischen Übersetzung und zur Möglichkeit der jussivischen Übersetzung von וְיִזְכֹּר s.u. b)

e Auch möglich: „Tage des Dunkels".

f Auch möglich ist ein Eventualis: „denn es könnten viele sein".

Analyse und Kommentar:

a) Gliederung von Koh 11,7-8

Koh 11,7-8 beginnt mit einer „uneingeschränkt lebensbejahende[n] Aussage"[114], in der Leitwörter der Erkenntniswege (ראה, תחת השמש) und des Programms Kohelets (טוב) aufgenommen sind. Diese These wird durch Koh 11,8a begründet und verstärkt (כִּי), ebenfalls mit dem aus dem Programm Kohelets stammenden Leitwort שׂמח. Koh 11,8bα formuliert daran anknüpfend eine Erinnerung an schlechte Tage (זכר), die durch Koh 11,8bβ, das in den Erkenntniswegen immer wiederkehrende הֶבֶל-Ergebnis, das erst kommen wird (Blick in die Zukunft!: כל־שבא), ergänzt wird. So ergibt sich folgende Struktur für die Hinführung zu Koh 11,9-10 bzw. Koh 12,1-7:

| | | |
|---|---|---|
| וּמָתוֹק הָאוֹר וְטוֹב לַעֵינַיִם לִרְאוֹת אֶת־הַשָּׁמֶשׁ | 11,7 | These |
| כִּי אִם־שָׁנִים הַרְבֵּה יִחְיֶה הָאָדָם בְּכֻלָּם יִשְׂמָח | 11,8a | Bekräftigung / Begründung |
| וְיִזְכֹּר אֶת־יְמֵי הַחֹשֶׁךְ | 11,8bα | Erinnerung |
| כִּי־הַרְבֵּה יִהְיוּ כָּל־שֶׁבָּא הָבֶל | 11,8bβ | Vorausblick: הֶבֶל-Ergebnis |

b) שׂמח und זכר und die Bedeutung von Koh 11,7-8

Die beiden Verben in Koh 11,7 und 11,8 können entweder als Indikative oder als Jussive übersetzt werden; da beide Möglichkeiten offen stehen[115], wird der größere Textzusammenhang entscheiden müssen. Hier scheint uns der Hinweis von Krüger sehr wichtig zu sein,

---

114 *Krüger*, Kohelet, 345.

115 Von den meisten Auslegern werden beide Verben als Jussive übersetzt, vgl. z.B. *Hertzberg*, Der Prediger, 199: „Ja, wenn auch viele Jahre der Mensch am Leben ist, soll er aller sich freuen und soll der finsteren Tage gedenken, daß sie viele sein werden". Eine Kombination aus beiden Möglichkeiten schlägt *Lauha*, Kohelet, 204 im Anschluß an die Vulgata vor: „Ja, wenn der Mensch viele Jahre lebt, freut er sich an ihnen allen – doch soll er daran denken, daß der dunklen Tage viele sein werden". Eine rein indikativische Übersetzung wählt z.B. *Krüger*, Kohelet, 337 im Anschluss an die Septuaginta: „Wenn der Mensch viele Jahre lebt, freut er sich darüber, denkt aber auch an die dunklen Tage, denn sie sind zahlreich".

daß die „dunklen Tage / Tage des Dunkels“ nicht notwendig, wie es die meisten Kommentatoren machen, auf den Tod zu beziehen seien, da dadurch eine „Relativierung der Lebensfreude durch den Gedanken an den bevorstehenden Tod“[116], der These in Koh 11,7 und der Bekräftigung in 11,8a einträte. Im Gegenteil: Es passt viel besser in den Zusammenhang – insbesondere der Textbausteine, die wir Programm nennen (Koh 2,24-26a; 3,12-15; 3,22; 5,17-19; 8,15; 9,7-10) –, daß, gerade angesichts des bevorstehenden Alters (Koh 12,1-7!), nicht des Todes, der Wert der Lebensfreude in jungen Jahren „das Herz erfreut“. Es macht auch gar keinen rechten Sinn, an die „vielen schlechten Tage“ des Todes zu denken; natürlich werden es viele sein, aber das ist irrelevant für die Lebenden, und für die Toten erst recht. Viel einleuchtender ist, daß ein alter Mensch zurückblickend sich erinnert (זכר), daß er schöne und schlechte Tage erlebt hat (und es werden auch viele schlechte Tage dabei gewesen sein!, Koh 11,8bα) und sich trotzdem „an / in ihnen allen freut“ (Koh 11,8α). Vorausblickend wird er aber auch sehen, daß es im Alter, z.B. gesundheitlich (Koh 12,1-7!), nicht besser werden wird und daß „alles, was kommen wird (בוא), הֶבֶל sein wird“ (Koh 11,8bβ).

### 3. Aufforderung zur Freude: Koh 11,9-10

Übersetzung:

9 Freue dich[a], Jüngling, in[b] deiner Jugend,
und dein Herz mache dich froh[c] in deinen Jugendtagen,
und gehe[d] auf[e] den Wegen deines Herzens, und nach dem Sehen[f] deiner Augen! [Doch wisse, daß wegen all diesem Gott dich vor Gericht bringen / führen wird.][117].

10 Und entferne / treibe weg den Kummer aus deinem Herzen,
und halte fern[h] das Übel von deinem Leibe[i],
denn die Jugend und die Morgenröte / Schwärze (des Haares)[j] sind flüchtig / nichtig!

Anmerkungen:

a Wir schließen uns *Lauha*, Kohelet, 205 an, der darauf hinweist, daß die Wendung auch „sich über etwas freuen“ bedeuten kann; „da aber in der Fortsetzung בְּ temporal verwendet wird, ist auch hier temporal zu übersetzen“.

b *Hertzberg*, Prediger, 205 macht darauf aufmerksam, daß auch eine Übersetzung „an deiner Jugend“ bzw. „an deinen Jugendtagen“ möglich wäre.

c Eine u.E. zu freie Übersetzung, wie sie etwa *Klein*, Kohelet, 152 („Du sollst wohltun deinem Herzen...“) vorschlägt, sollte hier vermieden werden, wenn man nicht schon in der Übersetzung interpretieren will. Das Impf. 3.Sg.mask. mit Suff. 2.Sg mask. von טוב hi. „gut handeln, hier: fröhlich machen“ mit Kopula ist das Verb zum Subjekt לֵב, nicht umgekehrt! *Schoors*, 1992, S.96

[116] *Krüger*, Kohelet, 346.

[117] Wir setzen Koh 11,9b in eckige Klammern, weil wir diesen Halbvers als orthodoxe Glosse ausscheiden. Siehe dazu unten die Analyse.

schreibt dazu: „In Qoh 11,9 וִיטִיבְךָ seems to create problems to the critics. *BHS* suggests the reading וִיטָב, whereas *Dahood* [M. Dahood, Bib 43, 1962, S.363] retains the *kaph* as a datival suffix: וִיטָבְךָ. But the MT ist perfectly acceptable as a hiph. imperf. of the root טוב"; vgl. auch *Gesenius*[17], S.272.

d Zum Imperativ הַלֵּךְ vgl. *Schoors*, The Preacher Sought, 94f. Der Zusatz ἄμωσος („untadelig, redlich") vor ὁδοῖς in der LXX weist ebenso wie der Zusatz μή („gehe nicht!") in der nächsten Zeile darauf hin, daß hier, worauf *Krüger*, Kohelet, 347 verweist und was in der Tat zu vermuten steht, ein Einfluss von Sir 5,2 vorliegt: „Folge nicht deinem Herzen und deinen Augen, so daß du in bösen Begierden wandelst!".

e Wir haben hier wörtlich („in / auf den Wegen deines Herzens") übersetzt, wie die Mehrzahl der Kommentatoren.

f Für וּבְמַרְאֵי עֵינֶיךָ liegen verschiedene Interpretationen vor. Dies betrifft zunächst die Form selbst, in der das י von מראי durch ה zu ersetzen und in מראה zu korrigieren ist, vgl. den Konjekturvorschlag in BHS, *Krüger*, Kohelet, 338 oder *Schoors*, The Preacher Sought, 24: „Thus במרצי is a mistake which was probably caused by the parallel בדרכי". Wörtlich übersetzt heißt die Wendung „und in (= nach) dem Sehen deiner Augen"; מראה עינים kann dabei „sowohl das Sehen der Augen bezeichnen als auch das, was die Augen sehen" (*Krüger*, Kohelet, 338), so daß ältere Kommentatoren das, was gesehen wird, gerne mit „Verlockungen" übersetzt haben (*Lauha*, Kohelet; *Hertzberg*), was sinngemäß sicherlich richtig ist, ebenso wie die sehr freie, aber u.E. zutreffende Übersetzung von *Lohfink*, Kohelet, 81: „Geh auf den Wegen, die dein Herz dir sagt, zu dem, was deine Augen vor sich sehen".

g Der Imp.Sg. mask. von סור hi. (machen, daß jmd. / etw. weicht) legt nahe, nicht nur den Kummer / den Unmut / Verdruß / Gram passiv von seinem Herzen fern zu halten, sondern ihn aktiv wegzutreiben und zu entfernen.

h עבר hi. – hinübergehen lassen, hier (mit מִן): fernhalten.

i Wörtlich: „vom Fleisch".

j Das Hapaxlegomenon שַׁחֲרוּת ist von I. שָׁחַר schwarz werden: „Schwärze" (des Haares) oder von II. שחר „Morgenröte" (des Lebens) abzuleiten. Inhaltlich läuft es in der Parallele zu יַלְדוּת auf dasselbe hinaus: gemeint ist die „Jugendzeit", in der das Haar noch „schwarz" ist. Auch die Übersetzung von *Klein*, Kohelet, 152 ist sehr gelungen: „Denn: Jugend wie Morgenröte sind flüchtig". Zu den Versionen der Übersetzungen vgl. *Krüger*, Kohelet, 338.

## Analyse und Kommentar:

### a) Koh 11,9b.10b – orthodoxe Glossen?

Im vorliegenden Abschnitt werden von nahezu allen Kommentatoren die beiden Halbverse Koh 11,9b und 10b als redaktionelle Eingriffe einer „orthodoxen Hand" ausgeschieden[118]. Für den ersten Teil dieser Entscheidung schließen wir uns an, nicht jedoch für den Halbvers Koh 11,10b[119], und zwar aus folgenden Gründen:

1. Koh 11,9b unterbricht den Zusammenhang von Koh 11,9 und 11,10

[118] Vgl. z.B. *Lauha*, Kohelet, 204.208-209.

[119] Die gleiche Entscheidung treffen z.B. *Lohfink*, Kohelet, 81-83 und *Klein*, Kohelet, 152-153 sowie *Krüger*, Kohelet, 346-348 und *Schwienhorst-Schönberger*, Kohelet-Kommentar 2004, 521f.

sowohl inhaltlich als auch in der Form: die insgesamt fünf Imperative der beiden Verse werden durch die dazwischen geschobene Warnung jäh auseinandergerissen.
2. Die in Koh 11,9b verwendete Formulierung בוא hi. + בְּמִשְׁפָּט ist auch in Koh 12,14 zu finden, also im sekundären Rahmen des Buches, der durch den 2. Epilogisten gestaltet wurde. Wir hatten festgestellt, daß dieser offenbar sehr weit vom ursprünglichen Verfasser des Koheletbuches entfernt war, was der Formulierung in Koh 11,9b keine große Zuverlässigkeit auf Ursprünglichkeit einräumt, zumal diese Wendung sonst im AT nur noch in Hi 14,3 und im Koheletbuch gar nicht mehr vorkommt[120].
3. Der warnende Hinweis wurde offenbar eingetragen, weil die große Freiheit, die die Aufforderung zur Freude in Koh 11,9 anspricht, offenbar anstößig war[121] – wie sonst wären die korrigierenden Zusätze der Septuaginta[122] zu verstehen? Ganz im Sinne dieser Haltung trägt der 2. Epilogist an dieser für ihn anstößigen Stelle seine Warnung ein.
Alle diese Einwendungen gelten allerdings nicht für den Halbvers Koh 11,10b, im Gegenteil: der Halbvers ist nicht nur kein Widerspruch zu Koh 11,9, sondern die Reihung der fünf Imperative in Koh 11,9.10 wird durch den begründenden Abschluss geradezu in ihrer Dringlichkeit unterstrichen: Weil die Jugendzeit flüchtig ist wie das schwarze Haar / die Morgenröte, und weil „alles, was kommen wird (בוא), הֶבֶל sein wird“ (Koh 11,8bβ!), deshalb ist die Aufforderung zur Freude ein „carpe diem“, das ergriffen werden soll.

b) Gliederung und Bedeutung von Koh 11,9*-10

Scheidet man Koh 11,9b aus, ist Koh 11,9*-10 relativ leicht zu gliedern; dabei müssen die Aufforderungen von Koh 11,9*.10 im Zusammenhang mit Koh 11,7-8 gelesen werden:

| | | |
|---|---|---|
| שְׂמַח בָּחוּר בְּיַלְדוּתֶיךָ | 11,9aα | 1. Aufforderung |
| וִיטִיבְךָ לִבְּךָ בִּימֵי בְחוּרוֹתֶךָ | 11,9aβ | 2. Aufforderung |
| וְהַלֵּךְ בְּדַרְכֵי לִבְּךָ וּבְמַרְאֵי עֵינֶיךָ | 11,9aγ | 3. Auffordderung |
| וְהָסֵר כַּעַס מִלִּבֶּךָ | 11,10aα | 4. Aufforderung |
| וְהַעֲבֵר רָעָה מִבְּשָׂרֶךָ | 11,10aβ | 5. Aufforderung |
| כִּי־הַיַּלְדוּת וְהַשַּׁחֲרוּת הָבֶל | 11,10b | Begründung |

[120] Darauf weist auch *Krüger*, Kohelet, 347-348 hin, obwohl er selbst an diesem Halbvers festhält – im Anschluss an die „von Graetz, Levy und Gordis vertretene Interpretation von V.9b als Bekräftigung des Aufrufs in V.9a […]: ‚Der Mensch wird Rechenschaft über alles geben müssen, was er sah und nicht genoss‘“ – eine u.E. nicht sehr wahrscheinliche Interpretation.
[121] Vgl. auch *Lohfink*, Kohelet, 82.
[122] Vgl. Anm. d mit Hinweis auf Sir 5,2.

In der (in der Reihenfolge des Koheletbuches) siebten und letzten Aufforderung zur Lebensfreude in Koh 11,9*-10 ist der Höhepunkt des gesamten Koheletbuches erreicht. Ehe das Schlussgedicht das Buch als Ganzes abschließen wird, ruft der Verfasser noch einmal das wesentliche Anliegen seiner Ausführungen in Erinnerung: Aus dem Rückblick auf sein Leben fordert er dazu auf, das von Gott geschenkte Leben in Freude zu ergreifen. Wie wir in der Einzelanalyse des Programms Kohelets sehen werden, ist dies das Ziel des Buches. Da es auf die zentrale Frage des Anfangs nach dem „Gewinn", den ein Mensch aus diesem Leben davontragen kann (Koh 1,3), nur eine negative Antwort gibt (Koh 2,11), weil nichts „übrig bleibt", weil alle Erkenntniswege, die Kohelet in der Salomofiktion (Koh 1,12-4,16) und im weiteren Verlauf seines Buches (Koh 4,17-11,6) durchleben und durchdenken wird, im הֲבֵל-Ergebnis enden – deswegen gilt es, das Leben in Freude zu ergreifen und es sich gut sein zu lassen (Koh 2,24-26a; 3,12-15; 3,22; 5,17-19; 8,15; 9,7-10).

### 4. Koh 12,1-7: Das Alter(n) und der Wechsel der Generationen

Übersetzung:

1 So gedenke[a] deines Schöpfers[b] in den Tagen deiner Jugendzeit[a],
– *ehe*[c] die Tage des Unheils kommen, und die Jahre nahen[d], von denen du sagst: „Sie gefallen mir nicht!"[e];
2 – *ehe* sich verfinstert die Sonne,
und das Licht und der Mond und die Sterne,
und zurückkommen die Wolken[f] nach dem Regenguss;
3 an dem Tag, da die Wächter des Hauses zittern,
und die starken Männer sich krümmen,
und die Müllerinnen[g] die Arbeit einstellen[h],
weil sie zu wenige geworden sind,
und es dunkel wird bei denen, die durch die Fenster schauen,
4 und die Doppeltore der Gassen verschlossen werden[i],
während das Geräusch der Mühle leiser / gedämpft wird[j],
und die Vogelstimme[k] sich erhebt, und alle Lieder sich neigen[l].
5 und man sich auch vor der Anhöhe fürchtet,
und Schrecken auf dem Wege sind,
und der Mandelbaum blüht / man die Mandel verschmäht[m],
und die Heuschrecke sich dahinschleppt,
und die Kaperknospe versagt / platzt[n] –
denn der Mensch muss in sein ewiges Haus[o],
und auf der Gasse gehen die Klagenden umher;
6 – *ehe* die silberne Schnur entfernt wird[p],
und die goldene Schale zerbricht[q],
und der Krug auf (= an) der Quelle zertrümmert wird,
und das (Schöpf)rad am Brunnen zerschlagen / zerbrochen wird,
7 und der Staub zurückkehren möge[r] zur Erde, wie er gewesen ist;
und der Geist zurückkehrt zu Gott, der ihn gegeben hat.

Anmerkungen:

a Mit der Formulierung „Gedenke / Sei eingedenk ... in den Tagen deiner Jugendzeit(en)“ nimmt das Schlussgedicht zwei wesentliche Stichworte aus Koh 11,7-8 (זכר) und Koh 11,9*-10 (בִּימֵי בְּחוּרוֹתֶךָ) wieder auf. Auch dies spricht für die Textkohärenz von 11,7-12,7.

b Die Formulierung אֶת־בּוֹרְאֶיךָ wird „allenfalls als orthographische Variante der Singularform“ (*Krüger*, Kohelet, 338) akzeptiert oder als Analogon zum Majestätsplural אֱלֹהִים interpretiert. *Gordis*, Koheleth, weist darauf hin, daß im späten Hebräisch die verba tertiae א auch die Merkmal der verba tertiae ה annähmen, so z.B. auch in Koh 7,26 und 9,18. Meist wird aber unter Wegfall des י in die Singularform konjiziert, was u.E. schon deshalb eine hohe Wahrscheinlichkeit hat, weil alle Versionen ebenfalls den Sg. lesen (vgl. auch *Gesenius / Kautzsch* §124k). Deshalb werden die vorgeschlagene Streichung des Satzes von *Lauha*, Kohelet, 204.209-210, der in 12,1a „eine ernste Vermahnung als Interpolation“ von $R^2$ erkennen will, wohl ebenso abzulehnen sein wie die von *Crenshaw*, Ecclesiastes, 184-185 vorgeschlagenen Möglichkeiten. Vgl. noch die Ausführungen bei a).

c עד אשר לא eigentlich „bis daß nicht“, eine übliche hebräische Formulierung in der Mischnaliteratur (*Hertzberg*, Prediger, 206).

d Das Perfekt consecutivum von נגע hi. – berühren lassen lautet wörtlich übersetzt „und (sie) machen berühren“, was im Deutschen wohl am besten mit „sie nahen / kommen“ wiedergegeben ist.

e Wörtlich: „nicht ist für mich in ihnen Gefallen“. חֵפֶץ kommt im Koheletbuch fünf Mal vor, und zwar – mit Ausnahme des sekundären Koh 12,10 – in Koh 3,1.17; 5,3; 8,6; 12,1. Das entspricht einem Drittel der Vorkommen im gesamten AT.

f הֶעָבִים von עוב hi. – verdunkeln; eigentlich das „Dickicht“ oder besser: die „Dichtigkeit“, das „Verdichtete“ (עָב); hier sind wohl die Wolken gemeint, vgl. Koh 11,3f. (Plural st.abs.).

g Auch: Die „Mahlenden“ / Die „Mahlmägde“. „Das Mahlen mit dem schweren (oberen) Mühlstein auf dem festliegenden unteren ist Frauenarbeit, und zwar Arbeit für zwei Frauen (Mt 24,41; Lk 17,35)“; *Hertzberg*, Prediger, 206.

h Wörtlich: „feiern“ oder „frei sind von Arbeit“, von בטל (im AT Hapaxlegomenon).

i Der pu. von סגר wird am besten mit „verschlossen werden / sein“ ausgedrückt; der Dual דְּלָתַיִם („Doppeltüren“ – gedacht ist wohl an die zwei Flügel einer Tür) bezieht sich auf die beiden Ohren des Menschen.

j Der Inf. cstr. mit בְּ von שׁפל – „niedrig werden“ übersetzen die meisten Kommentatoren mit „leiser werden“ oder „gedämpft sein“.

k Die „Stimme“ (קוֹל) des Vogels steht parallel zur „Stimme“ (קוֹל) der Mühle.

l Wörtlich: „alle Töchter des Gesangs gedämpft werden“; mit „Töchter“ sind wohl die Klänge des Gesangs, also die Lieder gemeint; sie stehen parallel zu den Vogelstimmen.

m Für וְיָנֵאץ gibt es zwei Möglichkeiten: Entweder geht man davon aus, daß dies eine inkorrekte Form von נצץ – blühen ist (so z.B. *Gesenius / Kautzsch* § 73g: „Ausnahme“; *Schoors*, The Preacher Sought, 41f; *Schwienhorst-Schönberger*, Kohelet-Kommentar 2004, 524); oder man leitet die Form von נאץ – „verschmähen, verwerfen“ ab, was auch Sinn machen würde, denn die „Müllerinnen“ werden im hohen Alter die harte Mandel nicht mehr essen können. Dies scheint uns logisch, da eben auch nicht geklärt ist, was eigentlich mit dem „blühenden Mandelbaum“ ausgesagt sein soll – von einem Mandel*baum* ist ja auch gar nicht die Rede...

n I. פרר hi. – „brechen“, hier intransitiv: „versagen“ (*Gesenius*[17]). „Die Kaper, capparis spinosa, ist in Palästina bekannt. Ihre Blütenknospen werden als appetitfördernde Zutat zu Speisen genossen“ (so *Hertzberg*, Prediger, 207).

o בֵּית עוֹלָמוֹ, wörtlich: „Haus seiner Ewigkeit“. Steht in Opposition zum „Haus“ in Koh 12,3, das durch die „zitternden Wächter“ nicht mehr geschützt werden kann.

p חֶבֶל הַכֶּסֶף „Die Schnur / Der Strick das (= aus) Silber“ wird dem MT nach „entfernt“ (von רחק ni. – „wird entfernt“), nicht zerrissen. Die vorgeschlagene Konjektur zu רתק ni. (dann eigentlich: יֵרָתֵק) muss aber weiter umgewandelt werden; *Gesenius*[17] schreibt: „n. d. Zshg.: reißen; da aber *Niph.* nicht privative Bed. haben kann, ist viell. יִנָּתֵק z. l.“ (776). Trotz dieser Unsicherheit nehmen allerdings nahezu alle Kommentatoren gegen MT die entsprechende Konjektur vor, weil רחק „als zu farblos abzulehnen“ sei (*Hertzberg*, Prediger, 207) und etliche alte Handschriften dies ebenso belegen. Auch *Krüger*, Kohelet, 339 und *Lauha*, Kohelet, 205, *Schwienhorst-Schönberger*, Kohelet-Kommentar 2004, 524 u.v.a. nehmen die Änderung vor, die u.E. aber nicht notwendig ist: Warum soll man sich nicht vorstellen, daß die „silberne Kette“ die jemand getragen hat, ihm im Tod entfernt (abgenommen) und vererbt wird?

q Von רצץ ni. – „zerbrechen“.

r die Jussivform וְיָשֹׁב ist an dieser Stelle etwas merkwürdig, aber nicht ausgeschlossen – die meisten Übersetzer ignorieren sie allerdings.

## Analyse und Kommentar:

Zur Textstruktur von Koh 12,1-7 kann folgendes gesagt werden:
Die von Lauha behauptete „Interpolation“ von Koh 12,1a durch den zweiten Redaktor scheint uns aus zwei Gründen nicht sehr plausibel zu sein. Erstens wäre eine literarkritische Ausscheidung unter syntaktischen Gesichtspunkten sehr schwierig oder unmöglich, da die in Koh 12,1.2.6 vorliegenden עד אשר לא-Formulierungen „keinem übergeordneten Satz mehr zugeordnet werden können, der ja mit Koh 12,1 vorliegt“[123]. Zweitens wäre damit auch eine semantische Anspielung hinfällig, da der Lautanklang von in Koh 12,1 (בּוֹרְאֶיךָ) in Koh 12,6 (בּוֹר) wegfiele: „Im Aufruf, an seinen Schöpfer (בּוֹרְאֶיךָ) zu denken, klingt bereits das Wort בּוֹר mit an, das auch die Bedeutung „Grab“ trägt und im letzten der vier in Koh 12,6 den Tod andeutenden Bilder verwendet wird“[124].
Wird an Koh 12,1a festgehalten, so gliedert sich der weitere Text natürlich zunächst durch das dreimalige עד אשר לא in Koh 12,1b.2.6, wenn die einzelnen Einheiten auch sehr unterschiedlich lang sind:
Dabei übernimmt Koh 12,1b eine einführende und übergeordnete Funktion gegenüber Koh 12,2-5 und 12,6-7, da diese perorative Explikation zum Imperativ von Koh 12,1a in den beiden weiteren Abschnitten zunächst an Metaphern für das Alter (Koh 12,2-5) und

123 *Backhaus*, Zeit und Zufall, 299-300.
124 *Schwienhorst-Schönberger*, Nicht im Menschen, 228.

anschließend an Metaphern für den Tod (Koh 12,6-7) ausgeführt wird[125]. Die „Tage des Unheils / die bösen Tage" aus Koh 12,1b, die kommen werden (בוא), nehmen nicht wörtlich, aber doch sinngemäß die „Tage der Finsternis / dunklen Tage" aus Koh 11,8 wieder auf (אֶת־יְמֵי הַחֹשֶׁךְ); die „dunklen Tage" sind aber auch schon ein Hinweis auf die Stichworte, die nun in Koh 12,2-5 gebraucht sind:
Koh 12,2-5 greift mit dem Stichwort הַשֶּׁמֶשׁ (12,2) auf Koh 11,7-8 zurück; dort lautete die These: „Wahrlich: süß ist das Licht, und gut für die Augen, die Sonne zu sehen / zu schauen". Die Stichworte aus Koh 11,7 (תחת השמש, ראה) werden nun hier, da „es dunkel wird bei denen, die durch die Fenster schauen" (Koh 12,3bβ) – also den Augen – wieder aufgegriffen und als Mahnung vor dem Älterwerden gebraucht. Koh 12,2 entlehnt jedoch zunächst Begriffe und Erfahrungen aus der Natur, um „eine Deutung des Alters als eines sich verfinsternden und damit zu Neige gehenden Tages"[126] zu geben. Dieser „zu Ende gehende Tag" wird in Koh 12,3-4a in Metaphern ausgedrückt, bei denen das menschliche Leben mit einem zerfallenden Haus (Koh 12,3) gleichgesetzt wird, bis hin zum beklagten Leichenzug in Koh 12,5b. Dabei stehen die einzelnen Bilder für Vorgänge des Alterns beim Menschen; es entsprechen sich folgende Metaphern und menschliche Fähigkeiten[127]:

| | | |
|---|---|---|
| 12,3aα | Die Wächter des Hauses, die erzittern | Arme und Hände |
| 12,3aβ | Die starken Männer, die sich krümmen | Beine |
| 12,3bα | Die Müllerinnen, die die Arbeit einstellen, weil sie zu wenige geworden sind | Zähne |
| 12,3bβ | Die durch die Fenster schauen | Augen |
| 12,4aα | Die Doppeltore der Gassen, die geschlossen werden | Ohren |
| 12,4aβ | Das Geräusch der Mühle, die leiser wird | Mund |
| 12,4bα | Die Vogelstimme, die sich erhebt | Stimme |
| 12,4bβ | Alle Lieder, die sich neigen | Verstummen |

Mit Koh 12,5 (eigentlich schon mit 12,4b) enden die Metaphern für das Altern des Menschen und es wird wieder von der uneigentlichen zur eigentlichen Redeweise übergegangen. Die Interpretation von Koh 12,5a, „der zu den tollsten Bocksprüngen der Auslegungskunst Anlaß gegeben hat"[128] wollen wir hier auf sich beruhen lassen – die Kommentare spiegeln die unterschiedlichen Interpretationen wieder. Nur so viel ist klar: In Koh 12,5 werden Bewegungen beschrieben, die ein

---

125 Die von *Schwienhorst-Schönberger*, Nicht im Menschen, 227 vorgenommene Einteilung und dessen Explikation 228-230, vgl. auch *Schwienhorst-Schönberger*, Kohelet-Kommentar 2004, 525f, entspricht unserer eigenen Auffassung.

126 *Schwienhorst-Schönberger*, Nicht im Menschen, 228.

127 *Hertzberg*, Der Prediger, 211-213 hat diese Interpretation meisterhaft ausgeführt; seiner Deutung können wir uns vorbehaltos anschließen.

128 So *Hertzberg*, Der Prediger, 212.

Erlahmen und ein Ermatten des alternden Menschen zum Ausdruck bringen. Die Anhöhe, vor der man sich fürchtet, weil sie beschwerlich ist, die Schrecken auf dem Wege, die man fürchtet, weil man sich nicht wehren kann, die Mandel, die man verschmäht, weil die Zähne sie nicht mehr beißen können – alle diese Altersbeschwerden werden durch die sich dahinschleppende Heuschrecke (ein Widerspruch in sich!) und die versagende / platzende, eigentlich sehr harte Schale der Kaper, ausgedrückt. Wie dem auch sei: Mit Koh 12,5b endet das menschliche Leben im zu beklagenden Leichenzug, „denn der Mensch muss in sein ewiges Haus, und auf der Gasse gehen die Klagenden umher“. So kommt mit Koh 12,6-7 schließlich und endlich (denn mit Koh 12,7 ist das ursprüngliche Ende des Buches gegeben) der Tod ins Spiel, zunächst wieder in Metaphern (Koh 12,6), dann als Aussage über den Verbleib des Körpers (der Staub, der zur Erde zurückkehrt) und des Geistes des Menschen (der zu Gott zurückkehrt).
Somit ergibt sich für Koh 12,1-7 folgende Struktur:

| | | |
|---|---|---|
| וּזְכֹר אֶת־בּוֹרְאֶיךָ בִּימֵי בְּחוּרֹתֶיךָ | 12,1a | Imperativ |
| עַד אֲשֶׁר לֹא־יָבֹאוּ יְמֵי הָרָעָה | 12,1b | Perorative Explikation |
| עַד אֲשֶׁר לֹא־תֶחְשַׁךְ הַשֶּׁמֶשׁ ... | 12,2-5 | Explikation: Das Alter |
| | | 12,2: Natur-Metaphern |
| | | 12,3-4a: Haus-Metaphern |
| | | 12,4b-5: Das Ende |
| עַד אֲשֶׁר לֹא־יֵרחֵק [יֵרָתֵק] חֶבֶל הַכֶּסֶף ... | 12,6-7 | Explikation: Der Tod |

## VI. Corpus des Buches: Koh 1,12-11,6

So klar und unzweideutig die Abgrenzungen der Rahmungen des Buches nach dem Prolog (Koh 1,11) und vor Motto und den Epilogen (Koh 12,8.9-14) zu bezeichnen sind, so wenig sind sich die Forscher darüber einig, wie das Corpus des Buches gegliedert werden kann. Die verschiedenen Modelle, die zur Zeit vertreten werden, haben wir zum Teil schon dargestellt. Diesen soll nun zunächst in einer knappen Analyse unsere eigene Auffassung zur Seite gestellt werden.
Dabei gehen wir in zwei Schritten vor: Zunächst konzentrieren wir uns in Teil 2, C auf die Salomofiktion (Koh 1,12-4,16). Von den dort gefundenen strukturbildenden Elementen ausgehend werfen wir in Teil 2, D einen kurzen Blick in das weitere Corpus des Buches.

## VII. Fazit

Als Zwischenergebnis können wir festhalten:

1. Dem Titel zu Anfang des Buches entsprechen die Epiloge am Ende des Buches; zusammen bilden sie den *äußeren, sekundären Rahmen* um das Buch.

2. Da die beiden Epiloge sehr unterschiedlich sind und der 1. Epilog (Koh 12,9-11) eine größere Nähe zum Verfasser des Koheletbuches aufzeigt, ist es von hoher Wahrscheinlichkeit, daß der Verfasser des 1. Epiloges auch das Motto in Koh 1,2 und Koh 12,8 dem Buch voran- und nachgestellt hat. Diese beiden Verse bilden den *inneren Rahmen* des Buches, der ebenfalls sekundär gebildet worden sein kann. Möglicherweise hat der 1. Epilogist auch schon den Titel in Koh 1,1 formuliert. Der 2. Epilogist hätte dann lediglich den 2. Epilog geschrieben (Koh 12,12.13-14).
3. Dem Motto folgt die *Zentralfrage* des Buches in Koh 1,3, die deshalb an so exponierter Stelle steht, weil sie für den weiteren Fortgang des Buches eine strukturell wichtige Rolle übernommen hat. Wir rechnen sie zum Kernbestand des Koheletbuches, da das ganze Buch von ihr geprägt ist und letztlich das ganze Buch der Versuch einer Antwort auf diese Frage darstellt.
4. Anschließend folgt das *Anfangsgedicht* in Koh 1,4-11, das eine erste Teilantwort auf die Frage in Koh 1,3 darstellt. Diesem Prolog entspricht das *Schlussgedicht* in Koh 12,1-7.[129] Anfangs- und Schlussgedicht könnten auch als „*dritter Rahmen*" um das Corpus des Buches bezeichnet werden, denn der Prolog mit seinem Thema „Wechsel der Generationen" und der Abschluss des Buches mit seinem Thema „Alter und Tod" sind nicht von ungefähr je an ihrer exponierten Stelle zu stehen gekommen. Das Alter(n) bzw. der Wechsel der Generationen spielt für Kohelet nicht nur an diesen Stellen, sondern, wie wir sehen werden, auch innerhalb der Salomofiktion eine wichtige Rolle.

Schematisch lässt sich das Zwischenergebnis etwa so darstellen:

Äußerer Rahmen: 1,1 Titel
    Innerer Rahmen: 1,2 Motto
        Zentralfrage: 1,3
        Prolog / Anfangsgedicht: 1,4-11
            Corpus des Buches: 1,12-11,6
        Epilog / Schlussgedicht: 11,7-12,7
    Innerer Rahmen: 12,8 Motto
Äußerer Rahmen: 12,9-11.12.13-14: Epilog

---

129 So auch *Schmidt*, Einführung, 328. Schmidt sieht ebenfalls „die Sentenzen über den Wechsel der Geschlechter Koh 1,3-11 und das Altern Koh 11,9-12,7 als grundsätzliche Äußerungen bewußt an Anfang und Schluß des Buches gestellt" und folgert daraus eine „Entstehung des Buches in d r e i S t a d i e n " (ebd.). U.E. hat *Schmidt* damit recht, daß er den Prolog und den Abschluß des Buches – bedingt durch ihre Themen – als bewußt an exponierte Stelle gesetzt ansieht, differenziert aber nicht zwischen der Frage in Koh 1,3 und dem Prolog Koh 1,4-11.

# B) Die Salomofiktion: Koh 1,12-4,16[1]

## I. Die Einleitung: Koh 1,12

Schon bei oberflächlicher Betrachtung wird deutlich, daß in Koh 1,12 mit den Erkenntniswegen des Kohelet (sie werden in der Literatur auch häufig „Ich-Berichte" genannt) eine neue literarische Gattung beginnt. Alle Kommentare setzen nach Koh 1,11 eine Zäsur und lassen die „Salomofiktion" dort beginnen. Spricht man im Abschnitt Koh 1,12ff von der „Salomofiktion" (auch „Salomotravestie" genannt)[2], so ist man schon mitten in der Diskussion um die Verfasserschaft, die „Echtheit" und Zuverlässigkeit dieser Angaben gestellt. Im Unterschied zu vielen neueren Forschern, die meist von der „Königsfiktion" oder „Königstravestie" sprechen[3], halten wir an dem Begriff „Salomofiktion" fest, weil der Schreiber „Kohelet" sich ganz offensichtlich mit „Salomo" als dem Prototyp eines weisen Königs identifizieren wollte. Ja, das Gewicht der diversen Erkenntniswege, die der pseudepigraphische „König Salomo" durchspielen und in hohem Alter reflektieren wird, zielen u.E. geradezu darauf, daß der Leser sich in die Zeit Salomos zurückversetzt fühlen soll.

Die Salomofiktion beginnt in Koh 1,12. Aus ihr ist sekundär der Titel des Buches von Koh 1,1 gebildet worden[4].

---

[1] Die Fülle der Literatur zur „Salomofiktion" ist überwältigend und kann hier nicht aufgelistet werden; vgl. z.B. *Bons*, Gliederung und Kohärenz, 73-93 und *Michel*, Qohelet, 76-78. In den letzten 15 Jahren sind hierzu viele Vorschläge unterbreitet worden, z.B. auch von *Fischer*, Beobachtungen, 72-86. In den neueren Kommentaren sind die wichtigsten Titel vermerkt, z.B. bei *Krüger*, Kohelet, 123-124 und *Schwienhorst-Schönberger*, Kohelet-Kommentar 2004, 204.

[2]Zur Diskussion dieser literarischen Gattung vgl. *Lux*, „Ich, Kohelet, bin König...", 331-342.

[3] Z.B. *Lohfink*, Kohelet: „Königs-Fiktion"; *Backhaus*, Zeit und Zufall; *Backhaus*, Es gibt nichts Besseres; *Schwienhorst-Schönberger*, Kohelet-Kommentar 2004: „Königstravestie". Die Bezeichnung des Abschnitts als „Reflexionen des Königs Kohelet" (*Krüger*, Kohelet) lässt wie die beiden anderen Bezeichnungen außer acht, dass „Kohelet" sich in Koh 1,12 offenbar mit „Salomo" identifizieren wollte.

[4] Von *Lauha*, Kohelet, 44 wird vermutet, dass „der vorliegende Abschnitt [sc. 1,12ff.] den ursprünglichen Anfang des Buches gebildet hat" und „der Verfasser folgerichtig mit der Selbstvorstellung" beginnt. Diese Ansicht ist umstritten, da der Prolog und selbst die Zentralfrage in Koh 1,3 von vielen, auch von uns, noch zum ursprünglichen Bestand des Buches gezählt wird. Zu den Unterschieden der

Übersetzung:
„Ich, Kohelet[a], bin König gewesen[b] über Israel in Jerusalem“.

Anmerkungen

a Wir nehmen mit dieser Übersetzung das betonte אני des Anfangs auf. Die Übersetzung „Ich bin Kohelet“ als Nominalsatz wäre ebenfalls möglich, der Übergang zu הייתי dann aber nicht so elegant zu lösen bzw. als Verbalsatz anzuschließen. Syntaktisch ist die eine Übersetzung so gut wie die andere. Zu קהלת siehe oben Teil 2, B. I.1.

b Verschiedene Übersetzungsmöglichkeiten bieten sich an: „bin gewesen“, „war“ (*Schwienhorst-Schönberger*, Kohelet-Kommentar 2004, 184) oder auch „wurde“ (so *Krüger*, Kohelet, 124.126). Man könnte das Perfekt hier wohl auch zeitlos übersetzen oder als historisches Präsens („bin“). Wir haben die Übersetzung „bin gewesen“ gewählt, da sie m. E. zum Gesamtduktus der Salomofiktion passt, die aus einem Rückblick nach aller Erfahrung geschrieben zu sein scheint. Insgesamt sind für diese ersten vier Worte folgende Übersetzungen möglich:
„Ich, Kohelet, bin / war / wurde / bin gewesen König...“
„Ich bin Kohelet. Ich bin / war / wurde / bin gewesen König...“.
Eine endgültige Entscheidung kann aus dem vorliegenden Textbestand nicht getroffen werden.

Analyse und Kommentar:

1. Koh 1,12 als Beginn der Salomofiktion

Dieser erste Satz ist, zusammen mit Koh 1,1, der eigentliche Grund, das Folgende als „Salomofiktion“ zu bezeichnen – mit der Einschränkung allerdings, daß „Sohn Davids“ (Koh 1,1) nicht zwingend der „natürliche Sohn“ Salomo gewesen sein muss und insofern jeder andere „Sohn“ aus der Davidsdynastie hier mit „Kohelet“ bezeichnet sein könnte[5]. Formal ist dieser erste Satz die ursprüngliche „Überschrift“ über die folgende Salomofiktion und noch nicht zu Koh 1,13ff hinzu zu rechnen, sondern als eigenständige Größe zu betrachten. In dieser ursprünglichen Überschrift geschieht die „Selbstvorstellung“[6] Kohelets, wenngleich die darin gemachten Angaben mehr Rätsel aufgeben als Klarheit bringen[7].

2. Die Frage der Abgrenzung nach hinten

Bei der Abgrenzung der Salomofiktion nach hinten gibt es in der Literatur verschiedene Ansichten, die zu unterschiedlichen Bewertungen führen. Schon *Delitzsch* meinte, daß sich das „in c. 1 und 2 [...] aufge-

Formulierung in Koh 1,1 und 1,12, siehe oben das zu Koh 1,1 Gesagte und *Lauha*, ebd., 44f., aber auch alle neueren Kommentare.

5 Siehe dazu die zu Koh 1,1 zusammengestellten Argumente.

6 So z.B. *Ellermeier*, Qohelet, 66.

7 Zur Diskussionslage vgl. *Krüger*, Kohelet, 132-133.

drückte salomonische Gepräge" nach diesen Kapiteln verwischt[8]. *Galling* und *Michel* sind der Ansicht, daß der König nur in Koh 1,12-2,11 selbst spricht[9], *Lohfink* glaubt, daß in Koh 2,12 und 2,25 die „letzten Signale" vorliegen. „Danach gerät sie langsam in Vergessenheit. In 4,8 ist sie eindeutig nicht mehr vorhanden"[10]. *Hertzberg, Lauha, Zimmerli* und *Schwienhorst-Schönberger* nehmen in ihren Kommentaren v.a. aus formkritischen Begründungen heraus an, daß sie bis Koh 2,26 reicht[11].

In jüngster Zeit hat *Backhaus* vorgeschlagen, die Salomofiktion bis Koh 3,22 reichen zu lassen[12]. Die Diskussion um das Ende der Salomofiktion in Koh 2,11, 2,25 (2,24-26) bzw. Koh 3,22 werden wir an der jeweiligen Stelle aufgreifen; wir selbst sehen die Salomofiktion erst in Koh 4,16 enden.

## II. Erkenntniswege: Die ersten sechs Versuche in Koh 1,13-2,23

Im Abschnitt Koh 1,13-2,23 liegen u.E. sechs Versuche vor, das Leben mit weisheitlicher Denk- und Lebensweise zu bewältigen[13]. Gleichwohl wird nach einem unternommenen Versuch jeweils das Scheitern konstatiert und bestätigt durch Beispiele und Zitation älterer Weisheit. Auffällig ist dabei, daß diese Grundstruktur meist *durch die Verwendung übereinstimmender Vokabeln* angezeigt wird. Diese *Leitworte*[14] prägen die Erkenntniswege und Experimente des „Königs Salomo"

---

8 *Delitzsch*, 195.

9 *Galling*, Der Prediger, 87: Kohelet redet „hier – und n u r h i e r – als König"; *Michel*, Qohelet, 131f und *Ders.*, Untersuchungen, 9 schließt sich diesem Urteil an.

10 *Lohfink*, War Kohelet ein Frauenfeind?, 267, Anm.34.

11 *Hertzberg*, Der Prediger 73-95, dort 95: Mit Koh 2,24-26 „ist der ganze »Salomo«-Teil wirksam und entsprechend abgeschlossen"; *Lauha*, Kohelet, 38-60, dort 42f: Der Abschnitt Koh 1,12-2,26 ist „die umfangreichste zusammenhängende Komposition im Predigerbuch", deren „deutlichste[s] Zeichen für die Zusammengehörigkeit [...] in der Königsfiktion" liegt, die „den ganzen Abschnitt durchzieht"; *Zimmerli*, Prediger Salomo, 150: „Der Zusammenhang 1,12-2,26 stellt keine in sich geschlossene Einheit dar, sondern setzt mehrfach in neuen, sich auch formal heraushebenden Einsätzen an. Er darf aber auch nicht einfach zerrissen und in ganz getrennte Sentenzen, die einmal für sich bestanden hätten, zerlegt werden, da eine gewissen Gedankenfolge, allerdings stellenweise stark assoziativen Gepräges, die einzelnen Teileinheiten verbindet." Vgl. ferner *Schwienhorst-Schönberger*, Kohelet-Kommentar 2004, 181 und *Koh*, Royal Autobiography, 38f.

12 Vgl. *Backhaus*, Es gibt nichts Besseres, 186-205.

13 So auch *Schwienhorst-Schönberger*, Kohelet-Kommentar 2004, 181.

14 Vgl. zum Begriff „Leitwort" bzw. „Leitwort-Analyse", deren Herkunft von Franz *Rosenzweig* und deren strukturbildende Kraft im Rahmen der definierten Begriffe „Struktur" und „Komposition" das in der Methodologie zu dieser Untersuchung (Teil 1, B.) Gesagte.

und sind signifikant für die in allen Erkenntniswegen gebrauchten Vokabeln. Wir versuchen, diese These anhand der Analyse der Texte zu verifizieren:

## 1. Der erste Erkenntnisweg: Koh 1,13-15: Erkenntnis durch Erforschung der Taten der Menschen?

Übersetzung:

13 Ich habe mein Herz[a] darauf gerichtet, zu suchen und zu forschen
durch Weisheit[b] im Blick auf alles[c], was unter dem Himmel[d] getan wird[e];
das ist eine böse Sache[f], die Gott den Menschenkindern auferlegt hat,
daß sie sich damit plagen sollen[g].
14 Ich sah alles Tun, das[h] getan wird unter der Sonne,
und siehe, alles ist Nichtigkeit und ein Haschen nach Wind.
15 „Das Gekrümmte kann nicht gerade werden,
und der Mangel kann nicht gezählt werden".

Anmerkungen

a Wir haben überall, wo לב steht mit seiner Grundbedeutung „Herz" übersetzt, um in der Übersetzung die Übereinstimmung der Worte zu verdeutlichen. Darunter leidet manches Mal die Eleganz der Übersetzung, doch scheint es uns als „Arbeitsübersetzung" möglich; in jedem Falle wird dadurch der Stichwortzusammenhang besonders hervorgehoben. Eine mögliche Übersetzung wäre auch: „Ich habe meinen *Sinn* / meinen *Verstand* darauf gerichtet...".

b Syntaktisch ist dieser Halbsatz nicht einfach: Grammatikalisch ist es u.E. die bessere Möglichkeit, בחכמה „*in* Weisheit", „*mit* Weisheit" oder „*durch* Weisheit" zu übersetzen, so daß die Weisheit das Mittel und nicht das Ziel („*nach* Weisheit") der Forschungen Kohelets wäre. Das Beth ist m.E. also als Beth instrumentalis zu interpretieren (vgl. *Fischer*, Beobachtungen, 74-76), denn nicht die Weisheit ist das Ziel der Forschungen dieses ersten Versuches, sondern die Taten der Menschen („alles, was unter dem Himmel getan wird"); darauf hat besonders *Schwienhorst-Schönberger*, Nicht im Menschen, 49f aufmerksam gemacht. Diese Meinung teilt auch *Krüger*, Kohelet, 124.126 in Anlehnung an Jenni, Präpositionen 1,147, Nr. 1788 und an *Schoors*, Preacher, 198f, der בחכמה ebenfalls instrumentell und nicht final deutet. Einen Ausweg aus dieser Alternative hat m.E. aber schon *Hertzberg*, Prediger, 82 gezeigt, der die Weisheit zwar nicht als den Untersuchungs*gegenstand*, sehr wohl aber zur Untersuchungs*bedingung* erklärt: „natürlich *ist* die Weisheit das Organon, und Qoh ist sich dessen voll bewußt [...] Qoh will also das ganze Geschehen unter dem Himmel daraufhin betrachten, was an „Weisheit", an „Sinn" darin ist, was für Zweck und Wert alles hat [...] Die Frage nach dem Weisheitsgehalt der Dinge ist zugleich die Frage nach dem Wert der Weisheit".

c Ähnlich schwierig ist die Übersetzung von עַל. Selbst wenn man die Alternative bei Or (אֶל) ausser acht läßt (vgl. BHS, BHQ), bleibt unsere Übersetzung „im Blick auf alles, was..." nur eine der Möglichkeiten. Die wörtliche Wiedergabe „auf / über / gegen / wegen alles/m, von dem gilt..." scheint uns damit aber recht gut erreicht zu sein (vgl. auch *Schoors*, Preacher, 198f).

d Die in diversen Handschriften gewählte Variante „unter der Sonne" ist m.E. als eine Angleichung an die sonstigen תחת השמש-Belege anzusehen. Es gibt aber keinen hinreichenden Grund, von der lectio difficilior abzuweichen. Vielmehr ist zu fragen, warum an einigen Stellen explizit תַּחַת הַשָּׁמַיִם formuliert wird (siehe dazu unten).

e נַעֲשָׂה kann entweder als Perfekt oder als Partizip interpretiert werden. Wir haben hier in historischem Präsens übersetzt, da die Taten der Menschen in Vergangenheit und Gegenwart sich offenbar nicht wesentlich unterscheiden. Eine Eingrenzung der Taten allein auf die Vorgänger des Königs (*Krüger*, Kohelet, 134) ist nicht zwingend.

f Vgl. dazu die Wortanalysen zu עִנְיָן bzw. ענה III.

g Syntaktisch stehen hier wiederum mehrere Möglichkeiten offen: Man könnte הוא עִנְיַן רָע auch als eigenständigen Nominalsatz verstehen, wie es *Krüger*, Kohelet, 124, vorsieht und „Das ist eine leidige Mühe" übersetzen. Da aber לַעֲנוֹת בּוֹ sich offensichtlich auf עִנְיַן רָע rückbezieht, scheint uns eine den Zusammenhang deutlich hervorhebende Übersetzung, die das dazwischen geschobene נָתַן אֱלֹהִים überbrückt, nicht unangemessen zu sein.

h Qohelet verwendet an vielen Stelle anstelle des hebräischen אֲשֶׁר das aramaisierende -שֶׁ.

Analyse und Kommentar:

Der erste Versuch des fiktiven Salomo liegt in Koh 1,13 vor; in seinem ersten Versuch spricht er: „Ich habe mein Herz (= meinen Verstand, meinen Sinn) darauf gerichtet (וְנָתַתִּי אֶת־לִבִּי), zu suchen und zu forschen in / durch Weisheit (בַּחָכְמָה) in Hinsicht auf alles, was unter dem Himmel (תַּחַת הַשָּׁמַיִם) geschieht...". Kohelet versucht in / durch Weisheit die Taten der Menschen zu erforschen, doch folgt diesem Versuch in Koh 1,14 das Ergebnis: „Siehe, alles ist nichtig und ein Haschen nach Wind (וְהִנֵּה הַכֹּל הֶבֶל וּרְעוּת רוּחַ...). Als Explikation oder Beleg seines Ergebnisses zitiert Kohelet in Koh 1,15 einen Weisheitsspruch.

Kennzeichnend für den inneren Aufbau des Erkenntnisweg ist erstens, daß der unternommene Erkenntnisweg תַּחַת הַשָּׁמַיִם, also in der Sphäre des durch menschliche Erkenntnis Wahrnehmbaren geschieht, und zweitens die Konstruktion des Vorhabens mit לֵב. Das Herz ist hier der Ort des Versuches, das Mittel des Versuches ist die Weisheit, der Gegenstand des Untersuchten sind die Taten (der Menschen) („alles, was getan wird"). Das durch die Untersuchung erreichte Ergebnis wird drittens mit הֶבֶל konstruiert und qualifiziert. Viertens folgt eine Explikation. Die in diesem Erkenntnisweg verwendeten Vokabeln werden auch die anderen, folgenden Versuche kennzeichnen; sie sind als Leitworte[15] Ausdruck der Erkundungen, oder, wie wir sie nennen, der Erkenntniswege Kohelets und können als strukturbildende Signale verstanden werden.

Der erste Erkenntnisweg in Koh 1,13-15 besteht also aus Versuch – Ergebnis – Explikation (Zitat):

---

15 Vgl. die zur Methodologie dieser Untersuchung gemachten Ausführungen in Teil 1, B.

Erkenntnisweg 1:

| | | |
|---|---|---|
| וְנָתַתִּי אֶת־לִבִּי | 1,13 | Versuch |
| רָאִיתִי ... וְהִנֵּה הַכֹּל הֶבֶל וּרְעוּת רוּחַ | 1,14 | Ergebnis |
| Zitat | 1,15 | Explikation |

Wir meinen, daß sich in den Erkenntniswegen von Koh 1,13-2,23 ein Schema widerspiegelt, das in einem Dreischritt Versuch – Ergebnis – Explikation aufgebaut worden ist[16], sowie, und das ist das Besondere, daß die einzelnen Versuche sich bis in die *Terminologie ihrer Leitwörter* hinein entsprechen.
Die Versuche, die den Erkenntnisweg jeweils eröffnen, operieren mit dem Wort לֵב, das einmal der Ort des Versuches selbst ist (so z.B. in Erkenntnisweg 1) und deshalb als „existentieller Versuch" gekennzeichnet werden kann. לֵב ist an dieser Stelle als emotionales Zentrum des Menschen anzusehen, nicht als rational-noetisches Zentrum, während der „Verstand" (לֵב) bei anderen Versuchen als der Ort der Erkenntnis fungiert[17].

2. Der zweite Erkenntnisweg: Koh 1,16-18
Erkenntnis durch Unterscheidung von Weisheit und Torheit?

Übersetzung:

16 Ich[a] sprach in meinem Herzen[b] folgendes:
siehe, ich vergrößerte und vermehrte[c] Weisheit,
und habe alle übertroffen, die vor mir über Jerusalem herrschten[d],
und mein Herz hat Weisheit und Erkenntnis[e] gesehen.
17 So habe ich mein Herz darauf gerichtet,
zu erkennen Weisheit und Erkenntnis, Torheit und Unverstand[f].
Ich erkannte: auch dies ist ein Haschen nach Wind[g].
18 Denn: „In[h] viel Weisheit ist viel Kummer,
und mehrt man das Wissen, so mehrt man den Schmerz."

Anmerkungen

a Das betonte אֲנִי dürfte weder hier, noch in Koh 2,1.11.12.13.14.15.20; 3,17.18; 4,1.4.7; 7,25.26; 9,16 ein Pleonasmus sein (so aber *Gesenius / Kautzsch* § 135b), da durch die Verstärkung der Charakter der Selbstaufforderung besonders betont werden soll.

b Siehe dazu das zu Koh 1,13 Gesagte.

c Das Hendiadyoin soll vermutlich das stetige Anwachsen der Weisheit zum Ausdruck bringen; unklar bleibt hinsichtlich des Wortsinns, ob Kohelet vom Wachsen seiner *eigenen* Weisheit spricht oder ob seine Leistung darin besteht, gegenüber seinen Vorgängern das Ausmaß an Weisheit in Jerusalem

---

[16] In ähnlicher Weise haben darauf auch schon andere hingewiesen, vgl. z.B. schon *Lohfink*, Kohelet, 37. Für die ersten drei Versuche hält er fest: „Dreimal Bericht über ein Tun, das begonnen wurde, doch jedesmal sofort Hinweis auf das Ergebnis und Schlußpunkt durch ein Sprichwort".

[17] Vgl. dazu unten ausführlicher.

vergrößert zu haben (zum Beispiel durch Ansiedelung schriftkundiger Weisheitslehrer); darauf könnte deuten, daß Koh 1,16b zum Ausdruck bringt, er habe große Weisheit und Erkenntnis „gesehen“ (ראה). In dieser Wendung kann m.E. allerdings kein „fiktives Zitat“, in dem Kohelet auf „sein nicht zu übertreffendes Wissen und auf seine übermäßige Weisheit“ hinweist (so *Backhaus*, Zeit und Zufall, 95), gesehen werden.

d Der Verweis auf die Herrscher, die vor dem „König Kohelet“ in Jerusalem herrschten, ist hier ganz deutlich. Es gehört zur Fiktion, daß sich dieser Hinweis nicht unbedingt auf David oder möglicherweise auch auf Melchisedek (Gen 14,18-20; Ps 110,4) und die jebusitischen Herrscher richten muss; es könnte auch Teil der Fiktion sein, fiktive frühere Herrscher in den Blick zu nehmen, um sich von ihnen abzusetzen.

e Weisheit (חָכְמָה) und Erkenntnis (וָדַעַת) sind säuberlich zu unterscheiden: „der Begriff חָכְמָה bedeutet im allgemeinen die Kunst konkreter Lebensbewältigung, die Fähigkeit, sowohl religiös-ethische als auch praktische Aufgaben richtig zu lösen, nicht dagegen die theoretische Bewältigung von Lebens- und Weltfragen“ (*Lauha*, Kohelet, 45); דַּעַת hingegen meint nicht die praktische, sondern „die sachliche Erkenntnis der Vorgänge“ (*Lauha*, Kohelet, 47), die mit dem kognitiven „Erkennen“ (ידע) zu tun hat, das Begreifen, das intellektuelle Verstehen, das Wissen und die Erkenntnis.

Die Zusammenstellung von „Weisheit und Erkenntnis“ in Koh 1,16b und 17a ist als syndetische Parataxe, nicht etwa als eine Hypotaxe aufzufassen (vgl. auch *Backhaus*, Zeit und Zufall, 95 Anm. 45). Interessant ist, daß in Koh 1,17a auch „Torheit und Unverstand“ als syndetische Parataxe der ersten Parataxe zwar oppositionell, jedoch syntaktisch gleichgestellt zu sein scheint (zur Diskussion vgl. *Müller*, Theonome Skepsis, 5f).

Die von *Gordis*, 1968, S.148 vorgeschlagene Übersetzung „I learnt that wisdom and knowledge are madness and folly“ ist m.E. wenig wahrscheinlich, da sie den Infinitiv mit לְ bei ידע nicht genügend berücksichtigt (לָדַעַת) und das syntaktische Spiel mit den oppositionellen Parataxen nicht wahrnimmt.

f שִׂכְלוּת in Koh 1,17 ist als Hapaxlegomenon vermutlich nur eine fehlerhafte Schreibweise für סִכְלוּת (ein Aramaismus, sonst nur bei Koh in Koh 2,3.12. 13; 7,25; 10,1.13, dort aber in der korrekten Schreibweise). Wollte man diesem Fehler Bedeutung zumessen, dann mit *Krüger*, Gegenwartsdeutung, 172 Anm.11: „Vielleicht verbirgt sich hinter der eigentümlichen Schreibweise eine feine Ironie: der 'König' kann 'Weisheit' und 'Torheit' nicht richtig unterscheiden!“.

g Zum Begriff vergleiche die Wortanalysen zu רְעוּת רוּחַ / רַעְיוֹן רוּחַ.

h Beth ist hier mit „in“ zu übersetzen, da es m.E. offensichtlich ist, daß Weisheit nicht ohne Kummer und Wissen nicht ohne Schmerz zu erreichen ist. Eine Übersetzung mit „bei“ würden diesen Zusammenhang in seiner Schärfe zurückdrängen und würde „Ärger und Leiden [lediglich] als Begleiterscheinung von Wissen und Weisheit“ erscheinen lassen (so *Krüger*, Kohelet, 136 Anm.24). Mit *Lauha*, Kohelet, 47, der demgegenüber betont, „daß Lernen und Erzogenwerden Anstrengung und Schmerz kosten“ gehen wir davon aus, daß Weisheit erst durch Kummer, und Wissen erst im Schmerz zu einer größeren Tiefe finden können.

Analyse und Kommentar:

Der zweite Versuch liegt in Koh 1,16-17a vor: Koh 1,16a: „Da sagte ich mir in meinem Herzen / Verstand ... (דִּבַּרְתִּי אֲנִי עִם־לִבִּי...)“; Koh 1,17a: „Ich wollte mein Herz / meinen Verstand darauf richten...“ (וָאֶתְּנָה לִבִּי...). An dieser Stelle versucht Kohelet, *durch unterscheidende Erkenntnis von Weisheit und Torheit, Einsicht und Unverstand* (לָדַעַת חָכְמָה וְדַעַת הוֹלֵלוֹת וְשִׂכְלוּת)[18] zum Ziel zu kommen. Diese neuerliche Unternehmung ist ebenfalls mit לֵב konstruiert; לֵב ist hier ebenfalls der Ort, an dem dieser Versuch unternommen wird. Bei diesem Versuch fehlt zwar der Hinweis darauf, daß dieses Unterfangen „unter der Sonne“ geschieht, doch kann dies als von Koh 1,13.14 bekannt und bis zu der Formulierung „unter dem Himmel“ in Koh 2,3 als Reflexionsrahmen vorausgesetzt werden. Das Ergebnis dieses Versuches jedenfalls folgt Koh 1,17b auf dem Fuß:

יָדַעְתִּי שֶׁגַּם־זֶה הוּא רַעְיוֹן רוּחַ – „Ich erkannte, auch dies ist ein Haschen nach Wind“. Dieses Ergebnis ist nicht mit הֶבֶל konstruiert, jedoch mit einer הֶבֶל verwandten Formulierung, die aus Koh 1,14 her noch bekannt ist. Danach folgt wieder ein Zitat als Explikation des Ergebnisses (Koh 1,18)[19].

Der zweite Erkenntnisweg (Koh 1,16-18) besteht also wie der erste aus Versuch – Ergebnis – Explikation (Zitat):

Erkenntnisweg 2:

| | | |
|---|---|---|
| דִּבַּרְתִּי אֲנִי עִם־לִבִּי ... | 1,16a | Versuch |
| וְלִבִּי רָאָה ... | 1,16b | Versuch |
| וָאֶתְּנָה לִבִּי לָדַעַת ... | 1,17a | Versuch |
| יָדַעְתִּי שֶׁגַּם־זֶה הוּא רַעְיוֹן רוּחַ | 1,17b | Ergebnis |
| Zitat | 1,18 | Explikation |

### 3. Der dritte Erkenntnisweg: Koh 2,1-2
Erkenntnis durch positive Grundhaltung?

Übersetzung:

1 Ich[a] sagte mir in meinem Herzen / meinem Verstand:
Wohlan[b], ich werde es versuchen[c] mit Freude!,[d] und: Sieh in Gutem an![e].
Aber siehe: auch dies[f] war nichtig!

2 Zum Lachen sprach ich: sinnlos!
und zur Freude: was bewirkt sie [schon]?!

---

[18] Zum Problem der Abgrenzung der Begriffe vgl. *Michel*, Untersuchungen, 12f.

[19] Dieses Zitat steht sachlich näher am Versuch Koh 1,16-17 als das Zitat in Koh 1,15 zum Versuch Koh 1,13-14. Es ist wichtig zu bemerken, dass – der Gleichordnung der syndetischen Parataxen aus V. 17 (Weisheit und Erkenntnis, Torheit und Unverstand) entsprechend – in V.18 der Kummer *in* der Weisheit und der Schmerz *in* der Erkenntnis mitgesetzt ist.

## Anmerkungen

a Vgl. Anmerkung zu 1,16.
b „Geh doch!“ לְכָה־נָּא trägt einen Selbst-Aufforderungscharakter in sich.
c Die von dem Verbum נסה Pi. abgeleitete Form mit Suffix der 3.Sg.fem. (oder plene geschrieben: 2.Sg. mask. – so *Krüger*, Gegenwartsdeutung, 173 Anm. 13) wird für gewöhnlich mit „auf die Probe stellen / prüfen / versuchen“ übersetzt. נסה mit בְּ: der Sache. Die vorgelegte Übersetzung ist weitgehend wörtlich, birgt aber gerade darin Schwierigkeiten: Syntaktisch kann man das Suffix entweder auf das Herz / den König selbst beziehen oder auf die Freude. Nach ersterer Möglichkeit wäre mit dem Suffix aber nicht als logisches Objekt (das Herz) gemeint, sondern die Wendung als dativus ethicus aufzufassen („mit dir, dir zugute“ – so *Lauha*, Kohelet, 41 und *Krüger*, Gegenwartsdeutung, 173 Anm.13). Letztere Lösung scheint uns die wahrscheinlichere wegen der Nähe von בְּשִׂמְחָה und אֲנַסְּכָה (gleiche Endung!).
d Ebenfalls möglich: „in Freude“.
e Hier steht ein Imperativ; wörtlich: „und sieh in / an Gut(es)“. Das בְּ in בְטוֹב ist ebenfalls schwierig zu übersetzen (in Gutem / mit Gutem); die Parallelität zu בְּשִׂמְחָה lässt vermuten, daß der neuerliche Versuch „mit Freude“ und „in Gutem“ angefangen sein soll. Nicht „das Gute“ ist deshalb Objekt der Betrachtung (so die meisten Übersetzer), sondern die Haltung, mit der der Versuch unternommen werden soll; wir würden sagen: die „gute Erwartungshaltung“ oder die „positive Einstellung“.
f Wörtlich: „er“.

## Analyse und Kommentar

Koh 2,1a beinhaltet den dritten Versuch: „Ich sagte mir in meinem Herzen / Verstand... ( ... אָמַרְתִּי אֲנִי בְּלִבִּי)“; dieses Mal wird *mit Freude* und *in Gutem* versucht, das Ziel zu erreichen. Wieder ist der לֵב der Ort des Versuches. Auffallend ist, daß neben dem fehlenden Referenzrahmen der Erforschungen („unter dem Himmel“) nun auch das eigentliche Objekt der Erforschung Kohelets nicht genannt ist: Was eigentlich wird er versuchen in / mit Freude und was in / mit Gutem ansehen? Offenbar geht es ihm nun darum, durch eine positive Einstellung oder Grundhaltung Erkenntnis zu erlangen, worauf „Lachen“ und „Freude“ in Koh 2,2 hinweisen. Es ist also eine optimistische Grundhaltung, die dieses neue Experiment prägen soll – besser noch: Die optimistische Grundhaltung *ist* das Experiment.
Doch auch diese positive Einstellung bewirkt nichts: in Koh 2,1b folgt wieder das vernichtende Ergebnis, wieder mit הֶבֶל ausgedrückt: „Aber siehe, auch dies war nichtig! (וְהִנֵּה גַם־הוּא הָבֶל)“. Und als Bestätigung und Explikation dieses Ergebnisses wird Koh 2,2 angefügt[20].
Auch Koh 2,1-2 zeigt strukturell also wie die Experimente 1 und 2 den gleichen Aufbau: Versuch – Ergebnis – Explikation (Zitat).

---

[20] Auch *Michel*, Untersuchungen, 16, erkennt diese Struktur, ohne allerdings die Verwandtschaft der Terminologie zu erwähnen.

Erkenntnisweg 3:

| | | |
|---|---|---|
| אָמַרְתִּי אֲנִי בְּלִבִּי ... | 2,1a | Versuch |
| וְהִנֵּה גַם־הוּא הָבֶל | 2,1b | Ergebnis |
| Zitat | 2,2 | Explikation |

## 4. Der vierte Erkenntnisweg: Koh 2,3-11
## Erkenntnis durch Ausschöpfung aller Möglichkeiten der Torheit?

Übersetzung:

3 Ich sann mir in meinem Herzen aus, mein Fleisch durch den Wein zu laben[a],
aber (so, daß) mein Verstand / Herz die Führung behielt in Weisheit,
um die Torheit zu ergreifen, bis daß ich sähe,
was gut sei für die Menschen[b],
daß sie es tun würden unter dem Himmel
in ihren befristeten Lebenstagen[c].
4 Ich vergrößerte meine Unternehmungen:
ich baute mir Häuser, ich pflanzte mir Weinberge,
5 ich legte mir Gärten und Parkanlagen an,
und pflanzte darin allerlei Fruchtbäume.
6 Ich legte mir Wasserteiche an,
um aus ihnen trinken zu lassen den Wald, sprießende Bäume.
7 Ich erwarb Knechte und Mägde,
auch hausgeborene Sklaven hatte ich,
auch Herden – Rinder und viel Kleinvieh – hatte ich,
mehr als alle, die vor mir in Jerusalem (gewesen) waren.
8 Ich sammelte mir auch Silber und Gold,
und den Besitz der Könige und der Provinzen.
Ich beschaffte mir Sänger und Sängerinnen[d],
und die Lust der Männer: Frauen über Frauen[e].
9 Ich wurde groß und immer größer (reicher)[f]
als alle, die vor mir in Jerusalem waren.
Auch meine Weisheit blieb mir erhalten.
10 Was immer meine Augen begehrten / verlangten,
nichts davon verwehrte ich ihnen[g].
Ich hemmte mein Herz nicht von jeglicher Freude,
denn mein Herz war fröhlich bei all meinem Mühen[h],
und dies war mein Teil bei all meiner Mühe.
11 Als ich[i] mich aber all meinem Tun (zu)wandte,
das meine Hände getan hatten,
und zur Mühe, mit der ich mich abmühte, um es zu vollführen[j]:
Siehe, da war alles nichtig und ein Haschen nach Wind;
denn es gibt keinen Gewinn unter der Sonne.

Anmerkungen

a Wörtlich: „durch den Wein zu ziehen“, das heißt also: einem extensiven Weingenuß zu fröhnen, jedoch mit der in Koh 2,3 genannten Grenze. Es geht Kohelet nicht darum, durch den Wein seinen Verstand auszuschalten, die „derbe Anschaulichkeit des Ausdrucks“ (*Müller*, Theonome Skepsis, 6) bleibt aber dennoch erhalten.

b Möglich: „... bis ich sehen würde, ob etwas Gutes ist für die Menschen“.

c Wörtlich: „die Zahl der Tage ihres Lebens“.

d Wörtlich: „Singende und Sängerinnen".

e Für die Wendung שִׁדָּה וְשִׁדּוֹת liegen unterschiedlichste Deutungen vor. Die textkritischen Anmerkungen der BHS sind wenig weiterführend, Konjekturvorschäge gibt es reichlich (z.B. BHK, die bei Lauha als „einfachste" Änderung bezeichnete Konjektur in שָׂרָה וְשָׂרוֹת „Fürstinnen und Fürsten"). שִׁדָּה und der daraus gebildete fem. Plural sind zunächst Hapaxlegomena (*Even-Shoshan*, Konkordanz, 1115), deren Ursprung wohl nicht mehr eindeutig zu klären ist; zur Konstruktion / Zusammenstellung von mask. und fem. Formen des gleichen Stammes vgl. *Gesenius / Kautzsch* § 122v. Die wahrscheinlichste Lösung scheint die Rückführung der Formen auf die ebenfalls nicht belegte Grundform שַׁד*, die als Dual die weiblichen Brüste bezeichnet (Stellen (vor allem Ez) bei Gesenius, S.808); „es wäre dann ein – vermutlich nicht sehr vornehmer – *pars-pro-toto*-Ausdruck für ‚Frauen'„ (so *Krüger*, Gegenwartsdeutung, 174 Anm.19 mit Verweis auf *Müller*, Theonome Skepsis, 7, Anm.30). Aus dieser Annahme heraus erklärt sich auch die für das männliche Geschlecht in diesem Falle wenig schmeichelhafte Übersetzung von בְּנֵי הָאָדָם mit „Männer".

f Wörtlich: „Ich ward groß und ich machte hinzufügen" = Ich wurde groß und wurde (immer) reicher.

g Wörtlich: „nichts ich nahm zurück von ihnen".

h Wörtlich: „denn (ja) mein Herz war fröhlich(er) von all (als Komparativ: als alle) mein(en) Mühe(n) (מִכָּל־עֲמָלִי). Wir bevorzugen *nicht* die Übersetzung im Komparativ (so z.B. *Krüger*, Gegenwartsdeutung, 174), da u.E. der mit מִכָּל־עֲמָלִי konstruierte V.10bα und der mit מִכָּל־עֲמָלִי konstruierte Vers 10bβ parallel zu 10aβ (מִכָּל־שִׂמְחָה) zu sehen sind. U.E. kommt es Kohelet an dieser Stelle gerade darauf an zu zeigen, daß innerhalb der menschlichen Mühen „Freude" herrschen kann, die er als seinen „Teil" (חֶלְקִי) bezeichnet. Von diesem חֵלֶק ist der gottgebene „Teil" zu unterscheiden (3,22; 5.17.18; 9,9 – siehe ebd. zu חלק II.).

i Vgl. Anmerkung zu 1,16.

j Wörtlich: Zu(m) (= beim) Schaffen.

## Analyse und Kommentar:

Das vierte Experiment[21] umfaßt die Verse Koh 2,3-11; es unterscheidet sich in mehrfacher Hinsicht von den vorangegangenen Experimenten: Erstens ist es deutlich länger und zweitens verknüpft sich mit seinem Ende in Koh 2,11 die Frage an, ob die Salomofiktion an dieser Stelle endet. Dennoch finden sich auch hier die schon bekannten Leitworte לֵב, der Referenzrahmen bzw. der definierte Erkenntnisrahmen (תַּחַת הַשָּׁמֶשׁ) „unter der Sonne" und das schon bekannte הֶבֶל-Ergebnis.

[21] Es ist umstritten, ob in Koh 2,3-11 wirklich ein neuer Versuch oder nur eine Erweiterung bzw. Variierung des Abschnitts Koh 2,1-2 vorliegt (vgl. etwa *Hertzberg*, Der Prediger, 86). Durch unsere Strukturanalyse veranlaßt meinen wir darin einen neuen Versuch erkennen zu können.

a) Der Luxus des Königs

Koh 2,3-11 ist lediglich durch die „katalogartige Beschreibung des königlichen Luxus“[22] (Koh 2,4-9) deutlich länger als die bisherigen Experimente, zeigt u.E. jedoch die gleiche Terminologie: Der Versuch beginnt mit schon bekannten Formulierungen; Koh 2,3: „Ich sann mir in meinem Herzen / Verstand aus ( תַּרְתִּי בְלִבִּי...)“. Das Herz fungiert hier als Ort des Versuches, und *durch Ausschöpfen aller Möglichkeiten der „Torheit“* (וְלֶאֱחֹז בְּסִכְלוּת „um die Torheit zu ergreifen, bis daß ich sähe, was gut sei für die Menschen“) soll das Ziel erreicht werden. Die lange Aufzählung der königlichen Unternehmungen zeigt die (damaligen) äußersten Grenzen menschlicher Möglichkeiten auf, um dann doch Koh 2,11bα resigniert feststellen zu müssen: „Siehe: alles ist nichtig und ein Haschen nach Wind“ (וְהִנֵּה הַכֹּל הֶבֶל וּרְעוּת רוּחַ). Ohne Frage entspricht auch das vierte den vorangegangenen Experimenten strukturell, ja bis hinein in die gebrauchten Leitwörter. Der Erkenntnisweg 4 zeigt also folgende Strukturmerkmale:

Erkenntnisweg 4:

| | | |
|---|---|---|
| Versuch | 2,3 | תַּרְתִּי בְלִבִּי ... וְלִבִּי... |
| Ergebnis | 2,11bα | וּפָנִיתִי ... וְהִנֵּה הַכֹּל הֶבֶל וּרְעוּת רוּחַ |
| Antwort auf 1,3 | 2,11bβ | וְאֵין יִתְרוֹן תַּחַת הַשָּׁמֶשׁ |

b) Koh 2,11bβ als Ende der Salomofiktion?

Eine ganz andere Frage ist, ob die Salomofiktion mit der Auskunft in Koh 2,11bβ endet? Interessant ist, daß in Koh 2,11bα eben nicht nur (mit הֶבֶל und רְעוּת רוּחַ) das vernichtende Ergebnis von Koh 1,15.17b und 2,1b wiederholt wird, sondern 2,11bβ anstelle der sonst üblichen Bestätigung des Ergebnisses die Antwort auf die Zentralfrage des Buches (Koh 1,3) steht: „Es gibt keinen Gewinn unter der Sonne!“ (וְאֵין יִתְרוֹן תַּחַת הַשָּׁמֶשׁ)[23]. Dies war Anlass für einige Forscher, an dieser Stelle die Salomofiktion enden zu lassen (*Ellermeier, Gordis, Galling, Michel* u.a.)[24]. Folgende Argumente lassen sich dafür und dagegen in die Waagschalen legen[25]:

Koh 2,11bβ ist in der Tat eine Antwort auf die Zentralfrage in Koh 1,3 und bildet damit einen Rahmen um die ersten Experimente des „Königs“. Nimmt man nun noch Koh 2,12 hinzu, so könnte damit

---

22 *Lauha*, Kohelet, 42.

23 Siehe dazu oben die zu Koh 1,3 gemachten Ausführungen.

24 *Ellermeier*, Qohelet, 82f; *Gordis*, Koheleth, 209; *Galling*, Der Prediger, 87 und *Michel*, Untersuchungen, 23.

25 Vgl. zum Ganzen die die neuere Diskussion zusammenfassenden Beiträge von *Fischer*, Furcht Gottes oder Skepsis?, 203-208 und (mit Kritik an der Argumentation Fischers) *Backhaus*, Es gibt nichts Besseres, 186-205, der es grundsätzlich für möglich hält, „daß Koh. 2,12b weiterhin als Abschluß der Königsfiktion eingeschätzt werden kann“ (188), selbst dann aber für den Abschluß nach Koh 3,22 votiert.

tatsächlich ein gewisser Abschluss gefunden sein. Die Antwort in Koh 2,11bβ ist u.E. aber eben nur *eine* Antwort auf die יִתְרוֹן-Frage. Ein Abschluß der Salomofiktion an dieser Stelle würde nicht nur nicht berücksichtigen, daß die יִתְרוֹן-Frage im weiteren Verlauf des Buches (auch in strukturbildender Weise!) eine große Rolle spielt, sondern auch übersehen, daß die in 2,11bβ gegebene Antwort (wie auch das הֶבֶל-Urteil in 2,11bα) keineswegs „das letzte Wort“ Kohelets ist.
Im übrigen scheinen mir die nachfolgenden Experimente die Annahme einer Weiterführung der Salomofiktion sehr plausibel zu machen, da diese dem gefundenen Schema strukturell voll entsprechen. Die Entsprechung ist außerdem nicht nur in den Vokabeln angelegt, sondern auch inhaltlich-thematisch zu begründen.

## 5. Der fünfte Erkenntnisweg: Koh 2,12-19
## Erkenntnis in überlieferter Weisheit?

Übersetzung:

12 Da wandte ich mich, um zu betrachten
Weisheit, Torheit(en) und Unverstand –
denn was (wird tun) der Mensch, der nach dem König kommt? –
er tut, was schon längst getan wurde[a].
13 Ich betrachtete also, daß
„die Weisheit einen Gewinn vor der Torheit hat,
wie das Licht einen Gewinn vor der Finsternis hat“[b].
14 „Der Weise hat Augen in seinem Kopf,
aber der Tor geht in der / die Finsternis[c]“.
Dabei erkannte ich ebenfalls,
daß einerlei Geschick sie alle trifft.
15 So sagte ich[d] mir in meinem Herzen / Verstand:
Was den Toren trifft, das trifft auch mich[e].
Wozu bin ich (so) übermäßig / überaus weise geworden?[f]
Ich sagte mir in meinem Herzen, daß auch dies nichtig ist.
16 Denn es gibt kein Gedenken an den Weisen
wie auch nicht an den Toren für ewig,
weil schon längst in den künftigen Tagen
jeder vergessen sein wird.
17 Da hasste ich das Leben / die Lebenden,
denn als Übel lag auf mir das Tun / das Machwerk,
das unter der Sonne getan wird.
Denn alles ist nichtig und Haschen nach Wind.
18 Da hasste ich all meine Mühe,
mit der ich mich unter der Sonne abgemüht hatte,
daß ich es einem Menschen über- / zurücklassen muss,
der nach mir kommt.
19 Wer weiß denn, ob er weise oder töricht sein wird?
Und doch wird er herrschen über mein mit Mühe Erarbeitetes,
für das ich mich gemüht habe und weise war unter der Sonne[g].
Auch das ist nichtig!

## Anmerkungen

a Zur Schwierigkeit der Interpretation des von *Lauha*, Kohelet, 53 als „crux interpretum“ bezeichneten Schlussteils von Koh 2,12 siehe die eingehende Analyse von *Michel*, Untersuchungen, 21-24. „Was ist der Mensch?“ ist hier nicht im Sinne einer ontologisch-philosophischen Frage zu interpretieren. Gefragt ist, wie der Kontext deutlich macht, nach dem Tun des Nachfolgers des Königs. Andere Übersetzungsmöglichkeiten siehe *Lohfink*, Kohelet oder *Krüger*, Gegenwartsdeutung, 175. Den Ausführungen von *Michel*, Untersuchungen, und seiner Übersetzung schließen wir uns an.

b Es scheint mir kaum strittig sein zu können, daß Kohelet hier ein Sprichwort auf den Prüfstand stellt, wie auch im anschließenden Vers 14. Darauf hat v.a. *Michel*, Untersuchungen, 24-30, unter Einbeziehung der verwendeten Verben, aufmerksam gemacht. *Krüger*, Gegenwartsdeutung, 175 schließt sich in seiner Übersetzung an.

c Das Partizip drückt möglicherweiese eine metaphorische Redeweise für das Sterben (vgl. Koh 6,4) aus.

d Vgl. Anmerkung zu Koh 1,16.

e Wörtlich: „Wie (das) Geschick der Toren, auch ich, er (es) wird mich treffen“.

f Zu den Problemen des Verses vgl. *Michel*, Untersuchungen, 24-30, zur Übersetzung selbst siehe *Krüger*, Gegenwartsdeutung, 175 und Krüger, Kohelet, 125 sowie *Lauha*, Kohelet, 54. Das Partizip Qal יוֹתֵר (hier adverbial) kann mit „übermäßig“ wiedergegeben werden (vgl. auch Koh 7,16; 12,9.12).

g Wörtlich: „und er wird herrschen in all (= über) all meine Mühe (= mein mühsam Erarbeitetes), um welches ich mich abgemüht habe und um welches ich weise war unter der Sonne“.

## Analyse und Kommentar:

Auch das fünfte Experiment arbeitet mit derselben Terminologie wie die ersten vier, wenn es auch unterschiedlich aufgebaut ist und die einzelnen Elemente zum Teil andere Funktionen übernehmen: Koh 2,12-14 zeigt die erneute Zuwendung zu einem neuen Versuch: V.12: „Da wandte ich mich, um zu betrachten... (... וּפָנִיתִי אֲנִי לִרְאוֹת)“ und V.13: „Ich betrachtete also... (... וְרָאִיתִי אָנִי)“. Als Ort dieses Versuches ist allerdings nicht der לֵב angegeben (s.u.).

Interessant ist der Gegenstand der Betrachtung in Koh 2,13 und 14: offensichtlich zitiert Kohelet in diesen Versen ältere Weisheitssprüche[26]. Vor allem die Behauptung (der älteren Weisheit), die Weisheit habe einen „Gewinn“ (יִתְרוֹן) vor der Torheit (V.13) ist im Blick auf Koh 1,3 und 2,11 aufschlussreich. Insofern er „nur theoretisch“ auf ältere Weisheit rekurriert und nicht wie in den vier vorangegangenen Versuchen persönliche Erfahrungen widerzuspiegeln versucht, unterscheidet sich dieser fünfte Versuch von den vorangegangenen vier: hier wird erkenntnistheoretisch „betrachtet“ (mit ראה

---

26 So auch Michel, Qohelet, 132. Auch *Whybray*, Identification, sieht in Koh 2,14a eine der „QUOTATIONS OF OLDER WISDOM SAYINGS IN QOHELETH“ (438f).

konstruiert[27]), und nicht existentiell versucht (der Ort des Versuches ist nicht der Verstand / das Herz (לֵב)). Gleichwohl, das Ergebnis ist dasselbe (Koh 2,15): „So sagte ich in meinem Herzen / Verstand, daß auch dies nichtig ist (וְדִבַּרְתִּי בְלִבִּי שֶׁגַּם־זֶה הָבֶל). Der לֵב ist hier also der Ort der Erkenntnis des Ergebnisses, nicht der Ort des Versuches. Die nachfolgenden Verse bringen wieder die Explikation (u.z. zweigliedrig: Koh 2,16-17a.18-19a) mit einer Bestätigung des Ergebnisses (ebenfalls zweigliedrig: V.17b.19b).
Folgende Struktur legt sich für den fünften Erkenntnisweg nahe:

Erkenntnisweg 5:

| | | |
|---|---|---|
| וּפָנִיתִי אֲנִי לִרְאוֹת ... | 2,12 | Versuch |
| וְרָאִיתִי אָנִי ... | 2,13 | Versuch |
| וְיָדַעְתִּי גַם־אָנִי | 2,14b | Ergebnis |
| וְאָמַרְתִּי אֲנִי בְּלִבִּי ... וְדִבַּרְתִּי בְּלִבִּי שֶׁגַּם־זֶה הָבֶל | 2,15 | Ergebnis |
| | 2,16-17a | Explikation |
| כִּי־הַכֹּל הֶבֶל וּרְעוּת רוּחַ | 2,17b | Ergebnis |
| | 2,18-19a | Explikation |
| גַּם־זֶה הָבֶל | 2,19b | Ergebnis |

## 6. Der sechste Erkenntnisweg: Koh 2,20-23
## Erkenntnis durch Verzweiflung?

Übersetzung:

20 Da wandte ich[a] mich um, mein Herz / meinen Verstand der Verzweiflung zu überlassen,
wegen all der Mühe, mit der ich mich abgemüht hatte unter der Sonne.
21 Denn es gibt einen Menschen,
der sich mit Weisheit und Einsicht und Erfolg abmüht,
dann aber einem anderen, der sich nicht (damit) abgemüht hat,
seinen Teil überlassen (muss).
Auch dies ist nichtig und ein Haschen nach Wind!
22 Denn was bleibt dem Menschen von all seiner Mühe
und von dem Streben seines Herzens,
womit er sich abmüht unter der Sonne?
23 Denn: „All seine Tage waren Leiden, und Verdruß sein Geschäft,
auch nicht in der Nacht findet sein Herz Ruhe[b]" –
auch das ist nichtig!

Anmerkungen

a Vgl. Anmerkung zu 1,16.
b Wörtlich: „auch nicht in der Nacht legte sich sein Herz (zur Ruhe)".

---

[27] Die Bedeutung von ראה an dieser Stelle wird von den meisten Forschern (*Delitzsch*, *Lauha*, *Zimmerli*, *Hertzberg*, *Lohfink*) als distanziertes, prüfendes Betrachten gedeutet (*Michel*, Untersuchungen, 21 zur Fragestellung). Zur sonstigen Übersetzung des 46 Mal begegneten Begriffes siehe die ausführliche Analyse ebd. 24-28 und *Ders*., Qohelet, 80f sowie Teil 2, B. XI.3b) unserer Untersuchung.

Analyse und Kommentar:
Koh 2,20 birgt möglicherweise den radikalsten Versuch: durch Verzweiflung soll das erreicht werden, was ihm bisher verwehrt war: „Da ging ich dazu über, meinen Verstand der Verzweiflung zu überlassen... (...וְסַבּוֹתִי אֲנִי לְיַאֵשׁ אֶת־לִבִּי)". Eingeleitet durch ein Perfekt consecutivum ist wieder, wie in den Experimenten 1 bis 4, der לֵב der Ort des neuerlichen Versuches. Doch Koh 2,21b steht wiederum das schon bekannte Ergebnis: „auch das ist nichtig und ein großes Übel" (גַּם־זֶה הֶבֶל וְרָעָה רַבָּה). Koh 2,22.23a folgt dann wieder die Explikation (V.23a ein Zitat?), 2,23b die erneute Bestätigung des Ergebnisses von 2,21b.
Auch dieser Erkenntnisweg zeigt damit die bekannte Struktur:

Erkenntnisweg 6:

| | | |
|---|---|---|
| וְסַבּוֹתִי אֲנִי לְיַאֵשׁ אֶת־לִבִּי ... | 2,20 | Versuch |
| גַּם־זֶה הֶבֶל וְרָעָה רַבָּה | 2,21b | Ergebnis |
| | 2,22-23a | Explikation |
| גַּם־זֶה הֶבֶל הוּא | 2,23b | Ergebnis |

7. Fazit
Die Experimente in Koh 1,12-2,23 sind nach dem Schema „Versuch – Ergebnis – Explikation" gestaltet. Diese Struktur ergibt sich aus der Verwendung von Leitworten, die als Struktursignale die Abschnitte gliedern.

a) Die Versuche
Was zunächst die Versuche selbst betrifft, so werden diese alle „unter dem Himmel" (תַּחַת הַשָּׁמָיִם) bzw. „unter der Sonne" (תַּחַת הַשָּׁמֶשׁ) durchgeführt. Innerhalb dieses ersten Schrittes innerhalb der Experimente werden jeweils Verben im Perfekt oder Perfekt consecutivum[28] verwendet, die die Bewegung, die im Versuch steckt, zum Ausdruck bringen sollen (Koh 1,13: וְנָתַתִּי; 1,16: דִּבַּרְתִּי; 2,1: אָמַרְתִּי; 2,3: תַּרְתִּי; 2,12: וּפָנִיתִי; 2,20: וְסַבּוֹתִי). Auffällig ist, daß innerhalb der Versuche auch zumeist eine Form von לֵב verwendet wird: der Verstand (das Herz, der Sinn) ist der Ort des Versuches, außer im 5. Versuch, in dem der Verstand der Ort der Erkenntnis ist. Kann man die Versuche 1-4 und 6 also als „existentiell" bezeichnen, so den fünften als „intellektuelle Betrachtung".
Das Mittel des Versuches variiert (Koh 1,13: durch Weisheit; 1,17a: durch Unterscheidung von Weisheit und Torheit, Einsicht und Unverstand; 2,1: durch Freude; 2,3ff: durch Ausschöpfen aller Möglich-

28 Die Verwendung von Perfekt consectuvium in den Verbalsätzen geht nach *Gesenius / Kautzsch*, § 112 pp sicher auf aramäischen Einfluß zurück (352).

keiten der „Torheit“; 2,12ff: durch Betrachtung älterer Weisheit; 2,20: durch Verzweiflung). Man muß in der Reihenfolge der Mittel eine Klimax erkennen, die sich bis zum „letzten Mittel“, der Ver-zweiflung, steigert.

b) Die Ergebnisse

Der zweite Schritt in den Erkenntniswegen bringt jeweils das הֶבֶל-Ergebnis, das durch seine Gleichförmigkeit besticht und das Motto aus Koh 1,2 immer wieder einschärft:

| | |
|---|---|
| Koh 1,14 | רָאִיתִי ... וְהִנֵּה הַכֹּל הֶבֶל וּרְעוּת רוּחַ |
| Koh 1,17b | יָדַעְתִּי שֶׁגַּם־זֶה הוּא רַעְיוֹן רוּחַ |
| Koh 2,1b | וְהִנֵּה גַם־הוּא הָבֶל |
| Koh 2,11bα | וּפָנִיתִי ... וְהִנֵּה הַכֹּל הֶבֶל וּרְעוּת רוּחַ |
| Koh 2,15b | וְדִבַּרְתִּי בְלִבִּי שֶׁגַּם־זֶה הָבֶל |
| Koh 2,17b | כִּי־הַכֹּל הֶבֶל וּרְעוּת רוּחַ |
| Koh 2,19b | גַּם־זֶה הָבֶל |
| Koh 2,21b | גַּם־זֶה הֶבֶל וְרָעָה רַבָּה |
| Koh 2,23b | גַּם־זֶה הֶבֶל הוּא |

Die Formulierungen dieses Ergebnisses variieren zwar, die drei verwendeten Wendungen sind aber u.E. als synonyme Formulierungen aufzufassen: Neben der הֶבֶל-Aussage (Versuch 1, 3-6) findet sich die Bezeichnung der Bemühungen als „Haschen nach Wind“ (Versuch 1-2, 4). Nur im 6. Versuch findet sich die Formulierung „großes Übel“ (רָעָה רַבָּה).

c) Die Explikationen

Im dritten Schritt innerhalb der jeweiligen Bemühungen wird das Ergebnis entweder nur expliziert (teilweise durch Zitation älterer Weisheit: Erkenntnisweg 1.2.5.6) oder zusätzlich durch Wiederholung bestätigt (Erkenntnisweg 3 und 4).

## III. Das Programm: Das Glück liegt nicht in der Verfügungsgewalt des Menschen: Koh 2,24-26[29]:

Übersetzung:

24 Es gibt nichts Gutes[a] im[b] Menschen, der isst und trinkt[c],
und seiner Seele Gutes gönnt[d] in seiner Mühe[e].
Auch dies erkannte[f] ich, daß es aus der Hand Gottes kommt.
25 Denn: „Wer kann essen / genießen[g] und wer sich sorgen[h] ohne mich[i]?“

---

[29] Zur Abgrenzung von Koh 2,24-26 vgl. *Ellermeier*, Qohelet, Teil I, Abschnitt 2, 9-12. Dieses, von uns so genannte „Programm“ Kohelets zur Lebensfreude hat *Fischer*, Aufforderung zur Lebensfreude, 34-42 neu analysiert.

26 Denn: „Dem Menschen, der gut ist vor seinem Angesicht,
dem gibt er Weisheit und Erkenntnis und Freude,
dem Sünder aber gibt er das Geschäft[j] zu Sammeln und zum Anhäufen,
und das dann dem zu geben, der gut ist vor dem Angesicht Gottes".
Auch dies ist nichtig und ein Haschen nach Wind.

## Anmerkungen

a Wir haben die beiden Vorkommen von טוב in Koh 2,24 jeweils substantivisch übersetzt, nicht adjektivisch. Im ersten Falle wäre auch eine Übersetzung mit „es ist nicht gut..." zu erwägen, doch passte eine solche nicht gut zu בָּאָדָם.

b Schließt man eine Konjektur in Parallelität zu Koh 2,26 (לְאָדָם) aus, dann ist eine Interpretation des Beth als „Beth constitutionis" (*Jenni*, Präpositionen 1, 90ff; *Schoors*, The Preacher Sought, 197) wahrscheinlich, vgl. auch *Backhaus*, Es gibt nichts Besseres, 107f. Eine Übersetzung „bei dem Menschen" ist ebenfalls möglich, vgl. *Krüger*, Gegenwartsdeutung, 176. Beide Übersetzungen bringen zum Ausdruck, daß „das Gute", oder, wie es *Lohfink*, aber auch *Schwienhorst-Schönberger* sagt, das „Glück nicht im Menschen gründet" (vgl. *Lohfink*, Kohelet, 30; *Schwienhorst-Schönberger*, Kohelet 2004, 235) – eine Aussage, die inhaltlich auch gut zu Koh 2,24b passt.

c Eigentlich: „trank". Die Verben „essen" (אכל) und „trinken" (שׁתה) zählen wir – zusammen mit den Nomina „Freude" (שִׂמְחָה) und „Teil" (חֵלֶק) zu den „Leitwörtern", die anzeigen, daß es um das Programm Kohelets geht (siehe Teil 3, B) III.

d „Und er macht sehen" (וְהֶרְאָה) wird wohl am besten mit „gönnen" oder „gut gehen lassen" wiederzugeben sein, vgl. *Krüger*, Gegenwartsdeutung, 176 und *Backhaus*, Es gibt nichts Besseres, 107. Wörtlich übersetzt: „und er macht sehen seine(r) Seele Gutes".

e Zu עָמָל vgl. Teil 2, A) II.2. und ausführlich *Zimmer*, Zwischen Tod und Lebensglück, 91-96: hier zeigt sich nach Zimmer der positive Gebrauch von עָמָל, nicht der negative im Sinne von „Mühsal".

f *Michel*, Qohelet, hat sich ausführlich mit den verschiedenen Ausformungen und Übersetzungsmöglichkeiten der Wurzel ראה beschäftigt und kommt S.80f für Koh 2,24b zum Schluß, daß hier im Sinne von „erkennen" zu übersetzen ist.

g *Backhaus*, Zeit und Zufall, 109 weist mit Koh 5,18 und Koh 6,2 darauf hin, daß אכל nicht nur „essen", sondern auch umfassender „genießen" bedeuten kann und sieht darin einen naheliegenden Grund anzunehmen, daß „Qoh 2,24a semantisch durch *'kl* in 2,25 vertreten wird".

h Zur Bedeutung von חוש, insbesondere zu Äquivalenten in anderen semitischen Sprachen, und zur Übersetzung mit „sorgen um" siehe die eingehende Analyse von *Ellermeier*, Qohelet, S.12-28. Die dort aufgezeigten akkadischen Parallelen sind nach *Braun*, Kohelet, 111 und *Backhaus*, Zeit und Zufall, 110 allerdings nur mit Vorsicht heranzuziehen. Vgl. *Krüger*, Kohelet, 129 zur Stelle.

i חוץ מִמֶּנִּי bietet einige Schwierigkeiten. Zu einer anderen Übersetzungsmöglichkeit vgl. *Krüger*, Gegenwartsdeutung, 177 Anm.38. Wir schließen uns hier der Mehrheit der Ausleger an.

j Zu עִנְיָן vgl. *Zimmer*, Zwischen Tod und Lebensglück, 96f. Hier ist עִנְיָן durch den Kontext eindeutig negativ besetzt, ähnlich wie in Koh 2,23 (etwa: „Verdruss"). In Koh 1,13; 4,8 und 5,13 wird die Wendung עִנְיַן רָע gebraucht, die einerseits deutlich macht, daß עִנְיָן in der Mehrzahl der Fälle bei

Kohelet negativ gebraucht wird; andererseits verdeutlicht der Zusatz רָע auch, daß עִנְיָן zwar „prinzipiell wertneutral ist, daß aber die häufige negative Charakterisierung den Gesamteindruck letztlich prägt“ (*Zimmer*, Zwischen Tod und Lebensglück, 96).

Analyse und Kommentar:

Mit Koh 2,23b endet ein erster Zyklus von Experimenten, der mit einem ernüchternden Ergebnis abschließt[30]. Der Abschnitt Koh 2,24-26 nun besteht offensichtlich aus zwei Teilen: V.24-26a kommt zum ersten Mal etwas – wenn auch noch gebrochen – in den Blick, das für Kohelet das Leben eventuell doch lebenswert erscheinen lassen könnte. Daneben steht Koh 2,26b, der, in Spannung zu Koh 2,24-26a, das schon sattsam bekannte הֶבֶל-Ergebnis noch einmal bekräftigt.

In der Forschung schenkte man diesem Abschnitt stets große Aufmerksamkeit, weil sich hier entscheidende Weichen für das Verständnis der Theologie des Koheletbuches stellen. Der oft als „crux interpretum“ bezeichnete Abschnitt spiegelt in seiner ganzen syntaktischen Schwierigkeit deshalb in den Übersetzungen häufig das Gesamtverständnis der Interpreten Kohelets wider – wenn man ihn nicht überhaupt eliminiert und als spätere Glosse bezeichnet: *Siegfried, Haupt* und *Lauha* haben in bzw. innerhalb von Koh 2,24b-26a einen späteren orthodoxen Einschub erkennen wollen[31].

Hält man an dem Abschnitt fest, so findet sich darin folgende, von den Leitworten der Experimente verschiedene und zu unterscheidende Terminologie, die mit den späteren אֵין טוֹב-Formulierungen (Koh 3,22 u.ö.) kongruent läuft: Denn in dieser und in allen folgenden finden sich die gleichen Begriffe, die als Leitworte des von uns sogenannten „Programms Kohelets“ angesehen werden können: שִׂמְחָה / שׂמח („Freude / sich freuen“), חֵלֶק („Teil“) bzw. מִיַּד הָאֱלֹהִים („von der Hand / Gabe Gottes“), אכל („essen“) und שׁתה („trinken“) sowie natürlich טוֹב („Gutes“ / „gut“). Diese Terminologie kann, wenn die Begriffe auch nicht nur in den durch sie bestimmten Abschnitten erscheinen, u.E. dazu dienen, diese Abschnitte im Koheletbuch von anderen zu unterscheiden, um auf diese Weise eine Struktur und Komposition des Buches zu eruieren[32].

Für Koh 2,24-26 ergeben sich drei Diskussionsfelder: Erstens die Frage, ob Koh 2,24-26 als „carpe-diem“-Stelle zu interpretieren ist und wie diese zweitens mit den späteren אֵין טוֹב-Formulierungen zusammenhängt sowie drittens die viel weiterreichende und für unserer

---

30 Die Abgrenzung von Koh 2,20-23 zu 2,24-26 ist keineswegs selbstverständlich; der Zusammenhang wird in der älteren Literatur häufig noch vorgenommen, alle neueren Kompositionsentwürfe sehen aber in Koh 2,24 einen „Neuansatz“ (z.B. *Backhaus*, Zeit und Zufall, 107; *Schwienhorst-Schönberger*, Kohelet 2004, 235).

31 *Haupt*, Koheleth, 22 und 35; *Siegfried*, Prediger, 38 und *Lauha*, Kohelet, 58 und 42: „die Verse 2,24b-26a scheinen ein späterer Zusatz von $R^2$ zu sein“.

32 Vgl. die Fortführung dieser Terminologie in Koh 3,12-15.

Forschungen interessante Fragestellung, ob in diesen Versen, in Koh 2,25 oder 2,26, die „Salomofiktion“ zu ihrem Abschluß gelangt.

1. Koh 2,24-26 als „carpe-diem“-Stelle?

Die bisherigen Interpretationen lassen sich in zwei große Richtungen einteilen, die im Zusammenhang stehen mit und ihre Begründung finden in den unterschiedlichen Textüberlieferungen. Die grundlegende Frage ist, ob in Koh 2,24-26 schon eine erste Aufforderung zum „carpe diem“ vorliegt (im Anschluss an jüngere Textzeugen, z.B. LXX^C, LXX^V, die Peschitta sowie die Vulgata – und damit einhergehender Textänderungen)[33] oder ob (noch) keine solche Aufforderung in diesen Vokabeln zu erkennen ist (im Anschluß an den Masoretischen Text und die LXX*)? Hinzu kommt, daß von der Beantwortung dieser Frage auch eine Vorentscheidung zur Einschätzung von Struktur und Bedeutung der אֵין טוֹב-Formulierungen im Koheletbuch (s.u.) fällt.

Anknüpfend an die textkritischen Anmerkungen läßt sich zunächst sagen, daß eine Änderung des MT *nicht* notwendig erscheint, da die ältesten Textzeugen den vorliegenden Konsonantenbestand eindeutig wiedergeben (äußeres Argument) und die lectio difficilior in Koh 2,24 der Harmonisierung in den späteren Textzeugen vorzuziehen ist (inneres Argument). Die von der früheren Forschung vorgenommenen Konjekturen, v.a. die Änderung von שֶׁיֹּאכַל in מִשֶּׁיֹּאכַל (Koh 2,24a) aufgrund einer vermuteten Haplografie des מ und eine Konjektur von בָּאָדָם in לָאָדָם (Koh 2,24a)[34], beabsichtigten eine Harmonisierung aller אֵין טוֹב-Formulierungen des Koheletbuches, insbesondere von Koh 2,24 mit Koh 3,12.22[35]. Ist eine solche Änderung aber, wie *Krüger* und

---

33 Vgl. die Diskussion der Varianten, auf die wir nicht ausführlich eingehen können, z.B. bei *Schoors*, Qohelet in the context of wisdom, 196f, *Seow*, Ecclesiastes, 5-11 und 138-142 sowie *Krüger*, Theologische Gegenwartsdeutung. *Seow*, Ecclesiastes, stellt ebd. 6 den Codex Ephraemi und den Codex Venetus (LXX^C und LXX^V) in ihrer „order of reliability“ erst an 5. und 6. Stelle der LXX-Handschriften. Die Peschitta zu Kohelet ist „probably a translation of the Hebrew, although it appears to be dependent on the Greek at many points“; sie fußt auf dem Codex Ambrosianus (6./7.Jhdt. n.Chr.), vgl. *Lane*, 1979.

Um die Vergleichbarkeit mit den anderen אֵין טוֹב-Formulierungen herzustellen, wird auch die Einfügung eines רק („nur, bloß“) nach בָּאָדָם vorgeschlagen, vgl. *Rottzoll*, Ibn Esras Kommentare, 77 zur Stelle Koh 2,24: „אין טוב Gutes fand dieser Sich-Abmühende nicht in all seiner Anstrengung, ausgenommen das Essen und Trinken. Es fehlt (an dieser) Stelle aber (das Wort) רק oder (eine) ihm vergleichbare (Partikel), so (als ob) er (sc. der Satz Koh 2,24) (hieße): אין טוב באדם רק שיאכל ושתה“.

34 Eine Konjektur von בָּאָדָם (Koh 2,24) in לָאָדָם (Koh 2,26) schien vielen Auslegern trotz der Konjektur von שֶׁיֹּאכַל in מִשֶּׁיֹּאכַל „wegen 3,12 nicht nötig“ (*Hertzberg*, Der Prediger, 81). Vgl. aber noch *Backhaus*, Zeit und Zufall, 107!

35 Beispielsweise bei *Hertzberg*, Der Prediger, 81: Die Lesart des Masoretischen Textes „könnte entstanden sein gerade im Blick auf 2,10f; es mußte natürlich

im Anschluss an ihn auch *Lohfink, Schoors und Schwienhorst-Schönberger* sowie *Backhaus* gezeigt haben[36], nicht notwendig, dann kann der MT übersetzt werden[37] – was es den Übersetzern freilich nicht einfacher macht. Eine „carpe-diem"-Stelle kann dann allerdings in Koh 2,24-26 nicht gefunden werden!
Koh 2,24-26 ist die erste der Stellen im Koheletbuch, in denen mit den אין טוב-Formulierungen[38] so etwas wie ein „Programm" Kohelets in den Blick kommt. Da nominales und adjektivisches טוב durch das ganze Buch hindurch begegnet und es an entscheidenden Stellen prägt, haben sich *Ogden, Klein* und zuletzt *Backhaus* intensiv mit der Bedeutung dieser Stellen beschäftigt[39]. Für Koh 2,24 ist aufgrund der Textanalyse festzuhalten, daß dort „ein negatives Urteil" vorliegt: „Es gibt nichts Gutes im Menschen, d.h. das Glück liegt nicht in der Verfügungsgewalt des Menschen. Es kommt ohne Ausnahme von Gott"[40]. Denn die menschlichen Anfragen und Bemühungen des Königs, die mit der מה־יתרון-Frage von Koh 1,3 und deren (vor-

---

überraschen, daß Essen, Trinken und Sich-gütlich-Tun als einziges ‚Glück' auf Erden hingestellt wird, nachdem kurz vorher ungefähr das Gegenteil behauptet worden ist [2,10f]. Trotzdem hat die Mehrzahl der Erklärer recht, wie oben zu übersetzen. Denn אין טוב muß nach 3,12.22; 8,15 erklärt werden: 'Es gibt kein Glück, als daß...', und auch der Gedanke – die Freude am Leben als einer gottgegebenen Tatsache – kommt ja oft genug in Qoh vor". *Backhaus*, Es gibt nichts Besseres, 107, Anm.25 schreibt dazu: „Mir scheint, daß die Entscheidung für eine Konjektur in Koh 2,24a letztlich aus einer unreflektierten Vermischung von *textkritischen Argumenten* im engeren Sinne (Textzeugen mit anderer Lesart), einer möglichen *Haplographie* und dem *Bestreben,* entsprechend Koh 3,12.22; 8,15 eine einheitliche, sich nicht widersprechende Aussagereihe zu erhalten, herrührt".

36 *Krüger*, Theologische Gegenwartsdeutung, 192-195, vgl. auch *Krüger*, Le livre de Qohéleth, 70-73. *Schoors*, Qohelet in the context of wisdom, 196f sowie *Lohfink*, Kohelet, 30 und *Schwienhorst-Schönberger*, Nicht im Menschen, 80-83. Auch *Backhaus*, Es gibt nichts Besseres, 107, Anm.25 stimmt dem zu. In seiner Dissertation 1991 (1993) hatte er noch für eine Konjektur votiert.

37 *Schoors*, Qohelet in the context of wisdom, 197 weist auf *Thilo*, Der Prediger Salomo, 33 hin: „Thilo rightly translates the verse as follows: 'Nicht ein dem Menschen anhaftendes Gut ist es', i.e. it is not in man's power, but as the second half of the verse explicitly states, it is a gift from God".

38 Vgl. zu den אין טוב-Formulierungen insgesamt Teil 2 B) XI.4e).

39 *Ogden* hat sich in drei Aufsätzen des Phänomens in formgeschichtlicher Perspektive angenommen: *Ogden*, The Tôb-Spruch in Qoheleth, 1975; *Ogden*, The „Better"-Proverb (Tôb-Spruch), 1977, und *Ogden*, Qoheleth's Use of the „Nothing is Better"-Form, ebenfalls 1977. *Klein*, Kohelet, 95-105 zählt 97 insg. „29 Sprüche, in denen zwei Gegenstände unter der Prämisse miteinander verglichen werden, ob einer der beiden gut bzw. besser (bwf) als der andere ist": Koh 2,24; 3,12.22; 4,2.3.6.9.13.17; 5,4.17; 6,3.5.9; 7,1 (2x).2.3.5.8 (2x).10.11.12.18; 8,15; 9,4.16. 17.18; 10,1; ferner zählt er Koh 7,26 hinzu. Nach *Klein* gehen die „Veränderungen der Form" gegenüber einem dreifach zu unterteilenden „Idealschema" in den טוב-Sprüchen des Qoheletbuches auf „die Hand Kohelets" (ebd. 98) zurück.

40 *Backhaus*, Es gibt nichts Besseres, 115.

läufiger) negativer Beantwortung in Koh 2,11 sowie mit den Bemühungen um die durch Menschen erreichbare Freude (שִׂמְחָה) in Koh 2,1-2 und 2,3-10 führen zu nichts (הֶבֶל). Der Abschluß in Koh 2,24-26 schärft dem/r Leser/in diese Erkenntnis ein: Auch das vom Menschen angestrebte Glück liegt nicht in seiner Verfügungsgewalt. Später freilich wird im Koheletbuch aber auch etwas Neues in den Blick kommen[41].

2. Koh 2,24-26 als Abschluß der „Salomofiktion"?

Koh 2,25 bzw. 2,26 ist für viele Forscher das „Ende der Salomofiktion". Mit guten Gründen haben *Hertzberg, Lauha, Loader, Fischer, Klein, Krüger, Seow* und *Schwienhorst-Schönberger u.a.* einen Abschluß der Fiktion an dieser Stelle vorgenommen[42].

*Hertzberg* hatte schon 1963 betont: Mit Koh 2,26 „wird gerade gegenüber dem sic volo Gottes das Unzulängliche menschlich-eigenen Wollens noch einmal unterstrichen. Auf diese Weise ist der ganze 'Salomo'-Teil wirksam und entsprechend abgeschlossen"[43]. *Lauha* stellt Koh 2,26bβ hinter ausgesuchte Teile aus Koh 2,24 und eliminiert im übrigen den Rest aus Koh 2,24.25.26 – und die Salomofiktion endet bei ihm in einer „Antwortlosigkeit Kohelets": „Das Ergebnis der Experimente Kohelets ist trostlos"[44]. *Fischer* und *Klein* sehen ebenfalls nach Koh 2,26 einen entscheidenden Einschnitt: „der größte zusammenhängende Abschnitt des Buches Kohelet […] reicht bis 2,26, da erst 3,1 mit dem den nächsten Abschnitt bestimmenden Stichwort eine Zäsur markiert"[45]. *Krüger* hat aufgrund seiner insgesamt sich von den neueren Forschungen sonst unterscheidenden Gliederungen des Buches schon 1990, dann auch wieder 2000 eine Zäsur nach Koh 2,26 angesetzt. Koh 1,12-2,26 bilden für Krüger „eine relativ abgeschlossene Einheit […], in der Kohelet als 'König' spricht" und in der er eine „zusammenhängende und relativ abgeschlossene Argumentation entwickelt"[46], die in Koh 2,22-26 zu einem „Ergebnis der vorher-

---

41 Siehe zu Koh 3,12 und 3,22.

42 Vgl. dazu auch die Übersicht in Anlage 2b. Zu *Lohfinks* Position siehe bei Koh 3,15. *Loader*, Ecclesiastes, 24; *Fischer*, Beobachtungen, 83; *Krüger*, Theologische Gegenwartsdeutung, 74 und *Krüger*, Kohelet (Prediger). Auch *Seow*, Ecclesiastes, 142-144 und *Schwienhorst-Schönberger*, Nicht im Menschen, 41f.80ff; *Schwienhorst-Schönberger*, Predigerbuch, Sp. 1580 und *Schwienhorst-Schönberger*, Kohelet-Kommentar 2004, 181 u.ö. entscheiden sich so.

43 *Hertzberg*, Der Prediger, 95.

44 *Lauha*, Kohelet, 40. Die Zitate finden sich ebd. 59 und 60.

45 *Klein*, Kohelet, 128. Für *Fischer*, Furcht Gottes oder Skepsis?, 203-217, bilden „1,13b und 2,26 zusammen einen Inclusio" (206) und Koh 2,22-26 das „Resümee der weisheitlichen Lehrerzählung" (210) bzw. das „Fazit der Königsfiktion" (212) sowie Koh 2,26b als „Urteil über das königliche Experiment" (216).

46 *Krüger*, Theologische Gegenwartsdeutung, 178. Zur Analyse von Koh 1,12-2,26 unter kompositorischen Gesichtspunkten vgl. ebd. 177-197.

gehenden Ausführungen“ mündet, in denen der König „seine eigenen Erfahrungen und Überlegungen zu Aussagen über 'den Menschen' verallgemeinert“[47]. Auch *Seow* bezeichnet Koh 2,24-26 als „conclusion“ einer „Passage“ Koh 1,13-2,26, die „in terms of style, vocabulary and content [...] resembles the typical royal inscription, specifically the genre known as 'fictional royal autobiography'„[48]. Nach *Schwienhorst-Schönberger* „hebt sich 2,24-26 von den vorangegangenen Texteinheiten deutlich ab“, vor allem „in formaler Hinsicht“[49].

Alle diese Forscher gehen für Koh 2,25 von einem „wörtlichen Zitat des Königs 'Kohelet'„[50] aus und bestimmen mit dieser Charakterisierung Koh 2,24-26 als einen definitiven Schluß der „Salomofiktion“. Aber selbst wenn Backhaus mit seiner Kritik an der Auffassung, daß hier ein wörtliches Zitat des Königs Kohelet vorliege, nicht Recht behalten sollte, sagt auch dies u.E. noch gar nichts über ein Ende der Salomofiktion aus! Im übrigen wird von keinem einzigen der Forscher, die nach Koh 2,26 die Salomofiktion enden lassen, bestritten, was *Krüger* selbst feststellt, nämlich daß „auf der Textoberfläche keine eindeutigen Signale vorliegen, die das Ende der Königs-Travestie in 2,26 und/oder einen Neueinsatz in 3,1 markieren“[51] . Die „Zäsur“, die es ohne allen Zweifel zwischen Koh 2,26 und 3,1 unter thematischen und formalen Kriterien gibt, nötigt deshalb noch nicht zur Annahme des Endes der Salomofiktion. Die Weiterführung der strukturellen Eigenart der Erkenntniswege Kohelets und des Themas „Der König und sein Nachfolger“ viel eher den Schluß nahe, über eine Weiterführung der Salomofiktion bis Koh 4,16 nachzudenken.

### 3. Die Bedeutung von Koh 2,24-26

Was die Bedeutung dieses Abschnitts angeht, so scheint es sich uns aus der Analyse anzubieten, erstens nicht von einer „carpe-diem-Stelle“ zu sprechen und zweitens zu betonen, daß auch in Koh 2,24-26a noch die Skepsis über jede von Menschenhand gemachte Freude und das selbst zu erreichende Glück vorherrscht. *Zimmerli, Lohfink, Michel, Krüger, Schwienhorst-Schönberger, Backhaus, Schoors* und viele andere erkennen den *Sinn* des Abschnitts Koh 2,24-26a darin, daß Gottes Zuwendung zum Menschen unverfügbar und souverän geschieht. Alles, auch das „Leib und Seele zusammenhaltende Essen und Trinken“ kommt von Gott (Koh 2,24b) und ist „nicht ohne ihn“

---

[47] *Krüger*, Kohelet, 130; Analyse des gesamten Abschnitts 123-152.

[48] *Seow*, Ecclesiastes, 144 in Anschluß an *Longman*; vgl. *Seow*, 142-158 und auch *Schwienhorst-Schönberger*, Nicht im Menschen, 41f.80ff.

[49] *Schwienhorst-Schönberger*, Kohelet-Kommentar 2004, 237.

[50] Vgl. *Backhaus*, Es gibt nichts Besseres, 189 und seine (nicht immer nachvollziehbare) Kritik an dieser Auffassung ebd.

[51] *Krüger*, Theologische Gegenwartsdeutung, 245.

(Koh 2,25) denkbar[52]. *Hertzberg* hatte darauf aufmerksam gemacht, daß die hier angesprochene Freude sich von der in Koh 2,1 angesprochenen unterscheide: In Koh 2,1ff „handelte es sich um die *selbstgemachte,* hier dagegen um eine *aus Gottes Hand genommene* Freude“[53]. Diese Interpretation scheint uns erst für Koh 3,12 und 3,22 zutreffen. In Koh 2,11ff ist festgehalten, daß die *so* verstandene Freude jedenfalls nicht aus der Hand des Menschen stammt. Die folgenden Abschnitte, die wir als „Programm“ Kohelets bezeichnen, haben als ihren wesentlichen Inhalt *die von Gott gegebene* שִׂמְחָה zum Gegenstand[54]. Von ihr ist hier explizit noch nicht die Rede[55].
Bietet Koh 2,24-26a eine Vorbereitung zu einer späteren „Lösung“, ein Programm, das man mit den Worten „Freude am Leben“ paraphrasieren könnte, so ist in Koh 2,26b auch der Kontrapunkt festgehalten. In der Nebeneinanderstellung dieser Aussagen begegnet das Spannungsverhältnis, in dem sich das gesamte Buch Kohelet bewegt.

## IV. Der Maschal über die Zeit: Koh 3,1-8[56]

Koh 3,1-15 bildet u.E. einen gedanklichen und strukturellen Zusammenhang, der nur schwerlich auseinander gerissen werden kann. Dennoch lassen sich darin einzelne Elemente und Abschnitte unterscheiden, die bei aller Bezogenheit aufeinander getrennt betrachtet werden können. Es scheint deshalb gerechtfertigt, sie separat zu

---

52 *Zimmerli*, Prediger Salomo, 161f: „Jede moralische Regel, nach welcher Gott zu messen wäre, und jede Möglichkeit, Gott bei seiner Zuteilung in die Karten zu sehen, ist hier [...] streng fernzuhalten“; *Lohfink*, Kohelet, 30: „Gott regiert die Welt nicht kausal und moralisch, wie der Mensch erwarten würde“ und, beiden zustimmend, *Michel*, Untersuchungen, 37-40.

53 *Hertzberg*, Der Prediger, 93. Dagegen *Michel*, Untersuchungen, 37.

54 Zur שִׂמְחָה vgl. Teil 2 C) XI.4a).

55 *Backhaus*, Es gibt nichts Besseres, 102-134 sieht in den drei aufeinanderfolgenden Abschnitten Koh 2,24a, 3,12-13 und 3,22a „eine *klimaktische Abfolge*“, die in 3,22a an ihr Ziel gekommen sei (116).

56 Die Menge der Literatur zu Koh 3,1-8 / 9 / 15 / 22 (zur Abgrenzung nach hinten s.u.) ist Legion; eine Auswahl findet sich bei *Lauha*, Kohelet, 61 und *Michel*, Untersuchungen, 52 sowie in den neuen Kommentaren, v.a. bei *Krüger*, Kohelet, 153f und *Schwienhorst-Schönberger*, Kohelet-Kommentar 2004, 244. Neben den schon erwähnten Kommentaren werden folgende neueren Aufsätze herangezogen: *Blenkinsopp*, Ecclesiastes 3,1-15, S.55-64; *Maas / Post*, Qohéleth et le savoir de Dieu, 34-50; *Holland*, Heart of Darkness, 81-101; *Fischer*, Beobachtungen, 72-86; *Fox*, Time, 25-39; *Ebach*, „... und Prediger 3 auslegen hat seine Zeit“, 95-123; *Lavoie*, Il y a un temps pour tout, 20-44; *Loader*, Qohelet 3,2-8, 240-242; *Lohfink*, Gegenwart und Ewigkeit, 2-12; *Loretz*, Anfänge, 223-244; *Schwienhorst-Schönberger*, Leben in der Gegenwart, 285-289; *Walis*, Das Zeitverständnis des Predigers, 316-323; *Whybray*, „A Time to be Born and a Time to Die“, 469-483; *Wright*, „For Everything There ist as Season“, 321-328.

analysieren. Wir unterscheiden innerhalb von Koh 3,1-15 folgende Einzelstücke, die an vorangegangene Textstücke anknüpfen und sich durch die in ihnen verwendeten Vokabeln deutlich voneinander differenzieren lassen:

| | | |
|---|---|---|
| 3,1-8 | Der Maschal über die Zeit | Anknüpfung an 1,4-11 (Prolog) |
| 3,9-11 | מה־יתרון-Frage | Anknüpfung an 1,3 |
| 3,12-15 | Das Programm Kohelets | Anknüpfung an 2,24-26 |

Auch andere Strukturierungen sind möglich. Jedoch ist deutlich, daß durch die mit Koh 3,1 einsetztende poetische, bikolare Grundstruktur ein neuer Abschnitt beginnt, der in dieser Form bis Koh 3,8 reicht[57]. Von diesem hebt sich der Abschnitt Koh 3,9-11 ab, weil hier mit neuem Ansatz die מה־יתרון-Frage anhebt, die bis Vers 11 reicht. Ab Koh 3,12 sehen wir dann, wie schon zuvor in Koh 2,24-26, das Programm Kohelets aufgelegt, das mit dem einsetzenden יָדַעְתִּי כִּי die Konsequenzen aus der מה־יתרון-Frage zieht und bis Koh 3,15 reicht.

Übersetzung[58]

1 Für alles gibt es eine bestimmte Stunde[a],
und eine Zeit[b] für jedes Vorhaben unter dem Himmel:
2 Eine Zeit zum Gebären
und eine Zeit zum Sterben;
eine Zeit für das Pflanzen
und eine Zeit das Ausreißen des Gepflanzten[c].
3 Eine Zeit für das Töten[d]
und eine Zeit für das Heilen;
eine Zeit für das Einreißen
und eine Zeit für das Bauen.
4 Eine Zeit für das Weinen,
und eine Zeit für das Lachen;
eine Zeit des Klagens,
und eine Zeit des Tanzens[e].
5 Eine Zeit, Steine zu werfen,
und eine Zeit des Auflesens von Steinen[f];
eine Zeit für das Umarmen,
und eine Zeit für das Fernbleiben von Umarmendem.
6 Eine Zeit für das Suchen
und eine Zeit für das Verlieren[g];

57 *Backhaus*, Es gibt nichts Besseres, 35f führt den ersten Abschnitt über Koh 3,8 hinaus bis einschließlich Koh 3,9, was mir jedoch nicht einleuchtet. Einerseits unterscheidet Koh 3,9 sich sowohl als Prosa deutlich von der Posie in Koh 3,1-8, andererseits gehört Koh 3,9 von den Lexemen her eindeutig zum Bestand der מה־יתרון-Frage, die wir schon in Koh 1,3 kennengelernt haben und die auch im folgenden in diesem Lexembestand wiederkehren wird.

58 Textkritisch bietet dieser Abschnitt des Koheletbuches wenig Anlass zur Sorge. Lediglich die angegebenen Stellen müssen diskutiert werden. Erwähnt sei jedoch wenigstens die etwas merkwürdige typografische Anordnung der Sätze in BHQ, die eher zur Verwirrung als zur Klarheit beiträgt.

eine Zeit für das Aufbewahren
und eine Zeit für das (Weg-)Werfen.
7 Eine Zeit für das Zerreißen,
und eine Zeit für das (Zusammen)Nähen;
eine Zeit für das Schweigen
und eine Zeit für das Reden.
8 Eine Zeit für das Lieben,
und eine Zeit für das Hassen;
eine Zeit des Kriegs
und eine Zeit des Friedens.

## Anmerkungen

a זְמָן ist eine aramaisierende Form, vgl. *Schoors*, The Preacher Sought, 60: „Whereas *qatál* > Heb. *qától*, it becomes *q$^{e}$tál* in Aramaic".

b עֵת bei Kohelet war schon oft Gegenstand ausführlicher Erörterungen, vgl. unten Teil 2 C) IV.2. עֵת und זְמָן bei Kohelet.

c *Lauha*, Kohelet, 62 will in נָטוּעַ (von נטע) eine „erklärende Glosse" erkennen, „die inhaltlich unnötig ist und den Versbau stört". Dem kann man zustim-men, andererseits gibt es auch sonst Störungen in der Gleichförmigkeit des Aufbaus. Letzten Endes ist es wohl eine Frage des Ermessens, wie gleichförmig die Gleichförmigkeit sein darf / soll. Unter der Prämisse, daß die lectio difficilior vorzuziehen sei, entscheiden wir uns für die beiden Partizipien in 2bβ und 5bβ (siehe dort). Wie Lauha entscheidet sich *Klein*, Kohelet, 136 für die Symmetrie des Textes und bezeichnet die Partizipien als „erklärende Glossen".

d In einigen Kommentaren werden für הרג Konjekturen vorgeschlagen, die aber allesamt keinen Anhalt haben in Textüberlieferungen, so daß in jedem Falle MT vorzuziehen ist.

e Wörtlich: „des Springens".

f Für אבנים (אֶבֶן) in Koh 3,5a und die zwei Formen von חבק in 3,5b gilt das zu נָטוּעַ in 3,2b Gesagte entsprechend. Zur Deutung von V.5a gibt es eine ausführliche Diskussion, die hier nicht erörtert zu werden braucht, siehe dazu z.B. *Krüger*, Kohelet, 158 mit Anm. 19 und 20, der die gängigen Interpretationen auflistet oder auch *Klein*, Kohelet, 137; eine weitere Interpretation findet sich bei *Rottzoll*, Ibn Esras Kommentare, 83, Anm.16: „Wie es scheint, versteht Ibn Esra den Ausdruck: ‚Steine werfen' in Koh 3,15 als einen Akt der Selbstverteidigung gegenüber Angreifern".

g Eigentlich: „für das Verlorengehen (lassen)".

## Analyse und Kommentar

Mit Koh 3,1-8 beginnt ein neuer Abschnitt, der durch seine Poesie und seinen gleichförmigen Aufbau besticht. Mit diesem Abschnitt eröffnen sich, je nachdem, wie weit man den Schluss des Abschnittes nach hinten verlegt, in der Forschung sechs Diskussionskreise: Nach wie vor umstritten ist erstens die Abgrenzung nach hinten, da man mit jeweils guten Gründen den Abschnitt nach Vers 8, nach Vers 9, nach Vers 11, nach Vers 15 oder auch erst nach Vers 22 enden lassen kann; zweitens knüpfen sich an diesen Abschnitt Überlegungen zum hebräischen Zeitbegriff und der Verwendung der „Zeit-Nomina“ bei Kohelet; drittens wird über den Zusammenhang von Koh 3,1-8 mit anderen poetischen Stücken in Kohelet diskutiert – und natürlich viertens über den Sinn des Abschnittes Koh 3,1-8 überhaupt. Außerdem hat sich fünftens an diesem Abschnitt die Diskussion um die Existenz der sog. „Selbstzitate“ bei Kohelet neu entzündet und sechstens schließlich steht die Frage im Raum, ob die Salomofiktion nach Koh 3,15 endet[59].

1. Aufbau von Koh 3,1- 8

Der vorangestellten Peroration in Koh 3,1 folgt ein aus 14 antithetischen parallelismi membrorum bestehender Abschnitt (Koh 3,2-8), dessen 28 Glieder als „Beispiele“ für die in Koh 3,1 genannte Summe fungieren. Geprägt ist der Abschnitt durch das in jedem Stichos begegnende 28malige anaphorische עֵת, das parataktische וְ und das Spiel mit der Zahl sieben[60]. Hier liegt Poesie vor, die „in der biblischen Literatur einzigartig ist“[61]. „5a markiert durch Überlänge die Hälfte des Gedichtes, 8b durch Nomina anstatt der Infinitive sein Ende“[62].

Koh 3,1 bietet schon die Peroration des ganzen Abschnitts: „Für alles gibt es eine genau bestimmte Zeit“, während V.2-8 Beispiele für diese „Summe“ aufgezählt werden. Schon *Zimmerli* hatte auf die chiastische Struktur von Koh 3,2-8 aufmerksam gemacht, wechseln sich doch immer ein „heilvolles und unheilvolles Tun“ ab[63], und zwar so, daß sich V.2 (positiv beginnend) in seinem Wechsel von positiver und negativer Aussage chiastisch zu V. 3 (negativ beginnend) und V.4 (negativ beginnend) wiederum chiastisch zu V.5 (positiv beginnend) verhält. V.6 müsste – dieser chiastischen Struktur zufolge – nun wieder negativ beginnen, beginnt aber positiv, während V.7, der positiv beginnen müsste, negativ beginnt. V.6 und 7 verhalten sich also auch chiastisch, aber nicht in dem von V.2 bis 5 angelegten Chiasmus. Für V.8 fehlt dann die chiastische Entsprechung in V.9, V.8 ist dafür in sich chiastisch strukturiert:

---

59 Siehe dazu die Diskussion bei Koh 2,24-26 und unten bei der Analyse von Koh 3,12-15.

60 Ein Zusammenhang mit Koh 11,2 wird vermutet von Loretz, Kohelet und der Alte Orient, 187 und Schmidt, Studien zur Stilistik, S.56. Zur Siebenerzahl vgl. auch Lohfink, Strukturen und Struktur, 53-54.

61 Loretz, Kohelet und der Alte Orient, 188. Zum Problem von „Poesie“ und „Prosa“ bei Kohelet siehe unten „2. Der Zusammenhang von Koh 3,1-8 mit anderen poetischen Stücken“.

62 Klein, Kohelet, 137.

63 Zimmerli, Prediger Salomo, 165.

| | | Zimmerli | Loader |
|---|---|---|---|
| 2a1 | Gebären | positiv | a |
| 2a2 | Sterben | negativ | b |
| 2b1 | Pflanzen | positiv | a |
| 2b2 | Ausreißen | negativ | b |
| | | | |
| 3a1 | Töten | negativ | b |
| 3a2 | Heilen | positiv | a |
| 3b1 | Einreißen | negativ | b |
| 3b2 | Aufbauen | positiv | a |
| | | | |
| 4a1 | Weinen | negativ | b |
| 4a2 | Lachen | positiv | a |
| 4b1 | Klagen | negativ | b |
| 4b2 | Tanzen | positiv | a |
| | | | |
| 5a1 | Werfen | positiv | a |
| 5a2 | Auflesen | negativ | b |
| 5b1 | Umarmen | positiv | a |
| 5b2 | Fernbleiben | negativ | b |
| | | | |
| 6a1 | Suchen | positiv | c |
| 6a2 | Verlieren | negativ | d |
| 6b1 | Verwahren | positiv | c |
| 6b2 | Wegwerfen | negativ | d |
| 7a1 | Zerreißen | negativ | d |
| 7a2 | Zusammennähen | positiv | c |
| 7b1 | Schweigen | negativ | d |
| 7b2 | Reden | positiv | c |
| | | | |
| 8a1 | Lieben | positiv | c |
| 8a2 | Hassen | negativ | d |
| 8b1 | Krieg | negativ | d |
| 8b2 | Frieden | positiv | c |

Ganz zu überzeugen vermag das System *Zimmerlis* also nicht; nicht sehr viel einleuchtender ist das von *Loader* eruierte Schema „favourable – unfavourable“ bzw. „desireable – undesireable“ („erwünscht – unerwünscht“), der die acht Bikola von V.2-5 „octave“ und die weiteren sechs Bikola von V.6-8 „sestet“ nennt. Diese Kombination bezeichnet er dann als „Sonett“[64]. Nun besteht ein Sonett in der Tat aus 14 Zeilen, die sich zu zwei Vierzeilern (Quartette) und zwei Dreizeilern (Terzette) gruppieren, die in sich jeweils durchgereimt sind.

[64] *Loader*, Sonett, 3-5: „In rein formaler und vergleichender Hinsicht, d.h. in bezug auf die Anordnung der Chiasmen, haben wir hier unter Berücksichtigung hebräischer Stileigentümlichkeiten eine exakte Parallele zu den Sonetten des Petrarca. Es ist besser, Koh 3,2-8 mit den Sonetten Petrarcas als mit denen Shakespeares zu vergleichen“ (7). – Ein ähnlich antithetisch konstruiertes Textstück findet sich nach Loader in Koh 9,2.

Für die von Loader vorgeschlagenen Quartette, die chiastisch als abab baba baba abab-Schema angeordnet sind (s.o.), würde die Parallele zum Sonett passen; für die Terzette allerdings, die italienisch cdc dcd und cde cde bzw. französisch ccd ede konstruiert sind, passt die negativ-positiv-Abfolge der Aussagen im Text der Verse 6-8 nicht mehr mit dem Terzett zusammen, weil die Größe „e" fehlt[65]. So wird man in der Tat „hebräische Stileigentümlichkeiten" annehmen müssen, um zu einem „hebräischen Sonett" zu gelangen. Aber warum nicht? Ausgeschlossen ist diese Möglichkeit u.E. jedenfalls nicht – jedenfalls nicht formal! Allerdings fragt *Klein* u.E. im Hinblick auf die Charakterisierung der polaren Doppelaussagen zurecht an, ob „Werturteile wie desireable / undesireable dem Wesen von Koh 3,2-8 gerecht werden. 3,1 sagt ja, daß es im folgenden darum geht, daß *jedes* Ding seine Zeit hat"[66]!

Wie dem auch sei: Es leidet u.E. keinen Zweifel, daß die Verse nach Koh 3,8 nicht mehr unmittelbar zum Maschal über die Zeit gehören[67]; auch wenn über die Stichwortverbindung mit עֵת ein thematischer Zusammenhang festgestellt werden kann, so ist doch schon allein die Form von Koh 3,1-8 ein hinreichender Grund, die Stichoi zunächst vom Folgenden zu unterscheiden (wenn auch nicht zu trennen). Will man die folgenden Verse mit Koh 3,1-8 verknüpfen, so bieten sich verschiedene Möglichkeiten. Man kann, wie es *Krüger* vorsieht, den Abschnitt nur bis Koh 3,9 weiterführen und die מה־יתרון-Frage hinzunehmen[68]; dann ergibt sich für Koh 3,1-9 ein spiegelbildlicher Aufbau; dabei entsprechen sich:

| | | |
|---|---|---|
| „generelle Behauptung | 3,1 | 1,9 |
| Illustration durch einzelne Phänomene | 3,2-8 | 1,4-8 |
| abschließende Frage | 3,9 | 1,3"[69]. |

---

[65] Der Endecasillabo der italienischen und der Alexandriner der französischen Dichtung werden ergänzt durch das sog. „englische Sonett", das die 14 Zeilen (fünfhebige Verse mit jambischem Gang) in drei Vierzeiler mit Kreuzreim und ein abschließendes (epigrammatisch-pointierendes) Reimpaar gliedert: Reimschema: abab cdcd efef gg. Vgl. zum Ganzen *Böhn*, Das zeitgenössische deutschsprachige Sonett, 1999 sowie *Neubauer*, Zwischen Tradition und Innovation, 2001. Grundlegend: *Neuhaus*, Grundriss, 14-17.

[66] *Klein*, Kohelet und die Weisheit Israels, 137.

[67] In diesem Zusammenhang sei noch einmal auf die Strukturanalyse von Vonach, Nähere dich um zu hören, verwiesen (siehe Teil 1 A) III.4.). Besonders wichtig bei seiner Struktur sind neben den üblichen Annahmen zur Rahmung des Buches die vier als „Gedichte" gekennzeichneten Abschnitte Koh 1,4-11; 3,1-8; 7,1-14 und 11,9-12,7 sowie die *„ma-jitron-Frage"* in Koh 1,3 und 3,9, die das Corpus binnenstrukturell gliedern.

[68] Wie dies auch *Backhaus*, Es gibt nichts Besseres, 34f tut.

[69] *Krüger*, Kohelet, 154. Vgl. *Krüger*, Theologische Gegenwartsdeutung, 245.

Für Koh 3,10-11 und Koh 1,10-11 sieht *Krüger* allerdings keine Parallelen, obwohl sich dies von der Sache her durchaus nahelegt. Koh 3,10-11 kann der Aussage nach leicht zu Koh 3,9 hinzugenommen werden, Koh 1,10-11 entspricht von der Sache her ebenfalls Koh 1,9 und kann dort leicht angegliedert werden. Eine Fortführung mindestens bis Koh 3,11 wäre demnach grundsätzlich möglich. Andererseits ist gerade in Koh 3,9-11 die מה־יתרון-Frage von Koh 1,3 wieder aufgenommen, und die in Vers 9-11 verwendeten Schlüsselwörter sind identisch mit den Vokabeln in Koh 1,3, so daß es sich eher nahelegt, die Gleichförmigkeit der Zentralfrage des Koheletbuches zu untersuchen als Koh 3,9-11 zu 3,1-8 hinzuzunehmen. Für eine Weiterführung bis Vers 15 bzw. Vers 22 gilt Entsprechendes.
Die Diskussion darüber, was im Koheletbuch eigentlich als „Poesie" und was als „Prosa" aufgefasst werden kann, ist keineswegs abgeschlossen, sondern umstritten wie eh und je[70]. Sofern man „Poesie", vom griechischen ποίησις abgeleitet als „Dichtkunst / Gedicht" definiert und darin eine bestimmte Eigenart der Texte in Metrum und Form, Stilmittel, Wortwahl, phonetischer und semantischer Besonderheiten annimmt[71], kann man mit *Vonach* vier Stücke[72] im Koheletbuch definieren, die diesen Kriterien in hohem Maße entsprechen: Der Prolog (Maschal über den fortdauernden Kosmos, Koh 1,4-11), der Maschal über die Zeit (Koh 3,1-8), der Maschal über die weise Lebensführung (Koh 7,1-10.11-14) sowie der Maschal über das Alter (Koh 11,7-12,7)[73]. Vonach versucht diesen vier Stücken eine strukturbildende Funktion zuzuweisen, weil diese „poetischen Texte des Koheletbuches an kompositorisch wichtigen Stellen stehen" und will darin auch eine „inhaltliche Steigerung" erkennen. Allerdings kann er, wie er selbst zugibt, weder die kompositorische Kraft für Koh 7,1-14 nachweisen, noch erläutern, worin eigentlich die „inhaltliche Steige-

70 Vgl. schon *Hertzberg*, Der Prediger, 32-35; ferner *Loader*, Polar Structures, 15-18; *Lohfink*, Kohelet, 10; *Backhaus*, Zeit und Zufall, 66-70; *Vonach*, Nähere dich um zu hören, 15-19. Während die Sepatuaginta das Buch unter die poetischen Bücher gereiht hat, haben die Masoreten das Akzentsystem der poetischen Bücher nicht auf Koh übertragen, so dass z.B. *Podechard* davon spricht, „das Buch sei in Prosa geschrieben, und dazu noch in einer ziemlich schlechten" (vgl. *Hertzberg*, Der Prediger, 32).

71 *Hertzberg*, Der Prediger, 32-36 zählt darüber hinaus eine Vielzahl weiterer Kriterien auf, die ihn nicht daran zweifeln lassen, „daß *Qoh ein poetisches Buch* ist" (32).

72 Nicht ganz, aber doch signifikant anders *Klein*, Kohelet, 122-161, der sechs größere *meschalim* Kohelets zählt: Koh 1,4-11; 1,12-2,26; 3,1-15; 4,13-16; 9,13-10,3 und 11,7-12,7.

73 Vgl. dazu *Vonach*, Nähere dich um zu hören, 16. *Backhaus*, Zeit und Zufall, 66-70 schlüsselt den Textbestand nach kolometrischen Einheiten auf und eruiert vor allem Bikola als vorherrschende poetische Einheit.

rung“ bestehen soll[74]. So wird man gut daran tun, den genannten poetischen Stücken nicht zu viel an kompositorischer oder strukturbildender Kraft zuzumuten[75], sondern im Wissen um den sehr freien Umgang des Koheletbuches mit kompositorischen Prinzipien der Poesie (zum Beispiel die „prosaische Fortführung von poetischen Einheiten“ und umgekehrt auch die „literarische Verarbeitung von größeren poetischen Vorlagen“[76]) und eingedenk der gerade in Koh 3,1-8 herausgearbeiteten Unstimmigkeiten im Metrum (s.o.) vorsichtig sein müssen mit sehr weitreichenden Schlussfolgerungen im Hinblick auf Struktur und Komposition des Koheletbuches. Darüber hinaus kann man u.E. kaum einen inneren Zusammenhang (oder gar eine inhaltliche Steigerung!) zwischen den vier genannten poetischen Stücken konstruieren.

2. עֵת und זְמָן in Koh 3,1-8

Ein eigenes Problem stellt die Verwendung der Nomina für „Zeit“ bei Kohelet dar[77]. In Koh 3,1-8 zeigen das aramäische Lehnwort זְמָן (die bestimmte, abgegrenzte Zeit; Luther: „Stunde“) und עֵת (der Zeitpunkt, καιρὸς), daß Kohelet eine „Kairoslehre“ entwickelt hat, deren Zeitbegriff nicht abstrakt, sondern immer eine „Zeit für...“ ist[78], so daß mit der Zeit immer schon ein Geschehen verknüpft ist: „Die Qualität der Zeit wird davon bestimmt, was gerade 'an der Zeit' ist“[79], was also für eine gewisse und bestimmte Zeit angemessen ist. *Umgekehrt* gilt dies aber (was häufig übersehen wird) genauso: Für ein bestimmtes Geschehen ist eine Zeit eingeräumt, so daß man, den Chiasmus in Koh 3,1 aufgreifend, formulieren kann:

Für jedes Tun (לַכֹּל) gibt es eine bestimmte Zeit / Stunde (זְמָן);
Für jede Zeit (עֵת) gibt es ein bestimmtes Tun / Vorhaben (לְכָל־חֵפֶץ).

---

[74] *Vonach*, Nähere dich um zu hören, 18; die Zitate siehe dort.

[75] Es gibt allerdings Parallelen zwischen den einzelnen Stücken: so erkennt *Gese* einen inneren Zusammenhang von Koh 1,4-11 und 3,1-8, in dem „die ewige Gleichheit der Welt geschildert und durch eine Lehre vom Kreislauf begründet“ wird, vgl. *Gese*, Die Krisis der Weisheit bei Koheleth, 139-151, wieder abgedruckt in: *Ders.*: Vom Sinai zum Zion, 168-179, dort 176f.

[76] Siehe *Backhaus*, Zeit und Zufall, 70. Backhaus nimmt für Koh 9,7-9 z.B. eine Weiterverarbeitung eines im vorliegenden „carpe-diem-Liedes“ an.

[77] Die Begrifflichkeit und die Verwendung von עֵת זְמָן, יוֹם und עוֹלָם bei Kohelet kann hier nicht ausführlich entfaltet werden, vgl. hierzu Zimmer, Zwischen Tod und Lebensglück, 72-90 (75-77); *Lohfink*, Strukturen und Struktur; *Fox*, Inner Structure. Vgl. zu עוֹלָם die Analyse bei Koh 3,11.

[78] *Gese*, Krisis der Weisheit, 177: „Für jede Art alles Tuns und Seins und für ihr Gegenteil – im Merismus wird die Ganzheit zum Ausdruck gebracht – gibt es einen Kairos ($^{c}$et)“.

[79] *Zimmer*, Zwischen Tod und Lebensglück, 82.

3. Die Bedeutung von Koh 3,1-8

Entsprechend der Diskussionslage lassen sich unterschiedliche Interpretationen für den Sinn bzw. die Aussage dieses poetischen Stückes anführen[80]:

a) Da alles „seine Zeit" hat, ist das jeweils andere von dieser qualifizierten Zeit des Geschehens ausgeschlossen: Es kann nur *eine* Sache zu *einer* Zeit geben.
b) Da alles „seine Zeit" hat, hat alles einen Anfang und ein Ende.
c) Da alles „seine Zeit" hat, kann alles vergehen, aber auch alles wiederkehren.
d) Da alles „seine Zeit" hat, scheint das Leben determiniert, der Spielraum und die Handlungsmöglichkeiten des Menschen zur Qualifizierung von Zeit eingeschränkt.
e) Da alles „seine Zeit" hat, kommt es für den Menschen darauf an, sich auf die jeweilige Zeit einzustellen: Wo qualifizierte Zeiten nicht zum Leben der Menschen passen, geschieht Leid, wo sie kongruent gehen, Freude.

Grundsätzlich sind, allein auf den Textabschnitt Koh 3,1-8 hin betrachet, alle diese Interpretationen möglich. In der Deutung dieses Abschnittes wird man die anderen Stücke im Koheletbuch aber nicht außer Acht lassen dürfen: Der Maschal über die Zeit, aber auch die anderen Meschalim, das Motto des Buches, das Programm Kohelets, die suchenden Ich-Berichte sowie die Zentralfrage des Buches und nicht zuletzt die wenigen programmatischen Äußerungen, die über das Geschehen תַּחַת הַשָּׁמֶשׁ hinausführen, fügen sich letztlich zu einem Gesamtbild, das erst die Komposition und die Komplexität des Buches deutlich hervortreten lassen.

## V. Die Zentralfrage des Buches: Koh 3,9-11

Übersetzung:

9 Welchen Gewinn hat also der Tätige, für welchen er sich abmüht?
10 Ich sah das Geschäft, das Gott den Menschen gab,
damit sie sich damit mühen (plagen):
11 Alles / die Gesamtheit hat er schön gemacht zu seiner Zeit,
Auch[a] die Ewigkeit[b] legte er in ihr Herz,
ohne daß[c] der Mensch das Werk verstehen kann,
das Gott gemacht hat von Anfang bis Ende.

Anmerkungen

a Zur גַּם vgl. *Schoors*, The Preacher Sought, 131 und *Zimmerli*, Prediger Salomo, 167, der גַּם nicht adversativ versteht: „Das ‚auch...' ist anders als in 2,14 hier nicht Einleitung der Gegenaussage, sondern einfach zufügend gemeint".

---

80 Vgl. dazu zusammenfassend schon *Krüger*, Theologische Gegenwartsdeutung, 246f.247-254 und *Backhaus*, Es gibt nichts Besseres, 37-40.

b Die Bedeutung von אֶת־הָעֹלָם an dieser Stelle ist schon oft und ausführlich diskutiert worden; ich nehme hier keine Konjektur vor, da u.E. an dieser Stelle keine Metathese von ל und מ vorliegt, siehe dazu unten 2. Die Interpretation von עלם in Koh 3,11.

c Zur Übersetzung von מִבְּלִי mit nachfolgendem אֲשֶׁר als Konjunktion vgl. Frydrych, Living under the sun, 75, Anm.63 und *Schoors*, The Preacher Sought, 147f. בְּלִי „Nichtsein von..." mit begründendem מִן müsste „weil nicht" wiederzugeben sein. Mit nachfolgendem אֲשֶׁר kann „außer / ohne daß" übersetzt werden, eigentlich aber „*ohne daß*" (mit pleonastischem לֹא; diese Übersetzung bevorzugen wir). Wörtlich: „von Nichtsein (= wegen der Unfähigkeit), daß nicht wird finden der Mensch das Werk...".

Analyse und Kommentar:

Koh 3,9 führt wieder zurück zur Frage nach dem „Gewinn" von Koh 1,3 (s.o.). Hier lassen etliche Forscher diesen Abschnitt enden[81], obwohl in Koh 3,10-11 diese Frage hinsichtlich des zuvor in V.1-9 Gesagten thematisch-inhaltlich ausgeführt wird[82]; strukturell besteht der Zusammenhang zwischen Koh 3,9 und 3,10-11 durch die Stichwortverknüpfung mit עֵת, so daß einerseits ein Abschluß schon nach V.9 u.E. nicht sinnvoll erscheint. Eine zweite Stichwortverknüpfung ergibt sich, wenn man in Koh 3,11 bei dem defektiv geschriebenen אֶת־הָעֹלָם (עוֹלָם → עלם) eine Metathese von ל und מ annimmt und in עמל konjiziert – was wir allerdings aus anderen Gründen nicht vorschlagen[83].

1. Terminologie der Zentralfrage

Die in Koh 3,9-11 verwendeten Vokabeln lassen es geraten erscheinen, einen Zusammenhang mit Koh 1,3 herzustellen und deshalb Koh 3,9-11 von Koh 3,1-8 einerseits und Koh 3,12-15 andererseits zu unterscheiden, wenn auch nicht zu trennen:

Alle von uns als Leitworte der Zentralfrage Kohelets bezeichneten Vokabeln werden verwendet: יִתְרוֹן („Gewinn"), עָמֵל („Mühe", positiv und negativ besetzt, hier als Verbaladjektiv), עִנְיָן bzw. ענה III. („Geschäft" / „sich plagen") sowie אֱלֹהִים („Gott"). Die schon von Koh 1,3

81 Z.B. *Hertzberg*, Der Prediger, 95f, aber auch noch *Krüger*, Theologische Gegenwartsdeutung, 244-260 und *Krüger*, Kohelet, 153-161.

82 Dennoch gibt es nur wenige Forscher, die nach V.11 den Abschnitt enden lassen, z.B. *Farmer*, Who knows?, 160f. In diesem Zusammenhang sei auch noch einmal auf die Arbeit von *Rose*, Rien de nouveau, zurückgegriffen, der vorschlägt, Koh 3,*9-12 „Qohelet dem Weisen" (Qohéleth le Sage)" zuzuweisen (57-65; zur Gesamtanlage der These von *Rose* siehe oben Teil 1 A) III.1. Uns scheint es aufgrund der Analyse der vorkommenden Vokabeln ausgeschlossen zu sein, V.12 zu V.9-11 hinzuzuziehen und dann nach V.12 abzubrechen, Koh 3,13-15 aber einem „Schüler" von Kohelet zuzusprechen („première relecture", 119-130) sowie dann von einem „Theologischen Redakteur" („seconde relecture, 187-213) bearbeitet zu sehen. Die Gründe hierfür scheinen mir doch recht willkürlich zu sein.

83 Dies hat jüngst wieder *Fischer*, Furcht Gottes oder Skepsis?, 226.236f vorgeschlagen; siehe dazu unten 2. Die Interpretation von עלם in Koh 3,11.

her bekannte „Zentralfrage“ Kohelets wird hier, trotz ihrer Beantwortung in Koh 2,11b, noch einmal aufgegriffen und kombiniert mit Formulierungen, die von Koh 1,13; 2,11a; 2,22.24 vertraut in den Ohren klingen. Wie die Zusammenstellung der verwendeten Leitworte innerhalb der von uns als Zentralfrage des Koheletbuches bezeichneten Abschnitten deutlich macht, ergibt sich eine große Übereinstimmung zwischen den einzelnen Abschnitten, die sicherlich nicht zufällig ist und die nach einer gemeinsamen Interpretation verlangt, die die Gemeinsamkeiten wie die Unterschiede bedenkt.

2. Interpretation von עלם in Koh 3,11

Das Verständnis von עלם in Koh 3,11 ist für das Gesamtverständnis des Buches Kohelet nicht ohne Relevanz[84]. Da sich aber einerseits mit der Interpretation der Wendung אֶת־הָעֹלָם, wie auch mit dem Bezug des Suffixes in בְּלִבָּם[85] große Schwierigkeiten verbinden, hat die Forschung bis zum heutigen Tage nicht zu einer klaren Deutung dieses Verses gelangen können; je nach Deutungsansatz fallen dann auch die entsprechenden Schlußfolgerungen für das Buch als Ganzes aus.

Was die Wendung אֶת־הָעֹלָם angeht, so sprechen für eine Konjektur folgende Argumente, die hier kurz aufgezählt werden sollen[86]:

a) Geht man in Koh 3,11 von עוֹלָם aus, so ist das defektiv geschriebene עלם noch kein hinreichender Grund für eine Konjektur, da der selbe Fall auch schon in Koh 1,10 vorliegt. Allerdings ist עוֹלָם in allen anderen Stellen des Koheletbuches (Koh 1,4; 2,16; 3,14; 9,6; 12,5) plene geschrieben und die Defektivschreibung erleichert die Annahme einer Metathese.

b) עוֹלָם begegnet im gesamten AT und so auch in Koh, „entweder in präpositionaler Verbindung oder entsprechend als adverbieller Akkusativ bzw. als Genitiv in einer Constructus-Verbindung“[87], jedoch in sämtlichen 437 Vorkommen *nie* als selbstständiges Substantiv und nur selten überhaupt mit Artikel[88]. Sollte es hier anders sein?

c) Das Vorkommen der anderen Leitworte der Zentralfrage Kohelets: יִתְרוֹן („Gewinn“, 3,9), עָמֵל („sich mühen“, 3,9), עִנְיָן bzw. ענה III. („Geschäft“ / „sich plagen“, beide 3,10) sowie אֱלֹהִים („Gott“, 3,9.10),

---

[84] Zuletzt haben sich *Fischer*, Furcht Gottes oder Skepsis?, 233-237 und *Zimmer*, Zwischen Tod und Lebensglück, 77-80 noch einmal eingehend mit עלם in Koh 3,11 beschäftigt. Vgl. auch *Rottzoll*, Ibn Esras Kommentare, 86f und Backhaus, Zeit und Zufall, 123.

[85] U.E. kann sich die Pluralendung sinnvoll nur auf לִבְנֵי הָאָדָם aus 10b beziehen, wie sich u.E. auch בָּם... in 12a darauf rückbezieht.

[86] Vgl. ausführlicher *Fischer*, Aufforderung zur Lebensfreude, 233-237.

[87] *Fischer*, Aufforderung zur Lebensfreude, 233. Vgl. hierzu *Even-Shoshan*, Konkordanz, 841-842.

[88] In den verzeichneten 14 Vorkommen mit Artikel wird הָעוֹלָם zwei Mal mit מִן, sieben Mal mit עַד־, ein Mal mit בְּחַי (Dan 12,7) und nur ein Mal mit der Nota accusativi, nämlich in Koh 3,11, notiert.

dazu noch מַעֲשֶׂה („das Werk“, 3,11) legen ebenfalls den Schluß nahe, an eine Lautumstellung zu denken[89].

d) Es liegt näher, eine Metathese anzunehmen als sich an „interesting speculations“[90] über die Bedeutung der Wendung אֶת־הָעֹלָם zu beteiligen[91].

Wollte man trotz der genannten Gründe nicht konjizieren und den MT übersetzen, so schiene es mir in dem vorgegebenen Kontext mit seiner Reflexion über die Zeit angemessen zu sein davon auszugehen, daß innerhalb des Bedeutungsspektrum des Wortes עוֹלָם der „Zeitbegriff [...] am meisten Wahrscheinlichkeit beanspruchen“ kann und eine Übersetzung mit „Ewigkeit“ oder „ferne Zeit“ naheläge[92]. Für die Interpretation dieses Abschnittes hätte dies – vor allem in Verbindung mit Koh 3,14 und 3,16-21 (s.u.) – weitreichende Konsequenzen. Gegen die Metathese spricht

a) zunächst der Konsonantenbestand. Zwar ist die Form אֶת־הָעֹלָם ungewöhnlich, aber nicht unmöglich. Der MT kann übersetzt werden;

b) Der Horizont der „Ewigkeit“ oder der „fernen Zeit“ ist im näheren Kontext von Koh 3,14 (לְעוֹלָם) und 3,16-21 ebenfalls gegeben. Das könnte Indiz dafür sein, daß der gesamte Abschnitt Koh 3,9-21 mit der Zentralfrage des Buches (Koh 3,9-11) und dem Programm (Koh 3,12-15) nun in einen größeren Kontext gestellt wird: Nicht mehr nur die „Mühsal des irdischen Lebens“ sind im Blick, sondern auch die Konsequenzen des gelebten Lebens;

c) Wollte man אֶת־הָעֹלָם in Koh 3,11 konjizieren, müsste man konsequenterweise auch לְעוֹלָם in Koh 3,14 mit Metathese verändern.

Wir entscheiden uns also auch hier für den Konsonantenbestand des MT in der vorgegebenen Reihenfolge, räumen aber ein, daß diese Entscheidung nicht als gesichert betrachtet werden kann; für unsere Strukturanalyse des Buches ist sie von untergeordneter Bedeutung.

3. Das „schöne All“ oder „schön ist alles“?

אֶת־הַכֹּל könnte ein Universalbegriff sein und würde dann das Universum, das All bezeichnen“[93], wäre also ein hier aus dem Motto Koh 1,2 wieder aufgenommener kosmologischer Begriff[94]. Im Zusammenhang

---

89 Vgl. auch *Fox*, Qohelet And His Contradictions, 194: „it ist more in line with Qohelet's thought to read $^{c}ml$ for $^{c}lm$, a very minor emendation“.

90 *Fox*, Qohelet And His Contradictions, 194.

91 Vgl. dazu und zu anderen Argumenten für die Metathese *Fischer*, Aufforderung zur Lebensfreude, 236f sowie *Loretz*, Anfänge, 237f.

92 Vgl. E. *Jenni*: (Art.) עולם, in: THAT Bd.2, S.242) mit E. *Jenni*, Wort, 246f.

93 So *Backhaus*, Es gibt nichts Besseres, 43 mit Verweis auf *Müller*, Theonome Skepsis,14.

94 Siehe oben zu Koh 1,2. Grundlegend für die Diskussionslage - wenn auch gerade *nicht* für die Interpretation als kosmologischer Begriff - ist der Aufsatz von *Lohfink*, Koh 1,2 „alles ist Windhauch“, 201-216 (vgl. auch *Lohfink*, Studien zu

mit der Interpretation von יפה könnte damit ein Zusammenhang zu Gen 1,31a vorliegen (וַיַּרְא אֱלֹהִים אֶת־כָּל־אֲשֶׁר עָשָׂה וְהִנֵּה־טוֹב מְאֹד)[95] und „das schöne All" übersetzt werden. Anknüpfend an *Lohfink* jedoch favorisieren wir eine Deutung des Begriffs in anthropologischer Perspektive[96], da die Intention des Koheletbuches unserer Überzeugung nach selbst dort, wo „die ganze Welt" / die Gesamtheit in den Blick kommt (wie etwa im Prolog), doch streng anthropologisch bezogen bleibt.

## VI. Das Programm: Koh 3,12-15

### Übersetzung:

12 *Ich erkannte*, daß es nichts Gutes bei / in[a] ihnen gibt
außer[b] sich zu freuen und sich Gutes zu tun in seinen Lebenstagen[c].
13 Und auch jeder Mensch, der isst und trinkt,
und Gutes sieht bei / in all seinen Mühen,
– eine Gabe Gottes ist es.
14 *Ich erkannte*, daß alles, was Gott tut,
für die Ewigkeit[d] besteht,
dem kann man nichts hinzufügen,
und von ihm ist nichts wegzunehmen.
Denn Gott hat es so eingerichtet,
daß / damit[e] man sich vor ihm fürchte.
15 Was ist, ist schon längst gewesen,
und was sein wird, gibt es schon längst.
Und Gott sucht das Entschwundene[f].

### Anmerkungen

a Beth constitutionis.

b Wörtlich: „denn wenn...". Wir übersetzen hier „außer", weil keine klassische טוֹב מִן-Formulierung (wie später in Koh 3,22, siehe dort) vorliegt.

c Wir fassen die Infinitivkonstruktion reflexiv auf (siehe Übersetzung); ebenfalls möglich ist eine transitive Formulierung: „Gutes zu machen in seinen Lebenstagen".

d Siehe dazu die Diskussion bei Koh 3,11.

e Die Relativpartikel kann man final interpretieren oder in ihr die Einleitung zu einem Objektsatz sehen. Daraus ergeben sich unterschiedliche Möglichkeiten der Übersetzung, die wir hier aber nicht zu erörtern brauchen (siehe z.B.

---

Kohelet, 125-142), der anhand von Koh 1,2 den Begriff für das Koheletbuch grundlegend untersucht.

95 Vgl. auch *Schwienhorst-Schönberger*, Nicht im Menschen, 104f und *Ders.*, Kohelet-Kommentar 2004 zur Stelle.

96 Vgl. *Lohfink*, Koh 1,2 „alles ist Windhauch", 201-216, dort 202f (vgl. auch *Lohfink*, Studien zu Kohelet, 125-142, dort 126f): „Die These, *hakkol* in Koh 1,2 meine (kosmisch oder sogar schlechthin) ‚alles', vertritt Amir [Amir, Griechischer Einfluss?, 35-50] natürlich nicht als erster. Sie steht, mit oder ohne Annahme einer griechischen Abhängigkeit, unreflektiert hinter vielen Auslegungen und Übersetzungen des Buches. Durch sie wird, glaube ich, doch leicht ein Stück der Radikalität der ausgesprochen anthropologischen Orientierung Kohelets verdeckt."

*Krüger*, Kohelet, 166). Uns scheint die finale Variante einsichtig genug, siehe auch Krüger, Gegenwartsdeutung, 261, Anm.6; *Backhaus*, Zeit und Zufall, 127ff; *Backhaus*, Es gibt nichts Besseres, 41 und *Fischer*, Furcht Gottes oder Skepsis?, 227, Anm.10 und andere.

f אֶת־נִרְדָּף ist nicht leicht zu interpretieren. Das Partizip Niphal („das Verjagte", so *Lohfink*, Kohelet, 33) wird in der Regel auf die Vergangenheit hin gedeutet. *Krüger*, Kohelet, 166 interpretiert die Formulierung als „metaphorischen Ausdruck für die Vergangenheit bzw. vergangene Ereignisse"; ähnlich *Rottzoll*, Ibn Esras Kommentare, 87f (Ibn Esra), dem auch *Frydrych*, Living under the sun, 118 folgt: „When בקשׁ is found in the OT together with רדף it is always in the sense *to pursue*[...]. I follow here Ibn Ezra's understanding that *the pursude* here is the never ending time". Ähnlich auch *Seow*, Ecclesiastes, 165 unter Verweis auf בקשׁ als Synonym.

## Analyse und Kommentar:

### 1. Aufbau und Leitworte des Abschnitts Koh 3,12-15

Über den Zusammenhang von Koh 3,1-8. 9-11. 12-15 ist oben schon das Nötige gesagt worden. U.E. beginnt nach V. 11 mit Koh 3,12-15 etwas Neues, das thematisch-inhaltlich und strukturell (Stichwortverbindungen!) Koh 2,24-26; 3,22; 5,17-19; 8,15; 9,7-10 und 11,9-10 nahesteht[97], weswegen eine Weiterführung des Maschals bis Koh 3,15[98] oder in einzelnen Fällen auch bis Koh 3,22[99] nicht zwingend ist; wir nennen die angegebenen Abschnitte „das Programm Kohelets", weil in ihnen nach unserer Überzeugung die theologische Botschaft des Buches zum Ausdruck gebracht wird – und zwar immer in der gleichen Terminologie: Koh 3,12-15 gleicht vor allem in der Verwendung der genannten Leitworte, dem Abschnitt Koh 2,24-26, wenngleich wir eine Weiterentwicklung von Kapitel 2 nach 3 erkennen.
Die in beiden Abschnitten verwendete Terminologie, die sich in allen אֵין־טוֹב -Formulierungen findet, ist aus folgenden Leitworten gebildet: שִׂמְחָה / שׂמח („Freude / sich freuen"), חֵלֶק („Teil") bzw. מִיַּד הָאֱלֹהִים („von der Hand / Gabe Gottes"), אכל („essen") und שׁתה („trinken") sowie טוֹב („Gutes" / „gut"). Ein kurzer Vergleich mit Koh 2,24-26 kann dies verdeutlichen:

---

97 Vgl. dazu oben Koh 2,24-26 und die angegebenen Stellen.

98 Die Mehrzahl der Forscher entscheidet sich aber (zum Teil auch aus strukturell übergeordneten Kriterien) für eine Weiterführung bis Koh 3,15 (vgl. dazu auch die Übersicht über die Struktur- und Aufbauvorschläge zum Koheletbuch in Teil 1 A) und Anhang 1). Vertreter dieser Meinung sind *Galling*, Der Prediger; *Lauha*, Kohelet, 61-71; *Zimmerli*, Das Buch des Predigers Salomo; *Lohfink*, Kohelet, 30-33 und in allen späteren Publikationen bis Strukturen und Struktur, 43-45 u.ö.; *Ogden*, Qoheleth; *Michel*, Qohelet, 1-83 (obwohl er 52-57 Koh 3,1-9 als eigenständiges Textstück ausgrenzt); *Fox*, Qohelet And His Contradictions, 190-196; *Klein*, Kohelet, 136-141; *Fischer*, Furcht Gottes oder Skepsis?, 228-245; *Crenshaw*, Qohelet's Understanding, 131; *Longman*, The book of Ecclesiastes, 111-125.

99 Z.B. *Backhaus*, Zeit und Zufall, 87-158 und *Backhaus*, Es gibt nichts Besseres, 3-73; *Seow*, Ecclesiastes, 158-176; *Huwiler*, Ecclesiastes, 187-191.

| Terminus | *2,24-26* | *3,12-15* |
|---|---|---|
| שׂמח / שִׂמְחָה | 2,26 | 3,12 |
| מַתַּת / מִיַּד הָאֱלֹהִים | 2,24 | 3,13 |
| אכל | 2,25 | 3,13 |
| שׁתה | | 3,13 |
| אֵין־טוֹב | 2,24 | 3,12 |

Das zweimalige יָדַעְתִּי (Koh 3,12.14) teilt das Stück in zwei Teile, dessen erster (V.12-13) sich auf den Menschen, und dessen zweiter (V.14-15) sich auf Gott bezieht[100].

2. Weiterentwickung des Programms

*Backhaus* hat darauf aufmerksam gemacht, daß bei den אֵין־טוֹב-Formulierungen des Koheletbuches mit einer klimaktischen Fortentwicklung gerechnet werden muss[101]. Er schließt an *Krüger* an, der einerseits den Widerspruch zwischen Koh 2,24a und 3,12 darin sieht, daß es „sehr wohl etwas Gutes *bei* den Menschen (bzw. in ihrer Verfügungsgewalt) [gibt], nämlich ‚sich zu freuen und etwas Gutes zu machen'", andererseits aber auch eine Übereinstimmung zwischen beiden Stellen darin erkennt, „daß es letztlich von Gott abhängt, ob ein Mensch essen, trinken und etwas Gutes genießen kann"[102]. Nach *Backhaus* wird deshalb die Einsicht von Koh 2,24a, daß das Glück nicht in der Verfügungsgewalt des Menschen liegt (אֵין־טוֹב בָּאָדָם – „Es gibt nichts Gutes im Menschen, der...") in Koh 3,12-13 „differenziert, insofern das Verhältnis zwischen Handlungsfreiheit des Menschen und Allmacht Gottes näher beleuchtet wird. Durch diese differenzierende Betrachtungsweise folgt: (כי אין טוב בם כי אם (‚...daß es nichts Gutes bei ihnen gibt, außer...')"[103].

3. „Selbstzitate" bei Kohelet?

Seit der offenbar unbeabsichtigten Einführung des Begriffs „Selbstzitat" durch *N. Lohfink*[104] wird in der Forschung diskutiert, ob der Verfasser des Koheletbuches mit sogenannten „Selbstzitaten" arbeitet,

100 *Fischer* grenzt hier nur Koh 3,12-13 als „zweite Aufforderung zur Lebensfreude" aus: *Fischer*, Aufforderung zur Lebensfreude, 44f.

101 Siehe oben zu Koh 2,24-26.

102 *Krüger*, Theologische Gegenwartsdeutung, 77; *Ders.,* Kohelet, 266f.

103 *Backhaus*, Es gibt nichts Besseres, 115.

104 Vgl. seine Bemerkung in *Lohfink*, Strukturen und Struktur, 66 mit Anm. 101. Lohfink selbst macht keine Angaben darüber, wann er diesen Begriff zuerst verwendet hat. M.W. hat er ihn in der Analyse von Koh 8,5-12a in seinem Kommentar von 1980 zum ersten Mal gebraucht. Zu Koh 8,6f schreibt er dort: „Kohelet reagiert wieder (wie in 7,13) durch Selbstzitate, die auf frühere Ausführungen zurückverweisen" (ebd. 61). Der *Sache nach* war das Gemeinte aber auch schon bei der Analyse vorheriger Stellen erwähnt.

mit Hilfe derer er frühere Gedankengänge vertieft oder auch korrigiert. Auf die Stelle Koh 3,15 („Was ist, ist schon längst gewesen, und was sein wird, gibt es schon längst“) in Anklang an das Anfangsgedicht Koh 1,4-11 angewendet scheint es in der Tat plausibel, von „Selbstzitaten“ im Koheletbuch, vor allem in dessen zweiten Teil nach den תַּחַת הַשֶּׁמֶשׁ-Abschnitten, zu reden. *Michel* hat diese Beobachtung *Lohfinks* aufgegriffen und im Anschluss an *Loretz'* Hinweis auf die „Lieblingswörter“ Kohelets[105] in seinen gesammelten Analysen breit ausgeführt und die Selbstzitate Kohelets als Argument für die Einheitlichkeit des Buches reklamiert[106]. Die Existenz solcher Selbstzitate ist allerdings durch *Fischer* wieder angezweifelt worden, da sich „schon der Begriff *Selbstzitat*“ als problematisch erweise, weil „sich Kohelet an keiner einzigen Stelle wörtlich zitiert, sondern seine Gedanken in einer solchen Variatonsbreite formuliert hat, daß sie sich nicht nur auf einen, sondern auf zwei oder gar drei Texte beziehen lassen“[107]. Geht man in strengem Sinne von dem Begriff „Zitat“ als einer „wörtlichen Wiederholung“ aus[108], so liegen fast nirgends Zitate vor und die Selbstzitate „erklären sich [...] ungezwungen durch die hohe Dichte des für Kohelet signifikanten Vokabulars und seine Vorliebe für formelhafte Wendungen“, sind mithin als *„sprachliche Umsetzungen seiner theologischen Grundeinsichten [zu] erklären*“[109]. Dennoch ist richtig, was *Michel, Lohfink* und *Backhaus* gesehen haben: Die Anklänge und teilweisen Zitierungen früherer Stücke in späteren Passagen des Koheletbuches sind so augenfällig, daß man nur schwer dem Eindruck ausweichen kann, daß Kohelet *nicht* auf vorausliegende Gedankengänge rekurriert[110]. Selbst wo diese nicht gänzlich oder nur teilweise wörtlich zitiert werden, leidet es u.E. keinen Zweifel, daß die durch *Backhaus* herausgearbeiteten ana- und kataphorischen Strukturen des Buches sowie die Idee der Leitwort-Analyse die Annahme von „Selbstzitaten“ im Koheletbuch bestätigen.

---

105 *Loretz*, Kohelet und der Alte Orient. Vgl. dazu und zur Abgrenzung von „Lieblingswörtern“ und „Leitwörtern“ auch oben Teil 1. B) Methode und Aufbau der Untersuchung.

106 *Michel*, Untersuchungen, zu Koh 8,2-9 (100: „Zitat mit korrigierendem Kommentar“), Koh 7,13-14 (111f.), Koh 8,6-7 (201f mit Hinweis auf *Lohfink* zur Stelle) und öfter (siehe das Schlagwortregister 329). Vgl. auch Michel, Qohelet, 30f unter Hinweis auf *Lohfink*: „Lohfink spricht es zwar selber nicht aus - aber er hat damit ein wichtiges Argument für die Frage der Einheitlichkeit des Buches geliefert.“

107 *Fischer*, Aufforderung zur Lebensfreude, 53.

108 *Schweikle / Schweikle*, Metzler Literatur Lexikon, 1990.

109 *Fischer*, Aufforderung zur Lebensfreude, 53f.

110 Vgl. die Zusammenstellung bei *Lohfink*, Strukturen und Struktur, 66-72 und die Auflistung von „Selbstzitaten oder literarischen Anspielungen“ bei *Backhaus*, Es gibt nichts Besseres, 92-94 sowie seine ganze Ausführungen (inklusive Kritik an *Fischer* auf den Seiten 81-101).

4. Ende der „Salomofiktion" nach Koh 3,15?

Einige Forscher nehmen ein Ende der Salomofiktion nach Koh 3,15 an, so z.B. *Backhaus* und *Lohfink*. *Lohfink* hat schon in seinem Koheletkommentar 1980 die Abgrenzung etwas anders als die meisten Forscher vor ihm vorgenommen. Für ihn endete damals die Salomofiktion zwar auch in Koh 2,24-26, doch dieser Abschnitt ist wie die gesamte Fiktion unter dem Titel „Anthropologie" schon zu Koh 3,1-15 hinzugenommen[111]. Aufgrund der Annahme, den 1. Teil seiner Koheletstruktur bis Koh 3,15 zu führen[112] und der Überlegung, daß „der Text zumindest von 3,16 an nicht mehr zur Salomo-Fiktion gehört" kann er 1997 „Gedanken und Beobachtungen vorlegen, die dafür sprechen, daß sie [sc. die Salomofiktion] sich bis 3,15 erstreckt"[113] und im Anschluß daran die Gesamtkomposition des 1. Buchteils neu erschließen[114]. Nach *Lohfink* war das „letzte grammatisch faßbare Signal dafür, daß Salomo sprach, [...] schon in 2,25 erklungen"[115] und Kohelet läßt es danach „langsam in Vergessenheit geraten, daß er als ehemaliger Salomo auftritt", doch „sollte das Ende der Salomo-Maskerade in der Tat direkt nach 3,15 angesetzt werden"[116].

Auch *Backhaus* nimmt ein Ende der Salomofiktion nach Koh 3,15 an. In Anlehnung an Lohfinks Unterscheidung von „salomonischer Selbstpräsentation" und „salomonischem Programm"[117] unterscheidet er zwischen einer „Königsfiktion" und einer „Salomofiktion" bzw. einer „Königsfiktion im engeren und weiteren Sinne"[118]. Für die Königs-

---

111 *Lohfink*, Kohelet, S.30.

112 Siehe zur Gesamtanlage seiner Strukturanalyse Teil 1 A) III.4.

113 *Lohfink*, Strukturen und Struktur, 91. Er betont jedoch ebd., „daß die Buchteilgrenze nicht *notwendig* mit dem Ende der Salomo-Travestie gekoppelt ist. Diese könnte, ebenso wie sie erst innerhalb des ersten Buchteils beginnt, auch innerhalb desselben schon wieder fallengelassen sein. Oder sie könnte – zumindest theoretisch – auch noch weitere Teile des Buches prägen".

114 *Lohfink*, Strukturen und Struktur, 95-104.

115 Dies veranlaßt (fälschlicherweise) *Backhaus*, Es gibt nichts Besseres, 186.189 zu glauben, dass auch Lohfink für ein Ende der Salomofiktion nach Koh 2,25 eintritt.

116 *Lohfink*, Strukturen und Struktur, 94.

117 *Lohfink*, Strukturen und Struktur, 91f.

118 Zum Ganzen vgl. *Backhaus*, Es gibt nichts Besseres, 197-205. „*Königsfiktion im engeren Sinn* meint wie bisher die Textabschnitte, wo Kohelet in der Rolle des Königs ‚Kohelet' zum Leser spricht und dabei sein Programm des Glücklichwerdens vorstellt. Dafür gibt es auch auf der Textoberfläche Hinweise. *Königsfiktion im weiteren Sinn* meint, daß das Vorhaben bzw. die Programmatik, die König ‚Kohelet' im Kontext der *Königsfiktion im engeren Sinn* entwickelt bzw. angerissen hat, in den nachfolgenden Texteinheiten weiter verfolgt, inhaltlich ausgestaltet bzw. kritisch relativiert wird, wobei der Leser aber nicht mehr eindeutig feststellen kann, ob Kohelet noch in der Rolle des Königs zu ihm spricht

fiktion im engeren Sinne sieht *Backhaus* schon nach Koh 2,9a „keine expliziten Hinweise mehr zu König ‚Kohelet' auf der Textoberfläche"[119], doch dient andererseits (Widerspruch?) Koh 2,12b als „explizites Textsignal, welches die *Königsfiktion im engeren Sinn* abschließt", da mit dem Lexem עשׂה „eindeutig aphorisch auf die עשׂיתי-Kette in Koh 2,4ff" verwiesen werde[120]. In der *Königsfiktion im engeren Sinne* nehmen darüber hinaus die „Grundthemen des Kohelet-Buches ihren Anfang", die in nachfolgenden Stellen der „Königsfiktion im weiteren Sinne" wieder aufgenommen werden[121] und die „bis einschließlich Koh 3,22 reichen kann"[122]. Über Koh 3,22 hinaus sieht aber weder *Backhaus* noch *Schwienhorst-Schönberger* einen Zusammenhang nach vorne. Immerhin zählt letzterer gleich sieben Gründe auf, die Texteinheit bis Koh 3,22 weiterzuführen[123].
Für die Bewertung der Frage, ob das Ende der Salomofiktion schon nach Koh 3,15 anzusetzen ist, gilt im wesentlichen das schon bei Koh 2,24-26 Gesagte: Allen Argumenten, die die Salomofiktion bis hierher führen, können wir durchaus zustimmen, die Argumente, die sie hier enden lassen wollen, scheinen uns jedoch nicht ausreichend zu sein im Vergleich zu den strukturellen, syntaktischen und thematischen Argumenten, die sich aus der Analyse der weiteren Erkenntniswege Kohelets (Experimente 7 bis 9) ergeben; diese sollen nun dargestellt werden:

## VII. Erkenntniswege: Der siebte Versuch in Koh 3,16-21

Nachdem die מַה־יִּתְרוֹן-Frage in Koh 1,3 und der Prolog (der Maschal / Anfangsgedicht über die Generationen, Koh 1,4-11) in das Buch Kohelet eingeführt hatte, waren wir auf sechs Versuche innerhalb der Salomofiktion gestoßen (Koh 1,12-2,23), die allesamt und jeweils im הֶבֶל-Ergebnis endeten. Sie wurden schließlich durch die erste Fassung des von uns so genannten „Programms Kohelets" (Koh 2,24-26)

oder in der Rolle des Weisen. Hierzu gibt es auf der Textoberfläche keine eindeutigen Hinwiese mehr." (ebd. 197-198).

119 *Backhaus*, Es gibt nichts Besseres, 198.

120 *Backhaus*, Es gibt nichts Besseres, 199.

121 *Backhaus*, Es gibt nichts Besseres, nennt 204 a) Die „Nichterkennbarkeit des gesamten göttlichen Handelns" (1,13b, wieder aufgenommen in 3,10-11.14.18-21 sowie 6,10-12; 8,16-17), b) „Kein Vorteil / Vorrang angesichts des allgemeinen Todesgeschicks" (1,16-18, wieder aufgenommen in 2,13ff; 3,19 sowie 9,1-6) und c) „Die Frage nach dem Guten (bwf) bzw. nach dem Glück" (2,3, wieder aufgenommen in 2,24; 3,12f.22 sowie 5,17-6,2).

122 *Backhaus*, Es gibt nichts Besseres, 205. *Schwienhorst-Schönberger*, Nicht im Menschen, 113 nimmt diese Argumentation auf und zählt ebenfalls Koh 3,16-22 „kompositionskritisch zu den vorangehenden Texteinheiten".

123 Siehe zum Einzelnen *Schwienhorst-Schönberger*, Nicht im Menschen, 113f.

aufgehoben. Dem Prolog in seiner Poesie vergleichbar folgte dann der Abschnitt Koh 3,1-8 (der Maschal über die Zeit), der in die neuerliche מַה־יִּתְרוֹן-Frage mündete (Koh 3,9-11) und durch die zweite Fassung des Programms Kohelets (Koh 3,12-15) abgeschlossen wurde. Nun folgen in Koh 3,16-4,12 weitere drei Erkenntniswege, gegliedert in Versuche, Ergebnisse und Explikationen dieser Ergebnisse, lediglich unterbrochen durch den Vers 3,22, denn er bringt wie Koh 2,24-26 und 3,12-15 das Programm Kohelets wieder zum Tragen: Die Aufforderung zur Freude. Koh 4,13-16 schließlich wird die Salomofiktion abschließen[124]. Wir werden sehen, daß die folgenden drei Versuche (Koh 3,16-21; 4,1-6 und 4,7-12) wieder mit exakt der selben Terminologie / den schon bekannten Leitwörtern arbeiten wie die ersten sechs Erkenntniswege.

## 1. Der siebte Erkenntnisweg: Koh 3,16-21
## Erkenntnis durch Unterscheidung von Gerechtigkeit und Ungerechtigkeit

### Übersetzung

16 Ferner[a] sah ich unter der Sonne:
an der Stätte des Rechts – dort war das Unrecht;
an der Stätte der Gerechtigkeit – dort war das Unrecht[b]
17 Ich sprach bei mir in meinem Herzen:
Den Gerechten wie den Ungerechten wird Gott richten;
denn (es gibt) eine Zeit für jedes Vorhaben und wegen[c] aller Taten – dort[d].
18 Ich sprach bei mit in meinem Herzen:
was die Menschen angeht[e]: die hat Gott ausgesondert[f],
um dann einzusehen[g], daß sie[h] füreinander doch nur (wie) Vieh sind[i].
19 Denn das Geschick der Menschen und das Geschick des Viehs[j] -
ein (und dasselbe) Geschick haben sie;
Wie diese sterben, so sterben jene[k] –
denn ein (und denselben) Geist haben sie alle;
und einen Vorteil des Menschen vor dem Vieh gibt es nicht;
denn alles ist nichtig.
20 Alles Geborene geht an ein (und denselben) Ort,
alles, was aus Staub geworden ist, kehrt zum Staub zurück[l].
21 Wer[m] weiß denn, ob[n] der Geist des Menschen nach oben steigt,
und ob der Geist des Viehs hinunter in die Erde fährt?

---

124 Auch in der Einteilung durch *Lohfink*, Kohelet, 10.33 beginnt mit Koh 3,16 ein neuer Abschnitt, den er „Gesellschaftskritik I" bzw. „Die Übel der Welt" nennt und der, wie bei uns, von Koh 3,16 bis 4,16 reicht. Die Bezeichnung scheint mir jedoch recht unspezifisch zu sein und nicht die einzelnen, höchst unterschiedlichen Unterabschnitte zu berücksichtigen. *Lohfink* selbst teilt zwar weiter in die Abschnitte „Unrecht bei Gericht" (3,16-22) , „Ausbeutung und Konkurrenzkampf" (4,1-6) und „Der alleinstehende Mensch" (4,7-12) sowie „Wankelmütige Volksgunst" (4,13-16) ein, die Einzelüberschriften wissen m.E. aber nicht recht zu überzeugen.

## Anmerkungen

a Wörtlich: „und noch".

b Die Epanalepsis dient wie in Koh 4,1 als rhetorisches Stilmittel am Anfang des neuen Abschnittes. „Unrecht": Ebenfalls möglich: „Ungerechtigkeit" (als Antagonist zu „Gerchtigkeit" wie „Unrecht" zu „Recht" in Koh 4,16bα). In diesem Zusammenhang ist mir nicht klar geworden, warum *Michel*, Untersuchungen, 250f שָׁמָּה im Sinne von „dorthin" interpretiert und in V.16 den „Ort des Gerichts" als „Jenseitsgericht" deutet. Selbst unter der von ihm getroffenen Voraussetzung, daß V.17b (mit dem schwierigen שָׁם, s.u.) zu streichen sei, leuchtet mir diese Interpretation nicht ein.

c עַל „auf / über / gegen / wegen" sollte u.E. hier mit „wegen" übersetzt werden. Der Gerichtskontext (Koh 3,16.17a) macht klar, daß es darum geht, die Vorhaben und die Taten der Menschen - da „an der Stätte des Rechts und der Gerechtigkeit" (16b.17b) nur „Unrecht und Ungerechtigkeit" herrscht - von Gott zur Rechenschaft gezogen werden („Gott wird richten", 17a), vgl. dazu Maussion, Le mal, le bien, 151-164.

d שָׁם an dieser Stelle ist – je nach Ableitung – semantisch variantenreich und syntaktisch ein Rätsel, das wohl nicht zu lösen ist. Zu den verschiedenen Vorschlägen der Punktation, Konjektur und der Umstellung vgl. *Hertzberg*, Prediger, 100f. Läßt man שָׁם an dieser Stelle und mit dieser Punktation stehen, so kann es entweder ein Rückbezug auf die „Stätte des Gerichts" aus V.16 sein oder eine vorsichtige Umschreibung des „dort", das nach dem Tode den Menschen bevorsteht - wozu die folgenden Verse passten. Vgl. dazu auch den Kommentar von Ibn Esra (*Rottzoll*, Ibn Esras Kommentare, 89), der die Parallele zu Hi 1,21 „*Und nackt werde ich dorthin* (שמה) *zurückkehren*" als „Hinweis auf den Ort des Grabs" interpretiert. Dennoch ist der Ausdruck unklar: „שם, 'there' can be referred back to the שמה of v 16 or to the judgement of God within v 17 itself; in either case, the meaning ist obscure" (*Murphy*, Ecclesiastes, 30).

e Die hebräischen Formulierungen in V.18aα1 sind nur sehr schwer im Deutschen wiederzugeben. Wörtlich: „...auf (= nach) (der) Sache (der) Söhne der Menschen..." oder auch „in Sachen der Menschenkinder...".
Für עַל־דִּבְרַת gibt es zwei Möglichkeiten der Interpretation (vgl. *Schoors*, The Preacher Sought, 147): Entweder kausal („wegen der Menschen") oder final („damit den Menschen"). Verwiesen wird auf die Formulierungen in Koh 7,14 und 8,2, wo die Mehrzahl der Forscher/innen eine kausale Interpretation bevorzugt. Hingewiesen sei auch noch einmal auf *Hertzberg*, Prediger, 101: „על־דברת heißt eigentlich ‚in Sachen'; vgl. Hi 5,8. *Thilo* [1923: Der Prediger Salomo] weist mit Recht darauf hin, daß der Ausdruck gewählt sein mag, weil Qoh sich hier in der Sphäre des gerichtlichen Lebens befindet; in jüngerem Hebräisch ist על־דברת einfach = ‚von wegen'". Eine sehr freie und durchaus zutreffende Übersetzung hat *Frydrych*, Living under the sun, 112 gewählt: „I thought to myself concerning human beings: God makes clear to them and shows that they are animals". Ganz ähnlich *Maussion*, Le mal, le bien, 153: „J'ai dit moi dans mon cœur en ce qui concerne les fils de l'homme, Dieu les choisit (ou les éprouve) pour qu'ils voient qu'ils [sont] quant à eux des animaux".

f Es handelt sich um einen Infinitiv Qal von ברר („aussondern / absondern") plus Suffix 3. mask. Plural mit nachgestelltem determinierten Subjekt – „wenn auch kein vorbildliches Hebräisch, so doch sprachlich möglich" (*Hertzberg*, Prediger, 101). Übersetzung: eigentlich: „um (sie) auszusondern", und zwar im positiven Sinne: zu erwählen. Den Menschen wird –

gegenüber den Tieren – eine besondere Stellung eingeräumt, was an die priesterschriftliche Urgeschichte erinnert. Die Mehrzahl der Kommentatoren interpretiert in diesem Sinne, vgl. *Lauha*, Kohelet, 72; *Lohfink*, Kohelet, 35; *Krüger*, Gegenwartsdeutung, 279; Backhaus, Zeit und Zufall, 433; *Schwienhorst-Schönberger*, Nicht im Menschen, 118; *Seow*, Ecclesiastes, 167. *Gesenius*, 1962[17], schlägt für Koh 3,18 als Hapaxlegomenon „sichten, prüfen" („sie zu sichten") vor; vgl. zur Form auch *Gesenius / Kautzsch* § 67p.

g Mit וְלִרְאוֹת kann wie in 3,15 ein finites Verb ersetzt worden sein, vgl. *Krüger*, Kohelet, 167.

h Das pronomen relativum kann vor ה auch שֶׁ sein, *Gesenius / Kautzsch* § 36.

i 18b wörtlich: „und um einzusehen, daß sie wie (das) Vieh sie sind für sich". Ebenfalls möglich ist, לָהֶם possessiv zu interpretieren: „... daß sie wie das Vieh sind, das *sie besitzen*".

j Bedingt durch die Segolata in מִקְרֶה בְנֵי־הָאָדָם וּמִקְרֶה הַבְּהֵמָה lautet der MT wörtlich übersetzt: „Denn ein Zufall sind die Menschen, und ein Zufall sind die Tiere / ist das Vieh...". Vermutlich ist das Segol aber jeweils durch Sere zu ersetzen (so auch die Varianten in BHS zur Stelle), so daß eine Status Constructus-Verbindung entsteht und übersetzt werden kann: „Denn das Geschick *der* Menschen und das Geschick *des* Viehs...". Diese Konjektur könnte auf כְּמִקְרֵה הַכְּסִיל in Koh 2,15 verweisen. Im dritten מִקְרֶה ist das Segol jedoch zu erhalten: „und ein (und dasselbe) Geschick haben sie". Andererseits ist der Hinweis auf Koh 2,15 nicht zwingend und auch der vorliegende MT macht Sinn – oder ist jedenfalls nicht ohne Sinn. Für unsere strukturellen Überlegungen ist die Entscheidung jedoch ohne Belang.
und auch der vor-liegende MT macht Sinn – oder ist jedenfalls nicht ohne Sinn. Für unsere strukturellen Überlegungen ist die Entscheidung jedoch ohne Belang.

k Wörtlich: „wie dieser Tod, so jener Tod".

l Das zweite וְהַכֹּל in V.20b kann gestrichen werden bzw braucht nicht übersetzt zu werden.

m Einige Hanschriften lesen וּמִי.

n Wörtlich übersetzt lautet V. 21: „Wer erkennt den Geist der Menschen, der hinaufsteigt, und den Geist der Tiere, der hinabsteigt?" In den Punktationen von הָעֹלָה mit Qamäṣ und הַיֹּרֶדֶת mit Pataḥ wird die Fragepartikel um-gangen. Die späteren Versionen der Stelle (siehe BHS) interpretieren aber im Sinne des Kontextes - und das heißt zugunsten der Fragepartikel; ihnen schließen sich – so weit wir sehen – alle Kommentatoren an; sie vermuten eine spätere „dogmatische Korrektur" (*Hertzberg*, Prediger, 102). Zuletzt stimmt *Maussion*, Le mal, le bien, 156 dieser Interpretation zu.

## Analyse und Kommentar:

### a) Aufbau von Koh 3,16-21

Der siebte Erkenntnisweg Kohelets[125], der Welt mächtig zu werden, begegnet in Koh 3,16-19a: In V.16 wird eine Beobachtung תַּחַת הַשָּׁמֶשׁ mitgeteilt, die die Aufmerksamkeit des Lesers nach den Zwischenstücken des Programms (Koh 2,24-26), des Maschals über die Zeit (Koh 3,1-8), der Zentralfrage (Koh 3,9-11) und des Programms (Koh

---

125 Vgl. die Analyse von *Maussion*, Le mal, le bien, 151-164 („Le jugement en Qo 3,16-22").

3,12-15) wieder zu den Versuchen der Erkenntniswege Kohelets zurücklenkt. תַּחַת הַשָּׁמֶשׁ wirkt als Anknüpfungspunkt an die ersten sechs Erkenntniswege und eröffnet eine neue Reihe von תַּחַת הַשָּׁמֶשׁ-Abschnitten, die nun fortgesetzt werden sollen.
Die Verse 17 und 18 heben wortgleich an mit den für die Einleitungen solcher Versuche schon bekannten Leitwörtern: „Ich sprach zu mir in meinem Herzen / Verstand (...אָמַרְתִּי אֲנִי בְּלִבִּי)", die das Ergebnis der Überlegungen Kohelets in zwei Teilen einleiten. Aus der Beobachtung in V. 16 (רָאִיתִי תַּחַת הַשָּׁמֶשׁ) – 16b ist in synonymem parallelismus membrorum konstruiert – werden also zwei Schlußfolgerungen in V. 17 (...אָמַרְתִּי אֲנִי בְּלִבִּי) und V. 18 (...אָמַרְתִּי אֲנִי בְּלִבִּי) gezogen.
V.19b ist wieder das Ergebnis solcher Versuche festgehalten: „Denn alles ist nichtig (כִּי הַכֹּל הָבֶל), während sich V.20-21 die Explikation zum Ergebnis anschließt. Man muss auch bei diesem Erkenntnisweg, wie beim fünften, eher von einer intellektuellen Betrachtung als von einem existentiellen Experiment sprechen: Der לֵב ist nicht der Ort des Versuches, sondern der Ort der Erkenntnis.
Als Struktur ergibt sich also:

Erkenntnisweg 7:

| | | |
|---|---|---|
| ...וְעוֹד רָאִיתִי תַּחַת הַשָּׁמֶשׁ | 3,16 | Versuch |
| ...אָמַרְתִּי אֲנִי בְּלִבִּי | 3,17 | |
| ...אָמַרְתִּי אֲנִי בְּלִבִּי | 3,18 | |
| כִּי הַכֹּל הָבֶל | 3,19b | Ergebnis |
| הַכֹּל הוֹלֵךְ אֶל־מָקוֹם אֶחָד | 3,20.21 | Explikation |

Man kann den Abschnitt Koh 3,16-21 *thematisch* mit einem gewissen Recht noch einmal anders unterteilen, und zwar deshalb, weil Koh 3,16f (im Anschluss an Koh 3,9-11.12-15) von Recht und Unrecht sprechen, während Koh 3,18-21 sich dem Verhätnis von Mensch und Tier und der Frage der Unsterblichkeit des „Geistes" (רוּחַ)[126] zuwenden.

b) Das Recht, das Unrecht und das Gericht
Koh 3,16-21 steht in seiner Aussage nach Auffassung vieler Forscher als Kontrapunkt zu den Versen Koh 3,12-15, die die Gerechtigkeit und die andauernde Wirksamkeit der Rechtsprechung Gottes (siehe auch Koh 3,11) betont hatten. In einem Rückgriff auf den Maschal über die Zeit spricht Kohelet nun davon, daß das Recht wie das Unrecht „seine Zeit" hat (Koh 3,17b) – jedoch um einen Gedanken erweitert, der

---

126 רוּחַ wird im Koheletbuch „24x in 20 Versen verwendet" (*Zimmer*, Zwischen Tod und Lebensglück, 13). Zum Gebrauch von רוּחַ bei Kohelet siehe *Zimmer*, Zwischen Tod und Lebensglück, 13-15: neben der Bedeutung „Wind" (Koh 1,6; 5,5; 8,8; 11,4) übersetzt Zimmer auch „Atem" und „Geist" (Koh 3,19), aber auch „Lebensodem" kommt in Frage (für Koh 12,7).

bislang nicht aufgetaucht war: Gott wird den „Gerechten und den Frevler richten“, und, sofern שָׁם richtig interpretiert ist, wird dieses Richten in einem „Dort“, also in einem späteren göttlichen Gericht, geschehen. Dieser Gedanke scheint recht orthodox zu sein und widerspricht vordergründig Aussagen im weiteren Verlauf des Buches (Koh 7,15; 8,10-14; 9,1-3), in denen von einem solchen Richten Gottes nicht gesprochen wird. Aus diesem Grund haben viele Exegeten Koh 3,17 als „orthodoxe Glosse“ literarkritisch ausgeschieden[127], oder allerlei Erklärungsversuche beigebracht[128]. U.E. ist aber eine Streichung dieses Verses nicht nötig, und zwar aus zweierlei Gründen: Erstens widerspricht das avisierte Gericht Gottes den genannten Stellen (s.o.) nicht, da der Tod, mit dem das Gericht offenbar zusammenfällt, dieses auf Erden (תַּחַת הַשָּׁמֶשׁ) erlittene Unrecht und die Ungerechtigkeit begrenzt: Was also auf Erden als Unrecht und Ungerechtigkeit empfunden wird, erfährt eine Grenze, die im Tod gesetzt ist. Zweitens werden Unrecht und Ungerechtigkeit auch innerhalb des mit תַּחַת הַשָּׁמֶשׁ gesetzten Zeit-Raumes durch den Wechsel der Zeiten (Koh 3,1-8) begrenzt, so daß auch darin ein „Gericht Gottes“ gesehen werden kann[129].

## VIII. Das Programm: Koh 3,22:

### Übersetzung:

22 Da sah ich, daß es nichts Gutes[a] gibt,
als daß[b] der Mensch bei seinem Tun fröhlich sei,
denn das ist sein Teil[c];
denn wer führte ihn dahin[d] zu sehen,
was / wer[e] nach ihm[f] kommen wird?

### Anmerkungen

a Vgl. zur אין טוב-Formulierung das zu Koh 2,24-26 und 3,12 Gesagte und Teil 2 B) XI.4e).

b Im Unterschied zu Koh 2,24-26 und 3,12 (aber auch zu 5,17 und 8,15) liegt hier mit der Partikel מִן eine klassische טוֹב מִן-Formulierung vor. Eine komparative Übersetzung mit „als daß“ scheint uns deshalb angemessen. אֲשֶׁר mit Präposition מִן eigentlich „mehr als daß“.

c חֵלֶק der Teil / Anteil ist hier, anders als in Koh 2,10.21 nicht der durch den Menschen erarbeitete „Teil“ in seinem Tun, sondern der ihm (von Gott) zukommende Teil.

---

127 Zum Beispiel *Michel*, Untersuchungen, 250: „V. 17 ist als sekundäre Ergänzung des 2. Epilogisten anzusehen“ oder *Lauha*, Kohelet, 75: „Demgemäß ist V.17a am ehesten als Zusatz von $R^2$ aufzufassen, der den harten Standpunkt Kohelets abzuschwächen versucht (vgl. 8,12b-13; 11,9b)“.

128 Siehe die unterschiedlichen Deutungsmöglichkeiten bei *Michel*, Untersuchungen, 248f.

129 Auf diesen Umstand hat *Krüger*, Kohelet, 180 aufmerksam gemacht.

d יְבִיאֶנּוּ „führte ihn dahin“: בוא hi. - hineinführen (Impf. 3.Sg.mask. + Suff. 3.Sg.mask.)

e Die Übersetzung „was“ ist nicht zwingend, aber hoch wahrscheinlich, da ב mit dem Fragewort מה in בְּמֶה hier vor dem nachfolgenden Relativsatz am besten mit „was“ wiedergegeben wird, vgl. Gesenius / Kautzsch § 102k. Aber auch eine Wiedergabe mit „wer“ ist möglich.

f אַחֲרָיו ist hier temporal gebraucht (vgl. Jenni, THAT Bd. 1, S.110-118). Der König der Salomofiktion denkt an die Zeit nach seinem zeitlichen Sein als König.

Analyse und Kommentar:

Koh 3,22 knüpft an Koh 2,24-26 und Koh 3,12-15 an und ist, mit einigen wenigen Ausnahmen, wie sie mit den gleichen Leitwörtern konstruiert. Koh 3,22 steht zwischen dem siebten und achten Experiment. Eingeleitet durch das erkennende וְרָאִיתִי zeigt Koh 3,22 jedoch auch auffällige Unterschiede zu dem vorangegangenen Programm Kohelets in Koh 2,24-26 und 3,12:

1. Zusammenhang von Koh 2,24-26, 3,12-15 und 3,22
Es leidet keinen Zweifel, daß ein innerer Zusammenhang zwischen den angezeigten Texten besteht. Im Unterschied zu den durch menschliche Bemühungen hervorgebrachten „Teil“ (חֵלֶק) in Koh 2,10.21 deuten alle drei bisher analysierten Texte des „Programms Kohelets“ auf einen durch Gott gegebenen oder zufallenden „Teil“, der nicht in der menschlichen Verfügungsgewalt steht, sondern Gabe ist (wie insbesondere Koh 5,18 belegen wird, wo חלק als מַתַּת אֱלֹהִים qualifiziert wird). Die so verstandene Freude entsteht nicht *durch* des Menschen Tun, sondern *bei* seinem Tun (בְּמַעֲשָׂיו). Wie wir sehen werden, ist diese durch Koh 2,1-11.21 gewonnene Erkenntnis auch prägend für die noch folgenden „Programm-Texte“ in Koh 5,17f und 8,15.

2. Weiterentwicklung des Programms
Es gibt allerdings auch gegenüber Koh 2,24-26 und 3,12-15 bemerkenswerte Unterschiede: von den sonstigen Signalwörter der Programm-Formulierungen fehlen die Lexeme אכל und שתה. Auch wird das Tun des Menschen nicht als Mühsal (עָמָל) bezeichnet: „Die עָמָל-Situation, die sonst immer mit im Blick des 'carpe diem' steht, ist hier in Koh 3,22a ausgeblendet“[130]. Stattdessen liegt die Betonung geradezu drängend auf der Zuwendung zur Freude. Während die Qualifizierung des menschlichen Tuns als Mühsal von Koh 2,24-26 und 3,12-15 vorausgesetzt werden kann, wird die Aufforderung zur Freude nun nicht beschrieben (אכל und שתה), sondern begründet (כִּי) mit einem Blick in eine ungewisse Zukunft, die nicht absehbar ist: der Mensch, genauer: der König (!) weiß nicht, was / oder wer (!) „nach

130 *Backhaus*, Es gibt nichts Besseres, 111.

ihm kommen wird“ (שֶׁיִּהְיֶה אַחֲרָיו). Die Ungewissheit und Uneinsehbarkeit der Zukunft führt zum drängenden „carpe diem!“.

## IX. Erkenntniswege: Der achte und neunte Versuch in Koh 4,1-12

### 1. Der achte Erkenntnisweg: Koh 4,1-6[131]
### Erkenntnis durch eine nekrophile Grundhaltung?

Übersetzung:

1 Da wandte ich mich und sah all die Unterdrückung,
die unter der Sonne verübt wird;
und siehe, die Tränen der Unterdrückten,
und es gibt keinen, der sie tröstet!
Denn von der Hand ihrer Unterdrücker erfahren sie Gewalt[a],
und es gibt keinen, der sie tröstet![b]
2 Da pries[c] ich die Toten glücklich, die längst gestorben sind,
vor den Lebenden, die noch[d] zu leben haben.
3 Und für noch[e] glücklicher von den zweien halte ich den,
der noch gar nicht (da) ist,
der das böse Tun nicht gesehen hat,
das getan wird unter der Sonne!
4 Und ich sah, daß alles Bemühen und aller Erfolg[f] der Taten
daß dies nur Eifersucht / Neid des einen gegen den anderen[g] ist.
Auch dies ist nichtig und ein Haschen nach Wind.
5 „Der Tor legt seine Hände zusammen und isst sein (eigenes) Fleisch[h]“.
6 „Besser eine Hand voll Ruhe[i] als beide Fäuste voller Mühe“;
– und Haschen nach Wind.

Anmerkungen

a כֹּחַ ist üblicherweise positiv zu interpretieren im Sinne von Kraft, Tauglichkeit, Tüchtigkeit. Die Stelle Koh 4,1 ist die einzige Stelle im AT, in der כֹּחַ einen (allerdings unzweifelhaft) negativen Beiklang erhält (vgl. *Gesenius*[17], S.340).

b Koh 4,1bβ ist nicht einfach als Tautologie anzusehen (*Lauha*, Kohelet, 80) oder als bloße Dittographie; wie in Koh 3,16 dient die Epanalepsis am Beginn des jeweiligen Abschnittes als rhetorisches Stilmittel. Die verschiedenen Kürzungs- oder Änderungsvorschläge sind abzulehnen, vgl. schon *Hertzberg*, Prediger, 102.

---

[131] Nicht alle Forscher sehen nach Koh 4,6 eine Zäsur, vgl. z.B. schon *Ogden*, The Mathematics of Wisdom, 446-453, der den Abschnitt bis V.12 führt (siehe die detaillierte Auflistung auf 447). *Ogden* hält auch in seinem Kommentar, Qoheleth (1987), 65-70 daran fest (siehe 66). *Lauha*, Kohelet, 80-83 und 84-86 teilt den Abschnitt in Koh 4,1-3 und Koh 4,4-6 und begründet dies mit dem jeweiligen Neueinsatz durch וְשַׁבְתִּי אֲנִי וָאֶרְאֶה in Koh 4,1 bzw. וְרָאִיתִי אֲנִי in Koh 4,4. Da aber Koh 4,4 nicht eine neue Beobachtung, sondern eher ein Ergebnis, eine Einsicht mitgeteilt wird und aufgrund der terminologischen Struktur der Erkenntniswege Kohelets insgesamt ziehen wir einen nicht so diffizil gegliederten Aufbau vor.

c Der Inf.abs. Pi. mit Waw (וְשַׁבֵּחַ) ist sehr ungewöhnlich (vgl. *Gesenius / Kautzsch* § 113gg, 361), vertritt aber hier das finite Verb im Perfekt mit beigefügtem Subjektsnomen und ist ein aramäisches Lehnwort, das 5 Mal in Dan 2,23; 4,31.34; 5,4.23 und insg. nur 11 Mal im hebr. AT (bei Koh noch 8,15) vorkommt (*Even-Shoshan*, Konkordanz, 1104).

d עֲדֶנָה / עֲדֶן ist Hapaxlegomenon, wahrscheinlich kontrahiert aus עד und הֵנָּה („bis hier / jetzt“ = „noch“). Vgl. *Krüger*, Kohelet, 168.

e עֲדֶן ist ebenfalls Hapaxlegomenon, siehe Anm. d zu Koh 4,2 und *Krüger*, ebd.

f Kohelet vermeidet hier den Begriff יִתְרוֹן und verwendet stattdessen כִּשְׁרוֹן – ein Indiz dafür, daß יִתְרוֹן nur den Abschnitten der מַה־יִּתְרוֹן-Frage vorbehalten bleiben soll (wie schon in Koh 2,21 und später in Koh 5,10; sonst kommt כִּשְׁרוֹן im AT nicht mehr vor).

g קִנְאַת־אִישׁ מֵרֵעֵהוּ: Merkwürdige Formulierung: רֵעַ mit Suff. 3.Sg.mask und Präp. מִן. „Eifersucht / Wetteifer / Neid des einen Mannes gegen seinen Volksgenossen“.

h Etwas freier kann auch „verzehrt sich selbst“ übersetzt werden, vgl. *Backhaus*, Zeit und Zufall, 434 und vor ihm auch *Michel*, Qohelet, S.140 und andere.

i Die Einfügung eines „und“ vor נַחַת (vgl. BHS), so daß „Besser eine Handvoll und Ruhe als...“ entsteht, ist merkwürdig, macht keinen Sinn und ist u.E. als unbegründet abzulehnen, weil es die zwischen Koh 4,5 und 4,6 konstruierte Spannung aufhebt. Entsprechend entscheidet nun auch BHQ anders: „The apparent triteness of such a comparison: „Better one handful of rest than both fists full of toil,“ has lead some critics to emend it by adding a cj. before נחת and עמל (*Ehrlich*, *Randglossen*, 7:70). But G and S clearly support M“ (BHQ, 80*). Zum Sinn der erwähnten Spannung zwischen Koh 4,5 und 4,6 siehe unten 2.

## Analyse und Kommentar:

### a) Aufbau von Koh 4,1-6

In seinem achten Erkenntnisweg wendet sich Kohelet – intellektuell betrachtend und durch dieselben Leitwörter geprägt – einem neuen Phänomen zu: Koh 4,1: „Da wandte ich mich und sah ... (וְשַׁבְתִּי אֲנִי וָאֶרְאֶה). Die Beobachtung, die sich wiederum auf Ereignisse תַּחַת הַשָּׁמֶשׁ bezieht, wird zunächst in Koh 4,1a thematisch eingeführt („Unterdrückung“) und dann in Koh 4,bα und 4,bβ näher erläutert. Die schon erwähnte Epanalepsis ist u.E. keine Tautologie oder gar eine versehentliche Dittographie, sondern nimmt das Phänomen der Unterdrückung einmal aus der Sicht der „Tränen der Unterdrückten“, einmal aus der Perspektive der „Hand der Unterdrücker“ in den Blick. Das zweimalige וְאֵין לָהֶם מְנַחֵם (mit Partizip konstruiert) wirkt dabei besonders bedrückend, da die Epanalepsis erstens an die mit dem gleichen Stilmittel konstruierte Formulierung שָׁמָּה הָרֶשַׁע aus Koh 3,16 erinnert, „der Frevel, das Unrecht“ von dort wird aber zweitens in diesem Abschnitt Koh 4,1-3 ganz offensichtlich nicht, wie noch in Koh 3,16-22, einer Form ausgleichender Gerechtigkeit durch Gott zugeführt. Dies wird sofort klar, weil Kohelet diesen Gedanken in den

folgenden Versen 2-4a ausführt: Die Todesperspektive ist in beiden Abschnitten, Koh 3,17-21 und 4,2-3 vorhanden, der Tod am Ende des Lebens bzw. in Koh 4,2-3 um diese Ergänzung erweitert. Das Leben vor dem Leben ist aber in Koh 4,2-3 keine ausgleichende Gerechtigkeit, sondern lediglich ein erstrebenswerter Zustand, um der nicht zu bekämpfenden Unterdrückung zu entfliehen.
Die geschehende Unterdrückung wird dann in Koh 4,4a als Eifersucht, Wettkampf und Neid des einen Menschen gegen einen anderen spezifiziert; man ist automatisch an das „*bellum omnium contra omnes*" des Thomas Hobbes und seine im Leviathan gebrauchte Terminologie (Leidenschaft, Eifersucht, Neid!) bzw. an sein sprichwortlich gewordenes „*homo homini lupus*"[132] erinnert: Alles Bemühen aber, die Unterdrückung wie das Unterdrücktsein, wird als „nichtig" qualifiziert und, wie alle anderen Versuche auch, mit dem Motto des Buches belegt: גַּם־זֶה הֶבֶל וּרְעוּת רוּחַ – Auch dies ist nichtig und ein Haschen nach Wind"[133].
Dieses Ergebnis wird dann in V.5-6 mit zwei Zitaten expliziert (s.u.).
Insgesamt zeigt auch dieser Erkenntnisweg dieselbe Terminologie wie die vorausgegangenen; zwar fehlt beim ersten Schritt, dem Versuch, das Leitwort לֵב, doch ist die Konstruktion mit Perfekt consecutivum und das Leitwort תַּחַת הַשָּׁמֶשׁ sowie das הֶבֶל-Ergebnis Ausweis genug für das Strukturprinizip, das in Versuch, Ergebnis und Explikation sich niederschlägt. Als Struktur ergibt sich also:

Erkenntnisweg 8:

| | | |
|---|---|---|
| וְשַׁבְתִּי אֲנִי וָאֶרְאֶה ... תַּחַת הַשָּׁמֶשׁ | 4,1 | Versuch |
| וְשַׁבֵּחַ אֲנִי ... תַּחַת הַשָּׁמֶשׁ | 4,2-4a | Erläuterung |
| גַּם־זֶה הֶבֶל וּרְעוּת רוּחַ | 4,4b | Ergebnis |
| | 4,5-6bα | Explikation |
| וּרְעוּת רוּחַ | 4,6bβ | Ergebnis |

| | |
|---|---|
| 4,1a | Einführende Beobachtung: Unterdrückung |
| 4,1bα | 1. Perspektive der Unterdrückten<br>Kein Tröster! |
| 4,1bβ | 2. Perspektive der Unterdrücker<br>Kein Tröster! |
| | Ergebnis: |
| 4,2 | Glück der Toten vor den Lebenden |
| 4,3 | Glück der Noch-nicht-Geborenen |
| 4,4a | Spezifizierung der Leiden |
| 4,4b | הבל-Ergebnis |
| | Ambivalentes / Antagonistisches Ergebnis: |
| 4,5 | These (gg. Faulheit) |

---

[132] Vgl. *Nida-Rümelin*, Bellum omnium contra omnes, 1994. Ergänzend hierzu siehe *Jüngel*, Zum Wesen des Friedens, bes. 37ff.
[133] Vgl. auch *Whybray*, Identification, S.440-442.

4,6a.bα Antithese (gg. zuviel Arbeit)
4,6bβ הבל-Ergebnis

b) Bedeutung von Koh 4,5-6

Koh 4,5 und 4,6 sind u.E. zwei Zitate[134], die antagonistisch angeordnet sind. Koh 4,5 formuliert zunächst die *These*, die den Sachverhalt nach der einen Seite beleuchtet: Wer die Hände in den Schoß legt, zehrt bald „von der Substanz“[135]. Koh 4,6 hingegen formuliert u.E. dazu die *Antithese* nach der anderen Seite: Wer zu viel arbeitet und beide Hände voller Arbeit hat, findet keine Ruhe. Wie man es also auch dreht und wendet - gerahmt von den beiden Versen 4bβ und 6b drückt sich in beiden Haltungen „Nichtigkeit und ein Haschen nach Wind“ aus. Es geht Kohelet deshalb – auch vor dem Hintergrund von Koh 4,4! – nicht allein darum, „eine *Warnung* vor der Faulheit im Sinne der traditionellen Weisheit“ zum Ausdruck zu bringen, sondern „eine Relativierung der Arbeit“[136] nach beiden Richtungen zu formulieren. Das Ergebnis bleibt ambivalent und führt in das schon bekannte Motto hinein.

2. Der neunte Erkenntnisweg: Koh 4,7-12
Welche Erkenntnis ergibt sich am Ende des Lebens?

Übersetzung:

7 Da wandte ich mich und sah eine Nichtigkeit unter der Sonne:
8 Das ist Einer und hat keinen Zweiten, auch hat er keinen Sohn und Bruder,
doch für ihn gibt es kein Ende bei all seinen Mühen;
auch sein Auge[a] wird durch Reichtum nicht gesättigt.
„Für wen denn mühe ich mich ab,
und gönne meiner Seele keine guten Dinge[b]?“
auch dies ist nichtig und eine böse Sache[c].

---

134 So auch *Zimmerli*, Prediger Salomo, 176 und *Lohfink*, Kohelet, 36.

135 In der Interpretation von וְאֹכֵל אֶת־בְּשָׂרוֹ kann es u.E. nicht darum gehen, dass „auch Unfähige und Arbeitsscheue genug zu essen haben“ (Lohfink, Kohelet, 36) oder, wie *Crenshaw* meint, „that in an imperfect world even fools who refuse to join the rat race resulting from jealousy sometimes have adequate meat“ (*Crenshaw*, Ecclesiastes, 109). Das widerspräche dem Gesamtduktus des antagonistischen Verspaares Koh 4,5 und 4,6. Es geht auch nicht um Kannibalismus, nicht einmal um „metaphorical cannibalism“ (*Crenshaw*, ebd. 108), obwohl die Bibel an anderen Stellen scheinbar darauf rekurriert (Mi 3,3; Jes 49,26; Ps 27,2; Prov 30,14; Hi 19,22). *Krüger*, Kohelet, 189f weist darüber hinaus mit Recht darauf hin, dass sich „בָּשָׂר mit Suffix immer auf das ‚Fleisch‘ eines Tieres oder das (*eigene*) ‚Fleisch‘ eines Menschen (so auch Koh 2,3; 5,5; 11,10) [bezieht]. Wenn Jahwe den Unterdrückern Zions ‚ihr Fleisch zu essen gibt‘ (Jes 49,26), versorgt er sie nicht mit Nahrung, sondern lässt sie *sich selbst* verzehren.“ Zum Begriff siehe auch *Zimmer*, Zwischen Tod und Lebensglück, 17-18. U.E. ist in 4,5 eindeutig gemeint: wer, wie wir heute sagen würden, „seine Hände in den Schoß legt“, muss über kurz oder lang „von seiner Substanz“ zehren.

136 *Schwienhorst-Schönberger*, Nicht im Menschen, 130 Anm.10.

9 „Besser sind Zwei als Einer,
weil[d] ihnen guter Lohn aus ihrer Mühe zuteil wird.
10 Denn wenn sie[e] fallen, kann[f] der Eine seinem Gefährten aufhelfen.
Aber wehe dem[g] Einen, der fällt, und es gibt keinen Zweiten, um ihm aufzuhelfen!"
11 Ebenso: „Wenn Zwei zusammenliegen, dann ist es ihnen warm,
doch wie würde es dem Einen warm werden?"
12 Und: „Wenn jemand[h] den Einen überwältigt, Zwei können ihm standhalten",
ja[i]: „Die dreifach gezwirnte Schnur wird nicht so leicht zerrissen".

## Anmerkungen

a Die BHS schlägt aufgrund der häufigen Bezeugung in LXX (ὀφθαλμὸς αὐτοῦ) eine Konjektur von Ketib גַּם־(עֵינָיו) in Qere עֵינוֹ vor. Vg. liest aber „seine Augen" (oculi eius); vgl. auch BHQ zur Stelle. Letzlich spielt es kaum eine Rolle, der Sg. passt aber besser zum Verb.

b Zur Bedeutung bzw. zum Unterschied von טוב und טובה im Koheletbuch vgl. *Krüger*, Erwägungen, 53-63.

c *Hertzberg*, Prediger, 102 schlägt eine andere Punktation vor (statt dem cstr. עִנְיַן den abs. עִנְיָו).

d אֲשֶׁר wird unterschiedlich interpretiert: *Lohfink*, Kohelet, 37 („falls") und *Schwienhorst-Schönberger*, Nicht im Menschen, 132 mit Anm.19 („wenn") interpretieren *konditional*. *Hertzberg*, Prediger, 98.102 („denn"), *Lauha*, Kohelet, 87 („weil"), *Crenshaw*, Ecclesiastes („because"), *Schoors*, The word, S.685 („because") und *Krüger*, Kohelet, 165.169 („denn"), *Maussion*, Le mal, le bien, 90f („car": „Qohélet utilise souvent avec un sens causal ou explicatif. Le ca est ici évident, puisque la seconde partie de ce verset donne la raison de la première") *kausal*. Noch anders *Michel*, Qohelet, 140, der die ursprüngliche Bedeutung von אֲשֶׁר erhält („daß"). Letztlich ist die Entscheidung zur Übersetzung abhängig davon, ob man Koh 4,9 (und 4,10) als Zitat älterer Weisheit ansieht (so *Gordis*, Koheleth, 242): Wenn ja, kann *kausal* übersetzt werden, da Kohelet dann ältere Weisheit zitiert, für die ein kausaler Zusammenhang höchstwahrscheinlich ist; Wenn nein, dann kann *konditional* übersetzt werden, da Kohelet dann den kausalen Zusammenhang durch das „wenn / falls" in Zweifel ziehen würde. Die Entscheidung ist nicht mit absoluter Sicherheit zu treffen: Da u.E. V.9 und 10 als Zitat einer älteren Haltung der Weisheit anzusehen ist, übersetzen wird *kausal*.

e Natürlich hat *Hertzberg*, Prediger, 102 Recht, wenn er schreibt: „Statt יפלו האהד wäre besser יִפֹּל הָאֶחָד הָאַחֵר zu lesen", da der Plural wirklich nicht viel Sinn ergibt. Da allerdings keine der Versionen eine abweichende Notation haben, halten wir an MT fest und übersetzen die Inkongruenz, wie sie dasteht. *Gesenius / Kautzsch* § 124 o: Hier „findet sich der Plural zur Bezeichnung eines unbestimmten Einzelnen".

f Hier liegt ein Potentialis vor: Der Imperfekt wird an dieser Stelle verwendet „zum Ausdruck von Handlungen usw., die als *möglicherweise* eintretend oder nicht eintretend hingestellt werden sollen" (*Gesenius / Kautzsch* § 107 r).

g וְאִילוֹ ist in וְאוֹי לוֹ zu trennen, vgl. *Schoors*, The Preacher Sought, 149. Viele andere Handschriften lesen וְאִי לוֹ (so auch von BHQ vorgeschlagen: „pref וְאִי לוֹ see G (V) Hie[lem] S"), וְאִילוּ „und wenn", von BHS vorgeschlagen, das ergibt hier aber keinen rechten Sinn.

h Koh 4,12 hat eine syntaktische Unklarheit. Die Schwierigkeit in der Übersetzung entsteht durch וְאִם־יִתְקְפוֹ, weil die 3.Sg. des Prädikatverbs als Subjekt einen unbestimmten „jemand" voraussetzt; wörtlich: „und wenn sie ihn überwältigten, der Eine (= einen Einzelnen), die Zwei sie werden (= würden) (ein-)stehen vor (= für) ihn". Manche Kommentatoren nehmen eine Verschmelzung von *āhu* in *ō* an (vgl. *Gesenius / Kautzsch* § 60 d). Andere Möglichkeit: „Die syntaktische Konstruktion wird leichter, wenn man das Prädikat pluralisch יתקפו vokalisiert, wobei האחד dessen direktes Objekt wird" (Lauha, Kohelet, 87). Ähnlich *Whitley*, 1979, S.44: „The subject of the verb יתקף is impersonal, while the verbal suffix anticipates the following (objectiv) noun האחד". *Schoors*, The Preacher Sought, 154, trifft u.E. das Richtige, wenn er schreibt: „Since Qoh often makes general statements, it is to expected that a number of sentences will have a general subject 'one, people',, (154). Er selbst scheint auch der Meinung Lauhas zuzuneigen, u.E. ist aber das ו in יתקפו nicht als proleptisches Suffix zu האחד zu interpretieren (*Schoors*, The Preacher Sought, 190).

i Vgl. *Ellermeier*, Qohelet, 174f.

## Analyse und Kommentar:

### a) Aufbau von Koh 4,7-12

Koh 4,7 eröffnet mit den gleichen Worten wie Koh 4,1 (וְשַׁבְתִּי אֲנִי וָאֶרְאֶה) den Beginn des neunten Erkenntnisweges, der in Koh 4,8a.bα näher ausgeführt wird. Auch dieser Versuch gehört in die Kategorie „intellektuelle Betrachtung". Wie in Koh 4,1-6 ist nicht „das Herz" (לֵב) der Ort der Betrachtung oder der Erkenntnis – jedenfalls ist es nicht erwähnt –, der Gegenstand der Betrachtung ist „eine Nichtigkeit" (הֶבֶל) im Erfahrungsbereich des Lebens תַּחַת הַשָּׁמֶשׁ, die auf den ersten Blick ganz allgemein in der Schwierigkeit zu bestehen scheint, keine Anverwandten (keinen Sohn (damit auch keine Frau), keinen Bruder, 4,8) und keinen Freund oder Gefährten (אֶת־חֲבֵרוֹ) zu haben. Koh 4,8aα schildert dieses Alleinsein zunächst sehr allgemein („da ist Einer..." / „da gibt es Einen...": יֵשׁ אֶחָד) und ohne nähere Spezifizierung, mit der Formulierung „וְאֵין קֵץ לְכָל־עֲמָלוֹ", jedoch und erst recht durch Koh 4,8bα lenkt Kohelet u.E. zur Frage, wer nach dem König kommt, zurück. Diese Passage knüpft unmittelbar an Koh 2,3-11 an, nicht nur wegen dem „Ende der Mühen" (vgl. Koh 2,11; siehe auch unten zu Koh 4,8 und 4,13!), sondern vor allem durch den Hinweis auf den Reichtum (Koh 2,3-10), der auf den „König Kohelet" bezogen werden muss – wer sonst könnte sich solchen Reichtums rühmen? Zu fragen ist, ob in V. 8bα ein Zitat vorliegt, oder, was u.E. wahrscheinlicher ist, eine Art „Selbstüberlegung" Kohelets.

Als Abschluss dieses Gedankenganges wird in V.8bβ wieder das bekannte Ergebnis konstatiert: „Auch dies ist nichtig und ein böses Geschäft" (גַּם־זֶה הֶבֶל וְעִנְיַן רָע הוּא). V.9-12 wird das Festgestellte u.E. an dem fiktiven Salomo selbst expliziert, wobei vier Zitate mit gleicher Begründungsfigur Verwendung finden (Koh 4,9-10.11. 12a.12b): Das Alleinsein (4,8) ist immer schlechter als das gemeinsame Arbeiten (4,9), gegenseitige Hilfe (4,10), gegenseitiges Wärmen (4,11) und gegenseitiger Beistand (4,12a) sowie gegenseitiges Stärken (4,12b). Als Struktur ergibt sich also:

Erkenntnisweg 9:

| | | |
|---|---|---|
| וְשַׁבְתִּי אֲנִי וָאֶרְאֶה | 4,7 | Versuch |
| וְאֵין קֵץ לְכָל־עֲמָלוֹ | 4,8aγ | Erläuterung |
| גַּם־זֶה הֶבֶל וְעִנְיַן רָע הוּא | 4,8bβ | Ergebnis |
| Vier weisheitliche Zitate | 4,9-12 | Explikation |

| | |
|---|---|
| 4,7a.b | Einführende Beobachtung: „Nichtigkeit“, die der König wahrnimmt |
| | Spezifizierung der Beobachtung: |
| 4,8aα | 1. Alleinsein eines Einzelnen allgemein |
| 4,8aβγδ | 2. Erläuterung |
| 4,8bα | Selbstüberlegung des Königs |
| 4,8bβ | הבל-Ergebnis |
| 4,9-12 | Explikationen |
| 4,9-10 | 1. Zitat :gemeinsame Arbeit und gegenseitige Hilfe |
| 4,11 | 2. Zitat: gegenseitiges Wärmen |
| 4,12a | 3. Zitat: gegenseitiger Beistand |
| 4,12b | 4. Zitat: gegenseitiges Stärken |

b) Der Zusammenhang des neunten Erkenntniswegs mit den vorangegangenen Versuchen

Der letzte Versuch in Koh 4,7-12 vor Abschluss der Salomofiktion in Koh 4,13-16 greift noch einmal viele Elemente der vorangegangenen Versuche auf. Zu beachten ist hier, daß „die Nichtigkeit“ selbst nun überprüft wird, sozusagen als letzter der möglichen Versuche Kohelets, der an menschlichen Beziehungen anknüpft. Man meint den alternden König vor sich zu sehen, der, ohne Verwandtschaft und Nachkommenschaft auch durch Reichtum (Aufnahme von Kap. 2) „nicht gesättigt“ wird und der sich schließlich, wie an etlichen Stellen zuvor, fragt: „Für wen denn mühe ich mich ab und gönne meiner Seele keine guten Dinge?“, dessen Trachten aber wie schon so oft im הֶבֶל-Ergebnis mündet.

Deutlich wird der Zusammenhang dieses Erkenntnisweges mit den ersten Versuchen durch die Aufnahme etlicher Leitwörter aus diesen Erkenntniswegen, aber auch aus der Zentralfrage des Koheletbuches.

## X. Der Abschluß der Salomofiktion: Koh 4,13-16

### Übersetzung:

13 Besser ein Jüngling, arm, aber weise,
als ein König, alt, aber ein Tor, der nicht mehr versteht,
sich warnen zu lassen.
14 Fürwahr - aus dem Gefängnis[a] ging einer hervor um zu herrschen,
wenn auch unter seiner Königsherrschaft arm[b] geboren.
15 Ich sah hinsichtlich aller Lebenden[c], die unter der Sonne wandelten:
bei dem Jüngling steht ein zweiter, der an seine Stelle tritt.
16 Es gibt kein Ende bei all der Mühe[d], bei keinem, der vor ihnen war[e].
Auch die Nachfolgenden werden sich nicht über ihn[f] freuen,
denn auch dies ist nichtig und ein Haschen nach Wind!

### Anmerkungen:

a Wörtlich: „aus dem Haus der Gebundenen" = Gefängnis. הָסוּרִים ist aus הָאֲסוּרִים kontrahiert, das Pataḥ des Artikels wird unter Wegfall des א gedehnt, vgl. *Gesenius / Kautzsch* § 35c.d.

b Wörtlich: „arm", gemeint ist: „als Armer" (Part.). Die Übersetzung von *Krüger*, Kohelet, 199 („wurden doch auch unter seiner Herrschaft Arme geboren") leuchtet uns an dieser Stelle nicht ein. Das Partizip רָשׁ (von רושׁ „arm, dürftig sein / darben") ist u.E. zwar ohne weiteres als Substantiv, nicht aber im Plural zu übersetzen. Es kommt gerade darauf an, daß der einzelne Arme, Bedürftige, obgleich unter der Herrschaft des Königs geboren und durch irgendeinen Umstand ins Gefängnis geworfen, diesen dennoch ablösen kann.

c „All die Lebenden", besser: „alles, was die Lebenden betrifft". Zusammen mit dem 2. Halbsatz: „all die Lebenden, die Gehenden unter der Sonne"; gemeint sind alle Lebenden, die unter der Sonne wandeln.

d Textkritisch ist dem Hinweis von *Allgeier* zu wenig Beachtung geschenkt worden, der im Kommentar die masoretische Aufteilung in Koh 4,16a kritisierte und anstelle von „... אֵין־קֵץ לְכָל־הָעָם לְכֹל אֲשֶׁר־הָיָה לִפְנֵיהֶם" das von 4,8 her besser belegte „... אֵין־קֵץ לְכָל־הֶעָמָל כֹּל אֲשֶׁר־הָיָה לִפְנֵיהֶם" las. *Allgeier*, Buch des Predigers, 5: „Dann verschwindet die endlose Prozession, die angeblich dem jungen König zujubelte, und an ihre Stelle tritt das Geständnis, daß auch dem so auf den Thron Erhobenen Mühsal nicht erspart blieb und bleiben wird". Wir schließen uns ihm an, weil eine solch kleine Änderung, die noch dazu gut in den gesamten Kontext passt, uns vertretbar erscheint. Allerdings müssen wir sehen, daß diese Änderung *Allgeiers* in der Zwischenzeit von den Kommentatoren nicht mehr weiter verfolgt wurde und alle neueren Interpretationen dieser Stelle „Kein Ende hatte das Volk..." o.ä. übersetzen. Die Spekulationen bzw. die unterschiedlichen Interpretationen der Stelle, die unverändert syntaktisch ja auch schwierig wäre, entfallen durch *Allgeiers* Lösung. Zu den unterschiedlichen Varianten – sofern man nicht ändert – vgl. z.B. *Backhaus*, Zeit und Zufall, 169f.

e Wörtlich: „bei allen, die vor ihnen waren". „,Vor ihnen' (לִפְנֵיהֶם) kann sowohl zeitlich als auch im Sinne des sozialen Vorrangs (des Herrschers, des Königs) verstanden werden" (*Krüger*, Kohelet, 199).

f בוֹ bezieht sich u.E. zurück entweder auf „den zweiten" (Jüngling), der bei dem (ersten) Jüngling steht, um ihn abzulösen (V.15) oder auf denjenigen, der nach V.16a „vor ihnen war".

Analyse und Kommentar:

1. Aufbau von Koh 4,13-16

Die „klar umrissene Einheit“[137] 4,13-16 beginnt mit einem טוֹב ... מִן-Spruch, der eine These formuliert, die mit einer Peroration den ganzen Abschnitt eröffnet. Deutlich ist, daß Koh 4,13a durch seine Form an Koh 4,9 (dort ebenfalls ein „besser-als-Spruch“) anknüpft. Koh 4,13b schließt ein zur These gehörender, die Symmetrie des Parallelismus dennoch störender Relativsatz die Peroration ab[138]. Dieser Relativsatz weist inhaltlich aber schon voraus auf Koh 4,14.15, wo die These von 4,13 nun entfaltet wird. Ein weiterer anaphorischer Zusammenhang[139] zu den vorausgehenden Versen Koh 4,7-12 besteht dabei über das Zahlwort „zwei“, das in Koh 4,8aα.9a als auch in 4,15bα vorkommt. Ferner nimmt die Wendung אֵין־קֵץ לְכָל־הֶעָמָל die schon bekannte Formulierung aus früheren Textpassagen der zentralen Frage Kohelets nach dem „Gewinn“ (Koh 1,3; 3,9-11), vor allem aber die identische Formulierung aus Koh 4,8 auf (vgl. Anmerkung d). Die peroratorische These wird in zwei Abschnitten in Koh 4,14.15 erläutert: 4,14 wird der Knabe / Jüngling aus 4,13 näher bestimmt: unter der Königsherrschaft des Königs von Koh 4,13 als Armer (Partizip) geboren und ins Gefängnis geraten, geht er hervor, um zu herrschen. Das כִּי aus Koh 4,14a interpretieren wir im Sinne einer 4,13 begründenden und bekräftigenden Interjektion, so daß das כִּי in 4,14b einen Konzessivsatz einführt („wenn auch...“)[140]. Doch Koh 4,15 sieht an dessen Seite schon einen zweiten Emporkömmling stehen, der an dessen Stelle tritt. Koh 4,16a schließlich zieht im Rückgriff auf 4,13 dann die bestätigende Konsequenz, daß es ein Ende in der Abfolge von Herrschenden nicht gibt, und daß keiner, der an die Spitze gelangt ist, dort für immer bleiben kann: auch die Nachfolgenden werden sich nicht über ihre Vorgänger freuen. Insgesamt haben wir es also in der logischen Reihenfolge zunächst

---

[137] *Lauha*, Kohelet, 91. Die Abgrenzung von Koh 4,13-16 ist weithin unumstritten vgl. *Hertzberg*, Der Prediger, 115-118; *Lauha*, Kohelet, 91-95; Lohfink, Kohelet, 38; *Schwienhorst-Schönberger*, Nicht im Menschen, 134-136; *Backhaus*, Zeit und Zufall, 164-174; *Backhaus*, Es gibt nichts Besseres, 145-150; *Krüger*, Kohelet, 199-204 u.a.

[138] Wenige Kommentatoren (*Lohfink*, Kohelet, 38f; *Backhaus*, Zeit und Zufall, 168) sehen (vermutlich im zerstörten parallelismus membrorum?) einen Grund, Koh 4,13a als „Sprichwort“ aufzufassen, das Kohelet zitiert. Das ist nicht ausgeschlossen, es könnte aber genauso gut sein, dass Kohelet dieses Wort aufgrund der in Koh 4,14-16 gemachten Beobachtungen folgert und als Peroration dem Abschnitt voranstellt.

[139] Vgl. *Backhaus*, Zeit und Zufall, 167.

[140] Eine adversative Interpretation, wie sie *Backhaus*, Zeit und Zufall, 168 für möglich hält, schließen wir hingegen aus, siehe aber die Diskussion zu den גם כי-Stellen im Koheletbuch, Ders., ebd. Anm. 21.

a) mit dem *König* zu tun, der, alt geworden, so töricht ist, sich nicht vor den „Jünglingen" warnen zu lassen (Koh 4,13);
b) sodann mit einem ersten *Jüngling* zu tun, arm, aber weise (Koh 4,13), der zwar unter der Herrschaft des Königs arm geboren wurde und, aus welchen Umständen auch immer, eine Zeit seines Lebens im Gefängnis zubrachte, dann aber als Emporkömmling / Usurpator den König vertreibt (Koh 4,14). Doch schon steht bei diesem Jüngling
c) ein *zweiter Jüngling*, der an dessen Stelle tritt (Koh 4,15), das heißt: ihn ablöst[141]. Dies formuliert Kohelet mit dem schon aus vielen Schlussfolgerungen innerhalb der Versuche bekannten רָאִיתִי, das in diesem Falle wieder ein Ergebnis einleitet. Aus all diesen Wechseln wird die Peroration von Koh 4,13 in 4,16 dann verstärkt und bekräftigt, indem die Schlussfolgerung gezogen wird, daß
d) jeder, der an die Spitze gelangt, sich dort nicht lange halten kann (Koh 4,16a), weil alle Nachfolgenden sich „nicht über ihn freuen".
Das ergibt folgende Gliederung:

| | | |
|---|---|---|
| 4,13a.b | These / Peroration des Abschnitts | König |
| 4,13a.14 | Begründung 1 | Jüngling 1 |
| 4,15 | Begründung 2 | Jüngling 2 |
| 4,16a | Schlußfolgerung / Bestätigung der These / Peroration | |
| 4,16b | הֶבֶל-Ergebnis | |

2. Thema von Koh 4,13-16

Die Kommentatoren sind sich weitgehend darin einig, daß in Koh 4,13-16, unabhängig von unterschiedlichen Schwerpunktsetzungen in den Auslegungen[142], ein Abschnitt vorliegt, der „die Wankelmütigkeit der Volksgunst und die Wechselfälle an der politischen Spitze"[143] beschreibt. Möglicherweise geht es in diesem Abschnitt aber nicht so sehr um die „Wankelmütigkeit der *Volks*gunst" (sie kommt u.E. thematisch gar nicht vor) als vielmehr um die Frage, wer dem König nachfolgt, wenn er alt ist: „Der König uns sein(e) Nachfolger" – dieses Thema erinnert an Textpassagen innerhalb (und außerhalb) der Salomofiktion:

---

141 Dies ist auch die Lösung von *Lohfink*, Kohelet, 39: „Im Ganzen ist in 13-16 von 3 Herrschern die Rede: von dem alten König, der abgelöst wird; von dem jungen Mann, der aus dem Gefängnis befreit wird, um ihn abzulösen; von einem ‚nächsten jungen Mann', der statt des zweiten ‚hochkommt'".

142 Dies zeigt sich schon in den Titeln, die diesem Abschnitt gegeben werden: *Lauha*, Kohelet, 91: „Sic transit gloria mundi"; *Lohfink*, Kohelet, 38: „Wankelmütige Volksgunst" und, von ihm beeinflusst, *Backhaus*, Zeit und Zufall, 169: „Wechselnde Volksgunst" sowie *Schwienhorst-Schönberger*, Nicht im Menschen, 134: „Gesellschaftliche Spitzenpositionen" oder auch *Krüger*, Kohelet, 199: „Kritik falscher Erwartungen an einen König".

143 *Lohfink*, Kohelet, 39.

a) Schon im Prolog, der ja zum Anfang der Salomofiktion in 1,4-11 dem Schlußstück in 4,13-16 entspricht, wird festgehalten, daß „es keine Erinnerung an die Früheren" geben wird (אֵין זִכְרוֹן לָרִאשֹׁנִים), wie „auch nicht an die Späteren" (וְגַם לָאַחֲרֹנִים Koh 1,11)[144].
b) Dies entspricht genau dem Thema von Koh 4,13-16. Innerhalb der Salomofiktion ist dieser Gedanke auf den König selbst bezogen: Nach der Einleitung (Koh 1,12) und den ersten vier Erkenntniswegen (Koh 1,13-2,11) kommt die erneute Zuwendung zu einem Erkenntnisweg (dem fünften), „denn was ist der Mensch, *der nach dem König kommt?*" (כִּי מֶה הָאָדָם שֶׁיָּבוֹא אַחֲרֵי הַמֶּלֶךְ Koh 2,12b). Dann folgt in Koh 2,13-14a der Versuch der Betrachtung älterer Weisheitssprüche, ehe dann 2,14b das Ergebnis einleitet („Dabei erkannte ich ebenfalls, daß einerlei Geschick (מִקְרֶה אֶחָד) alle trifft" – eine Anknüpfung an den Prolog), und Koh 2,15 sich der König selbst im Hinblick auf seine Zukunft (לָמָּה[145]) fragt: „Wozu habe ich denn so übermäßig der Weisheit nachgejagt?" und anschließend das „הֶבֶל-Ergebnis" feststellt. Die Explikation des Ergebnisses (Koh 2,16-19) bringt dann wieder die Erkenntnis, daß es kein „Andenken" (אֵין זִכְרוֹן Koh 2,16) an den Weisen (= „Salomo") gibt und die Sätze (Koh 2,18.19): „Da haßte ich das Leben ... und ich empfand Widerwillen gegen all mein Tun ... , daß ich es einem Menschen überlassen / hinterlassen muß, *der nach mir kommt* (שֶׁאַנִּיחֶנּוּ לָאָדָם שֶׁיִּהְיֶה אַחֲרָי). Wer weiß denn, ob er ein Weiser oder ein Tor sein wird? Und doch wird er herrschen ...".
c) Das Thema „Der König und sein Nachfolger kommt aber noch öfter vor: Auch Koh 2,21 klagt darüber, daß ein Mensch, der sich redlich abmühte, es letzten Endes doch dem, „der keine Mühe damit gehabt hat", alles zum „Erbteil" (חֵלֶק[146])überlassen muß, denn für alles gibt es eine bestimmte Zeit (Koh 3,1-8.15.17), alle haben dasselbe Geschick (3,19: מִקְרֶה)[147] und alles geht an seinen Ort zurück (3,20, vgl. Prolog). So gibt es für den Menschen nichts besseres, als sich zu freuen, „denn wer brächte ihn dahin zu sehen / zu erkennen (ראה), *wer nach ihm kommt*" (שֶׁיִּהְיֶה אַחֲרָיו 3,22).
d) Schließlich fragt „der König": „Für wen denn mühe ich mich ab, und gönne meiner Seele keine guten Dinge?"[148], ehe dann

---

144 Vgl. zu dieser Übersetzung die Analyse von Koh 1,11 auf S.64f mit Anm. g.

145 Die „לָמָּה-Frage (‚wozu < zu was?') [markiert] im Unterschied zu מַדּוּעַ-Frage (‚warum < was ist gewußt?') das Erfragte nicht als vorfindlichen *Grund*, sondern als intendierte *Absicht*, die als Grund für etwas angesehen wird. מַדּוּעַ fragt deshalb in die *Vergangenheit* und לָמָּה in die *Zukunft*." So *Janowski*, Konfliktgespräche, 360, Anm.56 unter Berufung auf *Michel*, Warum, 13ff.

146 Vgl. dazu die Konnotation von חֵלֶק und נַחֲלָה.

147 מִקְרֶה „bedeutet, ‚was von selbst, ohne eigenes Zutun und ohne Willen des Betreffenden und ohne bekannten Urheber vorfällt' (KBL³), also ‚Zufall', ‚Geschick', von קרה ‚treffen', ‚widerfahren'" (*Lauha*, Kohelet, 53).

148 Der Auffassung *Lohfinks*, War Kohelet ein Frauenfeind?, 267, Anm.34, der Verfasser identifiziere sich hier „für einen Augenblick mit jemandem in ganz

e) der Abschluß der Salomofiktion in Koh 4,13-16a konstatiert: „Besser ein Jüngling, arm, aber weise, als ein König, alt, aber ein Tor, ... der an seine (des Königs) Stelle tritt, denn: es gibt kein Ende der Mühen[149], bei keinem, der an die Spitze (אֲשֶׁר־הָיָה לִפְנֵיהֶם = der König) gekommen ist".

Wir meinen, daß das Thema der Nachfolge des Königs die Salomofiktion prägt, weil die Erkenntniswege die Nichtigkeit aller Bestrebungen nach einem „Gewinn" aufzeigen. Selbst der König, der doch über alle herrscht, wird abtreten, wird sterben müssen, denn alle trifft dasselbe Geschick, und alles, was er sich mit „Mühen" verschaffte, wird in der Zukunft dahinfallen, dem Nachfolger, der sich nicht dafür abmühte, zufallen. Aus diesem Grund glauben wir, daß die Salomofiktion nicht in Koh 2,11 oder Koh 3,15 (s.o.) endet, sondern sich bis Koh 4,16 erstreckt.
Ein Hinweis darauf, daß das Ende der Salomofiktion bei Koh 4,16 anzusetzen ist, könnte auch ein *argumento e silentio* bieten: das Thema „Der König und sein Nachfolger" kommt nach Koh 4,16 im ganzen Buch nicht mehr vor. Zwar erscheint noch einige Male „der König" (Koh 5,8; 8,2.4; 9,14; 10,16.17.20), aber offensichtlich in ganz anderem Zusammenhang. Auch das Thema des Nachfolgers und der Verlust des Besitzes nach dem Tod wird zwar noch weiterhin behandelt (Koh 5,10.12-15; 6,2 7,14 u.ö.), nun aber nicht mehr hinsichtlich des Königs, sondern auf alle Menschen ausgedehnt. Man könnte hierin allenfalls eine Erweiterung des ursprünglich auf den fiktiven „König Salomo" bezogenen Gedankens erkennen können, der nun quasi „demokratisiert" und zu einer allgemeingültigen Weisheit im Hinblick auf alle Menschen erweitert würde.

3. Koh 4,13-16 als Abschluß der Salomofiktion
Da das Thema „Der König und sein(e) Nachfolger" in der Forschung bislang noch kaum struktur- und kompositionskritisch ausgewertet wurde, wird zwar dessen Bedeutung schon an verschiedenen Stellen gesehen; dies hat jedoch noch bei keinen der Kommentatoren dazu geführt, die Salomofiktion bis Koh 4,16 weiter zu führen. So betont zum Beispiel *Krüger* einerseits, daß Koh 4,13-16 nicht nur als Resümee zu Koh 4,7-12, sondern „zugleich als Resümee zu 1,3-4,12 gelesen werden" kann und der Abschnitt Koh 4,13-16 „formal die Reflexionen von 3,10-4,12 weiter[führt]"[150] und zu einem Abschluss bringt. Auch *Lohfink* räumt ein, „daß der Chrakter des Ich-Erzählungsfadens, der auf den ersten Blick das ganze Buch durchzieht, [sich]

anderer Situation", können wir uns nicht anschließen. *Gerade* hier spricht der „König".

149 Zur Textkonjektur vgl. die Analyse zur Stelle.

150 *Krüger*, Kohelet, 197.

nach 4,17-5,6 [ändert]. Zwischen 1,12 und 4,16 gab es, von Hauptsätzen getragen, so etwas wie eine durchlaufende Ich-Verbalkette, wenn auch oft mit Neuansätzen. Die Ich-Aussagen des 2. Buchteils von 5,7 an stehen dagegen in Relativsätzen“[151]. Andererseits sind die Struktur- und Kompositionsanalysen dieser Forscher aber bislang so geprägt, daß sie die Salomofiktion nicht bis Koh 4,16 führen können. Zu dieser Auffassung kann man allerdings über zwei Wege gelangen, die sich gegenseitig stützen:
*Via negationis* haben wir festgestellt, daß die Argumente, die für einen früheren Abschluss der Salomofiktion plädierten, nicht wirklich stichhaltig waren[152]. Für Koh 2,24-26, wo die Mehrzahl der Forscher die Salomofiktion enden lassen, hatte *Krüger* noch selbst festgestellt, daß „auf der Textoberfläche keine eindeutigen Signale vorliegen, die das Ende der Königs-Travestie in 2,26 und / oder einen Neueinsatz in 3,1 markieren“[153]. Für die zweite Möglichkeit, Koh 3,15 zum Ende der Salomofiktion zu erklären, stehen vor allem die Namen *Lohfink* und *Backhaus*. *Schwienhorst-Schönberger* führt die Fiktion bis Koh 3,22, zählt aber lediglich sieben Argumente für die These auf, „daß 3,16-22 kompositionskritisch zu den vorangehenden Texteinheiten zu rechnen ist“[154], nennt aber keines, das das Ende der Fiktion dann nach Koh 3,22 plausibel erscheinen läßt.
*Positiv* lassen sich Argumente im folgenden zusammenfassenden Fazit zusammentragen:

## XI. Fazit

### 1. Die „תַּחַת הַשָּׁמֶשׁ“ bzw. „תַּחַת הַשָּׁמַיִם“-Abschnitte

Eine wichtige terminologische Beobachtung, die unter dem Gedanken der Leitwort-Analyse entscheidend ist, muss vorangestellt werden: Die „Sonne“ scheint zu den Lieblingsworten Kohelets gehört zu haben. Sie kommt im gesamten bislang analysierten Textcorpus Koh 1,3-4,16, also von der Zentralfrage (1,3) an, über den Prolog (1,4-11) und die gesamte Salomofiktion (1,12-4,16) hinweg sechzehn mal vor, fast immer in Verbindung mit תַּחַת (תַּחַת הַשָּׁמֶשׁ Koh 1,3.9.14; 2,11.17. 18.19. 20.22; 3,16; 4,1.3.7.15). Die „תַּחַת הַשָּׁמֶשׁ“-Formel wurde in der früheren Forschung gerne vom griechischen ὑπὸ τὸν ἥλιον abgeleitet, ist aber auch im semitischen Bereich nachgewiesen worden[155].

---

151 *Lohfink*, Strukturen und Struktur, 111.

152 Vgl. dazu oben Teil 2 B) III.2. Koh 2,24-26 als Abschluss der Salomofiktion? sowie Teil 2 B) VI.4. Ende der Salomofiktion nach 3,15?.

153 *Krüger*, Theologische Gegenwartsdeutung, 245.

154 Vgl. seine Argumentation in Teil 2 B) VI.4. Ende der Salomofiktion nach 3,15?.

155 So *Loretz*, Kohelet und der Alte Orient, 46f.

Überblickt man das ganze Buch, kommt die Sonne 35 Mal vor, ist dabei 29 Mal in Verbindung mit תַּחַת gebraucht (Koh 1,3.9.14; 2,11.17.18.19.20.22; 3,16; 4,1.3.7.15; 5,12.17; 6,1.12; 8,9.15 (2x).17; 9,3.6.9 (2x).11.13; 10,5) und steht nur 6 Mal absolut (Koh 1,5 (2x); 6,5; 7,11; 11,7; 12,2). Die Formulierung „תַּחַת הַשָּׁמֶשׁ“ bzw. das Synonym „תַּחַת הַשָּׁמַיִם“ (Koh 1,13; 2,3; 3,1) begegnet im Buch Kohelet nur in den Abschnitten Koh 1,1-4,16; Koh 5,12-6,12 und Koh 8,9-10,7.

Die „תַּחַת הַשָּׁמֶשׁ“-Formel bedeutet sicherlich ganz wörtlich „unter der Sonne“, will sagen: „auf der Erde“, und meint den Lebensbereich des Menschen, der ihm von Gott in der Schöpfung zugeteilt ist. Diese (wie ich sie nach dieser Beobachtung nennen möchte) „תַּחַת הַשָּׁמֶשׁ“-Abschnitte (und *nur sie*) bergen „Erkenntniswege“ Kohelets, d.h. Versuche, mit deren Hilfe der Verfasser die Phänomene des Lebens nach einem daraus möglicherweise zu erschließenden „Gewinn“ befragt. Durch diese Formel werden die Erkenntniswege Kohelets als menschliche Bemühungen der Welt zugehörig markiert, zugleich auch in ihr wirksam definiert. Während diese Formeln innerhalb der Erkenntniswege geradezu verschwenderisch gebraucht werden, kommen sie in den Abschnitten, die nicht Erkenntniswege Kohelets zum Inhalt haben (Koh 4,17-5,11; 7,1-8,8; 10,8-11,6), *überhaupt nicht* vor.

Die Erkenntniswege arbeiten mit der gleichen Terminologie und unterscheiden sich dadurch signifikant von den übrigen Abschnitten des Buches. Dabei sind drei Textbausteine zu unterscheiden:

a) Dazu gehört die in Koh 2,22 und 3,9 wiederkehrende *Zentralfrage* nach dem „Gewinn“ aus Koh 1,3 und deren Beantwortung in Koh 2,11. Sie ist durch die Leitwörter יִתְרוֹן („Gewinn“) und עָמָל („Mühe“, positiv und negativ besetzt) geprägt. Synonym werden für עָמָל auch עִנְיָן („Geschäft“, vgl. Koh 1,13b; 2,23a.26b; 3,10; 4,8; 5,2.13; 8,16) bzw. ענה III. („sich plagen“, vgl. Koh 1,13b; 3,10; 5,19) gebraucht.

b) Ferner zählen dazu die *Erkenntniswege selbst*, die die Salomofiktion bis Koh 4,16 prägen und in deren Versuchen (לֵב mit einem Verb Perfekt consecutivum), הֶבֶל-Ergebnissen (das in Koh 1,14.17b; 2,1b.11.15b.21b; 3,19b; 4,4b.8b.16b immer wiederkehrende Motto aus Koh 1,2) und Explikationen (meist durch Zitate älterer Weisheit) sich das weisheitliche Streben des Koheletbuches ausdrückt. Die Erkenntniswege Kohelets (Koh 1,13-2,23; 3,16-21; 4,1-12) können in „existentielle Versuche“ (Versuch 1-4.6: jeweils mit לֵב konstruiert) und „intellektuelle Betrachtungen“ (Versuch 5.7-9: ohne לֵב, aber mit רָאָה konstruiert) aufgeteilt werden.

c) Zuletzt ist das in Koh 2,24-26a; 3,12-15 und 3,22 begegnende *Programm* Kohelets zu nennen, das mit seinen Leitwörtern שִׂמְחָה / שׂמח („Freude / sich freuen“), חֵלֶק („Teil“) bzw. מַתַּת אֱלֹהִים („von der Hand / Gabe Gottes“), אכל („essen“) und שתה („trinken“) sowie natürlich טוֹב („Gutes“ / „gut“) eine Alternative zum *vanitas vanitatem* der הֶבֶל-Ergebnisse aufzeigt.

Die Leitwörter dieser drei Textbausteine sollen nun einer genaueren Untersuchung unterzogen werden[156].

2. Die Leitwörter der Zentralfrage Kohelets

a) יִתְרוֹן „Gewinn“

Vom Stamm יתר begegnen in Kohelet drei Derivate: die Nominalbildung יִתְרוֹן, das Ptz. Qal יוֹתֵר / יֹתֵר und das nur ein Mal begegnende מוֹתָר.[157] Übersicht:

| יִתְרוֹן | יוֹתֵר / יֹתֵר | מוֹתָר |
|---|---|---|
| 1,3 | | |
| 2,11 | | |
| 2,13 (2x) | | |
| | 2,15 | |
| 3,9 | | |
| | | 3,19 |
| 5,8 | | |
| 5,15 | | |
| | 6,8 | |
| | 6,11 | |
| | 7,11 | |
| 7,12 | | |
| | 7,16 | |
| 10,10 | | |
| 10,11 | | |
| | 12.9 | |
| | 12,12 | |

Die Frage nach dem יִתְרוֹן ist in Koh an fünf Stellen präsent[158]: Koh 1,3: מַה־יִּתְרוֹן, Koh 3,9: מַה־יִּתְרוֹן, Koh 5,15: וּמַה־יִּתְרוֹן, Koh 6,8: כִּי מַה־יּוֹתֵר und Koh 6,11: מַה־יֹּתֵר. Die Antwort auf die יִתְרוֹן-Frage findet sich Koh 2,11: וְאֵין יִתְרוֹן תַּחַת הַשָּׁמֶשׁ.

Wie ist der nur bei Kohelet vorkommende Terminus יִתְרוֹן zu interpretieren? Der Begriff ist „primär wirtschaftlich geprägt: ‚Überschuß‘, ‚Gewinn‘, auch verallgemeinert ‚Vorteil‘“[159]. Danach stellt der

---

156 Die hohe Bedeutung der Leitwörter für die Struktur und den Aufbau des Buches sind von der Forschung längst erkannt worden. *Loretz*, Kohelet, 167-180, hat sich dem Wortschatz Kohelets ausführlich gewidmet.

157 Zu יתר vgl. *Kronholm*, (Art.) יתר: *jatar* I, in: ThWAT III, 1079-1090, zum Vorkommen bei Kohelet z.B. *Loretz*, Kohelet und der Alte Orient, 170 und *Lisowsky / Rost*, Konkordanz, 657-659.

158 Man kann auch die Stellen Koh 2,21.22 und 5,10 dazu zählen, obwohl dort nicht vom יִתְרוֹן, sondern in Koh 2,21 und 5,10 vom כִּשְׁרוֹן die Rede ist.

159 *Kronholm*, 1085.

יִתְרוֹן den in der Kosten-Nutzen-Rechnung erwirtschafteten Profit dar, der nach Abzug aller Kosten und unter Berücksichtigung des Aufwandes „übrig bleibt“ (יתר). Es fällt nun auf, daß die Frage nach dem „Vorteil“ immer verbunden ist mit der menschlichen Bemühung um einen solchen; diese Bemühung wird oft ausgedrückt durch den Terminus עָמָל.

b) עָמָל[160]

Die Wurzel עמל begegnet im Koheletbuch insg. 35 Mal, davon als Verb im Qal („sich abmühen“) 8 Mal (Koh 1,3; 2,11.19.20.21; 5,15.17; 8,17), als Nomen עָמָל („Mühe, Mühsal“) 22 Mal (Koh 1,3; 2,10 (2x).11.18.19.20.21.22.24; 3,13; 4,4.6.8.9; 5,14.17.18; 6,7; 8,15; 9,9; 10,15) und als Verbaladjektiv עָמֵל („sich abmühend“) 5 Mal (Koh 2,18.22; 3,9; 4,8; 9,9)[161]. Übersicht:

| als Verb | als Nomen | als Verbaladjektiv |
|---|---|---|
| 1,3 | 1,3 | |
| | 2,10 | |
| 2,11 | 2,11 (2x) | |
| | 2,18 | 2,18 |
| 2,19 | 2,19 | |
| 2,20 | 2,20 | |
| 2,21 | 2,21 | |
| | 2,22 | 2,22 |
| | 2,24 | |
| | | 3,9 |
| | 3,13 | |
| | 4,4 | |
| | 4,6 | |
| | 4,8 | 4,8 |
| | 4,9 | |
| | 5,14 | |
| 5,15 | | |
| 5,17 | 5,17 | |
| | 5,18 | |
| | 6,7 | |
| | 8,15 | |
| 8,17 | | |
| | 9,9 | 9,9 |
| | 10,15 | |

160 Vgl. dazu auch *Loretz*, Kohelet und der Alte Orient, 279-287. Zur anthropologischen Dimension des Begriffs vgl. *Zimmer*, Zwischen Tod und Lebensglück, 91-96, Exkurs 4.

161 Zu עמל vgl. *Otzen*, (Art.) עָמָל *ᶜamal*, in: ThWAT Bd. VI, 213-220; *Schwertner*, (Art.) עָמָל *ᶜamal* Mühsal, in: THAT Bd. II, 332-335 und zum Vorkommen in Koh *Lisowsky / Rost*, Konkordanz, 1092f sowie *Loretz*, Kohelet und der Alte Orient, 169 und *Zimmer*, Zwischen Tod und Lebensglück, 91-96.

Die „mühevolle Arbeit“, mit der sich Kohelet in seinen Versuchen abmüht, wird als „ein böses Geschäft“ (עִנְיַן רָע) bezeichnet.

c) עִנְיָן bzw. ענה III. עִנְיַן רָע

עִנְיָן bzw. ענה III. ist ein im AT nur von Kohelet gebrauchter Terminus, der als Nomen in Koh 1,13b; 2,23a.26b; 3,10; 4,8; 5,2.13; 8,16 und als Verb Koh 1,13b; 3,10 und 5,19 begegnet[162].
Am besten übersetzt ist er wohl mit „Geschäft“, „mühevolle Arbeit“, „Mühe“, „Plage“ und scheint damit ein Synonymbegriff von עָמָל zu sein. Der Unterschied zu עָמָל wird darin liegen, daß עִנְיָן immer nur mit *Gott*, עָמָל aber nur mit dem *Menschen* als Subjekt, d.h. als menschliche Bemühung, begegnet. Vielleicht könnte man auch sagen: עִנְיָן ist das von Gott gegebene „Geschäft“, עָמָל die daraus resultierende „Mühsal“.
Obwohl nun aber diese mühevolle Arbeit (עָמָל) der Suche nach einer Bewältigung des Lebens (Koh 3,10.11) ein „böses Geschäft“ (עִנְיַן רָע Koh 1,13) ist, das keinen „Gewinn“ oder „Vorteil“ nach sich zieht, gibt es doch bei allen Mühen einen „Teil“ (חֵלֶק), nämlich die „Freude“ (שִׂמְחָה). Als „Geber“ dieses „Geschäfts“ oder dieser „Sache“ freilich wird „Gott“ (אֱלֹהִים) genannt.

d) אֱלֹהִים

Zu den Lieblingsworten Kohelets gehört die 40 Mal begegnende Gattungsbezeichnung „Gott“[163]. Der Umstand, daß Kohelet niemals JHWH verwendet, das Tetragramm also vollständig fehlt, gab schon immer Anlaß zu Spekulationen über das Verhältnis Kohelets zum Glauben Israels und zum AT überhaupt[164]. Hinsichtlich des Aufbaus

---

162 Vgl. *Lisowsky / Rost*, Konkordanz, 1098f und *Lauha*, Kohelet, 45. Herkömmlicherweise wird עִנְיָן mit „Geschäft, Sache (business)“ übersetzt. Zum vertieften Verständnis bei Kohelet vgl. *Zimmer*, Zwischen Tod und Lebensglück, 96-100, Exkurs 5.

163 אֱלֹהִים ist nicht eigentlich ein „Schlüsselwort“ oder „Leitwort“ für die Zentralfrage Kohelets. Wir reihen es hier ein, weil seine Konstruktion mit עִנְיָן bedeutsam ist. Trotz der spärlichen Erwähnungen Gottes im Koheletbuch scheint es dennoch von größerer Bedeutung zu sein, vgl. schon *Schubert*, Schöpfungstheologie bei Kohelet, 81-106 zu „Kohelets Gottesverständnis“ und jüngst, die verschiedenen Bezüge des Wortes bedenkend, *Schwienhorst-Schönberger*, Kohelet-Kommentar 2004, S.91-98. *Loretz*, Kohelet, führt dieses Wort in seiner Aufreihung der Lieblingsworte (167-173) nicht an.

164 Vgl. dazu den kleinen Überblick bei *Michel*, Qohelet, 95-103. Literatur zu אֱלֹהִים und zu genanntem Problem in Auswahl: *Blieffert*, Weltanschauung und Gottesglaube im Buch Kohelet, 1938 (Repr. Rostock 1958); *Luder*, Gott und Welt nach dem Prediger Salomo, 105-114; *Klopfenstein*, Skepsis des Kohelet, 1972; *Müller*, Wie sprach Qohälät von Gott?, 507-521; *Stiglmair*, Weisheit und Jahweglaube im Buch Kohelet, 339-368; *Kaiser*, Sinnkrise bei Kohelet, 3-21; *Michel*, Vom Gott, der im Himmel ist, 87-100; *Ders.*, Qohelet, 95-103 und *Ders.*, Gott bei Kohelet, 32-36.

des Buches aber interessieren uns hier vornehmlich die *Konstruktionen*, in denen אֱלֹהִים im Koheletbuch verwendet wird.
An den 26 Stellen, in denen אֱלֹהִים als Sj. gebraucht wird (Koh 1,13; 2,24.26; 3,10.11.13.14.15.17.18; 5,3.5.17.18.19; 6,2; 7,13.14.29; 8,15.17; 9,7.9.11; 11,5; 12,14)[165] ist an 18 dieser Belege אֱלֹהִים mit den Verben נָתַן und עָשָׂה kombiniert[166]. An weiteren 5 Stellen ist das entsprechende Nomen (Koh 3,13; 5,18: מַתָּת; 7,13; 8,17; 11,5: מַעֲשֶׂה) verwendet.

| mit נָתַן | mit מַתָּת | mit עָשָׂה | mit מַעֲשֶׂה |
|---|---|---|---|
| 1,13 | | | |
| 2,26 (3x) | | | |
| 3,10 | | | |
| 3,11 | | 3,11 (2x) | |
| | 3,13 | | |
| | | 3,14 (2x) | |
| 5,17 | | | |
| 5,18 | 5,18 | | |
| 6,2 | | | |
| | | | 7,13 |
| | | 7,14 | |
| | | 7,29 | |
| 8,15 | | | |
| | | | 8,17 |
| 9,9[167] | | | |
| | | | 11,5 |
| | | 11,5 | |

α) Die Gaben Gottes
Als „Gabe Gottes" (מַתַּת אֱלֹהִים) wird Verschiedenes bezeichnet:

| | |
|---|---|
| 1,13; 2,26; 3,10 | ein/e (1,13: böse) „Sache/Geschäft" ((עִנְיַן רָע)) |
| 2,26a; 3,13; 5,18 | Freude, vgl. auch 5,17; 8,15; 9,9 (שִׂמְחָה) |
| 5,17; 8,15; 9,9 | befristete/nichtige Lebenstage |
| 3,11 | die „Ewigkeit" (עֹלָם)[168] |

165 Siehe *Rost / Lisowsky*, Konkordanz.
166 Vgl. dazu *Müller*, Wie sprach Qohälät von Gott? In Koh 2,24; 5,1 ist אֱלֹהִים mit היה (sein), in Koh 3,15 mit בקשׁ (suchen), in Koh 3,17 mit שׁפט (richten), in Koh 3,18 mit ברר (aussondern / prüfen), in Koh 5,5 mit קצף (zürnen) und הבל (zerstören), in Koh 5,18 und 6,2 mit שׁלט (gestatten, erlauben), in Koh 5,19 mit ענה (beschäftigen, befassen mit), in Koh 7,13 (vgl. 1,15) mit עות I. (krumm machen), in Koh 9,7 mit רצה I. (Wohlgefallen haben an) und in Koh 9,11; 12,14 mit בוא Hi. ((vor Gericht) bringen) konstruiert.
167 In Koh 9,9 steht nicht אֱלֹהִים, der Zusammenhang und die Formulierung אֲשֶׁר נָתַן־לְךָ legen aber kein anderes Subjekt nahe.
168 Koh 3,11bα ist eine *crux interpretum* wegen der Schwierigkeit der Wiedergabe von אֶת־הָעֹלָם, vgl. dazu z.B. *Lauha*, Kohelet, 68f und (ausführlicher) *Loretz*, Kohelet und der Alte Orient, 281-285.

| | |
|---|---|
| 5,18; 6,2 | Reichtum und Vermögen (und Ehre: 6,2) |
| 2,26a | Weisheit und Einsicht |

β) Die Werke Gottes
Als „Werk Gottes“ wird bezeichnet:

| | |
|---|---|
| 3,11.14 | „alles“ (אֶת־הַכֹּל) |
| 7,14 | gute und schlechte Tage |
| 7,29 | die Menschen |
| 7,13; 8,17; 11,5 | unbestimmt |

Die Werke Gottes sind nur in Koh 7,14 und 7,29 näher bestimmt worden; sonst aber bleiben sie unbestimmt und sind v.a. – und zwar in *allen* Stellen – für den Menschen nicht faßbar, wie jeweils betont wird.

3. Die Leitwörter der Erkenntniswege Kohelets

a) לֵב[169]
לֵב und sein Synonym לֵבָב (nur Koh 9,3) kommen im Buch Kohelet 42 mal vor[170] von insgesamt 858 Belegen im AT. In der Mehrzahl der Stellen wird לֵב als intellektuelle Fähigkeit mit dem Ziel der Erkenntnis, also als „rational-noetisches Zentrum“ gebraucht; das trifft zu bei allen Vorkommen innerhalb der Versuche der Erkenntniswege[171], seien sie „existentiell“ oder „intellektuell“, aber auch für einige Belege außerhalb dieser[172]. Bei den anderen Stellen ist לֵב ganz offensichtlich als „emotionales Zentrum“ des Menschen angesprochen[173].
Übersicht:

169 Zu לֵב und seiner Verwendung innerhalb der Anthropologie Kohelets vgl. *Zimmer*, Zwischen Tod und Lebensglück, 15-17.

170 Anders *Fabry*, (Art.) לֵב *leb*, in: ThWAT Bd.IV, Sp.413-451, der nur 41 Vorkommen zählt (421). Vgl. aber *Stolz*, (Art.) לֵב *leb* Herz, in: THAT Bd.I, 861-867 (er zählt 41+1 Vorkommen (861)) und die vollständige Liste in *Lisowsky / Rost*, Konkordanz, 708-715 sowie *Even-Shoshan*, Konkordanz, 582-587.

171 Koh 1,13.16a.b.17; 2,1.3 (2x).10 (2x).15a.b.20.22.23; 3,17.18; 7,21.22. 25.26; 8,9.11.16; 9,1.3 (2x); 10,2 (2x).3.

172 M.E. sicher bei Koh 8,5 und 5,1. Umstritten ist Koh 3,11, vgl. aber dazu *Fabry*, Art. ble, 433-434, insb. wegen des Zusammenhangs der Stelle.

173 So ganz sicher bei den „tob-min“-Sprüchen Koh 7,2b.3b.4a.b.7 sowie natürlich in den Belegen, die innerhalb des „Programmes“ Kohelets liegen: Koh 5,19; 9,7; 11,9a (2x).10.

| לֵב als rational-noetisches Zentrum des Menschen | | | לֵב als emotionales Zentrum des Menschen | |
|---|---|---|---|---|
| Erkenntniswege | | Sonstiges Vorkommen | im Programm | Sonstiges Vorkommen |
| existentiell | intellektuell | | | |
| 1,13 | | | | |
| 1,16a.b.17 | | | | |
| 2,1 | | | | |
| 2,3 (2x) | | | | |
| 2,10 (2x) | | | | |
| | 2,15a.b | | | |
| 2,20.22.23 | | | | |
| | | (3,11?) | | |
| | 3,17.18 | | | |
| | | 5,1 | | |
| | | | 5,19 | |
| | | | | 7,2b.3b.4a.b. |
| | | | | 7,7 |
| | 7,21.22 | | | |
| | 7,25.26 | | | |
| | | 8,5 | | |
| | 8,9.11 | | | |
| 8,16 | | | | |
| | 9,1.3 (2x) | | | |
| | | | 9,7 | |
| | 10,2 (2x).3 | | | |
| | | | 11,9a (2x).10 | |

Wie die Analysen der einzelnen Erkenntniswege und Experimente Kohelets gezeigt haben, muss man nach dem Gebrauch des Wortes לֵב differierende Verwendungen unterscheiden: Für die „existentiellen Versuche“ war charakteristisch, daß der Ort des Versuches der „Verstand“ (לֵב) war und durch das Verbum ראה oder ידע das Ergebnis des jeweiligen Versuches eingeleitet wurde, während die „intellektuellen Betrachtungen“ umgekehrt in ihrem Versuch durch das Verbum ראה (betrachten) gekennzeichnet waren und der „Verstand“ (לֵב) hier als der Ort der Erkenntnis fungierte. Diese beiden grundlegenden Verwendungen sind auseinander zu halten. Festzustellen bleibt jedoch, daß לֵב das entscheidende Leitwort der Erkenntniswege und der Experimente Kohelets ist.

b) רָאָה

Das Verbum ראה begegnet in Kohelet 46 Mal[174]; Übersicht:

| רָאִיתִי | לִרְאוֹת | רְאֵה־זֶה | אֶרְאֶה | לֹא־רָאָה / רָאָה |
|---|---|---|---|---|
| | 1,8 | | | |
| | | 1,10 | | |
| 1,14 | | | | |
| | | | | 1,16 |
| | | 2,1 | | |
| | | | 2,3 | |
| | 2,12 | | | |
| 2,13 | | | | |
| 2,24 | | | | |
| 3,10 | | | | |
| | | | | 3,13 |
| 3,16 | | | | |
| | 3,18 | | | |
| 3,22 | 3,22 | | | |
| | | | 4,1 | |
| | | | | 4,3 |
| 4,4 | | | | |
| | | | 4,7 | |
| 4,15 | | | | |
| 5,12 | | | | |
| 5,17 | 5,17 | | | |
| 6,1 | | | | 6,5 |
| | | | | 6,6 |
| | | 7,13 | | |
| | | 7,14 | | |
| 7,15 | | | | |
| | | 7,27 | | |
| | | 7,29 | | |
| 8,9 | | | | |
| 8,10 | | | | |
| | 8,16 | | | |
| 8,17 | | | | |
| | | 9,9 | | |
| 9,13 | | | | |
| 10,5 | | | | |
| 10,7 | | | | |
| | | 11,4 | | |
| | 11,7 | | | |

Nur je einmal begegnet תִּרְאֶה (Koh 5,7), הָרֹאוֹת (Koh 12,3), רֹאֶה (Koh 8,16), וְרָאֹה (Koh 9,11) und לְרֹאֵי (Koh 7,11). Überprüft man nun die Funktion, die das Verb ראה erfüllt, so kommt man auf zwei verschiedene Grundbedeutungen: Einerseits dient ראה zur Einführung eines existentiellen (Koh 1,16; 2,1.3) oder intellektuellen Versuches

174 *Lisowsky / Rost*, Konkordanz, 1296f; D.Vetter, (Art.) ראה *r'h* sehen, in: THAT Bd. II, 692-701.

innerhalb der Experimente Kohelets (Koh 2,12.13; 3,16.18; 4,1.3.4.7; 5,12; 6,1; 7,15; 8,9.10.16 (2x); 9,11.13; 10,5.7), andererseits wird es dazu verwendet, ein Ergebnis eines solchen existentiellen (Koh 1,14) oder intellektuellen (Koh 6,5.6; 7,27.29; 8,17) Versuches festzuhalten. Könnte man im ersten Falle das Verb mit „prüfend betrachten“ wiedergeben, so müßte man im zweiten Falle mit „einsehen / erkennen“ übersetzen.[175] In letzterer Bedeutung liegt es auch an den Stellen vor, in denen es im Programm Kohelets auftaucht (Koh 2,24; 3,13.22 (2x); 5,17 (2x); 9,9).

c) הֶבֶל[176]

Das dritte Wort, das die Versuche Kohelets prägt, ist das 38 Mal begegnende הֶבֶל. Neben dem Motto von Koh 1,2 und 12,8 kommt es zumeist in den Ergebnissen, die sich an die Versuche anschließen – und hier in verschiedenen Kombinationen – vor (Koh 1,14; 2,1.11. 15.17. 19.21.23; 3,19; 4,4.8; 6,2.9.12; 8,10):[177]

Hier sind zunächst die הֶבֶל-Aussagen, die sich direkt auf den Versuch beziehen, von denen zu unterscheiden, die allgemeiner gelten. Sind erste meist durch „גַּם־זֶה“ gekennzeichnet (Koh 2,15.19.21.23.26; 4,4.8.16; 5,9; 6,2.9; 7,6; 8,10.14, vgl. auch 2,1), so letztere oft durch „הַכֹּל“ (Koh 1,2.14; 2,11.17; 3,19, vgl. 9,9). Zusammen mit den Formulierungen des Mottos von Koh 1,2 und 12,8 kommen wir somit zu drei הֶבֶל-Formeln, die immer wieder begegnen. Übersicht:

| הֲבֵל הֲבָלִים | הַכֹּל הָבֶל | גַּם־הוּא הֶבֶל / גַּם־זֶה הֶבֶל |
|---|---|---|
| 1,2 (2x) | 1,2 | |
| | 1,14 | |
| | | 2,1 |
| | 2,11 | |
| | | 2,15 |
| | 2,17 | |
| | | 2,19 |

[175] Keinesfalls kann man es *nur* „prüfend betrachten“ übersetzen, wie es bei *Michel*, Untersuchungen, 20-30 und 35-40 zu sein scheint. Es geht Kohelet wenigstens an den Stellen 1,16; 2,1.3 „um die Mitteilung einer empirischen Wahrnehmung“ und nicht *nur* um die „kritische Wertung des Wahrgenommenen“ (ebd. S.26). Für die Basis der Untersuchung *Michels* (die er begrenzt auf 1,14 und 2,12-15) treffen seine Beobachtungen zu.

[176] Zum Begriff הֶבֶל und seiner anthropologischen Dimension vgl. *Zimmer*, Zwischen Tod und Lebensglück, 25-33: Exkurs 1: Bedeutung und Gebrauch von *hæbæl*, und die Ausführungen in den Kommentaren, z.B. bei *Schwienhorst-Schönberger*, Kohelet-Kommentar 2004, S.82-91.

[177] „Der eigentliche Ort des überaus dichten Gebrauchs von *hæbæl* bei Pred ist das Urteil“; so *Albertz*, 468. Das Vorkommen außerhalb dieser braucht uns hier nicht weiter zu beschäftigen, da es sich dem Sinn nach nicht von den Belegen innerhalb der Versuche unterscheidet.

| | | |
|---|---|---|
| | | 2,21 |
| | | 2,23 |
| | | 2,26 |
| | 3,19 | |
| | | 4,4 |
| | | 4,8 |
| | | 4,16 |
| | | 5,9 |
| | | 6,2 |
| | | 6,9 |
| | | 7,6 |
| | | 8,10 |
| | | 8,14 |
| 12,8 | 12,8 | |

Mit dem „הֶבֶל-Urteil“ belegt werden innerhalb der Erkenntniswege und Experimente sowohl existentielle Versuche, also als eigene Anstrengungen geschilderte Versuche, als auch intellektuelle Betrachtungen, z.B. von überkommenen weisheitlichen Lehren.
Es ist nun die Frage, ob Kohelet durch das „הֶבֶל-Urteil“ eine durch und durch resignative Grundstimmung festhalten will, oder ob הֶבֶל als Gegenbegriff zu יִתְרוֹן nicht anders interpretiert werden muss. U.E. will Kohelet durch diesen Begriff anzeigen, daß alle menschlichen Versuche der Lebensbewältigung letztlich im Nichts enden müssen, daß es keinen „Gewinn, Profit und Vorteil“ daraus zu gewinnen gibt[178]. An die Analyse der Verwendung von הֶבֶל in den Erkenntniswegen Kohelets anknüpfend sehen wir darin den realistischen Verzicht des Menschen auf umfassende Erkenntnis und umfassendes Glück. Ob man diese Haltung als „ironisch“ (wie in der Interpretation von *E.M.Good*[179]) bezeichnen kann, ist für uns fraglich. Vielmehr scheint sich im הֶבֶל-Urteil Kohelets ein Verzicht auf alle menschlichen Erkenntnismöglichkeiten niederzuschlagen. Er erkennt seine eigene Begrenztheit, die Begrenztheit seiner Möglichkeiten. Darin drückt sich Schmerz aus, vielleicht Ironie, nicht aber die Bitterkeit des Sarkasmus, nicht Pessimismus, nicht Skeptizismus, sondern *Realismus*.
Worauf Kohelet u.M.n. in seinem Buch aber hinweist, ist nicht die resignative Übernahme des „הֶבֶל-Urteils“, sondern, darauf macht *Ogden* aufmerksam[180], die Aufforderung und Empfehlung zur *Freude*.

---

178 Siehe dazu schon die Analyse des Mottos (Koh 1,2; 12,8), Teil 2, B) II.

179 *Good*, Irony, 1965, 1981². Die Position von Good wurde bestätigt durch *Polk*, Wisdom of Irony, 1976, 3-17. Auch *Klopfenstein* greift sie auf: „Im Gegensatz zur Bitterkeit des Sarkasmus versinkt Ironie nicht im Tragischen, sondern lässt bei aller Resignation dafür Raum, das Leben in Heiterkeit zu ergreifen“, vgl. *Ders.*, Koheleth und die Freude am Dasein, 97-107 unter Aufnahme von *Ogden*, Qoheleth, 22.

180 *Ogden*, ebd. S.22: „Qoheleth's purpose in writing is to be sought ultimately in the positive calls to his reader to receive thankfully from God the gift of life.“

d) רַעְיוֹן רוּחַ / רְעוּת רוּחַ

Daneben und damit verwoben haben wir Kombinationen von הֶבֶל, entweder mit וּרְעוּת רוּחַ (Koh 1,14; 2,11.17.26; 4,4.6; 6,9)[181] oder mit dem verwandten und nur bei Koh vorkommenden רַעְיוֹן (Koh 1,17; 2,22; 4,16)[182].

Eine Übersicht kann dies verdeutlichen:

| הַכֹּל הֶבֶל וּרְעוּת רוּחַ | רַעְיוֹן רוּחַ |
|---|---|
| 1,14 | |
| | 1,17 |
| 2,11 | |
| 2,17 | |
| | 2,22 (וּבְרַעְיוֹן) |
| 2,26 | |
| 4,4 | |
| 4,6 | |
| | 4,16 |
| 6,9 | |

רוּחַ begegnet auch alleinstehend, doch ebenfalls innerhalb eines Urteiles, in Koh 5,15 (לָרוּחַ)[183].

4. Die Leitwörter des Programms Kohelets

a) שׂמח / שִׂמְחָה

Der Stamm שׂמח begegnet in Koh als Verb im Qal (שָׂמַח) 7 Mal (Koh 3,12.22; 4,16; 5,18; 8,15; 11,8.9), als Verb im Pi. (שִׂמַּח) 1 Mal (Koh 10,19), als Verbaladjektiv (שָׂמֵחַ) 1 Mal (Koh 2,10) und als Nomen (שִׂמְחָה) 8 Mal (Koh 2,1.2.10.26; 5,19; 7,4; 8,15; 9,7)[184]. Übersicht:

| שִׂמְחָה | שָׂמַח | שִׂמַּח | שָׂמֵחַ |
|---|---|---|---|
| 2,1 | | | |
| 2,2 | | | |
| 2,10 | | | 2,10 |
| 2,26 | | | |
| | 3,12 | | |

„Qoheleth comes to us as a realist, but one who never looses sight of the fact that life is God-given and for our benefit."

181 Die Ableitung entweder von רעה I. „weiden" (vgl. Hos 12,2 „weiden von Wind" oder von רעה III. (von aram. רְעוּ, cstr. רְעוּת „Wille, Entscheid, Streben, Trachten, Haschen") ist umstritten (vgl. dazu z.B. *Lauha*, Kohelet, 46).

182 Vgl. auch *Lisowsky / Rost*, Konkordanz, 1350.

183 Weitere Vorkommen von רוּחַ, doch nicht innerhalb eines Ergebnisses: Koh 1,6 (2x) und Koh 8,8 (2x).

184 Vgl. *Lisowsky / Rost*, Konkordanz, 1376-1378, *Loretz*, Kohelet und der Alte Orient, 170 und *Ruprecht*, (Art.) שׂמח *śmḥ* sich freuen, in: THAT Bd. II, 828-835.

| | | |
|---|---|---|
| | 3,22 | |
| | 4,16 | |
| | 5,18 | |
| 5,19 | | |
| 7,4 | | |
| 8,15 | 8,15 | |
| 9,7 | | |
| | | 10,19 |
| | 11,8 | |
| | 11,9 | |

Was ist nun aber von der שִׂמְחָה als חֵלֶק des Menschen eigentlich zu sagen?

b) חלק II.

Das Nomen חלק II. begegnet in Kohelet 8 Mal (Koh 2,10.21; 3,22; 5,17.18; 9,6.9 und 11,2)[185]. Wie wir schon sahen, wird man zwei unterschiedliche Bedeutungsweisen unterscheiden müssen: Ist die שִׂמְחָה in Koh 2,10 mit Sicherheit der durch menschliche Mühen erarbeitete חֵלֶק[186], so in Koh 3,22; 5,17.18 und 9,9 der göttliche חֵלֶק. Mit der Auffassung von der gottgegebenen „Freude“ als „Teil“ des Menschen legt Kohelet einen neuen Bedeutungsinhalt in den Terminus חֵלֶק. Der Begriff war ursprünglich eng mit dem zugeteilten Erbland, der נַחֲלָה verbunden, „vorzüglich in einem Hendiadyoin, gelegentlich in Parallelismus über ein Distichon verteilt“[187]. Nach dieser Vorstellung war JHWH Ureigentümer des Landes, der Besitzer bekam Anteil am Ureigentum. Nicht immer, aber sehr oft wird חֵלֶק im AT mit JHWH als Subjekt konstruiert: JHWH ist es, der den חֵלֶק zuteilt – was besonders deutlich wird bei den Land*gabe*erzählungen. Die Aussage des „Anteil-Habens“ wurde, evtl. unter dem Eindruck des Verlustes des Landes, theologisch gesteigert, indem JHWH nun selbst als der „Teil“ bezeichnet wurde, wie es in dem Namen חִלְקִיָּהוּ („JHWH ist mein Teil“, 2.Kön 18,18; Jes 22,20; Jer 29,3; Ps 73) zum Ausdruck kommt. Für Kohelet nun ist dies ohne Bedeutung: Wie er schweigt von JHWH, so auch von JHWH als dem Teil, aber: Dem „Zuteilen“ von Lebensraum in der Landgabe entspricht die שִׂמְחָה als Teil der Mühen der Menschen bei Kohelet.

Bei Kohelet wird also die von Gott gegebene, lebensermöglichende

---

185 Vgl. *Lisowsky / Rost*, Konkordanz, 501f und *Loretz*, Kohelet und der Alte Orient, 172; zur Abgrenzung von חֵלֶק I. und III. vgl. die Lexikonartikel von *Schunck*, (Art.) חָלַק *ḥalaq* I, in: ThWAT Bd.II, 1011-1014; *Tsevat*, (Art.) חָלַק *ḥalaq* II, in: ThWAT Bd.II, 1015-1020 sowie *Schmid*, (Art.) חָלַק *ḥlq* teilen, in: THAT Bd.I, 576-579.

186 Es leidet wohl keinen Zweifel, dass die „Freude“ und nicht der „der menschlichen Existenz zugewiesene Raum“ (*Galling*, Der Prediger, 89) der „Teil“ des Menschen ist.

187 *Tsevat*, 1017.

Freude als der חֵלֶק des Menschen beschrieben; die Bemühungen (עָמָל) des Menschen führen nicht ohne weiteres zu diesem חֵלֶק. Das wird in der Zentralfrage Koh 1,3 und der Antwort Koh 2,11 überdeutlich. Es gibt also *aufgrund* der Mühen der Menschen kein surplus, keinen Überschuß oder Reingewinn; die gewährte Freude aber ist Teil *bei all* den Mühen (עָמָל, Koh 2,10).
Daraus wird klar: die von Gott gegebene Freude (שִׂמְחָה) in ihrer konkreten Ausformung (אָכַל / שָׁתָה) ist Teil (חֵלֶק) der Mühen (עָמָל) der Menschen; sie ist darin nicht Ergebnis der Anstrengungen der Menschen selbst (Koh 2,11), sondern Gabe Gottes (Koh 2,10).

c) אָכַל

Das Verbum אָכַל Qal begegnet in Kohelet 15 Mal (Koh 2,24.25; 3,13; 4,5; 5,10.11.16.17.18; 6,2 (2x); 8,15; 9,7; 10,16.17), davon 8 Mal im Impf., 4 Mal als Inf.cs., 1 Mal als Imp. und 2 Mal als Partizip, u.z. zumeist in den „Programmtexten" Kohelets.[188] Übersicht:

| als Impf. | als Inf.cs. | als Imp. | als Part. |
|---|---|---|---|
| 2,24 | | | |
| 2,25 | | | |
| 3,13 | | | |
| | | | 4,5 |
| | | | 5,10 |
| 5,11 | | | |
| 5,16 | | | |
| | 5,17 | | |
| | 5,18 | | |
| 6,2 | 6,2 | | |
| | 8,15 | | |
| | | 9,7 | |
| 10,16 | | | |
| 10,17 | | | |

אָכַל trägt in den Stellen innerhalb des Programms Kohelets eindeutig „den eigentlichen Sinn »essen, fressen« als Bezeichnung einer Grundfunktion des menschlichen und tierischen Lebens"[189], die Objekte des Essens sind ganz offensichtlich Speisen[190]. Außerhalb ihrer sind die Objekte des Essens oftmals andere, etwa Koh 4,5: „sein (eigenes) Fleisch"[191]; Koh 5,10.11: „das Gute"; Koh 6,2: „Reichtum und Ehre und Vermögen"; es liegt hier eher ein metaphorischer Gebrauch mit der Bedeutung „aufbrauchen, vernichten" vor.

---

188 *Lisowsky / Rost*, Konkordanz, 77; *Loretz*, Kohelet und der Alte Orient, 170.

189 *Gerleman*, (Art.) אכל *'kl* essen, in: THAT Bd.I, 138-142, dort 139.

190 Eine Ausnahme bietet Koh 5,18: dort ist der „Reichtum" der Gegenstand des Verzehrens; von Koh 5,17 her aber wird klar, dass „Reichtum" hier näher bestimmt ist als „Speise".

191 Vgl. dazu *Dahood*, CBQ 22 (1960), 404f.

„Das Nicht-Essen ist [...] Zeichen der Traurigkeit [...]. Umgekehrt wird das Essen gerne in Verbindung mit Freude gesetzt“[192]. Ob in der Wendung „essen und trinken“ ein *terminus technicus* für den Bundesschluß vorliegt[193], bzw. ob Kohelet daran denkt, scheint mir fraglich. Ganz sicher liegt in den gegebenen Stellen kein sakramentales Essen zugrunde.
„Die Speise des Menschen ist Gottesgabe (Schöpfungserzählungen). Es gehört zu JHWHs göttlicher Fürsorge, daß er seinen Geschöpfen ‚Speise (אכל) gibt zur rechten Zeit‘ (Ps 104,27), so daß sie satt werden (V.28). Daß Gott dem Menschen zu essen gibt, wird mehrmals hervorgehoben (Deut 12,15f; 32,13; Hos 11,4; Pred 2,24; 3,13)“[194].

d) שָׁתָה

Das Verbum שָׁתָה II Qal ist in Koh 5 Mal belegt (Koh 2,24; 3,13; 5,17; 8,15; 9,7), und zwar ausschließlich innerhalb der „Programmtexte“ Kohelets[195], davon 2 Mal im Perf (Koh 2,24; 3,13), 2 Mal im Inf. cs. mit לְ (Koh 5,17; 8,15) und 1 Mal im Imp. (Koh 9,7). Übersicht:

| im Perf. | im Inf.cs. | im Imp. |
|---|---|---|
| 2,24 | | |
| 3,13 | | |
| | 5,17 | |
| | 8,15 | |
| | | 9,7 |

„אכל steht oft mit שתה ‚trinken‘ zusammen als Ausdruck lebensnotwendiger Funktionen oder Zeichen des Wohlbefindens und der Freude“[196]. Dabei leidet es keinen Zweifel, daß שָׁתָה „erstens und vor allem eine Grundfunktion des menschlichen und tierischen Lebens: die unmittelbare Aufnahme von Flüssigkeit durch den Mund“[197].
Der Verbindung von שִׂמְחָה mit אָכַל und שָׁתָה kommt für die Bestimmung der Qualität der „Freude“ vermutlich entscheidende Bedeutung zu. Das wird m.E. besonders deutlich im Abschnitt Koh 5,17-19, wo die Schönheit (יפה) der שִׂמְחָה deutlich gemacht wird: Der Mensch, dem Reichtum und Vermögen gegeben ist und zusätzlich (!) von Gott ermächtigt wird, seine „Güter“ auch zu nutzen, zu genießen (אָכַל und שָׁתָה), der braucht an der Befristung seiner Lebenstage nicht zu verzweifeln, sondern kann sich an der „Freude seines Herzens“ laben. Das Gegenbeispiel ist in Koh 6,1-5 formuliert: Was nützen einem Menschen Reichtum, Vermögen und „Ehre“ (כָּבוֹד), wenn Gott ihm

192 *Gerleman*, 140.
193 So *Beyerlin*, Herkunft und Geschichte, 1961.
194 *Ottosson*, (Art.) אָכַל, in: ThWAT Bd.I, 252-259, dort 257.
195 Vgl. *Lisowsky / Rost*, Konkordanz, 1502.
196 *Ottosson*, 253.
197 *Gerleman*, (Art.) שתה *štḫ* trinken, in: THAT Bd. II, 1022-1026, dort 1023.

nicht gestattet, davon zu essen (אָכַל, Koh 6,2), was nützt es einem Menschen, wenn er wirklich lange lebte, seine נֶפֶשׁ sich aber nicht am Guten sättigen dürfte? – „besser als er hat es eine Fehlgeburt“!

e) Die אֵין־טוֹב-Formulierungen[198]

Da nominales und adjektivisches טוב durch das ganze Buch hindurch begegnet und es an entscheidenden Stellen prägt, haben sich *Ogden*, *Klein* und zuletzt *Backhaus* und *Schoors* intensiv mit der Bedeutung dieser Stellen beschäftigt[199].

Für *Ogden* sind die אֵין־טוֹב-Formulierungen im Koheletbuch „an important rhetorical device within the book as a whole“[200] - und zwar dafür, was Kohelet angesichts des הֶבֶל des Lebens und des Todesgeschicks alles Lebenden für erstrebenswert hält. *Klein* greift diesen Gedanken auf und resümmiert: „In dieser Situation ruft Kohelet mit Hilfe der אֵין טוֹב-Sprüche zum Genuß der Annehmlichkeiten des Lebens auf. Das ‚Carpe diem‘ ist seine Antwort auf die Frage nach dem Sinn des Lebens und eröffnet einen Bezug zu dem diesen Genuß gewährenden Gott“[201]. *Backhaus*[202] und *Schoors*[203] haben, die Ergebnisse dieser Forscher aufgreifend, jeweils sehr eingehende Analysen vorgelegt, die im wesentlichen die Ergebnisse der genannten Forscher bestätigen.

---

198 Vgl. das bei den Einzelstellen Koh 2,24; 3,12.22 u.ö. Ausgeführte.

199 *Ogden* hat sich in drei Aufsätzen des Phänomens in formgeschichtlicher Perspektive angenommen: *Ogden*, The Tôb-Spruch in Qoheleth; *Ogden*, The „Better“-Proverb (Tôb-Spruch), und *Ogden*, Qoheleth's Use. *Klein*, Kohelet, 95-105 zählt 97 insg. „29 Sprüche, in denen zwei Gegenstände unter der Prämisse miteinander verglichen werden, ob einer der beiden gut bzw. besser (טוֹב) als der andere ist“: 2,24; 3,12.22; 4,2.3.6.9.13.17; 5,4.17; 6,3.5.9; 7,1 (2x).2.3.5.8 (2x).10.11.12.18; 8,15; 9,4.16.17.18; 10,1; ferner zählt er Koh 7,26 hinzu. Nach *Klein* gehen die „Veränderungen der Form“ gegenüber einem dreifach zu unterteilenden „Idealschema“ in den טוֹב-Sprüchen des Koheletbuches auf „die Hand Kohelets“ (S.98) zurück.

200 *Ogden*, Qoheleth's Use, 339.

201 *Klein*, Kohelet, 105. Vgl. die sorgfältige Analyse der einzelnen Sprüche 97-104 und die Einteilung der Sprüche 104f.

202 *Backhaus*, Es gibt nichts Besseres, 102-134.

203 *Schoors*, The word ṭwḇ in the Book of Qoheleth, 685-700.

# C) Ausblick: Die Weiterführung der Salomofiktion in Koh 4,17-11,6

## I. Vorbemerkung

Bevor wir die Ergebnisse unserer Untersuchung zur Salomofiktion zusammenfassen, werden wir versuchen, die gewonnenen Erkenntnisse in einem kurzen Ausblick an Koh 4,17-11,6 zu überprüfen.
Die Salomofiktion endet nach unserer Überzeugung in Koh 4,16. Da aber die weiterführenden Kapitel nicht nur eine Vielzahl von semantischen Verbindungen, sondern auch syntaktische Ähnlichkeiten und strukturelle Vergleiche zulassen, ist es möglich, die in Koh 1,12-4,16 ermittelten Textbausteine der Zentralfrage, der Erkenntniswege und des Programms mit ihrer jeweiligen durch die Leitwörter geprägten Struktur auch in Koh 4,17-11,6 kurz nachzuvollziehen. Da der Schwerpunkt unserer Untersuchung aber auf der eigentlichen Salomofiktion liegt, beschränken wir uns in diesem Teil auf die allernotwendigsten Angaben und führen keine Einzelexegesen durch.

## II. Paränesen: Koh 4,17-5,11

### 1. Ein Neuansatz in Koh 4,17

Mit 4,17 beginnt, wie schon lange erkannt und in der Literatur inzwischen unumstritten ist, ein neuer Abschnitt, der sich vor allem durch seine von Koh 1,12-4,16 verschiedene Form (Paränese) auszeichnet. Auch alle Forscher, die die Salomofiktion wesentlich früher enden lassen, oder die den Abschnitt anders in ihre Gliederung des Koheletbuches platzieren, sehen in Koh 4,17 einen Neuansatz. Selbst *Ogden*, der ansonsten streng nach den Kapiteln abgrenzt, lässt sein „chapter 5" schon in 4,17 beginnen[1].
Allerdings gibt es nach hinten wieder Abgrenzungsdifferenzen: *Hertzberg* und *Lauha* lassen den Abschnitt bis Koh 5,8 reichen, während *Lohfink* ihn bis Koh 5,6 führt. *Michel* differenziert in kleineren Stücken, doch hat sich in ein weitgehender Konsens entwickelt, das Stück in Koh 5,6 enden zu lassen: *Schwienhorst-Schönberger, Seow*

[1] Vgl. die Übersicht in Anlage 2a und 2b.

*und Backhaus* – sie alle sehen nach Koh 5,6 eine Zäsur, auch wenn sie den größeren Textzusammenhang erst in Koh 6,9 enden lassen[2]. Nur *Krüger* bietet eine Ausnahme, da er den Abschnitt wie *Hertzberg* und *Lauha* bis einschließlich Koh 5,8 weiterführt[3]. Zumeist werden, beginnend mit Koh 4,17, zwei oder drei Stücke ausgegrenzt, die in der Regel Koh 4,17-5,6; 5,7-8; 5,9-6,9 umfassen.
Wir selbst führen aus strukturell-terminologischen Gründen den Abschnitt bis Koh 5,11, da erst Koh 5,12 ein neuer Zyklus von Erkenntniswegen Kohelets beginnt, gliedern ihn aber ebenfalls in zwei Abschnitte, da u.E. Koh 4,17-5,6 eine „Kultparänese", in 5,7-11 aber eine „Ethische Paränese" vorliegt.

2. Kultparänese: Koh 4,17-5,6:
Über das rechte Hören und Sprechen

Nichts in diesem Abschnitt[4] erinnert an die Terminologie der Erkenntniswege Kohelets. Hier geht es um Paränese, u.z. um Kultparänese, und „erstmals im Koheletbuch [werden] die Leser direkt angesprochen"[5]. Etliche Imperative, Vetitive und Jussive weisen die Leser darauf hin, dass es besser ist zu hören, als sich mit seinem Mund in Schwierigkeiten zu bringen – vor Gott und den Menschen. Der gesamte Abschnitt kann weiter unterteilt werden[6], in allen Sätzen aber geht es um das „rechte Hören und Reden", das der „Gottesfurcht" (Koh 5,6) entspricht[7], wobei den Imperativen hier besondere Bedeutung zukommt, da in ihnen jeweils Bezug genommen wird auf das Hören (nur Koh 4,17aβ), bzw. das Sprechen (Koh 5,1aα.β.bβ; 5,2b; 5,3aα.b; 5,4a.b; 5,5aα.bα)[8].

---

[2] Die einschlägigen Kommentare geben Auskunft: *Hertzberg*, Der Prediger, 118-126; *Lauha*, Kohelet, 96-105, *Ogden*, Qoheleth, 75, der Koh 4,17 schon zu Kap.5 zieht und dementsprechend eine neue Zählung vorschlägt; *Michel*, Qohelet, 141-144; *Schwienhorst-Schönberger*, Nicht im Menschen, 136-155; *Ders.*, Kohelet-Kommentar 2004, 309-319; *Seow*, Ecclesiastes, 193-228; *Backhaus*, Zeit und Zufall, sowie *Backhaus*, Es gibt nichts Besseres, 174-213. Siehe auch die Übersicht in Anhang 2a und 2b.

[3] *Krüger*, Kohelet, 197-220: „4,13-5,8: Der König und der Gott".

[4] Vgl. neben den Kommentaren zum Abschnitt Koh 4,17-5,6 *Spangenberg*, A Century of Wrestling with Qohelet, 61-91. Ferner *Tita*, Thematische Einheit, 87-102.

[5] *Krüger*, Kohelet, 206.

[6] *Krüger*, Kohelet, 207 schlägt folgende Einteilung vor: Verhalten im Tempel: „Hören" und „Schlachtopfer" (4,17). – Verhalten beim Gebet: „Worte" (5,1-2) – Erfüllung von „Gelübden" (5,3-4) – Umgang mit Veschuldung (5,5) – Resümee: Aufforderung zur „Gottefurcht" (5,6).

[7] Wir schließen uns hier der ausführlichen und präzisen Analyse *Vonachs*, Nähere dich, um zu hören, an. Er hat 40-53 den Abschnitt bis Koh 5,6 exakt analysiert.

[8] Vgl. *Vonach*, Nähere dich um zu hören, 44: „Nimmt man die Abtrennung nach v2 vor, so erhält man zwei Abschnitte mit je fünf Aufforderungen, wobei im ersten

Koh 4,17aβ (וְקָרוֹב לִשְׁמֹעַ) und Koh 5,6b (fürchte Gott!) entsprechen sich offenbar und bilden eine Klammer um die imperativischen Ermahnungen über das rechte Sprechen, das mit den Termini für „Mund, Wort, Stimme, Gelübde, geloben und sagen" näher beschrieben wird. „Die Aufforderung in v6c, den Gott zu fürchten, steht als Fazit unter der ganzen Perikope"[9], allein die zwölfmalige Aufnahme eines Wortes, das das „rechte Sprechen" thematisiert, scheint hinreichend deutlich zu machen, dass die Gottesfurcht wohl vor allem darin besteht: In seinen Worten, seinem Sprechen und Geloben Gott zu fürchten.
Insgesamt gesehen ist diese Paränese im bisherigen corpus des Buches dennoch ein Fremdkörper, der in seiner Struktur sich nicht zu den bisherigen Erkenntniswegen Kohelets fügt. Zwar sind mit לֵב und הֲבָלִים zwei wesentliche Worte aufgenommen worden, die in den Erkenntniswegen Leitwort-Funktion innehaben, doch scheinen sie hier diese Funktion offenbar nicht einzunehmen – im Gegenteil: Die erwähnten Worte des Sprechens sind die Leitworte dieses Abschnittes.

3. Ethische Paränese: Koh 5,7-11:
Über Armut und Reichtum, Recht und Gerechtigkeit

Auch in diesem Abschnitt geht es um Paränese, da die Leser/innen wieder direkt in der 2. Person Singular angesprochen werden (Koh 5,7) man könnte sie aber nun im Unterschied zum vorangegangenen Abschnitt „ethische Paränese" titulieren. Im Unterschied zur vorangegangen Paränese in Koh 4,17-5,6 scheint dieser Abschnitt allerdings thematisch den folgenden Komplex Koh 5,12-6,12, der wieder Erkenntniswege Kohelets beinhalten wird, vorzubereiten, da es hier wie dort erstens um „Reichtum" geht[10] und zweitens ab Koh 5,8 wieder ein Wechsel stattfindet – weg von der 2. Person Singular – in eine distanzierende Betrachtung dessen, was „gesehen" (Koh 5,7: ראה) wird: Bedrückung des Armen und Raub an Recht und Gerechtigkeit. Es begegnen in diesem Abschnitt auch einige aus den Erkenntniswegen schon bekannte Textelemente (Koh 5,8: יִתְרוֹן; Koh 5,10: כִּשְׁרוֹן־

---

Abschnitt zwei doppelte und eine einfache, im zweiten Abschnitt eine doppelte und drei einfache Aufforderungen vorliegen."

9 *Vonach*, Nähere dich um zu hören, 52. Dort weiter: „Demnach heißt Gottesfurcht, Gott als Gott ernst zu nehmen, sich ihm gegenübrer demütig und mit dem angemessenen Respekt zu verhalten, vor allem aber einen vernüftigen, besonnenen, ehrlichen und auch realistischen Kontakt mit ihm zu pflegen" – was letzteres angeht, so schient dieser „Kontakt" diesem Abschnitt entsprechend wohl vor allem darin zu liegen, über das rechte Sprechen, Beten und Geloben nachzudenken.

10 Das hat *Lohfink*, Kohelet, 41 veranlaßt, den Abschnitt Koh 5,7-6,10 mit dem Titel „Über Armut und Reichtum" zu versehen. In seiner Grobgliederung S.10 entspricht dieses Textstück der „Gesellschaftskritik II". Auch Krüger, Kohelet (Prediger) orientiert sich thematisch und stellt den Abschnitt Koh 5,9-6,9 unter den Titel „Armut und Reichtum" (221-242).

וּמָה und nicht zuletzt Koh 5,9: גַּם־זֶה הָבֶל, doch wird man den Gesamtabschnitt nicht als „Erkenntnisweg“ oder als „Experiment“ Kohelets einstufen können, da die typische תַּחַת הַשָּׁמֶשׁ-Formulierung gänzlich fehlt; die ethische Ermahnung steht im Vordergrund[11].

### 4. Fazit

In Koh 4,17-5,11, vor allen Dingen in Koh 4,17-5,6, begegnet uns eine weitgehend andere Terminologie als in Koh 1,1-4,16. Weder ist von Erkenntniswegen, Versuchen, noch von Ergebnissen, noch von Explikationen die Rede. Typische Elemente der Gestaltung in Koh 1,1-4,16, etwa das dort immer wiederkehrende Motto, die Frage nach dem Gewinn, das Programm der Freude oder die „תַּחַת הַשָּׁמֶשׁ-Formulierung“ fehlen in Koh 4,17-5,6 völlig, in Koh 5,7-11 weitgehend. Mit Koh 4,17-5,6 beginnt ein nicht nur in Form, sondern auch in Thema und struktureller Gestaltung vom vorangegangenen Abschnitt Koh 1,1-4,16 grundlegend geschiedener Komplex. Koh 5,7-11 hingegen scheint in der zögerlichen Aufnahme einiger Leitwörter und insbesondere wegen des angesprochenen Themas die nun folgenden Erkenntniswege vorzubereiten.

## III. Erkenntniswege: Der zehnte und elfte Versuch in Koh 5,12-6,12

Mit Koh 5,12 beginnen nach unserer Auffassung wieder Erkenntniswege Kohelets, die in ihrer strukturellen Gestaltung an Koh 1,13-2,23 und Koh 3,16-4,12 anknüpfen; dabei ist der Gesamtkomplex von Koh 5,12-6,12 durch den zehnten (Koh 5,12-16) und elften (Koh 6,1-2a) Erkenntnisweg gerahmt, dazwischen findet sich wieder das schon bekannte Programm in Koh 5,17-19.

### 1. Der zehnte Erkenntnisweg: Koh 5,12-16: Am Ende des Lebens ist alles vergeblich!

Der zehnte Erkenntnisweg Kohelets beginnt – darin dem elften Versuch gleich – mit der Einleitungsformel (יֵשׁ רָעָה חוֹלָה רָאִיתִי תַּחַת הַשָּׁמֶשׁ), und wie die „intellektuellen Betrachtungen“ der Experimente 5.7-9 ohne dass vom לֵב die Rede ist. Allerdings ist wieder der Referenzrahmen dieses Erkenntnisweges angegeben: תַּחַת הַשָּׁמֶשׁ[12]: „Es gibt ein schlimmes Übel, das ich gesehen habe unter der Sonne“. Auch

---

[11] Textkritische Anmerkung zu Koh 5,9: das dort ganz unmotiviert am Ende stehende und den Rhythmus des Verses störende גַּם־זֶה הָבֶל (Koh 5,9b) wird eventuell als eine Glosse ausscheiden müssen, da im gesamten Abschnitt Koh 4,17-5,6 das הֶבֶל-Ergebnis sonst keine Rolle spielt. Koh 5,7b.9a.10a und 5,11 scheinen Zitate zu sein.

[12] Und darin unterscheidet sich dieser Abschnitt wieder ganz wesentlich von den beiden paränetisch geprägten Abschnitten in Koh 4,17-5,6; 5,7-11.

dieser Versuch wird durch das ernüchternde Ergebnis in Koh 5,15bβ („für den Wind / nutzlos!“: לָרוּחַ) abgeschlossen. Koh 5,13.14.15 sind geprägt durch die für die יִתְרוֹן-Frage typischen Leitwörter (וּמַה־יִּתְרוֹן-Frage in Koh 5,15bα, siehe die Strukturanalyse), Koh 5,16 folgt die Explikation. Als Struktur ergibt sich also:

Erkenntnisweg 10:

| | | |
|---|---|---|
| יֵשׁ רָעָה חוֹלָה רָאִיתִי תַּחַת הַשָּׁמֶשׁ | 5,12 a | Beobachtung |
| וְאָבַד הָעֹשֶׁר הַהוּא בְּעִנְיַן רָע | 5,13 a | |
| וּמְאוּמָה לֹא־יִשָּׂא בַעֲמָלוֹ | 5,14 bα | |
| וְגַם־זֹה רָעָה חוֹלָה | 5,15 aα | |
| וּמַה־יִּתְרוֹן לוֹ שֶׁיַּעֲמֹל | 5,15 bα | |
| לָרוּחַ | 5,15 bβ | Ergebnis |
| | 5,16 | Explikation |

2. Das Programm: Koh 5,17-19:
   Die Freude am Leben: eine Gabe Gottes!

Zwischen den zehnten und elften Erkenntnisweg schiebt sich wieder das Programm der Freude, das in allen wesentlichen Elementen dem seiner Vorgänger in Koh 2,24-26a; 3,12-15.22 gleicht. *Fischer* hat diesen Abschnitt im Rahmen seiner Untersuchung zu Koh 5,9-6,9 ausführlich analysiert[13]. Wir haben in diesem Abschnitt eine wahre Fülle von Leitwörtern vor uns, die eine strukturelle Einordnung in die Gesamtkomposition des Buches erleichtern. Zunächst ist wieder auf die תַּחַת הַשָּׁמֶשׁ-Formulierung (Koh 5,17) hinzuweisen, die alle Erkenntniswege und Experimente Kohelets prägt. Klar ist aber, dass es in diesem Programm wieder um die *Freude* geht (5,18: וְלִשְׂמֹחַ; 5,19: בְּשִׂמְחַת) als „Teil“ (5,17: חֶלְקוֹ; 5,18: אֶת־חֶלְקוֹ) der „Mühen“ geht, mit denen sich einer abmüht (5,17: בְּכָל־עֲמָלוֹ שֶׁיַּעֲמֹל; 5,18: בַּעֲמָלוֹ) – und diese „Freude des Herzens“ (בְּשִׂמְחַת לִבּוֹ) drückt sich darin aus, das Gute zu sehen (5,17: וְלִרְאוֹת טוֹבָה / טוֹב) und essen und trinken zu können (5,17: לֶאֱכוֹל־וְלִשְׁתּוֹת; 5,18: לֶאֱכֹל). Im Unterschied zu den anderen Programm-Formulierungen wird diese Freude ausdrücklich als Gabe Gottes definiert (5,17: אֲשֶׁר־נָתַן־לוֹ הָאֱלֹהִים) und damit, etwa im Unterschied zur Freude im dritten und vierten Experiment (in Koh 2,1-2; 2,10), als gottgegeben und nicht durch Menschenhand gemacht charakterisiert. Nichts ist hier zu spüren von der ernüchternden *vanitas vanitatem* des הֶבֶל-Ergebnisses, denn die so definierte Freude als Teil bei all den Mühen ist in der Tat das Gegenprogramm Kohelets (Gottes!) gegen die resignative Grundhaltung, die in den ver*nich-*

---

13 Fischer, Aufforderung zur Lebensfreude, 74-86. Für Fischer ergibt sich die Bedeutung des Abschnittes innerhalb seiner Untersuchung „nicht nur aus ihrer zentralen, das Vorhergehende mit dem Nachfolgenden verbindenden Stellung innerhalb der Komposition, sondern auch aus der Fülle der für Kohelet typischen Lieblingswörter und Formeln“ (74).

*tenden* Ergebnissen der menschlichen Erkenntnisbemühungen sich ausdrückt. Hatte er zehnte Erkenntisweg Kohelets eben noch festgehalten, dass am Ende des Lebens alles vergeblich ist, und wird auch der sogleich folgende elfte Erkenntnisweg die *Er*kenntnis bringen, dass am Ende des Lebens nichts bleibt, so ist das „Programm der Freude“ zwischen den sich in den Vordergrund spielenden הֶבֶל-Ergebnissen das stete aber doch eindringliche *Be*kenntis zu den gottgegebenen Freuden des Lebens!

3. Der elfte Erkenntnisweg: Koh 6,1-12
   Am Ende des Lebens bleibt nichts!

Die Einleitungsformel des elften Erkenntnisweges (Koh 6,1) ist identisch mit der des zehnten (יֵשׁ רָעָה חוֹלָה רָאִיתִי תַּחַת הַשָּׁמֶשׁ). Auch diese Perikope enthält wieder eine Fülle von Leitwörtern, die eine strukturelle Zuordnung ermöglichen; wie im zehnten Experiment ist dieser Erkenntnisweg ebenfalls durch Leitwörter geprägt. Allerdings scheint deutlich zu sein, dass wir hier wieder einen Erkenntnisweg vor uns haben, auch wenn das Leitwort לֵב nicht vorkommt. Nachdem das „Übel“ „unter der Sonne“ (תַּחַת הַשָּׁמֶשׁ) in Koh 6,1-2a geschildert ist, wird in Koh 6,2bβ das Ergebnis festgehalten: „Das ist nichtig und eine große Krankheit (זֶה הֶבֶל וָחֳלִי רָע הוּא)“. Der geschilderte Hinter-grund, ausgedrückt durch die aus dem Programm Kohelets entnom-menen Leitworten (in Koh 6,2aβ; Koh 6,3aβ; Koh 6,3b) und die sich aufdrängende יִתְרוֹן-Frage (Koh 6,8a; Koh 6,11b) prägen den weiteren Fortgang des Textes. In Koh 6,3-12 wird das Ergebnis aus Koh 6,2b dadurch ausführlich expliziert, doppelt bestätigt (V.4.9) und mit einer doppelten Frage nach dem Gewinn (Koh 6,8a; 6,11b) verbunden. So gelangen wir zu folgender Struktur:

Erkenntnisweg 11:

| | | |
|---|---|---|
| יֵשׁ רָעָה אֲשֶׁר רָאִיתִי תַּחַת הַשָּׁמֶשׁ | 6,1a | Beobachtung |
| | 6,1b.2a | Schilderung |
| זֶה הֶבֶל וָחֳלִי רָע הוּא | 6,2b | Ergebnis 1 |
| וְנַפְשׁוֹ לֹא־תִשְׂבַּע מִן־הַטּוֹבָה | 6,3 | Explikation 1 |
| כִּי־בַהֶבֶל בָּא | 6,4 | Ergebnis 2 |
| כָּל־עֲמַל הָאָדָם ... מַה־יּוֹתֵר | 6,5-9a | Explikation 2 |
| גַּם־זֶה הֶבֶל וּרְעוּת רוּחַ | 6,9b | Ergebnis 3 |
| ... מַה־יֹּתֵר לָאָדָם ... מַה־טּוֹב לָאָדָם<br>יְמֵי־חַיֵּי הֶבְלוֹ ... תַּחַת הַשָּׁמֶשׁ | 6,10-12 | Explikation 3<br>und Ergebnis |

## IV. Weisheitssprüche und Erkenntniswege: Koh 7,1-8,8

### 1. Vorbemerkung

Der Abschnitt Koh 7,1-8,8 ist strukturell schwer zu erfassen; was aber mit Sicherheit gesagt werden kann, ist, dass hier wie in Koh 4,17-5,11 keine den bisherigen Erkenntniswegen vergleichbaren Versuche Kohelets vorliegen: Die „תַּחַת הַשָּׁמֶשׁ-Formel" kommt im gesamten Abschnitt Koh 7,1-8,8 niemals vor(!); zwar begegnet שֶׁמֶשׁ in Koh 7,11, aber eben in einem Zitat und nicht in derselben Funktion wie sonst. Dasselbe gilt für das Vorkommen von יוֹתֵר (Koh 7,11.16) und יִתְרוֹן (Koh 7,12): nicht die יִתְרוֹן-Frage wird hier gestellt, vielmehr sind die Begriffe Bestandteile der Weisheitssprüche, die Kohelet zitiert. Das הֶבֶל-Ergebnis in Koh 7,6b halten wir wie Koh 5,9b für eine sekundär eingeflossene Glosse, die den Rhythmus der „Besser-als-Sprüche" von Koh 7,1-6 klar unterbricht.

Bis Koh 7,15 finden sich auch keine Einleitungsformeln für Versuche, und die Koh 7,15-22; 7,23-24 und 7,25-29 aufgezählten drei Erkenntniswege sind von anderer Komposition als die bisherigen. Der anschließende Abschnitt Koh 8,1-8 bietet wie Koh 7,1-14 Weisheitssprüche. Wir haben es in Koh 7,1-8,8 also mit einer Kombination von Weisheitssprüchen (Koh 7,1-14; 8,1-8) und Erkenntniswegen Kohelets, die eine andere Struktur als die bisherigen bieten (Koh 7,15-24), zu tun.

### 2. Die Weisheitsprüche: Koh 7,1-10.11-14; 8,1-8

Koh 7,1-14 scheint, will man den Abschnitt überhaupt unterteilen[14], aus zwei Teilen von Weisheitssprüchen zu bestehen: Koh 7,1-10 und 7,11-14, in denen verschiedene Gattungen kombiniert wurden. Offensichtlich haben wir eine Zitation älterer Weisheitssprüche vor uns, die, falls sie von Kohelet selbst eingetragen wurden, unwidersprochen zitiert werden, obwohl sie anderen Aussagen Kohelets entgegenlaufen.

Ähnliches gilt wohl für den Abschnitt Koh 8,1-8, den wir als dritten Teil dieser Weisheitszitation ansehen.

### 3. Erkenntniswege: Koh 7,15-22.23-24.25-29

#### a) Vorbemerkung:

Die Erkenntniswege von Koh 7,15-29 unterscheiden sich von den bisherigen v.a. dadurch, dass sie nicht eigentlich ein Ergebnis (schon gar nicht das הֶבֶל-Ergebnis) bieten, sondern eher paränetische Ermahnungen als Lösung anbieten. Bezeichnenderweise findet sich in diesen Abschnitten auch niemals die „תַּחַת הַשָּׁמֶשׁ-Formel".

---

14 Fast jeder Ausleger unterteilt hier anders, vgl. dazu Anhang 2a und 2b.

b) Der zwölfte Erkenntnisweg: Koh 7,15-22
Der Frevler lebt, der Gerechte geht zugrunde!

Die Einleitungsformel des zwölften Erkenntnisweges (Koh 7,15a) entspricht denjenigen der „intellektuellen Betrachtungen“ der Erkenntniswege 5 und 7-11: „Alles habe ich betrachtet (ראה) in meinen nichtigen Tagen... (אֶת־הַכֹּל רָאִיתִי בִּימֵי הֶבְלִי...)“. Koh 7,15b schildert dann den Gegenstand der Beobachtung. Koh 7,16-18 scheint eine Folgerung aus dieser Beobachtung zu sein, eingeleitet jeweils durch zweimaliges אַל in V. 16a („Sei nicht allzu gerecht...“) und V. 17a („Frevle nicht allzu sehr...) und in V. 16b und V. 17b jeweils durch eine Frage, eingeleitet jeweils mit לָמָּה, beendet, während Koh 7,18-22 diese Folgerung expliziert, eingeleitet durch ... טוֹב אֲשֶׁר, die erläutert, was „gut ist“. Diese Konstruktion ergibt folgende im Grunde den Erkenntniswegen der Salomofiktion verwandte Struktur:

Erkenntnisweg 12:

| | | |
|---|---|---|
| אֶת־הַכֹּל רָאִיתִי בִּימֵי הֶבְלִי | 7,15a | Beobachtung |
| יֵשׁ צַדִּיק אֹבֵד בְּצִדְקוֹ וְיֵשׁ רָשָׁע מַאֲרִיךְ בְּרָעָתוֹ | 7,15b | Schilderung |
| אַל־תְּהִי צַדִּיק ... אַל־תִּרְשַׁע הַרְבֵּה וְאַל־תְּהִי סָכָל | 7,16-17 | Folgerung |
| טוֹב אֲשֶׁר ... | 7,18-22 | Explikation |

c) Der dreizehnte Erkenntnisweg: Koh 7,23-24:
Der Sinn des Daseins ist unergründbar

Auch dieser Versuch beginnt konventionell: „All dies habe ich versucht / geprüft in Weisheit... (כָּל־זֹה נִסִּיתִי בַחָכְמָה...)“ und führt 7,23bα diesen Versuch aus: „Ich sagte mir: Ich will weise werden (אָמַרְתִּי אֶחְכָּמָה)“. Koh 7,23bβ aber steht das Ergebnis: Die Weisheit blieb fern. Dieses Ergebnis wird in Koh 7,24 durch einen das Rätsel umschreibenden Spruch expliziert. Es scheint, als sei dieser Versuch wieder ein existentieller (wenn auch das Stichwort לֵב fehlt), keine bloße theoretisch-intellektuelle Betrachtung (ראה fehlt): Das wird deutlich durch die häufige Rede in der 1. Person und die persönliche Engagiertheit, die nichts von einer theoretischen Distanz erkennen läßt. Die Schilderung der Ferne der Weisheit deutet vielmehr auf eine persönliche Erfahrung, die sich besonders in Koh 7,24 ausdrückt: „Fern bleibt, was da ist, und tief, tief – wer will es ergründen?“. So ergibt sich folgende, den Erkenntniswegen der Salomofiktion verwandte Struktur:

Erkenntnisweg 13:

| | | |
|---|---|---|
| כָּל־זֹה נִסִּיתִי בַחָכְמָה אָמַרְתִּי אֶחְכָּמָה | 7,23a.bα | Versuch |
| וְהִיא רְחוֹקָה מִמֶּנִּי | 7,23bβ | Ergebnis |
| רָחוֹק מַה־שֶּׁהָיָה וְעָמֹק עָמֹק מִי יִמְצָאֶנּוּ | 7,24 | Explikation |

d) Der vierzehnte Erkenntnisweg: Koh 7,25-29[15]

Koh 7,25 bringt die aus den Erkenntniswegen bekannte Einleitung: „Ich wandte mich in[16] meinem Verstand / meinem Herzen, um zu erkennen (סַבּוֹתִי אֲנִי בְּלִבִּי לָדַעַת ...)“, wieder mit לֵב konstruiert. Untypischerweise werden nun gleich drei „Untersuchungsergebnisse“ festgehalten (Koh 7,26: „und ich finde... (וּמוֹצֶא אֲנִי...)“; Koh 7,27: „Siehe, dies habe *ich* gefunden, spricht Kohelet... (רְאֵה זֶה מָצָאתִי אָמְרָה קֹהֶלֶת[17])“ und Koh 7,29: „Allein – siehe, dies habe *ich* gefunden... (לְבַד רְאֵה־זֶה מָצָאתִי...), wobei die Formulierungen einen feinen Unterschied zwischen der ersten und den beiden weiteren Ergebnissen zeigen.

Die Interpretationen dieses Abschnittes sind in der Fachdiskussion umstritten und reichen von einer mysogenen bis hin zu einer feministisch-pazifistischen Auslegung. Hierauf können wir aber nicht weiter eingehen.[18] Die Strukturierung dieses Abschnittes ist davon unabhängig:

Erkenntnisweg 14:

| | | |
|---|---|---|
| סַבּוֹתִי אֲנִי בְּלִבִּי לָדַעַת ... | 7,25 | Versuch |
| וּמוֹצֶא אֲנִי... | 7,26 | Ergebnis 1 |
| רְאֵה זֶה מָצָאתִי... | 7,27-28 | Ergebnis 2 |
| לְבַד רְאֵה־זֶה מָצָאתִי... | | Ergebnis 3 |

---

15 Die Abgrenzung dieses Textabschnittes ist durchaus umstritten: *Hertzberg*, *Galling*, *Lauha* und *Lohfink* (neben seinem Kommentar auch in *Ders*., War Kohelet ein Frauenfeind?, 260) führen den Abschnitt bis Koh 8,1 weiter, *Ogden* und *Michel* nur bis 7,29 (vgl. Anhang 2a und 2b). Alle neueren Kommentatoren (*Schwienhorst-Schönberger*, Kohelet-Kommentar 2004; *Seow*, Ecclesiastes; *Backhaus*, Zeit und Zufall, und *Krüger*, Kohelet) gliedern hier anders. Die von uns vorgeschlagene Abgrenzung orientiert sich an dem Neuansatz in Koh 7,25 mit סַבּוֹתִי אֲנִי וְלִבִּי (zur Konjektur siehe unten).

16 Viele Handschriften lesen anstelle von וְלִבִּי das sich von Koh 2,1.3.14.15; 3,17.18 nahelegende בְּלִבִּי. Zwar kommt וְלִבִּי auch in Koh 1,16; 2,3 vor, macht aber in Koh 7,25 keinen Sinn, da es nicht mit dem nachgestellten לָדַעַת harmonisiert werden kann. Wir konjizieren deshalb (wie die meisten Forscher, z.B. *Lauha*, Kohelet, 139) in בְּלִבִּי.

17 אָמְרָה קֹהֶלֶת taucht an dieser Stelle etwas unvermittelt auf, weil er nicht zur 1. Person Sg. des Satzes passt; die Konsonantenfolge ist mit *Gesenius / Kautzsch* § 122 r wohl אמר הקהלת abzuteilen (vgl. die neueren Kommentare). Der Name Kohelets kommt sonst nur in der Selbstvorstellung (Koh 1,12) und dem Titel des Buches (Koh 1,1) sowie im Motto Koh 12,8 und im 1.Epilog (Koh 12,9.10) vor, davon in Koh 7,27 und 12,8 determiniert. Koh 7,27 könnte deshalb als sekundärer Einschub des 1. Epilogisten verdächtigt werden.

18 Siehe dazu erneut *Riesener*, Frauenfeindschaft, 193-226 sowie *Krüger*, Kohelet, zur Stelle und vor allem *Lohfink*, War Kohelet ein Frauenfeind?, 259.

4. Fazit

Der Abschnitt Koh 7,1-8,8 bringt mit den Weisheitssprüchen in Koh 7,1-10.11-14 und 8,1-8 eine neue Gattung ins Spiel: Erst an dieser Stelle begegnen erstmals ausführlichere Weisheitssprüche. Bislang waren formgeschichtlich die Erkenntniswege sowie die einzelnen weisheitlichen Gedichte bzw. ab Koh 4,17 die Paränesen prägend. In Koh 7,1-8,8 werden nun längere weisheitliche Passagen mit Erkenntniswegen kombiniert; letztere zeigen dabei auch auffällige Abweichungen von den Konstruktionen der bisherigen Erkenntniswege, da in diesem gesamten Abschnitt die „תַּחַת הַשָּׁמֶשׁ-Formel" nicht begegnet. Koh 7,1-8,8 besteht also aus drei Teilen Weisheitssprüchen und drei Erkenntniswegen:

| | | |
|---|---|---|
| 7,1-10 | Weisheitssprüche | |
| 7,11-14 | Weisheitssprüche | |
| | 7,15-22 | 12. Erkenntnisweg |
| | 7,23-24 | 13. Erkenntnisweg |
| | 7,25-29 | 14. Erkenntnisweg |
| 8,1-8 | Weisheitssprüche | |

## V. Erkenntniswege und Programme: Koh 8,9-10,7

1. Vorbemerkung zum Abschnitt Koh 8,9-10,7

Mit dem Abschnitt Koh 8,9-10,7 kehren wir wieder zu Erkenntniswegen und Experimenten Kohelets zurück: Entsprechend unserer terminologisch orientierten Strukturanalyse meinen wir in vorliegendem Abschnitt insgesamt sechs weitere Erkenntniswege unterscheiden zu können, die in Koh 8,15 und 9,7-10 vom Programm Kohelets unterbrochen werden. Hier begegnen wir auch wieder durchgängig der „תַּחַת הַשָּׁמֶשׁ-Formel"[19]. Dies ergibt folgende Grobgliederung:

| | | |
|---|---|---|
| 8,9-13 | Das fünfzehnte Experiment | |
| 8,14 | Das sechzehnte Experiment | |
| | 8,15 | Das Programm: Genieße das Leben! |
| 8,16-17 | Das siebzehnte Experiment | |
| 9,1-6 | Das achtzehnte Experiment | |
| | 9,7-10 | Das Programm: Genieße das Leben! |
| 9,11-12 | Das neunzehnte Experiment | |
| 9,13-10,4 | Das zwanzigste Experiment | |
| 10,5-7 | Das einundzwanzigste Experiment | |

[19] Siehe dazu die Übersicht in Anlage 1.

## 2. Der fünfzehnte und sechzehnte Erkenntnisweg in Koh 8,9-14[20]

### a) Der fünfzehnte Erkenntnisweg: Koh 8,9-13: Der Mensch übt Macht über Menschen aus, ihm zum Bösen!

In Koh 8,9-10a haben wir einen erneuten Erkenntnisweg „תַּחַת הַשָּׁמֶשׁ“ vor uns: „Dies alles sah ich und wandte meinen Verstand all dem Tun zu, das unter der Sonne geschieht (אֶת־כָּל־זֶה רָאִיתִי וְנָתוֹן אֶת־לִבִּי לְכָל־ מַעֲשֶׂה אֲשֶׁר נַעֲשָׂה תַּחַת הַשָּׁמֶשׁ). Dieser Versuch ähnelt dem 1. Erkenntnisweg aus Koh 1,13-15; hier wie dort geht es um Erkenntnis durch Erforschung der Taten der Menschen, um „eine Zeit“ (עֵת), in der der „Mensch Macht über Menschen ausübt, ihm zum Bösen“ (Koh 8,9b). Diese These wird dann in Koh 8,10a entfaltet, in Koh 8,10b aber wird das Ergebnis festgehalten: „Auch dies ist eitel (גַּם־זֶה הָבֶל)“. In Koh 8,11 und 8,12 wird, jeweils mit אֲשֶׁר angeschlossen, strukturell auf עֵת aus Koh 8,9b zurückgegriffen und damit werden zwei weitere Beobachtungen, wie zur Bestätigung und Explikation der These in Koh 8,9b, eingeführt.

Der fünfzehnte Erkenntnisweg müsste in seiner Grundaussage (Koh 8,12b: „Gut gehen wird es denen, die Gott fürchten...“) als Antagonist zum folgenden sechzehnten Erkenntnisweg mit seiner Grundaussage (8,14a: Der Frevler lebt, der Gute geht zugrunde!) gesehen werden. Offensichtlich lägen dann zwei sich widersprechende Aussagen sehr nahe beieinander – was für Kohelet nicht ungewöhnlich wäre. Möglich ist jedoch auch, dass sowohl Koh 8,10aβ („... und die so getan haben werden vergessen in der Stadt“) als auch Koh 8,12b.13 als spätere Hinzufügung den *eigentlichen* Sinn des Textes, der im übrigen durch den nachfolgenden Erkenntnisweg bestätigt wird, auf den Kopf gestellt haben. Zu beweisen ist dies natürlich nicht; wir halten dies jedoch für hoch wahrscheinlich, zumal die dort verwendete Terminologie dem Epilog des 2. Epilogisten (Koh 12,9-14) sehr nahe kommt! Aus diesem Grund ist mit potentiellen Hinzufügungen zu rechnen. Der ursprüngliche Aufbau mag sich dann so dargestellt haben:

Erkenntnisweg 15:

| | | |
|---|---|---|
| אֶת־כָּל־זֶה רָאִיתִי וְנָתוֹן אֶת־לִבִּי לְכָל־מַעֲשֶׂה אֲשֶׁר נַעֲשָׂה תַּחַת הַשָּׁמֶשׁ | 8,9a | Versuch |
| עֵת אֲשֶׁר ... | 8,9b | These |
| | 8,10a | Beobachtung 1 |
| גַּם־זֶה הָבֶל | 8,10b | Ergebnis |
| אֲשֶׁר ... | 8,11 | Beobachtung 2 |
| אֲשֶׁר ... | 8,12 | Beobachtung 3 |

---

20 Alle Forscher gliedern diesen Abschnitt anders; zwischen *Galling*, *Lauha* und *Michel* scheint jedoch weitgehende Übereinstimmung zu herrschen. Wie gewohnt gliedern jedoch alle thematisch orientiert (vgl. Anlage 2ab).

b) Der sechzehnte Erkenntnisweg: Koh 8,14:
Der Frevler lebt, der Gute geht zugrunde!

Auch dieser Erkenntnisweg muß der Kategorie „intellektueller Versuch / Beobachtung“ zugeordnet werden; Koh 8,14aα wird die Betrachtung (mit יֵשׁ konstruiert) geschildert: „Es gibt etwas Nichtiges, das auf Erden geschieht ... (יֶשׁ־הֶבֶל אֲשֶׁר נַעֲשָׂה עַל־הָאָרֶץ...). Die „תַּחַת הַשָּׁמֶשׁ-Formel“ begegnet hier nicht, ersatzweise steht עַל־הָאָרֶץ (vgl. auch Koh 5,1; 8,16; 11,2.3). Auch die Leitwörter לב und ראה fehlen. In Koh 8,14aβ und 8,14aγ wird dann, jeweils mit יֵשׁ angeschlossen, die Beobachtung ausgeführt. Koh 8,14b bringt aber wieder das bekannte Ergebnis, eingeführt mit אמר: „Ich sage, dass auch dies nichtig ist“ (אָמַרְתִּי שֶׁגַּם־זֶה הָבֶל). So gelangt man zu folgender Struktur:

Erkenntnisweg 16:

| | | |
|---|---|---|
| יֵשׁ־הֶבֶל אֲשֶׁר נַעֲשָׂה עַל־הָאָרֶץ... | 8,14aα | Beobachtung |
| אֲשֶׁר יֵשׁ צַדִּיקִים... | 8,14aβ | Explikation 1 |
| וְיֵשׁ רְשָׁעִים... | 8,14aγ | Explikation 2 |
| אָמַרְתִּי שֶׁגַּם־זֶה הָבֶל | 8,14b | Ergebnis |

3. Das Programm: Koh 8,15: Genieße das Leben!

Koh 8,15 wiederholt das Programm Kohelets, das wir mit „Freude am Leben“ umschrieben hatten. Es gleicht in allen seinen Teilen den vorangegangenen von Koh 2,24-26a; 3,12-15.22 und 5,17-19[21]: Dass der Abschnitt durch die zweimalige „תַּחַת הַשָּׁמֶשׁ-Formel“, die zu Anfang und am Ende des Verses begegnet, geprägt wird, braucht nicht eigens erwähnt zu werden. Die in den Programm-Abschnitten immer wiederkehrenden Vokabeln finden sich auch hier: Die „Freude“ (שִׂמְחָה), dann der „besser-als“ Vergleich (אֵין־טוֹב לָאָדָם), der die Leser darauf hinweist, dass es nichts besseres gibt bei aller Mühsal (עָמָל) als zu essen (אכל) und zu trinken (שׁתה) und fröhlich zu sein (שׂמח). Es fehlt nur, dass diese „Gabe Gottes, die einem unter der Sonne gegeben ist“ (אֲשֶׁר־נָתַן־לוֹ הָאֱלֹהִים תַּחַת הַשָּׁמֶשׁ) als „Anteil“ (חֵלֶק) des Menschen bezeichnet wird.

4. Erkenntniswege: Der siebzehnte und achtzehnte Versuch
in Koh 8,16-9,6

a) Der siebzehnte Erkenntnisweg: Koh 8,16-17:
Der Mensch kann das Wirken Gottes nicht begreifen

„Als ich meinen Verstand darauf richtete ... (כַּאֲשֶׁר נָתַתִּי אֶת־לִבִּי...)“. Mit diesen Worten beginnt Kohelet sein 17. Erkenntnisweg in Koh 8,16a. Ziel ist die Erkenntnis von Weisheit (לָדַעַת חָכְמָה) und die Betrachtung des „Geschäftes“ (אֶת־הָעִנְיָן), das auf Erden getan (עשׂה) wird. Er

21 Zur weiteren Analyse vgl. *Fischer*, Aufforderung zur Lebensfreude, 64-66.

schließt diese Beobachtung in Koh 8,17aα mit einem Ergebnis ab: „da sah ich ...(... וְרָאִיתִי)“, das nicht mit der הֶבֶל-Terminologie arbeitet. Diese tritt vom siebzehnten bis zum einundzwanzigsten Erkenntniswegen überhaupt nicht mehr hervor[22]. Das Ergebnis wird in Koh 8,17aβ.b begründet. Als Leitwort aus den Versuchen begegnet לב und ראה, ebenso wie תַּחַת הַשָּׁמֶשׁ, dem das עַל־הָאָרֶץ in Koh 8,16a gleichgestellt werden kann. Koh 8,16b könnte ein Zitat sein. So ergibt sich folgende Struktur:

Erkenntnisweg 17:

| | | |
|---|---|---|
| כַּאֲשֶׁר נָתַתִּי אֶת־לִבִּי לָדַעַת חָכְמָה וְלִרְאוֹת אֶת־הָעִנְיָן אֲשֶׁר נַעֲשָׂה עַל־הָאָרֶץ | 8,16aα | Beobachtung |
| | 8,16b | Zitat? |
| וְרָאִיתִי אֶת־כָּל־מַעֲשֵׂה ... תַּחַת־הַשֶּׁמֶשׁ | 8,17aα | Ergebnis |
| | 8,17aβ.b | Explikation |

b) Der achtzehnte Erkenntnisweg: Koh 9,1-6[23]:
Ein und dasselbe Geschick trifft alle

Der achtzehnte Erkenntnisweg beginnt: „Ja, all dem bin ich mit meinem Verstand / Herz nachgegangen...“ (כִּי אֶת־כָּל־זֶה נָתַתִּי אֶל־לִבִּי); dieser Versuch wird in V.1 und 2 ausgeführt, wobei 1aβ ein Zitat sein könnte. In Koh 9,2 wird dabei das spätere Ergebnis vorweggenommen (הַכֹּל ... מִקְרֶה אֶחָד), das dann in Koh 9,3a wieder aufgegriffen wird (in umgekehrter Abfolge der Wörter: מִקְרֶה אֶחָד הכל) und als „Übel“ bezeichnet wird (זֶה רָע). Das Ergebnis ist wieder ohne הֶבֶל-Terminologie ausgedrückt, festgehalten wird jedoch, dass dieses Übel „unter der Sonne“ geschieht (תַּחַת הַשָּׁמֶשׁ). Koh 9,3b-6 explizieren dann dieses Ergebnis. In Koh 9,6b wird die gleiche Formulierung gebraucht wie in Koh 9,3, wenn gesagt wird, dass die Toten keinen „Teil“ (חֵלֶק – ein Leitwort aus den Programmen Kohelets!) mehr haben an allem, was unter der Sonne geschieht. Dies ergibt folgenden Aufbau:

Erkenntnisweg 18:

| | | |
|---|---|---|
| כִּי אֶת־כָּל־זֶה נָתַתִּי אֶל־לִבִּי | 9,1a | Versuch |
| | 9,1b | Zitat? |
| הַכֹּל ... מִקְרֶה אֶחָד | 9,2 | Explikation |
| זֶה רָע בְּכֹל ... תַּחַת הַשֶּׁמֶשׁ כִּי־מִקְרֶה אֶחָד | 9,3a | Ergebnis |
| וְחֵלֶק אֵין־לָהֶם עוֹד לְעוֹלָם ... תַּחַת הַשָּׁמֶשׁ | 9,3b-6 | Explikation |

---

22 Die letzten fünf Versuche führen zwar jeweils auch zu Ergebnissen, diese sind aber nicht mehr mit der הֶבֶל-Formulierung charakterisiert. Das הֶבֶל-Ergebnis findet sich erst wieder im Schlussgedicht Koh 11,7-12,7 und dann natürlich in der sekundären Rahmung in Koh 12,8.

23 Auch *Ogden*, Qoheleth IX, 1-16, 158-169 und *Ders.*, Qoheleth, 143-160 gliedert den Gesamtabschnitt Koh 9,1-16 in 9,1-6; 9,7-10 und 9,11-12, führt dann aber den folgenden Abschnitt von 9,13 nur bis 9,16.

5. Das Programm: Koh 9,7-10: Genieße das Leben!

Die Toten haben keinen חֵלֶק – so endet Koh 9,6. Wie anders kann nun Koh 9,7-10 sagen, dass die Lebenden diesen Teil von Gott zugedacht bekommen. Wieder kommt diese Aufforderung zu einem Leben in Freude nach einem vergeblichen Versuch. *Fischer* grenzt an dieser Stelle ebenso ab wie wir und sieht in der „sechsten Aufforderung zur Lebensfreude" (Koh 9,7-10) das Zentralstück für den Komplex Koh 9,1-12; er bezieht also, in unserer Terminologie gesprochen, „Erkenntnisweg" (Koh 9,1-6) und „Programm" (Koh 9,7-10) aufeinander[24], was thematisch durchaus angemessen ist (Stichwortverbindungen!).

Auch dieses Programm entspricht terminologisch seinen Vorgängern; fast alle der in den Programm-Abschnitten gebrauchten Leitwörter finden sich auch hier: die „Freude" (שִׂמְחָה), die Stichworte „essen" (אכל) und „trinken" (שתה) (alle Koh 9,7) sowie „Anteil" (חֵלֶק, Koh 9,9). In וּשְׁתֵה בְלֶב־טוֹב (Koh 9,7) ist das sonst nur in den Erkenntniswegen begegnende Leitwort לֵב mit טוֹב verbunden worden. Der חֵלֶק ist als „Gabe unter der Sonne" (נָתַן־לְךָ תַּחַת הַשֶּׁמֶשׁ, Koh 9,9) bezeichnet, wie alles Tun (אֶת־מַעֲשֶׂיךָ, Koh 9,7) und alle Mühsal (וּבַעֲמָלְךָ אֲשֶׁר־אַתָּה עָמֵל, Koh 9,9) תַּחַת הַשָּׁמֶשׁ geschieht (2 mal in Koh 9,9). Das Leben soll genossen werden (רְאֵה חַיִּים)[25], am besten mit einer Frau, die man liebt[26]. Koh 9,10 schließlich begründet diese lebensbejahende Freude mit der Konsequenz, das Leben zu ergreifen (carpe diem!), denn „es gibt weder Tun, noch Planen, noch Wissen, noch Weisheit" im Totenreich (vgl. Koh 9,6!).

6. Erkenntniswege: Der neunzehnte bis einundzwanzigste Versuch in Koh 9,11-10,7

a) Der neunzehnte Erkenntnisweg: Koh 9,11-12:
Zeit und Zufall trifft alle

Der neunzehnte Erkenntnisweg beginnt mit einer Beobachtung „unter der Sonne" („Da wandte ich mich und betrachtete unter der Sonne... (שַׁבְתִּי וְרָאֹה תַחַת־הַשֶּׁמֶשׁ, Koh 9,11a), allerdings ohne לֵב konstruiert. Diese Beobachtung, in Koh 9,11a in 4 Stichoi geschildert, scheint kaum in ein Ergebnis zu münden; allenfalls könnte man Koh 9,11b als solches bezeichnen, weil die Formulierung כִּי־עֵת וָפֶגַע יִקְרֶה אֶת־כֻּלָּם zurückgreift auf die „Ergebnisse" von Koh 9,1-6. Dass „Zeit und Zufall alle trifft" wird dann mit Koh 9,12 Fischen und Vögeln expliziert und auf den Menschen übertragen. Als Struktur dieses Abschnittes ergibt sich:

24 Vgl. die Analyse von *Fischer*, Aufforderung zur Lebensfreude, 66-79.

25 „Sieh!" im Sinne von: „nimm wahr!", „genieße!".

26 Auch Koh 9,9 spricht gegen eine mysogene Interpretation von Koh 7,25-29.

Erkenntnisweg 19:

| | | |
|---|---|---|
| שַׁבְתִּי וְרָאֹה תַחַת־הַשֶּׁמֶשׁ | 9,11aα | Beobachtung |
| | 9,11aβ-ε | Vier Beispiele |
| כִּי־עֵת וָפֶגַע יִקְרֶה אֶת־כֻּלָּם | 9,11b | Ergebnis |
| | 9,12 | Explikation |

b) Der zwanzigste Erkenntnisweg: Koh 9,13-10,4[27]:
Weisheit ist besser als Stärke

Eine neue Betrachtung: „Auch dies betrachtete ich... (גַּם־זֹה רָאִיתִי...) als (ein Beispiel von) Weisheit unter der Sonne..." (תַּחַת הַשָּׁמֶשׁ), wieder ohne לֵב, aber mit ראה konstruiert. Das Beispiel des weisen Armen, der die Stadt hätte retten können[28], wird in Koh 9,14-15 erzählt, Koh 9,16 fügt sich die Folgerung fast wie ein Ergebnis an („Da sprach ich ..." (... וְאָמַרְתִּי אָנִי – „zwar-aber-Spruch"), das mit Hilfe von Zitaten in Koh 9,17-10,4 expliziert wird[29]. Koh 9,16 ist kein Zitat, jedoch liegen in Koh 9,17.18; 10,1a.1b.2.3.4 möglicherweise insge-samt sieben Zitate vor, die einerseits den Wert auch von wenig Weisheit hervorheben und andererseits betonen, dass nur ein kleiner Irrtum / eine kleine Torheit „das Ganze" gefährden kann. So ergibt sich folgende Struktur dieser Perikope:

Erkenntnisweg 20:

| | | |
|---|---|---|
| גַּם־זֹה רָאִיתִי חָכְמָה תַּחַת הַשָּׁמֶשׁ | 9,13 | Beobachtung |
| | 9,14-15 | Beispiel |
| וְאָמַרְתִּי אָנִי | 9,16 | Ergebnis |
| | 9,17-10,4 | Explikation (7 Zitate) |

c) Der einundzwanzigste Erkenntnisweg: Koh 10,5-7:
Die Herrschaft der Torheit

Die Erkenntniswege Kohelets schließen mit einer allerletzten Betrachtung in Koh 10,5-7: „Es gibt ein Übel, das ich unter der Sonne sah..." (... יֵשׁ רָעָה רָאִיתִי תַּחַת הַשָּׁמֶשׁ), Koh 10,5a. Die Formulierung verzichtet wieder auf das Leitwort לֵב, wie im vorangegangenen Erkenntnisweg aber ist der Versuch mit תַּחַת הַשָּׁמֶשׁ und mit ראה konstruiert. Die Umkehrung der Verhältnisse in Koh 10,6 und 10,7 wird aber anschließend nur noch beschrieben ohne noch irgendwie kommentiert zu werden. Der Kommentar zu diesen Verhältnissen steht schon in Koh 10,5b.

---

27 Vgl. dazu auch *Ogden*, Qoheleth IX 17 - X 20, 27-37. Auch im Kommentar 1987 grenzt *Ogden* so ab (siehe Anlage 2).

28 Zu den verschiedenen Deutungen dieses Verses vgl. *Krüger*, Kohelet, 319.

29 Zu Koh 9,17 und Koh 10,2 vgl. *Whybray*, Ecclesiastes, 443. Wir sehen in 10,1-4 keinen eigenen Abschnitt, weil dort drei Mal das Stichwort לֵב begegnet.

Daraus ergibt sich keine Struktur mehr, doch sei der 21. Erkenntnisweg der Vollständigkeit wegen angeführt:

Erkenntnisweg 21:

| | | |
|---|---|---|
| יֵשׁ רָעָה רָאִיתִי תַּחַת הַשָּׁמֶשׁ ... | 10,5-6 | Beobachtung |
| | 10,7 | Beispiel |

7. Fazit

Der Abschnitt Koh 8,9-10,7 ähnelt von seinem 17. bis zum 21. Erkenntnisweg den Versuchen 12-14 innerhalb des Abschnitts Koh 7,1-8,8, weil in all diesen Versuchen das Ergebnis nicht mehr mit Hilfe der הֶבֶל-Terminologie konstruiert ist. Die Erkenntniswege 15 und 16 des vorliegenden Abschnitts aber knüpfen an die Konstruktion der Versuche 1-11 an.

Dieser Tatbestand nötigt zu der Annahme, dass der Verfasser von Koh 4,17-10,7 die Erkenntniswege zwar im Anschluss an die Strukturen der Erkenntniswege der Salomofiktion angelegt hat, aber nicht durchgehend mit den gleichen Leitwörtern und in der gleichen Terminologie konstruiert hat.

## VI. Weisheitssprüche: Koh 10,8-11,6

Die sich an diese letzten Erkenntniswege noch anschließenden Partien bieten eine ganze Reihe von Weisheitssprüchen, die nur noch sehr indirekt mit den sonstigen Themen des Buches in Verbindung zu bringen sind. Sie bestehen wohl wie die weisheitlichen Abschnitte 7,1-10; 7,11-14 und 8,1-8 aus drei Teilen: 10,8-11; 10,12-20 und 11,1-6[30].

| | |
|---|---|
| 10,8-11: | 1. Teil der Weisheitssprüche |
| 10,12-20: | 2. Teil der Weisheitssprüche |
| 11,1-6: | 3. Teil der Weisheitssprüche |

[30] Vgl. dazu die einschlägigen Kommentare. Zum Abschnitt Qoh 11,1-6 vgl. auch *Ogden*, Qoheleth XI 1-6, 222-230.

# Teil 3: Ergebnis
# Struktur und Komposition des Koheletbuches

## A) Gliederung des Koheletbuches

Wir haben versucht, den Aufbau des Buches Kohelet von den *Termini* her zu entwickeln, indem wir eine „*Leitwortanalyse*" durchführten. Diese sollte, über bloße Stichwortverbindungen und Lexemwiederholungen hinausgreifend, zu Struktur und Komposition des Buches Kohelet beitragen. Grundlegend war die Einsicht, dass bestimmte Textbausteine durch *Leitworte* geprägt seien, die strukturbildende Kraft haben und so auf eine Textkohärenz, ja eine Textkonstitution und Textphorik, die das Verweissystem ana- und kataphorisch hervortreten lassen, hinweisen sollten[1].

Unser Interesse galt nach einer Analyse der Rahmenstücke des Koheletbuches[2] vor allem der *Salomofiktion*, die nach unserer Überzeugung von Koh 1,12-4,16 reicht. Wir haben versucht, dies *struktur- und kompositionskritisch* mit Hilfe der Leitwortanalyse und der Identifizierung von Textbausteinen sowie *thematisch* mit dem Aufzeigen der miteinander verbundenen Themen nachzuweisen[3].

Die von uns innerhalb und außerhalb der Salomofiktion eruierten so genannten „תַּחַת הַשָּׁמֶשׁ-Abschnitte", die in ihren Abgrenzungen weitestgehend mit thematischen oder formkritischen Zäsuren der Forschung übereinstimmen (Anlage 2), bergen u.E. „Erkenntniswege" Kohelets, die aus „existentiellen" und „intellektuellen" Versuchen („Ich-Berichte") aufgebaut sind. Innerhalb dieser finden sich immer wieder die gleichen Textbausteine: Das Motto des Buches (Koh 1,2), das oftmals wiederholt wird und die in ihrem Hintergrund stets präsente Frage nach dem „Gewinn" weisheitlicher Lebensbewältigung („Zentralfrage", Koh 1,3), die stets mit dem „הֶבֶל-Ergebnis" beantwortet wird. Es gibt nur *ein* Element innerhalb der „תַּחַת הַשָּׁמֶשׁ-Abschnitte", das *nicht* mit diesem Urteil behaftet wird: Das in seiner Terminologie der verwendeten Leitworte ebenfalls gleichförmige

---

[1] Vgl. die Methodologie unserer Untersuchung, Teil 1. B).

[2] Vgl. Teil 2. A).

[3] Vgl. die Analyse der Salomofiktion in Teil 2. B).

„Programm" Kohelets der „Aufforderung zur Freude", die wir als seine eigentliche „Lehrabsicht" bezeichnen möchten. So bewegt sich das ganze Buch in der Spannung zwischen dem der „יִתְרוֹן-Frage" entgegengehaltenen, selbstkritischen[4] „הֶבֶל-Urteil" einerseits und den Aufforderungen zur Freude, die Kohelet als eine echte Alternative und als Gabe Gottes begreift, andererseits.
Über die Salomofiktion hinaus sind die Erkenntniswege in Koh 5,12-6,12 und Koh 8,9-10,7 als „תַּחַת הַשָּׁמֶשׁ-Abschnitte" anzusehen, die nach dem gleichen Muster wie die Salomofiktion selbst gestaltet sind.
In den übrigen, sehr viel weniger umfangreichen Abschnitten Koh 4,17-5,11; 7,1-14; 8,1-8 und Koh 10,8-11,6 finden sich andere Formen: In Koh 4,17-5,11 Paränesen, in Koh 7,1-14, 8,1-8 und 10,8-11,6 Weisheitssprüche. In diesen Abschnitten geht es nicht um Erkenntniswege; sie sind, wie die verwendeten Formen und Stilmittel erweisen, überwiegend im Stile älterer Weisheitssprüche formuliert[5].

Summa summarum haben wir im Koheletbuch folgende Abschnitte ermittelt:

1. Den Rahmen: dazu zählen wir den (sekundären) äußeren Rahmen mit dem Titel (Koh 1,1) und den Epilogen (Koh 12,9-11.12-14), den (möglicherweise ursprünglichen oder vom 1. Epilogisten stammenden) inneren Rahmen mit dem Motto von Koh 1,2 und 12,8 sowie die Zentralfrage von Koh 1,3;
2. Den Prolog / das Anfangsgedicht zum Buch (Koh 1,4-11);
3. Die Erkenntniswege Kohelets in Koh 1,12-4,16; 5,12-6,12; 7,15-29 und 8,9-10,7;
4. Die Paränesen in Koh 4,17-5,11;
5. Die Weisheitssprüche in Koh 7,1-14; 8,1-8 und 10,8-11,6;
6. Den Abschluß des Buches in Koh 11,7-12,7.

Fassen wir nun zusammen, so können wir sehen, dass das gros der Textstücke im Koheletbuch den Erkenntniswegen zugeschlagen werden können. Wir können den Text des Gesamtbuches deshalb folgendermaßen gliedern:

---

[4] Wir erkennen darin den Realismus des Koheletbuches, der auch ironisch sein *kann*, vgl. *Good*, aber nicht sein *muss*; vgl. auch wieder neu *Willmes*, Menschliches Schicksal und ironische Weisheitskritik im Koheletbuch, 2000. Vgl. auch *Backhaus*, Kohelet und die Ironie, 29-55.
[5] Vgl. Teil 2. B).

| | |
|---|---|
| 1,1 | Äußerer Rahmen: Titel |
| 1,2 | Innerer Rahmen: Motto |
| 1,3 | Zentralfrage: Was ist der Gewinn? |
| 1,4-11 | Maschal: Wechsel der Generationen |
| | |
| 1,12-2,23 | Erkenntniswege 1-6: Salomofiktion |
| 2,24-2,26 | Programm: Die Freude |
| 3,1-8 | Maschal: Zeit |
| 3,9-11 | Zentralfrage: Was ist der Gewinn? |
| 3,12-15 | Programm: Die Freude |
| 3,16-21 | Erkenntnisweg 7: Salomofiktion |
| 3,22 | Programm: Die Freude |
| 4,1-12 | Erkenntniswege 8-9: Salomofiktion |
| 4,13-16 | Abschluß der Salomofiktion |
| | |
| 4,17-5,11 | Paränesen |
| 5,12-16 | Erkenntnisweg 10 |
| 5,15 | Zentralfrage: Was ist der Gewinn? |
| 5,17-19 | Programm: Die Freude |
| 6,1-12 | Erkenntnisweg 11 |
| 6,8.11 | Zentralfrage: Was ist der Gewinn? |
| 7,1-14 | Weisheitssprüche |
| 7,15-29 | Erkenntnisweg 12-14 |
| 8,1-8 | Weisheitssprüche |
| 8,9-14 | Erkenntnisweg 15-16 |
| 8,15 | Programm: Die Freude |
| 8,16-9,6 | Erkenntniswege 17-18 |
| 9,7-10 | Programm: Die Freude |
| 9,11-10,7 | Erkenntniswege 19-21 |
| 10,8-11,6 | Weisheitssprüche |
| | |
| 11,7-12,7 | Maschal: Über das Alter |
| 12,8 | Innerer Rahmen: Motto |
| 12,9-14 | Äußerer Rahmen: Epiloge |

# B) Die Erkenntniswege Kohelets

## I. Charakteristik und Aufbau der Erkenntniswege

Wir haben bei den *Versuchen der Erkenntniswege selbst* grundsätzlich zwei Arten zu unterscheiden: Erstens die „existentiellen Erkenntniswege“, in denen Kohelet mit seiner eigenen Person engagiert scheint (Versuche 1-4.6.13-14.17-18); ihnen stehen zweitens Erkenntniswege gegenüber, die eine theoretische Distanz erkennen lassen und die wir deshalb „intellektuelle Betrachtungen“ nennen (Versuche 5.7-12.15-16.19-21). Alle Erkenntniswege, seien sie existentiell oder intellektuell, sind geprägt durch bestimmte Leitwörter, die wie Textbausteine die Struktur der jeweiligen Versuche, deren Ergebnisse und der daran anschließenden Explikationen kennzeichen.

### 1. לֵב als Ort des Versuches und der Erkenntnis

Für die *„existentiellen Versuche“* ist charakteristisch, daß der „Verstand“ (לֵב) der *Ort des Versuches* ist (Koh 1,13.16(2x).17a; 2,1.3a.b. 10(2x).20.22.23; 7,25; 8,16; 9,1)[1]. Innerhalb des *Versuches selbst* erscheint das Verbum ראה[2] (Koh 1,16; 2,1.3; 8,16: hier wohl in der Bedeutung „sehen“), aber auch im *Ergebnis* des jeweiligen Versuches (Koh 1,14; 8,17: hier wohl „*ein*sehen/erkennen“), stellvertretend dafür oder in Kombination damit auch הִנֵּה (Koh 1,14; 2,1.11) oder ידע (Koh 1,17b) bzw. מצא (Koh 7,26.27.29)[3].

### 2. ראה als Verb der Erkenntnis

Die *„intellektuellen Betrachtungen“* verwenden umgekehrt ראה vor allem in ihrem *Versuch selbst* (Koh 2,12.13; 3,16.18; 4,1.3.4.7; 5,12; 6,1; 7,15; 8,9.10.16 (2x); 9,11.13; 10,5.7: hier wohl: „(prüfend) betrachten“), aber auch im Ergebnis (Koh 6,5.6; 7,27.29; 8,17: „einsehen / erkennen“[4]), während der „Verstand“ (לֵב) hier als der *Ort der*

---

[1] Siehe auch die Übersicht in Anlage 1.

[2] ראה: insg. 46 Mal bei Qoh, vgl. *Lisowsky / Rost*, Konkordanz, 1296f; *Vetter*, (Art.) ראה *r'h* sehen, in: THAT Bd. II, Sp.692-701.

[3] Vgl. dazu auch *Schellenberg*, Erkenntnis, 35-200.

[4] ראה: kann keinesfalls *nur* "prüfend betrachten" übersetzt werden, wie es bei *Michel*, Untersuchungen, 20-30 und 35-40 zu sein scheint. Es geht Kohelet *wenigstens* an den Stellen Koh 1,16; 2,1.3 "um die Mitteilung einer empirischen Wahr-

*Erkenntnis* fungiert. Diesen auffälligen Unterschied gilt es bei der Bewertung der koheletschen Erkenntniswege zu beachten.

3. Übersicht über den Aufbau der Erkenntniswege[5]

Beim inneren Aufbau der Erkenntniswege und Experimente Kohelets haben wir ebenfalls zwei Arten zu unterscheiden: Die Erkenntniswege, die in den „תַּחַת הַשָּׁמֶשׁ-Abschnitten" begegnen (Erken-ntniswege 1-11 und 15-21), werden durch das Konstruktionsschema „Versuch (V) – Ergebnis (E) – Explikation (Ex)" beherrscht[6]. In den Erkenntniswegen 12-14 ist dieses Schema nicht in gleichem Maße durchgehalten. Sie scheinen aber keineswegs nur erkenntnis*theoretische* Spekulationen, sondern auch *empirische* Erfahrungen widerzuspiegeln. Kohelet kann u.E. deshalb nicht als „erkenntnistheoretischer Skeptiker"[7] bezeichnet werden, denn er ist weder nur Erkenntnistheoretiker, noch ein reiner Skeptiker, sondern auch Empiriker[8].

| Erkenntniswege innerhalb der „תַּחַת הַשָּׁמֶשׁ-Abschnitte" | | Erkenntniswege außerhalb der der „תַּחַת הַשָּׁמֶשׁ-Abschnitte" | |
|---|---|---|---|
| Erkenntnisweg 1 | V+הֶבֶל-E+Ex | | |
| Erkenntnisweg 2 | V+הֶבֶל-E+Ex | | |
| Erkenntnisweg 3 | V+הֶבֶל-E+Ex | | |
| Erkenntnisweg 4 | V+הֶבֶל-E | | |
| Erkenntnisweg 5 | V+הֶבֶל-E+Ex | | |
| Erkenntnisweg 6 | V+הֶבֶל-E+Ex | | |
| Erkenntnisweg 7 | V+הֶבֶל-E+Ex | | |
| Erkenntnisweg 8 | V+הֶבֶל-E+Ex | | |
| Erkenntnisweg 9 | V+הֶבֶל-E+Ex | | |
| Erkenntnisweg 10 | V+הֶבֶל-E+Ex | | |
| Erkenntnisweg 11 | V+הֶבֶל-E+Ex | | |
| | | Erkenntnisweg 12 | V+F+Ex |
| | | Erkenntnisweg 13 | V+E |
| | | Erkenntnisweg 14 | V+E+E+E |
| Erkenntnisweg 15 | V+הֶבֶל-E+Ex | | |
| Erkenntnisweg 16 | V+הֶבֶל-E+Ex | | |
| Erkenntnisweg 17 | V+E | | |

nehmung" und nicht *nur* um die "kritische Wertung des Wahrgenommenen" (ebd. 26). Innerhalb des Programms Kohelets (Koh 2,24; 3,13.22 (2x); 5,17 (2x); 9,9) wird man "sehen / einsehen" übersetzen müssen..

5 Abkürzungen: V = Versuch; E = Ergebnis; Ex = Explikation; F = Folgerung.

6 Dabei ist in den Versuchen 17-21 das Ergebnis nicht mit הֶבֶל konstruiert.

7 So *Michel*, Untersuchungen, 7.

8 Das gibt *Michel*, ebd. indirekt selbst zu; zu Koh 1,12ff bemerkt er: "die Empirie wird als Stütze herangezogen" (8).

Erkenntnisweg 18 V+E+Ex
Erkenntnisweg 19 V+E
Erkenntnisweg 20 V+F+Ex
Erkenntnisweg 21 V

4. Die Funktion des הֶבֶל-Ergebnisses

Das 38 Mal begegnende הֶבֶל ist *das* „Leitwort" in den *Ergebnissen* der Versuche Kohelets[9]. Neben dem Motto von Koh 1,2 und Koh 12,8 kommt es zumeist dort – in verschiedenen Kombinationen – vor. Hier sind zunächst die הֶבֶל-Aussagen, die sich direkt auf den Versuch beziehen, von denen zu unterscheiden, die allgemeiner gelten. Sind erste meist durch „גַּם־זֶה" gekennzeichnet (Koh 2,15.19.21.23.26; 4,4.8.16; 5,9; 6,2.9; 7,6; 8,10.14, vgl. auch 2,1), so letztere oft durch „הַכֹּל" (Koh 1,2.14; 2,11.17; 3,19, vgl. 9,9). Zusammen mit den *figurae etymologicae* des Mottos von Koh 1,2 und 12,8 (הֲבֵל הֲבָלִים) eruieren wir somit drei הֶבֶל-Formeln, die immer wieder begegnen[10]. Daneben und damit verwoben haben wir Kombinationen von הֶבֶל, entweder mit וּרְעוּת רוּחַ (Koh 1,14; 2,11. 17.26; 4,4.6; 6,9)[11] oder mit dem verwandten und nur bei Koh vorkommenden רַעְיוֹן (Koh 1,17; 2,22; 4,16)[12]:

Mit dem „הֶבֶל-Urteil" belegt werden sowohl existentielle Versuche, als auch intellektuelle Betrachtungen. Es ist nun die Frage, ob Kohelet durch das „הֶבֶל-Urteil" eine durch und durch resignative Grundstimmung festhalten will, oder ob הֶבֶל als Gegenbegriff zu יִתְרוֹן nicht anders interpretiert werden muss. U.E. will Kohelet durch diesen Begriff anzeigen, daß alle menschlichen Versuche der Lebensbewältigung letztlich im „Nichts" enden müssen, daß es keinen „Gewinn, Profit und Vorteil" daraus zu erreichen gibt. Darin ist Kohelet weder Skeptizist, noch Pessimist, sondern Realist.

Worauf Kohelet unserer Meinung nach in seinem Buch – eben durch die sich immer wiederholende Betonung des הֶבֶל – aber hinarbeitet, ist nicht die Empfehlung der resignativen Übernahme des „הֶבֶל-Urteils", sondern in den immer wieder eingestreuten Textstücken die Aufforderung und Empfehlung zur Freude: „Qoheleth's purpose in writing is to be sought ultimately in the positive calls to his reader to receive thankfully from God the gift of life." „Qoheleth comes to us as a

---

9 Dieses zentrale Wort ist natürlich schon oft untersucht worden, zuletzt z.B. wieder von *Zimmer*, Zwischen Tod und Lebensglück, 25-33.

10 Andere figurae etymologicae: וּבֶעָמָל שֶׁעָמַלְתִּי in Koh 2,11 und ihre Varianten in Koh 2,18.22; 5,17; 9,9 sowie die Paronomasien mit עשׂה und מַעֲשֶׂה in Koh 1,9.13.14; 2,17; 4,3; 8,9.17; 9,3.6 sowie mit היה in Koh 1,9.10.11; 2,7, ferner סֹבֵב סוֹבֵב in Koh 1,6 und שִׁדָּה וְשִׁדּוֹת in Koh 2,8.

11 Die Ableitung entweder von רעה I. "weiden" (vgl. Hos 12,2 "weiden von Wind") oder von רעה III. (von aram. רְעוּ, cstr. רְעוּת "Wille, Entscheid, Streben, Trachten, Haschen") ist umstritten (vgl. dazu z.B. *Lauha*, Kohelet, 46).

12 Vgl. auch *Lisowsky / Rost*, Konkordanz, 1350.

realist, but one who never looses sight of the fact that life is God-given and for our benefit".[13]

## II. Die Frage Kohelets nach dem Gewinn

Die Frage nach dem יִתְרוֹן taucht – ausschließlich in den „תַּחַת הַשָּׁמֶשׁ-Abschnitten"! – an insgesamt fünf Stellen auf: Koh 1,3: מַה־יִּתְרוֹן; Koh 3,9: מַה־יִּתְרוֹן; Koh 5,15: וּמַה־יִּתְרוֹן; Koh 6,8: מַה־יּוֹתֵר sowie in Koh 6,11: מַה־יֹּתֵר[14]. Die Antwort darauf findet sich allerdings schon nach den ersten vier Versuchen in Koh 2,11bβ: וְאֵין יִתְרוֹן תַּחַת הַשָּׁמֶשׁ. Der Terminus יִתְרוֹן ist „primär wirtschaftlich geprägt: ‚Überschuß', ‚Gewinn', auch verallgemeinert ‚Vorteil'"[15]. Danach stellt der יִתְרוֹן den in der Kosten-Nutzen-Rechnung erwirtschafteten Profit dar, den Überschuß oder surplus, der nach Abzug aller Kosten und unter Berücksichtigung des Aufwandes „übrig bleibt" (יתר).
Nach *Michel* ist Weisheit „im Alten Testament der Versuch, mittels des menschlichen Verstandes die Erfahrung auszuwerten, in Regeln zu fassen und so die Möglichkeit eines ‚Gewinns' *(jitrôn)* zu erlangen."[16] Man könnte aus dieser Auffassung folgern, daß weisheitliches Denken im „Tun-Ergehen-Zusammenhang" (TEZ) – weil immer auf einen Gewinn hin ausgerichtet –, utilitaristisch zu nennen, die Handlungsnorm an der Finalität der Handlung orientiert und in ihrer Zweckerfülltheit genügend motiviert sei[17]. Gegen diese Auffassung zumindest der älteren Weisheit hat sich H. Gese gewandt, der in Zweifel zieht, ob „in der ursprünglichen Weisheitslehre zwischen Tat und Folge [...] *wesentlich* unterschieden wird"[18]. Stattdessen sind nach Gese Tat und Folge aufeinander bezogen und entsprechen sich, sind innen und außen desselben Vorgangs[19], sind streng genommen eigentlich nur *ein* Geschehen. Tatsächlich aber scheint es (erst im

---

[13] *Ogden*, Qoheleth, 22.

[14] Man kann auch die Stellen Koh 2,21.22 und 5,10 dazu zählen, obwohl dort nicht vom יִתְרוֹן, sondern (in Koh 2,21 und 5,10) vom כִּשְׁרוֹן (bei Koh wohl synonym gebraucht) die Rede ist.

[15] *Kronholm*, Sp.1085.

[16] So *Michel*, Untersuchungen, 3 unter Berufung auf *v. Rad*, 1985, Weisheit in Israel, ohne Seitenangabe. Ganz ähnlich *Hermisson*, Studien, 150, der als das Ziel weisheitlichen Denkens dieser Zeit die Erkenntnis*formulierung* nicht zur bloßen Illustration, sondern zum Erkenntnis*gewinn* bezeichnet sowie *Preuß*, Weisheitsliteratur, 11f und *Ogden*, Qoheleth, 14: "Briefly, it is the special term for the positive advantage here and in the future which the wise might expect from living according to the instructions of the wisdom tradition".

[17] Eine Auffassung, die bei manchen Forschern beliebt ist, z.B. *Zimmerli*, Struktur, 180 oder *Preuß*, Weisheitsliteratur, 42.44 u.ö.

[18] *Gese*, Leben und Wirklichkeit, 10.

[19] *Gese*, Leben und Wirklichkeit, 34.

späteren?) weisheitlichen Denken diese utilitaristische – oder „eudämonistische“ (Gese) – Orientierung in einem Zweig weisheitlichen Denkens gegeben zu haben, die bedingt war durch das Erstarren von Beobachtungen und Erfahrungen in einem nun „dogmatisch“ gebrauchten „TEZ“, der als fester Rahmen von seinem zu erwartenden und „berechenbaren“ Ergebnis her Handlungsnormen zeitigte. Hatte die ältere Weisheit etwa der Proverbien noch offensichtliche Widersprüche dennoch als „Erkenntnis“ festhalten können, so war der späteren Weisheit durch die Auffassung der „Berechenbarkeit“ des Kommenden diese Möglichkeit verwehrt. Da die Phänomene der Welt sich aber nicht in einem *starren* „TEZ“ fassen lassen, mußte es notwendig zur „Krise der Weisheit“ kommen, die sich in Hiob und Kohelet literarisch niederschlägt.

Vor diesem Hintergrund sehen wir die Rede Kohelets vom nicht zu erreichenden יִתְרוֹן. U.E. verwendet Kohelet den Begriff *selbstkritisch* gegen sich selbst und als Gegenbegriff zu den utilitaristisch orientierten Erkenntnis- und Gewinnbemühungen weisheitlichen Denkens, die selbst nie diesen Begriff wählten[20], und entlarvt durch diesen Begriff jene Abzweckung, indem er ihre Bemühung als Profitsucht kennzeichnet. Wehrte sich Hiob schon gegen den Rückschluß von seinem Ergehen auf sein Tun und damit gegen einen starr gebrauchten „TEZ“[21], so nimmt Kohelet mit der Frage nach dem „Gewinn“ das Ansinnen der utilitaristisch verstandenen Weisheit auf, beantwortet es in Koh 2,11 ausdrücklich negativ und setzt so den „Vorteil“, den „surplus“, den „advantage“ des „TEZ“ außer Kraft: die Suche nach dem יִתְרוֹן mit Hilfe des „TEZ“ endet im הֶבֶל. Zwar ist die „Frage nach dem Nutzen oder Lohn der Frömmigkeit [...] weder im Alten noch im Neuen Testament eine Disqualifikation der Frömmigkeit“[22], doch geht es u.E. Kohelet darum, eindeutig festzustellen, daß aufgrund *menschlicher* Bemühungen es einen solchen „Gewinn“ gar nicht geben *kann*.

Die mit der Suche nach dem „Gewinn“ verbundene „Mühe“ faßt Kohelet mit dem Begriff עָמָל. Diese „mühevolle Arbeit“ wird Koh 1,13 als „ein böses Geschäft“ (עִנְיַן רָע) bezeichnet. Herkömmlicherweise wird עִנְיָן mit „Geschäft, Sache (business)“ übersetzt. Der Unterschied zu עָמָל wird darin liegen, daß עִנְיָן immer nur mit *Gott*, עָמָל aber nur mit dem *Menschen* als Subjekt, d.h. als menschliche Bemühung, begegnet. Man könnte auch sagen: עִנְיָן ist das von Gott gegebene „Geschäft“ (Koh 1,13; 2,26; 3,10 u.ö.), עָמָל die für den Menschen daraus resultierende „Mühsal“. Obwohl nun aber diese mühevolle

---

20 Vgl. *Lauha*, Kohelet, 33.

21 Hiob wehrte sich u.E. nicht gegen den "Tun-Ergehen-Zusammenhang", sondern gegen den Rückschluß, den "Ergehen-Tun-Zusammenhang". "Auch Hiob geht davon aus, daß Gott den Zusammenhang zwischen Tun und Ergehen wahren müßte" (*Hermisson*, Weisheit, 135).

22 *Hermisson*, Weisheit, 134.

Arbeit (עָמָל) der Suche nach einer Bewältigung des Lebens ein „böses Geschäft" ist, das keinen „Gewinn" nach sich zieht, gibt es doch bei allen Mühen einen „Teil" (חֵלֶק), nämlich die „Freude" (שִׂמְחָה).

III. Die Konstruktion des Programmes Kohelets[23]

Zu den Leitwörtern, die in diesen Abschnitten immer wiederkehren, gehört die „Freude" (שִׂמְחָה), die durch die anderen Leitwörter als „Anteil" (חֵלֶק) des Menschen ganz realistisch als „Essen" (אכל) und „Trinken" (שתה) – Grundelemente der Lebenserhaltung – näher bestimmt wird. Die so qualifizierte Freude ist der von Gott gegebene „Teil". Man wird zwei unterschiedliche Bedeutungsweisen unterscheiden müssen: Ist die שִׂמְחָה in Koh 2,10 mit Sicherheit der durch menschliche Mühen erarbeitete חֵלֶק, so in Koh 3,22; 5,17.18 und 9,9 der göttliche חֵלֶק. Mit der Auffassung von der gottgegebenen „Freude" als „Teil" des Menschen legt Kohelet einen neuen Bedeutungsinhalt in den Terminus חֵלֶק. Der Begriff war ursprünglich eng mit dem zugeteilten Erbland, der נַחֲלָה, verbunden. Da JHWH Ureigentümer des Landes war, bekam der Besitzer auch Anteil an diesem: JHWH ist es, der den חֵלֶק zuteilt, was besonders deutlich wird bei den Land*gabe*erzählungen. Die Aussage des „Anteil-Habens" wurde theologisch noch gesteigert, indem Jahwe selbst als der „Teil" bezeichnet wurde, wie es z.B. in dem Namen חִלְקִיָּהוּ („Jahwe ist mein Teil", 2. Kön 18,18) zum Ausdruck kommt. Für Kohelet nun ist dies ohne Bedeutung: Wie er schweigt von JHWH, so auch von JHWH als dem Teil. Dem „Zuteilen" von Lebensraum in der Landgabe aber entspricht die שִׂמְחָה als Teil der Mühen der Menschen bei Kohelet. Die von Gott gegebene Freude in ihrer konkreten Ausformung (אכל / שתה) ist Teil (חֵלֶק) der Mühen (עָמָל) der Menschen; sie ist nicht Ergebnis der Anstrengungen der Menschen selbst (Koh 2,11), sondern Gabe Gottes (Koh 2,10; 5,17.18).[24]
Vom Stamm שמח interessieren uns hier v.a. die Belege, die sich innerhalb der von uns so benannten „Programmtexte" Kohelets finden: Koh 2,26, 3,12.22; 4,16; 5,18.19; 8,15; 9,7; 11,9. Will man aber die „Freude am Leben" als „Programm" Kohelets bezeichnen, so steht man unweigerlich vor der Schwierigkeit, daß gerade über die „Freude" in Koh 2,2 gesagt wird: „Zum Lachen sprach ich: sinnlos!, zur Freude: was bewirkt sie schon?!"

---

[23] Vgl. dazu auch die "Auswertung der Exegese" hinsichtlich der שִׂמְחָה-Stellen bei *Fischer*, Aufforderung zur Lebensfreude, 101-112.

[24] Auch *Michel*, Untersuchungen, 118-125 stimmt der positiven Deutung des חֵלֶק bei Kohelet zu (S.124).

*Hertzberg* hat darauf hingewiesen, daß die Freude in Koh 2,1.2 offensichtlich eine andere ist als die Freude der Programmtexte: sprechen diese von der Freude als einer „Gabe Gottes“, so der dritte und vierte Erkenntnisweg (Koh 2,1-2; 2,3-11) von der Freude, die der Mensch sich selbst schafft (Koh 2,1.3-10)[25]. Aus diesem menschlichen Bemühen folgt zwar, daß die Freude wohl die Mühe (עָמָל) überwiegt und den *menschlichen* „Anteil“ (חֵלֶק) bei „all den Mühen“ darstellt (Koh 2,10), aber sie wird, als Kohelet sich „all dem Tun zuwendet, das seine Hände getan haben“, wie alle anderen Versuche auch, mit dem „הֶבֶל-Urteil“ belegt (Koh 2,2.11).
Ganz anders die übrigen Stellen: Hier wird die Freude als eine Gabe Gottes gefeiert (Koh 2,24.26; 3,13; 5,17.18; 8,15; 9,7; 12,1), als der *göttliche* „Anteil“ (Koh 3,22; 5,17.18; 9,9: חֵלֶק) bei all den Mühen (Koh 2,24; 5,17.18; 8,15; 9,9: עָמָל) und dem von Gott gegebenen „Geschäft“ (Koh 1,13b; 2,23a.26b; 3,10; 4,8; 8,16: עִנְיָן. Daß es sich an diesen Stellen wirklich um eine „Gabe“, ein „Geschenk“ Gottes handelt, wird einerseits durch das Verbum נתן (Koh 2,26; 5,17.18; 8,15) bzw. das Nomen מַתָּת (Koh 3,13), andererseits durch die Rede vom חֵלֶק ausgedrückt. Als eine Gabe Gottes aber ist der Aufruf zur Freude nicht die resignative Konsequenz des in den Versuchen induktiv festgestellten הֶבֶל-Ergebnisses, sondern von Gott dem Menschen eingeräumte Lebensermöglichung.
Untersucht man diese Stellen näher, so ergibt sich in der Abfolge der „Programme“ eine deutliche Steigerung hinsichtlich Intensität und Bedeutung der Stellen[26]; wirkt die Folgerung von Koh 2,24-26a als eine reine Feststellung, so ist das Programm in Koh 3,12 und 3,22 jeweils mit einer Einleitung versehen, die das Programm nun als auf Erkenntnis (Koh 3,12: יָדַעְתִּי) bzw. aus Einsicht (Koh 3,22: וְרָאִיתִי) gewonnen fußen läßt. In der folgenden Stelle ist diese Einleitungsformel zum Programm der „Freude am Leben“ zusätzlich noch durch ein „siehe!“ hervorgehoben (Koh 5,17: אָנִי הִנֵּה אֲשֶׁר־רָאִיתִי) und dadurch verstärkt, im nächsten Beleg die Freude angepriesen (Koh 8,15: וְשִׁבַּחְתִּי אֲנִי אֶת־הַשִּׂמְחָה), ehe die letzte Stelle dann sogar die direkte Aufforderung bringt und vom Indikativ in den Imperativ wechselt (Koh 9,7: לֵךְ אֱכֹל בְּשִׂמְחָה לַחְמֶךָ vgl. Koh 9,8.9a). Der Imperativ wird auch in der letzten Stelle beibehalten (Koh 11,9: שְׂמַח; vgl. 11,10; 12,1).
Unterstützend und entscheidend kommt hinzu, daß im Unterschied zu den Versuchen Kohelets das Programm der Freude *nicht* mit dem „הֶבֶל-Urteil“ belegt wird[27]; damit heben sich die Programmtexte

---

25 Siehe die Analyse zur Stelle.

26 Vgl. dazu *Whybray*, Preacher of Joy, 87-98.

27 Die Stelle Koh 2,26b, die unmittelbar nach Koh 2,24-26a steht, ist u.E. *keine* Ausnahme, weil an dieser Stelle durch die Nebeneinanderstellung von "הֶבֶל-Urteil" und "שִׂמְחָה-Programm" die Spannung zum Ausdruck kommen soll, die das Buch

Kohelets in besonderer Weise aus den Erkenntniswegen heraus und sind als ihr eigentlicher Skopus anzusehen.

## IV. Endet die Salomofiktion in Koh 12,7?

Es liegt nun nahe zu fragen, ob nicht unter literarkritischer und redaktionsgeschichtlicher Perspektive die Paränesen und Weisheitssprüche als nicht zum ursprünglichen Koheletbuch gehörig ausgeklammert und als genuin koheletsche Abschnitte die „Erkenntniswege" angenommen werden können. Will man, wie wir es vorschlagen, die Salomofiktion in Koh 4,16 enden lassen, dann wird man dem Verfasser des ursprünglichen Buches, das von Koh 1,3 bis Koh 12,7 reichte, zugestehen, daß seine Schrift weitgehend durch die Muster der Erkenntniswege geprägt ist, auch wenn die Salomofiktion in Koh 4,16 endet. Wollte man, trotz guter Gründe, die wir versucht haben zu zeigen, die Salomofiktion *nicht* mit Koh 4,16 enden lassen, wäre es möglich, die Salomofiktion bis zum Abschluss durch das Schlussgedicht in Koh 11,7-12,7 zu führen. Die Stücke, die nicht durch die typische Konstruktion der Erkenntniswege geprägt sind, wären dann literarkritisch und redaktionsgeschichtlich „auszusondern", von einem dann zu postulierenden „Ur-Kohelet" abzuheben und einer späteren Bearbeitung zuzuweisen.
Unseres Erachtens wird man diese Alternative zugunsten der ersten Möglichkeit entscheiden können und das Buch *nicht* dividieren, da erstens bestimmte in den „תַּחַת הַשָּׁמֶשׁ-Abschnitten" der Erkenntniswege vorkommende Themen auch in den Weisheitssprüchen virulent sind und zweitens eine Gemeinsamkeit zwischen den Erkenntniswegen Kohelets einerseits und den Weisheitssprüchen und Paränesen andererseits darin gesehen werden kann, daß die einen immer wieder im „הֶבֶל-Ergebnis", die anderen in Widersprüchlichkeiten enden. Diese Widersprüche aber sollten u.E. nicht harmonisiert, auch nicht biographisch erklärt noch literarkritisch ausgegrenzt werden, entsprechen doch in gewisser Weise die Widersprüche innerhalb der Weiheitssprüchen den הֶבֶל-Ergbnissen der Erkenntniswege – die Aporie in beiden Formen ist mit Händen zu greifen. Die von *Loader* entdeckten „polar structures" und die Forschungen von *Fox* kommen dem Phänomen näher. Viele Widersprüche erklären sich durch die Zitation älterer Weisheit (*Whybray, Michel, Lohfink, Schwienhorst-Schönberger*), die Kohelet zum Teil ablehnend, zum Teil zustimmend zitiert. Die eigentliche Begründung der Frage, *warum* denn Kohelet diese Widersprüche zur Sprache bringt, liegt m.E. aber darin, daß sie für das

---

Kohelet prägt. Ob Koh 2,26b sich auf 2,25 bezieht, wie *Polk*, Wisdom of Irony, 12f meint, sei dahingestellt.

Buch Kohelet signifikant sind, zum Buch und seiner Suche nach einem „Gewinn“ unabdingbar hinzugehören, ja *konstruktiver* Bestandteil für den Aufbau des Buches sind[28] – mit einem Wort: Hier entspricht die Form dem Inhalt (der Spannung) des Buches. Erst die Widersprüchlichkeiten der Abschnitte Koh 4,17-5,8; 7,1-14; 8,1-8 und 10,8-11,6, erst das „הֶבֶל-Ergebnis“ der Erkenntniswege und die Widersprüchlichkeiten innerhalb der Weisheitssprüche, erst das unbedingte Scheitern geben dem Programm Kohelets, der Aufforderung zur Freude, ihr Gewicht und ihre Bedeutung.

---

28 *Fox*, Qohelet and His Contradictions, plädiert dafür, die Widersprüche zu interpretieren, nicht zu eliminieren: "Qohelet uses contradictions as the lens through which to view life" (11).

# C) Themen des Koheletbuches

## I. Der König und sein Nachfolger

An einzelnen Stellen taucht innerhalb der Salomofiktion die Frage auf, wer denn der Nachfolger des Königs sein könnte. Wird im Prolog noch ganz allgemein festgehalten, dass „kein Erinnern (אֵין זִכְרוֹן) bleibt an das was früher war, wie auch nicht daran, was später geschieht“ (Koh 1,11), so wird dies innerhalb der Salomofiktion auf den König selbst bezogen: nach der Einleitung (Koh 1,12) und den ersten vier Erkenntniswegen (Koh 1,13-2,11) kommt die erneute Zuwendung zu einem fünften Versuch, „denn was ist der Mensch, *der nach dem König kommt* (שֶׁיָּבוֹא אַחֲרֵי הַמֶּלֶךְ, 2,12)?“ Dann folgt in Koh 2,13-14a der eigentliche Versuch der Betrachtung älterer Weisheitssprüche, ehe dann Koh 2,14b das Ergebnis einleitet („Dabei erkannte ich ebenfalls, dass einerlei Geschick (מִקְרֶה אֶחָד) alle trifft“ – eine Anknüpfung an den Prolog –, und Koh 2,15 sich der König selbst fragt: „Wozu (לָמָּה) habe ich denn so übermäßig der Weisheit nachgejagt?“, um anschließend das „הֶבֶל-Ergebnis“ festzustellen. Die Explikation des Ergebnisses (Koh 2,16-19) bringt die Erkenntnis, dass es kein „Andenken / Gedenken“ (זִכָּרוֹן: 2,16) an den Weisen (= „Salomo“) gibt, die sich in den Sätzen Koh 2,18.19 ausdrückt: „Da hasste ich das Leben ... und ich empfand Widerwillen gegen all mein Tun ... , dass ich es einem Menschen überlassen / hinterlassen muß, *der nach mir kommt* (לָאָדָם שֶׁיִּהְיֶה אַחֲרָי). Wer weiß denn, ob er ein Weiser oder ein Tor sein wird? Und doch wird er herrschen ...“. Auch Koh 2,21 klagt darüber, dass ein Mensch, der sich redlich abmühte, es letzten Endes doch dem, „der keine Mühe damit gehabt hat“, alles als „seinen Anteil“ überlassen muß (וּלְאָדָם שֶׁלֹּא עָמַל־בּוֹ יִתְּנֶנּוּ חֶלְקוֹ), denn für alles gibt es eine bestimmte Zeit (Koh 3,1-8.15.17), alle haben dasselbe Geschick (Koh 3,19: מִקְרֶה)[1] und alles geht an seinen Ort zurück (Koh 3,20, vgl. Prolog). So gibt es für den Menschen nichts besseres, als sich zu freuen, „denn wer brächte ihn dahin zu sehen / zu erkennen (ראה), *was (oder wer) nach ihm kommt* (בְּמֶה שֶׁיִּהְיֶה אַחֲרָיו, 3,22). Auch nach dem

---

[1] „מִקְרֶה bedeutet, ‚was von selbst, ohne eigenes Zutun und ohne Willen des Betreffenden und ohne bekannten Urheber vorfällt‘ (KBL[3]), also ‚Zufall‘, ‚Geschick‘, von קרה ‚treffen‘, ‚widerfahren‘“ (*Lauha*, Kohelet, 53).

9. Experiment, in Koh 4,8, fragt „der König“: „Für wen denn mühe ich mich ab, und gönne meiner Seele keine guten Dinge?“[2], ehe dann der Abschluß der Salomofiktion in Koh 4,13-16a abschließend konstatiert: „Besser ein Jüngling, arm, aber weise, als ein König, alt, aber töricht, ... der an seine (des Königs) Stelle tritt, denn: es gibt kein Ende der Mühen, bei keinem, der vor ihnen (der Könige) war (לְכֹל אֲשֶׁר־הָיָה, לִפְנֵיהֶם 4,16).

Wir meinen, dass das Thema der Nachfolge des Königs die Salomofiktion prägt, weil die Versuche des Königs die Nichtigkeit aller Bestrebungen nach einem „Gewinn“ aufzeigen. Selbst der König (der Salomofiktion), der doch über alle herrscht, wird abtreten, wir sterben müssen, denn alle trifft dasselbe Geschick, und alles, was er sich mit „Mühen“ verschaffte, wird dahin-, und dem Nachfolger, der sich nicht dafür abmühte, zufallen. Aus diesem Grund nehmen wir an, dass die Salomofiktion nicht in Koh 2,11 oder 3,22 endet, sondern sich bis 4,16 erstreckt[3].

Mit dem Thema der Nachfolge verwoben ist das Thema, das um den Tod kreist: alles Streben nach einem „Gewinn“ scheitert letztlich an der Begrenztheit des Lebens („befristete Lebenstage“: Koh 2,3 u.ö.), die durch den Wechsel der Generationen (Prolog: Koh 1,4-11), das Alter (Abschluß des Buches: Koh 11,7-12,7), den Tod (Koh 2,3; 3,19-21 u.ö.) sich ausdrückt. Auch das Thema des Todes bringt Kohelet dazu, nach dem „Gewinn“ zu fragen[4].

## II. Die Suche nach dem Gewinn und die Gabe der Freude

Die unmittelbar nach dem Motto (Koh 1,2) in Koh 1,3 folgende Frage nach dem „Gewinn“ haben wir *die* Zentralfrage Kohelets genannt, weil sie, nicht das ganze Buch, aber weite Strecken des Buches, die wir „Erkenntniswege Kohelets“ (oder „תַּחַת הַשָּׁמֶשׁ-Abschnitte“) genannt hatten, prägt. Außerhalb ihrer kommt sie nicht vor, innerhalb ihrer aber steht sie hinter allen (vergeblichen: הֶבֶל) Versuchen der Lebensbewältigung: Sie steht hinter dem Thema des Nachfolgers des Königs

---

2 Der Auffassung *Lohfinks*, der Verfasser identifiziere sich hier „für einen Augenblick mit jemandem in ganz anderer Situation“ (War Kohelet ein Frauenfeind?, 267, Anm. 34) können wir uns in diesem Falle nicht anschließen. *Gerade* hier spricht der „König“.

3 Siehe oben die Argumente in der Strukturanalyse. Überflüssig zu erwähnen, daß das Thema nach Koh 4,16 im ganzen Buch nicht mehr vorkommt. Zwar erscheint noch einige Male „der König“ (Koh 5,8; 8,2.4; 9,14; 10,16.17.20), aber offensichtlich in ganz anderem Zusammenhang. Auch das Thema des Nachfolgers und der Verlust des Besitzes nach dem Tod wird zwar noch weiterhin behandelt (Koh 5,10.12-15; 6,2 7,14 u.ö.), nun aber nicht mehr hinsichtlich des Königs, sondern auf alle Menschen ausgedehnt.

4 So auch *Ogden*, Qoheleth, 15.

und nährt sich aus der Erkenntnis der Begrenztheit des Lebens durch den Tod. Die Suche nach einem solchen „Gewinn", und die „Erkenntnis*formulierung* zum Erkenntnis*gewinn*" aber endet für Kohelet im Null und Nichtigen, das Anliegen der (utilitaristischen?) älteren Weisheit (und nur dieses) wird – und darin besteht u.E. die eigentliche „Krise der Weisheit" bei Kohelet –, *skeptisch* betrachtet und als verfehlt erachtet, weil man den Phänomenen der Welt letztlich nicht nahe genug kommen kann, um sie in einem *starren* „Tun-Ergehen-Zusammenhang" zu *er- oder begreifen.* Deshalb das nicht rhetorische, nicht resignierende, sondern *selbstkritische* „הֶבֶל-Urteil", das nicht in Bitterkeit verfallen muss, sondern sich gerade deshalb auch den Freuden des Lebens zuwenden kann: Der Freude am Leben als einer Gabe Gottes.

Damit kommen wir zum eigentlichen Skopus des Koheletbuches: Alle menschlichen Versuche der Lebensbewältigung, der Frage nach einem „Gewinn" oder „Vorteil" enden im Nichtigen. Der Frage nach dem „Gewinn" korrespondiert das „הֶבֶל-Urteil", ihnen gegenüber aber steht die Aussage, dass es doch einen *göttlichen* „Anteil" (Koh 3,22; 5,17.18; 9,9: חֵלֶק) des Menschen „bei all seinen Mühen"(Koh 2,24; 5,17.18; 8,15; 9,9: עָמָל) und dem von Gott gegebenen „Geschäft" (Koh 1,13b; 2,23a.26b; 3,10; 4,8; 8,16: עִנְיָן) gibt, nämlich die Freude (שִׂמְחָה), die eine „Gabe Gottes" ist (מַתַּת אֱלֹהִים: (Koh 2,24.26; 3,13; 5,17.18; 8,15; 9,7; 12,1)[5]. Sie ist es, auf die alle Erkenntniswege Kohelets hinführen, sie ist das Ergebnis seiner existentiellen und intellekturellen Versuche, sie ist die einzige Aussage, die nicht durch das „הֶבֶל-Urteil" unterlaufen wird.

---

[5] In diesem Sinne darf auch die Ansicht *Schwienhorst-Schönberger*, Kohelet-Kommentar 2004, S.69-82) betont werden, der das „Glück" als „Gabe Gottes" identifiziert (besonders ebd.75-77).

# D) Kohelet, die Salomofiktion und die alttestamentliche Weisheit

## I. Kohelet und die Salomofiktion

Der Autor des Buches Kohelet, der selbst anonym bleibt, steht in der Tradition alttestamentlicher Weisheit und kann insofern als Weiser bezeichnet werden. Seine Schrift, die er selbst oder einer der beiden Epilogisten aus Gründen, die wir heute nicht mehr nachvollziehen können, „Versammlerin" (קֹהֶלֶת) nannte, wurde nur aus Gründen der angeblichen Salomoverfasserschaft (Koh 1,1; 1,12) in den Kanon aufgenommen. Der Autor des Koheletbuches fasst seine Lehren in einer Schrift zusammen, deren zentrales Stück die Salomofiktion ist, in der er in einer literarischen Fikton in die Rolle des „Königs Salomo" schlüpft und diesen am Ende, alt und hochbetagt, zurückblicken lässt auf sein Leben, das er mit Weisheit geführt hatte. „Kohelet" stellt die Frage, was nach einem solchen Leben „übrigbleibt", eine Frage, die sich auch heute noch Menschen im hohen Alter stellen (die Zentralfrage Koh 1,3 nach dem יִתְרוֹן des Menschen) und reflektiert in der Salomofiktion die weisheitlichen Erkenntniswege, die er auf der Suche nach einer Antwort auf diese Frage durchlebt (existentielle Versuche) und durchdacht (intellektuelle Versuche) hat. Sein „*vanitas vanitatem*", sein „*frustra*", das er dabei immer gefunden hat (das הֶבֶל-Ergebnis) und das in Koh 2,11 auch eine eindeutige Antwort auf die Zentralfrage enthält („es gibt keinen Gewinn unter der Sonne") wird aber bis zum Schluss des Buches hin überlagert durch die Aufforderung zur Freude (שִׂמְחָה), die dem Leben bei aller Vergeblichkeit, auch und gerade angesichts des Todes, Sinn verleiht. Diese Freude ist eine „Gabe Gottes" (מַתַּת אֱלֹהִים), die es zu ergreifen und zu leben gilt – und genau dies empfiehlt er zum (ursprünglichen) Schluss seines Buches hin sehr eindrücklich[1].

---

1 Auch *Schwienhorst-Schönberger*, Kohelet-Kommentar 2004, S.69 „sieht im *Aufruf zur Freude* (5,17-19; 9,7-10; 11,9) den Schlüssel zu seinem [sc. des Koheletbuches] Gesamtverständnis, einer Freude, die als Gabe (3,13) und nach 5,19 möglicherweise sogar als ‚Antwort Gottes' (*N. Lohfink*) den Vergänglichkeits- und Nichtigkeitscharakter des Lebens durchbricht".

## II. Kohelet und die alttestamentliche Weisheit

Nach dem zuvor Gesagten wäre die Absicht des Buches Kohelet, erstens, gegen einen so genannten „Tun-Ergehen-Zusammenhang" (auch als „schicksalwirkende Tatsphäre" beschrieben[2]) die Widersprüche und Ergebnislosigkeiten der menschlichen Erkenntnisbemühungen im „הֶבֶל-Ergebnis" festzuhalten: Hier, wenn überhaupt, wäre Kohelet skeptisch. Zwar gibt es im Alten Testament einen Zusammenhang, der eine „konnektive Gerechtigkeit"[3] beschreibt – deren wir moderne Menschen angesichts der uns drohenden ökologischen Katastrophen auch wieder gewahr werden –, doch in einem *starren, sich von selbst einstellenden* Tun-Folge-Schema oder in einer schicksalswirkenden Tatsphäre, die Menschen wie eine Hülle begleitet, ist dieser Vorgang nicht festzuschreiben[4]. Die Phänomene, das hat Kohelet erkannt, sind zu komplex, als dass man sie *be*greifen könnte.

Nicht aber die Verzweiflung, die Resignation angesichts dieser vernichtenden Erkenntnis empfiehlt Kohelet, sondern, zweitens, die *Freude*: Dem selbstkritisch-ironischen „הֶבֶל-Ergebnis" und den Widersprüchen menschlicher Erkenntnisbemühungen steht die Aufforderung zur Freude entgegen, nicht als billiger Trost, sondern als echte Alternative, als Gabe Gottes, die lehrt, nicht in der Bitterkeit des Sarkasmus zu versinken, sondern das Leben in Freude zu *er*greifen.

Wir sehen in „Kohelet" deshalb einen „realistischen Prediger der Freude"[5], der durch den Aufbau seines Buches beides, Scheitern aller menschlichen Versuche der umfassenden Lebenserkenntnis *und* das Angebot der lebensermöglichenden und -eröffnenden Freude als Gabe Gottes, deutlich zu machen versteht. Die Spannung zwischen diesen Antipoden prägt das Buch – und wohl auch das Leben Kohelets –

---

[2] Die Begriffe „Tun-Ergehen-Zusammenhang" und „Schicksalwirkende Tatsphäre" stammen von Klaus *Koch*. Der damit gemeinte und beschriebene Sachverhalt meint „eine Auffassung, nach der sittlich qualifiziertes Verhalten, sei es im Guten oder im Bösen, eine unsichtbare Substanz hervorbringt, die wie eine Hülle den Täter begleitet und eines Tages in eine entsprechendes Ergehen ausmündet". Vgl. in: Ders., Sädaq und Ma'at, 37-64, 56.

[3] Der für die alttestamentlichen Texte besser geeignete Begriff der „konnektiven Gerechtigkeit", der auch die Interdependenz mit altorientalischen und vor allen Dingen ägyptischen Vorstellungen deutlicher beschreiben kann, stammt von *Jan Assmann, Bernd Janowski* und *Michael Welker*; vgl. schon *Janowski*, Die Tat, 247-271, aber auch *Ders. / Assmann / Welker*, Richten und Retten, sowie *Ders.*, Der barmherzige Richter. Zum Begriff siehe auch *Assmann*, Ma'at, S.58-91; *Otto*, Theologische Ethik, S.124ff.

[4] *Ders.*, Die Tat, 261: „[...] nirgends wird gesagt, daß sich diese Folge von selbst, sondern nur, daß sie sich mit Sicherheit einstellt".

[5] *Whybray*, Qoheleth, Preacher of Joy. Es scheint mir jedoch etwas zu optimistisch, Kohelet *ausschließlich* als einen "Prediger der Freude" zu bezeichnen.

zutiefst. Damit ist Kohelet weder Skeptiker, noch Pessimist, noch Optimist, sondern *Realist*[6].

Als in diesem Sinne wahrhaftiger „Weiser“, der „das Volk immerfort Erkenntnis lehrte“, der abwog und prüfte (Koh 12,9), knüpft Kohelet an das um die Phänomene kreisende Denken früher Tradition alttestamentlicher Weisheit an, die sich nicht scheute, auch Widersprüche als Erkenntnis festzuhalten und sich „nicht von dem Optimismus beseelt [glaubte], alles erkennen zu können“[7]. Aus diesem Grund steht das Buch Kohelet nicht nur zurecht im Kanon des Alten Testaments, sondern ist auch als genuiner Teil alttestamentlicher Weisheit zu würdigen.

---

[6] Vgl. *Kaiser*, Determination und Freiheit, 165 gegen *Ogden*.

[7] *Hermisson*, Weisheit, 173 und bezüglich Kohelet 181.

# Anhang

## A) Abkürzungsverzeichnis

Schwertner, Siegfried, Internationales Abkürzungsverzeichnis für Theologie und Randgebiete, Berlin 1976 u.ö. (IATR) = Abkürzungsverzeichnis der Theologischen Realenzyklopädie bzw.

Betz, Hans Dieter / Browning, Don S. / Janowski, Bernd / Jüngel, Eberhard, Religion in Geschichte und Gegenwart, 4. Auflage, (RGG$^4$), Tübingen 1998-2005.

## B) Literaturverzeichnis

I. Kommentare
II. Monographien, Lexikonartikel, Aufsätze, Hilfsmittel

## C) Anhänge

Anhang 1: Terminologie der Erkenntniswege
Anhang 2: Neuere Entwürfe zur Gliederung des Buches
2 a) Entwürfe von 1963 bis 1988
2 b) Entwürfe von 1993 bis 2004

# B) Literaturverzeichnis

## I. Kommentare


Allgeier, Arthur, Das Buch des Predigers oder Koheleth, übersetzt und erklärt, Bonn 1925 (HSAT VI,2).

Barton, George Aaron, A Critical and Exegetical Commentary on the Book of Ecclesiastes, Edinburgh 1908, reprinted 1959 ibd. (ICC 21).

Barucq, Andrè, Ecclésiaste - qohéleth. Traduction et commentaire. Verbum Salutis, Ancien Testament 3, Paris 1968.

Baum, Alice, Worte der Skepsis - Lieder der Liebe. Prediger - Hohes Lied. Stuttgarter Kleiner Kommentar AT Bd. 21, Stuttgart 1971, S.1-28.

Bea, Augustin, Liber Ecclesiastae qui ab hebraeis appellatur Qohelet nova e textu primigenio interpretatio latina cum notis criticis et exegeticis, SPIB 100, Rom 1950.

Beek, M.A., Prediker, Hooglied. De Prediking van het oude Testament, Bd. 18, Nijkerk 1984, S.9-136.

Bellia, Guiseppe u.a.(edd.), Il libro del Qohelet: tradizione, redazione, teologia, Cammini nello Spirito., Biblica 44, Milano 2001.

Berg, M. R. van den, Leven onder de zon: een uitleg van het boek Prediker, Kampen 2000.

Bergant, Dianne, Job. Ecclesiastes. Old Testament Message, A Biblical-Theological Commentary, Vol. 18, Wilmington / Delaware 1982.

Bickell, Gustav, Der Prediger über den Wert des Daseins. Wiederherstellung des bisher zerstückelten Textes, Uebersetzung und Erklaerung, Innsbruck 1884.

Bonora, Antonio, Il Libro Di Qoèlet. Guide Spirituali all'Antico Testamento, Rom 1992.

Bridges, Charles, A Commentary on Ecclesaistes, $1860^{1}$. The Banner of Truth Trust 1961, A Geneva Series Commentary, Ann Arbor, Michigan / USA 1981.

Brown, William P., Ecclesiastes. Interpretation, a Bibel commentary for teaching and preaching, Louisvill / Kentucky 2000.

Budde, Karl, Der Prediger, in: HSAT (K), $1923^{4}$, 421-442.

Buzy, T.R.P.Denis, L'Ecclesiaste traduit et commenté, SB(PC) 6 (1951), 189-280.

Carrasco, Joaquin Menchen, Eclesiastes, in: Ders. / Abrego de Lacy, Jose Maria / Serrano, Gonzalo Flor / Perez Rodriguez, Gabriel: Lamentaciones, Cantar de los Cantares, Eclesiastes, Sabiduria. El Mensaje del Antiguo Testamento, Salamanca 1992, S.71-137.

Ceronetti, Guido, Qohélet. Colui che prende la parola. Bibliotheca adelphi Bd. 414, Mailand 2001.

Cheyne, T.K., Job and Solomon or the Wisdom of the Old Testament, London 1887, S.199-285.

Christianson, Eric S., Ecclesiastes through the Centuries. Blackwell Bible Commentaries, Malden/USA 2007.

Crenshaw, James L., Ecclesiastes: a commentary. Old Testament Library (OTL), Philadelphia / USA 1987.

Delitzsch, Franz, Hoheslied und Koheleth, mit Excursen von Consul D. Wetzstein, Leipzig 1875 (BC IV,4).

Eaton, Michael A., Ecclesiastes. An Introduction and Commentary. The Tyndale Old Testament Commentaries (TOTC) Vol. 16, Leicester 1983.

Farmer, Kathleen A., Who knows what is good? A Commentary on the Books of Proverbs and Ecclesiastes. International Theological Commentary (ITC), Grand Rapids/USA 1991, S.137-220.

Fischer, James A., Song of Songs, Ruth, Lamentations, Ecclesiastes, Esther. Collegeville Bible Commentary, Old Testament, Vol. 24, Collegeville, Minnesota / USA 1986, S.64-88.

Fox, Michael V., Qohelet And His Contradictions. Bible and Literature Series Bd. 18, Columbia/USA 1989.

–, A Time to Tear Down and a Time to Build up. A Rereading of Ecclesiastes, Grand Rapids / Cambridge 1999.

Fry, Gérard, Commentaire de l'Ecclésiaste / Jérôme. Tradition, introduction, annotations, guide thématique, Les Pères dans la foi 79/80, Paris 2001.

Galling, Kurt, Der Prediger, in: Die Fünf Megilloth, Tübingen 1940, S.47-90, 1969[2], 73-125 (HAT I,18).

Garrett, Duane A., Ecclesiates, in: Ders., Proverbs, Ecclesiastes, Song of Songs, The New American Commentary Vol. 14, Nashville / Tennessee 1993, S.253-345.

Ginsburg, Christian D., The Song of Songs and Coheleth (commonly called the Book of Ecclesiastes), translated from the original hebrew, with a commentary, historical and critical. The Library of Biblical Studies, 1857[1], Part Two, S.1-528, New York 1970.

Glenn, Donald R., Ecclesiastes, in: Walvoord, John F. / Zuck, Roy B., The bible Knowledge Commentary. An Exposition of the Scriptures by Dallas Seminary Faculty; Old Testament, 1973[1], 7. Aufl. Dallas, Texas / USA 1989, S.975-1007.

Goldberg, Louis, Ecclesiastes. Bible Study Commentary, Grand Rapids / Michigan 1983.

Gordis, Robert, Koheleth - The Man and His World, New York 1951, 3.Aufl. 1968 (TSJTSA XIX).

Gunneweg, Antonius H. J., Esra. Kommentar zum Alten Testament (KAT), Bd. XIX,1, Gütersloh 1985.

Haupt, Paul, Koheleth oder Weltschmerz in der Bibel. Ein Lieblingsbuch Friederichs des Großen. Verdeutscht und erklärt, Leipzig 1905.

Hernández, Emiliano Jiménez, Eclesiástico: resonancias bíblicas. Biblioteca para la nueva evangelización, Madrid 2001.

Hertzberg, Hans Wilhelm, Der Prediger, in: Ders. / Bardtke, H., Der Prediger. Das Buch Esther, Gütersloh 1963 (KAT XVII,4-5).

Hill, Robert Charles, St. John Chrysostom: Commentaries on the Sages, Vol.2, Commentary on Proverbs and Ecclesiastes, translated by Robert Ch. Hill, Brookline/USA 2006.

Hitzig, F., Der Prediger Salomo's, Leipzig 1847, 2.Aufl. 1883 (KEH VII, S.181-314 [Hg. W.Nowack])

Hubbard, David A., Ecclesiastes, in: Ders., Ecclesiastes, Song of Solomon. The Communicator's Commentary OT, Bd.15B, Dallas/Texas/USA 1982.

Huwiler, Elizabeth, Ecclesiastes, in: Murphy, Roland Edmund / Huwiler, Elizabeth, Proverbs, Ecclesiastes, Song of Songs. New International Biblical Commentary Bd.12, Old Testament Series, Peabody/Massachusetts 1999, S.157-218.

Krüger, Thomas, Kohelet (Prediger), Neukirchen-Vluyn 2000 (BK.AT Bd. XIX (Sonderband)).

Lauha, Aarre, Kohelet, Neukirchen 1978 (BK Bd. XIX).

Lavatori, Renzo / Sole, Luciano, Qohelet: l'uomo dal cuore libero, Collana Lettura pastorale della Bibbia, Sezione Bibbia e spiritualità, Bologna 1999.

Leiman, Harold I., ספר קהלת / Koheleth. Life and its Meaning. A modern translation and interpretation of the Book of Ecclesiastes, Jerusalem / New York 1978.

Loader, James Alfred, Ecclesiastes. A practical commentary. Grand Rapids / Michigan 1986.

Lohfink, Norbert, Kohelet, Würzburg 1980[1] (Neue Echter Bibel, Erste Lieferung / NEB 1), 1993[4].

–, Qoheleth. A Continental Commentary. Translated by Sean McEvenue, Minneapolis 2003.

Longman, Tremper, The book of Ecclesiastes. The New International Commentary on the Old Testament (NICOT) Vol.19, Grand Rapids, Michigan / USA 1998.

Loretz, Oswald, Gotteswort und menschliche Erfahrung. Eine Auslegung der Bücher Jona, Rut, Hoheslied und Qohelet, Freiburg i.Br. 1963, S.113-190.

Mendelssohn, Moses, Der Prediger Salomo mit einer kurzen und zureichenden Erklärung nach dem Wortverstand zum Nutzen der Studierenden von dem Verfasser des Phädon. Aus dem Hebräischen übersetzt von dem Uebersetzer der Mischnah, Anspach, bey Jakob Christoph Posch, 1771.

Mills, Mary E., Reading Ecclesiastes. A literary and cultural exegesis, Heythrop studies in contemporary philosophy, religion & theology, 1.Bible. O.T. Ecclesiastes - Criticism, interpretation etc., Ashgate 2003.

Motos López, María del Carmen, Las vanidades del mundo: [Midrás Qohélet Rabbah]; commentario rabínico al Eclesiastés, Biblioteca midrásica, Institución S. Jerónimo para la Investigación Bíblica 22, Estella 2001.

Murphy, Roland Edmund, The Book of Ecclesiastes and The Canticle of Canticles, with a commentary by Roland E. Murphy. Pamphlet Bible Series 38, New York 1961, S.5-48.

–, Ecclesiastes (Qohelet), in: Ders., Wisdom Literature. Job, Proverbs, Ruth, Canticles, Ecclesiastes and Esther. The Forms fo the Old Testament Literature (FOTL), Vol. XIII, Grand Rapids / Michigan 1981, S.125-149.

–, Ecclesiastes. Word Biblical Commentary Bd. 23A, Dallas/Texas 1992.

–, siehe Huwiler, Elizabeth.

Ogden, Graham S., Qoheleth, Readings. A New Biblical Commentary, Sheffield 1987.

Perry, T.Anthony, Dialogues with Kohelet. The Book of Ecclesiastes, Translation and Commentary, Pennsylvania/USA 1993.

Plöger, Otto, Sprüche Salomos (Proverbia), BK XVII, Neukirchen 1984.

Podechard, Emmanuel, L'Ecclésiaste, Paris 1912 (EtB).

Ravasi, Gian Franco, Il libro del Qohelet. Ciclo di vonferenze tenute al Centro culturale S. Fedele di Milano, Bologna 1988.

Renan, Ernest, L'Ecclésiaste: un temps pour tout, traduit de l'hébreu et commenté, Retour aux grands textes 4, Paris 1995.

Rottzoll, Dirk Uwe, Abraham Ibn Esras Kommentare zu den Büchern Kohelet,

Ester und Rut. Eingeleitet, übersetzt und kommentiert von D.U. Rottzoll. Studia Judaica, Forschungen zur Wissenschaft des Judentums Bd.XII, Berlin / New York 1999.

Schwienhorst-Schönberger, Ludger, Kohelet. HThK.AT, Freiburg i.Br / Basel / Wien 2004.

Scott, R.B.Y., Ecclesiastes (Qoheleth), in: Ders., Proverbs, Ecclesiastes. Introduction, Translation and Notes. The Anchor Bible Vol. 18, New York 1965, 4. Aufl. 1974, S.189-257.

Seow, Choon-Leong, Ecclesiastes. A New Translation with Introduction and Commentary. The Anchor Bible Vol. 18C, New York 1997.

Siegfried, Carl, Prediger und Hoheslied, Göttingen 1898 (HK II,3,2).

Sole, Luciano: siehe Lavatori, Renzo, 1999.

Volz, Paul, Hiob und Weisheit, in: Ders., Das Buch Hiob, Sprüche und Jesus Sirach, Prediger, übersetzt, erklärt und mit Einleitungen versehen (SAT 3.2), Göttingen 1921[2].

Whybray, Roger Norman, Ecclesiastes: based on the Revised Standard Version. New Century Bible Commentary (NCeB), Grand Rapids, USA / London 1989.

Wildeboer, Gerrit, Der Prediger, in: Die fünf Megillot, Tübingen 1898, Kurzer Hand-Commentar zum Alten Testament (KHC.AT XVII), S.109-168.

Wright, Addison G., Ecclesiastes (Qoheleth), in: The New Jerome Biblical Commentary, New Jersey 1990, S.489-495.

Zapletal, Vincenz, Das Buch Kohelet. Kritisch und metrisch untersucht, übersetzt und erklärt, Fribourg 1905.

Zimmerli, Walther, Das Buch des Predigers Salomo, Göttingen 1962, 1980[3] (ATD 16/1,2, S.123-253).

## II. Monographien, Lexikonartikel, Aufsätze, Hilfsmittel

Aland, Kurt / Black, Matthew / Martini, Carlo M. / Metzger, Bruce M. / Wikgren, Allen, post Eberhard Nestle et Erwin Nestle communiter ediderunt, Novum Testamentum Graece, 26.Aufl. Stuttgart 1983.

Albertz, Rainer: (Art.) הֶבֶל *hæbæl* Hauch, in: THAT Bd.I, Sp.467-469.

Alt, Albrecht, Kleine Schriften Bd. 1, 4. Aufl. München 1967.

Altmann, A.: siehe Ginsberg, H. L.

Amir, Yehoshua, Doch ein griechischer Einfluß auf das Buch Kohelet?, in: Ders.: Studien zum antiken Judentum, Frankfurt 1985.

Anderson, William H. U., Qoheleth and its pessimistic theology: hermeneutical struggles in wisdom literature, Mellen Biblical Press series, vol. 54, Mellen 1997.

Askani, Hans-Christoph, Das Problem der Übersetzung - dargestellt an Franz Rosenzweig. Die Methoden und Prinzipien der Rosenzweigschen und Buber-Rosenzweigschen Übersetzungen, Tübingen 1997.

Assmann, Jan, Ma'at. Gerechtigkeit und Unsterblichkeit im Alten Ägypten, München 1990.

–, Ägypten. Eine Sinngeschichte, 4. Aufl. Frankfurt 1999.

–, Tod und Jenseits im Alten Ägypten, München 2001, S.491-496.

–, Janowski, Bernd / Welker, Michael (Hg.), Gerechtigkeit. Richten und Retten in der abendländischen Tradition und ihren altorientalischen Ursprüngen, München 1998.

Auffret, P., "Rien du tout de nouveau sous le soleil": Étude structurelle de Qo 1,4-11, FolOr 26 (1989), S.145-166.

Auwers, J.-M., Problèmes d'interprétation de l'épilogue de Qohèlet, in: Schoors, A., Qohelet in the context of wisdom. Bibliotheca Ephemeridum Theologicarum Lovaniensum (BEThL) Bd.136, Leuven 1998, S.267-282.

Backhaus, Franz Josef, "Denn Zeit und Zufall trifft sie alle". Studien zur Komposition und zum Gottesbild im Buch Qohelet, BBB 83, Frankuft a.M. 1993.

–, Der Weisheit letzter Schluß! Qoh 12,9-14 im Kontext von Traditionsgeschichte und beginnender Kanonisierung, BN 72 (1994), S.28-59.

–, Widersprüche und Spannungen im Buch Qohelet. Zu einem neueren Versuch, Spannungen und Widersprüche literarkritisch zu lösen, in: Schwienhorst-Schönberger, 1997.1, S.123-154.

–, "Es gibt nichts Besseres für den Menschen" (Koh 3,22). Studien zur Komposition und zur Weisheitskritik im Buch Qohelet, BBB Bd. 121, Bonn 1998.

–, Kohelet und die Ironie. Vom Umgang mit Widersprüchen durch die Kunst der Ironie, BN 101 (2000), 29-55.

Barnes, Jonathan, L'Ecclésiaste et le scepticisme grec, in: Rose, Martin, 1999.2 (Hg.), Situer Qohéleth. Regards croisés sur un livre biblique. Publications de la Faculté de Théologie de l'université de Neuchatel XXI, Neuchatel 1999, S.15-26.

Bartelmus, Rüdiger, Auf der Suche nach dem archimedischen Punkt der Textinterpretation. Studien zu einer philologisch-lingusitisch fundierten Exegese alttestamentlicher Texte, Zürich 2002.

Barthes, Roland, Die strukturalistische Tätigkeit, Paris 1969.

Bauer, A.E., Rosenzweigs Sprachdenken im "Stern der Erlösung" und in seiner Übersetzungskorrespondenz mit Martin Buber zur Verdeutschung der Schrift. Europäische Hochschulschriften, Reihe XXIII (Theologie), Bd. 466, Frankfurt am Main 1992.

Bauer, Hans / Leander, Pontus, Historische Grammatik der Hebräischen Sprache des Alten Testaments. Erster Band, Halle a.d.Saale 1922.

Bauer, Hans / Leander, Pontus, Grammatik des Biblisch-Aramäischen, Hildesheim-NewYork 1981 (= Halle/Tübingen 1927[3]).

Baumgärtel, F., Die Ochenstachel und die Nägel in Koh 12,11, in: ZAW 81 (1969), S.98.

Beentjes, Panc, "Who is like the Wise?": Some Notes on Qohelet 8,1-15, in: Schoors, A., 1998.1, S.303-315.

Bergsträsser, Gotthelf, Einführung in die Semitischen Sprachen. Sprachproben und grammatische Skizzen. Im Anhang: Zur Syntax der Sprache von Ugarit von Carl Brockelmann, WB Darmstadt 1977.

–, Hebräische Grammatik. Mit Benutzung der von E. Kautzsch bearbeiteten 28. Auflage von Wilhelm Gesenius' hebräischer Grammatik. Mit Beiträgen von M. Lidzbarski, in: Ders. / Gesenius,W. / Kautzsch, E., 1985, Hebräische Grammatik, WB Darmstadt 1985 (Teil 2 des Sammelbandes; = 1. Aufl. Leipzig 1918).

Bertram, Georg W., Hermeneutik und Dekonstruktion: Konturen einer Auseinandersetzung der Gegenwartsphilosophie, München 2002.

Betz, Hans Dieter / Browning, Don S. / Janowski, Bernd / Jüngel, Eberhard (Hg.): Religion in Geschichte und Gegenwart, 4. Aufl. Tübingen 1998ff. (RGG[4])

Beyer, Rita, Das Buch Kohelet unter besonderer Berücksichtigung der Affektenlehre, Saarbrücken 1995.

Beyerlin, Walter, Herkunft und Geschichte der ältesten Sinaitraditionen, 1961.

–, (Hg.), Religionsgeschichtliches Textbuch zum Alten Testament (GAT 1), 2. Aufl.Göttingen 1985.

Biblia Hebraica , edidit Rudolph Kittel, Textum Masoreticum curavit P. Kahle, Stuttgart 1962 (BHK).

Biblia Hebraica Stuttgartensia, ediderunt K. Elliger et W. Rudolph, Stuttgart 1984 (BHS).

Biblia Hebraica, quinta editione cum apparatu critico novis curis elaborato, edidit A. Schenker et alii, Fascicle 18: General Introduction and Megilloth, Stuttgart 2004 (BHQ).

Biblia Sacra Iuxta Vulgatam Versionem, hg. von der Württembergischen Bibelanstalt Stuttgart, Tomus 1 et 2, Stuttgart 1978 (Vg.).

Blenkinsopp, J., Ecclesiastes 3,1-15: Another Interpretation, in: JSOT 66 (1995), S.55-64.

Blieffert, Hans-Jürgen, Weltanschauung und Gottesglaube im Buch Kohelet. Darstellung und Kritik, Diss.theol. Rostock 1938 (Repr. Rostock 1958).

Böhn, Andreas, Das zeitgenössische deutschsprachige Sonett: Vielfalt und Aktualität einer literarischen Form, M-&-P-Schriftenreihe für Wissenschaft und Forschung, Suttgart / Weimar 1999.

Bohlen, Reinhold, Kohelet im Kontext hellenistischer Kultur, in: Schwienhorst-Schönberger, 1997.1, S.249-274.

Bonora, Antonio, Qohelet. La gioia e la fatica di vivere. Leggere oggi la Bibbia (LoB), Prima Sezione: Antico Testamento, 1.15, Brescia 1987.

Bons, Eberhard, Zur Gliederung und Kohärenz von Koh 1,12-2,11, BN 24 (1984), S.73-93.

–, *sidda w=siddot*: Überlegungen zum Verständnis eines Hapaxlegomenons, BN 36 (1987), S.12-16.

–, Ausgewählte Literatur zum Buch Kohelet, in: BiKi 1/1990 (45.Jg.), S.36-42.

–, Das Buch Kohelet in jüdischer und christlicher Interpretation, in: Schwienhorst-Schönberger, L., Das Buch Kohelet. Studien zur Struktur, Geschichte, Rezeption und Theologie, BZAW Bd. 254, Berlin 1997, S.327-362.

–, Le livre de Qohéleth. Les "paradigmes" de l'histoire de son interprétation chrétienne, in: Rose, M. (Hg.), Situer Qohéleth. Regards croisés sur un livre biblique. Publications de la Faculté de Théologie de l'université de Neuchatel XXI, Neuchatel 1999, S.111-125.

Botterweck, J. / Ringgren, H. (Hg.), Theologisches Wörterbuch zum Alten Testament, Bd.1ff, Stuttgart/Berlin/ Köln/Mainz 1973ff (ThWAT).

Brandscheidt, Renate, Weltbegeisterung und Offenbarungsglaube: literar-, form- und traditionsgeschichtliche Untersuchung zum Buch Kohelet. Trierer Theologische Studien Bd. 64, Mainz 1999.

Braun, R., Kohelet und die frühhellenistische Popularphilosophie, BZAW Bd. 130, Berlin / New York 1973.

Brockelmann, C., Hebräische Syntax, Neukirchen 1956.

Buber, Martin, Leitwortstil in der Erzählung des Pentateuch (1927), in: Werke, Band 2: Schriften zur Bibel, München 1964, S.1131-1149.

–, Das Leitwort und der Formtypus der Rede (1935), in: Werke, Band 2: Schriften zur Bibel, München 1964, S.1150-1158.

–, / Rosenzweig, Franz, 1997: "Das Buch Versammler", in: Die Schrift. Verdeutscht von Martin Buber gemeinsam mit Franz Rosenzweig, 8., verbesserte Auflage der neubearbeiteten Ausgabe von 1962, Gerlingen 1997, Neuausgabe Gerlingen WB Darmstadt 1997, Band 4: Die Schriftwerke, S.387-409.

Buzy, T. R. N. Denis, Les Auteurs de l'Ecclesiaste, ATh 11 (1950), S.317-336.

Byargeon, Rick W., The Significance of Ambiguity in Ecclesiastes 2,24-26, in: Schoors, A., Qohelet in the context of wisdom. Bibliotheca Ephemeridum Theologicarum Lovaniensum (BEThL) Bd.136, Leuven 1998, S.367-372.

Castellino, G.R., Qohelet and his Wisdom, CBQ 30 (1968), S.15-28.

Christianson, Eric S., Qohelet and the/his Self among the Deconstructed, in: Schoors, A., Qohelet in the context of wisdom. Bibliotheca Ephemeridum Theologicarum Lovaniensum (BEThL) Bd.136, Leuven 1998, S.425-433.

Cook, Johann, Aspects of the Relationship between the Septuagint Versions of Kohelet and Proverbs, in: Schoors, A., Qohelet in the context of wisdom. Bibliotheca Ephemeridum Theologicarum Lovaniensum (BEThL) Bd.136, Leuven 1998, S.481-492.

Coppens, J., La structure de l'Ecclésiaste, in: La Sagesse de l'Ancien Testament, hg. von M. Gilbert, Louvain 1979 (BEThL 51), S.288-292.

Crenshaw, James L.: siehe Wright, A. G., 1968.

–, Youth and Old Age in Qoheleth, in: HAR 10 (1987), S.1-13.

–, Qohelet's Understanding of Intellectual Inquiry, in: Schoors, A., 1998.1, S.205-224.

–, The Chasing after Meaning: Ecclesaistes, in: Ders., Old Testament Wisdom. An Introduction, Louisville / Kentucky 1998, S.116-139.

Dahood, Mitchell, The Language of Qoheleth, in: CBQ 14 (1952), S.227-232.

D'Alario, Vittoria, Il libro del Qohelet. Struttura letteraria e retorica (Supplementi alla Rivista Biblica 27), Bologna 1993.

D'Alario, Vittoria, Liberté de Dieu ou destin? Un autre dilemme dans l'interprétation du Qohelet, in: Schoors, A., Qohelet in the context of wisdom. Bibliotheca Ephemeridum Theologicarum Lovaniensum (BEThL) Bd.136, Leuven 1998, S.457-464.

Delsman, Wilhelmus Cornelis, Die Datierung des Buches Qoheleth: eine sprachwissenschaftliche Analyse, Nijmegen 2000.

Diesel, Anja A. / Lehmann, Reinhard G. / Otto, Eckhart / Wagner, Andreas, "Jedes Ding hat seine Zeit...". Studien zur israelitischen und altorientalischen Weisheit. Diethelm Michel zum 65. Geburtstag, BZAW Bd. 241, Berlin / New York 1996.

Dohmen, Christoph, Der Weisheit letzter Schluß? Anmerkungen zur Übersetzung und Bedeutung von Koh 12,9-14, in: BN 63 (1992), S.12-18.

Ebach, J., "... und Prediger 3 auslegen hat seine Zeit". Über Zusammenhänge von Exegese und Zeit, beobachtet beim Auslegen von Koh 3,1-15, in: F.-W. Marquardt u.a. (Hg.), Die Bibel gehört nicht uns. Einwürfe 6, 1990, S.95-123.

Ehlich, Konrad, הבל - Metaphern der Nichtigkeit, in: Diesel, Anja A. / Lehmann, Reinhard G. / Otto, Eckhart / Wagner, Andreas, 1996, "Jedes Ding hat seine Zeit...". Studien zur israelitischen und altorientalischen Weisheit. Diethelm Michel zum 65. Geburtstag, BZAW Bd. 241, Berlin / New York 1996, S.49-64.

Eliade, Mircea, Kosmos und Geschichte. Der Mythos der ewigen Wiederkehr, (1949), Frankfurt 2007.

Eliade, Mircea, Die Religionen und das Heilige. Elemente der Religionsgeschichte, 3. Aufl. Frankfurt 1999.

Ellermeier, Friedrich, Qohelet Teil I, Abschnitt 1. Untersuchungen zum Buche Qohelet, Herzberg am Harz 1967 (Diss. Göttingen 1965).

Ellermeier, Friedrich, Qohelet Teil I, Abschnitt 2. Einzelfrage Nr. 7: Das Verbum

חוש in Qoh 2,25. Akkadisch vásu(m) "sich sorgen" im Lichte neu veröffentlichter Texte. 2. Aufl. Herzberg 1970.
Even-Shoshan, Abraham, (Hg.), A New Concordance of the Bible. Thesaurus of the language of the bible, hebrew and aramaic, roots, words, proper names, phrases ans synonyms, Jerusalem 1993.

Fabry, H.-J.: siehe auch Hossfeldt, F.-L.
Fabry, H.-J.: (Art.) לֵב *leb*, in: ThWAT IV, Sp.413-451.
Fichtner, J., Die altorientalische Weisheit in ihrer israelitisch-jüdischen Ausprägung, BZAW 62, Berlin 1933.
Fietz, Lothar, Strukturalismus. Eine Einführung. Literaturwissenschaft im Grundstudium Band 15, 3., erw. Aufl. Tübingen 1998.
Fischer, Alexander Achilles, Beobachtungen zur Komposition von Koh 1,3-3,15, in: ZAW 103 (1991), S.72-86.
–, Furcht Gottes oder Skepsis? Studien zur Komposition und Theologie des Buches Kohelet, BZAW 247, Berlin 1997.
–, Kohelet und die frühe Apokalyptik: Eine Auslegung von Koh 3,16-21, in: Schoors, A., Qohelet in the context of wisdom. Bibliotheca Ephemeridum Theologicarum Lovaniensum (BEThL) Bd.136, Leuven 1998, S.339-356.
Fischer, Stefan, Die Aufforderung zur Lebensfreude im Buch Kohelet und seine Rezeption der ägyptischen Harfnerlieder. Wiener Alttestamentliche Studien Bd. 2, Frankfurt a.M. u.a. 1999.
Fox, Michael V., Frame-narrative and Composition in the Book of Qohelet, HUCA 48 (1977), S.83-106.
–, Aging and Death in Qohelet 12, JSOT 42 (1988), S.55-77.
–, Qohelet and His Contradictions, JSOT.S 71 Sheffield 1989.
–, Wisdom in Qoheleth, in: In Search of Wisdom. Essays in Memory of J. G. Gammie, Louisville / Kentucky 1993, S.115-131.
–, The Inner Structure of Qohelet's Thought, in: Schoors, A., Qohelet in the context of wisdom. Bibliotheca Ephemeridum Theologicarum Lovaniensum (BEThL) Bd.136, Leuven 1998, S.225-238.
–, Time in Qohelet's "Catalogue of Times", in: JNWSL 24 (1998), S.25-39.
–, A Time to Build and a Time to Tear Down: A Rereading of Ecclesiastes, Sheffield 1999.
Fredericks, D.C., Qoheleth's language: re-evaluationing its nature and date. Ancient New Eastern Texts and Studies Vol.3, New York 1988.
–, Chiasm and Parallel Structure in Qoheleth 5:9-6:9, in: JBL 108 (1989), S.17-35.
–, Life's Storms and structural unity in Qoheleth 11.1-12.8, in: JSOT 52 (1991), S.95-114.
Frydrych, Tomás, Living under the sun. Examination of Proverbs and Qoheleth, VT.S Vol.XC, Leiden / Boston / Köln 2002.
Fürst, J., Hebräisches und Chaldäisches Handwörterbuch über das Alte Testament, Leipzig 1861.

Galling, Kurt, Kohelet-Studien, ZAW 50 (1932), S.276-299.
–, Stand und Aufgabe der Kohelet-Forschung, ThR.NF 6 (1934), S.355-373.
–, (Hg.), Biblisches Reallexikon, Tübingen 1977[2] (BRL).
Gerleman, G.: (Art.) אכל *'kl* essen, in: THAT Bd.I, Sp.138-142.
–, (Art.) שׁתה *sth* trinken, in: THAT Bd. II, Sp.1022-1026.
Gese, Hartmut, 1958: Lehre und Wirklichkeit in der alten Weisheit. Studien zu den Sprüchen Salomos und zu dem Buche Hiob, Theol.Habil. Tübingen 1958.

–, Die Krisis der Weisheit bei Koheleth, in: Les Sagesses du Proche-Orient ancien. Colloque de Strasbourg 17-19 mai 1962, S.139-151, Paris 1963; wieder abgedruckt in: Ders.: Vom Sinai zum Zion. Alttestamentliche Beiträge zur biblischen Theologie (BEvTh Bd. 64), München 1974, S.168-179.

–, Zur Komposition des Koheletbuches, in: H. Cancik / H. Lichtenberger / P. Schäfer (Hg.), Geschichte-Tradition-Reflexion, FS für Martin Hengel, Bd. 1: Judentum (hg. P. Schäfer), Tübingen 1996, S.69-98.

Gesenius, Wilhelm / Kautzsch, Emil, 1985: Hebräische Grammatik, in: Dies. / Bergsträsser, Gotthelf, Hebräische Grammatik, WB Darmstadt 1985 (Teil 1 des Sammelbandes = Leipzig 1909$^{28}$).

–, Thesauros Philologicus criticus linguae Hebraeae et Chaldaeae Veteris Testamenti. Edition altera secundum radices digesta priore germanica longe auctior et emendatior, Leipzig 1835.

–, / Buhl, Friedrich, 1962: Hebräisches und Aramäisches Handwörterbuch über das Alte Testament, 17. Aufl. Berlin/Göttingen/Heidelberg 1962 (Ges$^{17}$).

–, Hebräisches und aramäisches Handwörterbuch über das Alte Testament, bearb. und Hg. von Rudolf Meyer und Herbert Donner, Lfg. 1 (Alef-Gimel), 18. Aufl. 1987 (Ges$^{18}$).

Gianto, Augustinus, Human Destiny in Emar and Qohelet, in: Schoors, A., Qohelet in the context of wisdom. Bibliotheca Ephemeridum Theologicarum Lovaniensum (BEThL) Bd.136, Leuven 1998, S.473-479.

Gilbert, M.: siehe Coppens, J.

–, siehe Lys, D., 1979

Ginsberg, H. Louis, Studies in Koheleth, New York 1950 (TSJTSA XVII).

–, Supplementary Studies in Koheleth, PAAJR 21 (1952), S.53-62.

–, The Structure and Contents of the Book of Koheleth, in: Wisdom in Israel and in the Ancient Near East, FS für H. H. Rowley, Leiden 1955 (VT.S 3), S.138-149 = A. Altmann (Hg.), Biblical and other Studies, Harvard 1963, STLI 1, S.47-59.

Good, Edwin M., Irony in the Old Testament. Bible and Literature Series, Sheffield 1965, 1981$^{2}$.

–, The Unfilled Sea: Style and Meaning in Ecclesiastes 1:2-11, in: Israelite Wisdom, FS für S. Terrien, New York 1968, S.59-73.

Gordis, Robert, Quotations in Wisdom Literature, JQR 40 (1939/40), S.103-116.

Gressmann, H. (Hg.), Altorientalische Texte zum Alten Testament, Berlin / Leipzig 1926$^{2}$ (AOT).

Gretler, Trix, Zeit und Stunde. Theologische Zeitkonzepte zwischen Erfahrung und Ideologie in den Büchern Kohelet und Daniel, Zürich 2004.

Habermann, Willi, Alles Seifenblasen. Der Prediger Salomo schwäbisch. Mit einem Vorwort von Herbert Leroy, Stuttgart 1989.

Heinemann, Margot / Heinemann, Wolfgang, Grundlagen der Textlinguistik: Interaktion – Text – Diskurs, Reihe Germanistische Linguistik Bd. 230: Kollegbuch, Tübingen 2002.

Heinemann, Wolfgang / Viehweger, Dieter, Textlinguistik: eine Einführung, Reihe Germanistische Linguistik, Bd. 115: Kollegbuch, Tübingen 1991.

Helck, Wolfgang: (Art.) Maat, in: LÄ III, Sp.1110-1119.

Hengel, Martin, Judentum und Hellenismus. Studien zu ihrer Begegnung unter besonderer Berücksichtigung Palästinas bis zur Mitte des 2. Jh.s v.Chr., WUNT Bd. 10, Tübingen 1969, 1988$^{3}$.

Herder, Johann Gottfried, Briefe, das Studium der Theologie betreffend, 2.Aufl.

1790 [Brief 11], erneut abgedruckt und textkritisch ediert in: Arnold, Günter u.a. (Hg.), Johann Gottfried Herder: Werke in zehn Bänden, Bd. 9/1: Johann Gottfried Herder: Theologische Schriften, hg. Christoph Bultmann und Thomas Zippert. Bibliothek deutscher Klassiker Bd.106, Frankfurt 1994, 11.Brief, S.242-252, darin S.248-251 und Kommentar S.859-1195, darin S.1026-1027.

Hermisson, Hans-Jürgen, Studien zur israelitischen Spruchweisheit, WMANT 28 (1968), Neukirchen 1968.

–, Weisheit, in: Boecker, Hans Jochen / Hermisson, Hans-Jürgen / Schmidt, Johann Michael / Schmidt, Ludwig, Altes Testament, Neukirchener Arbeitsbuch, 3., durchgesehene und ergänzte Aufl. 1989, S.165-188.

Hieke, Thomas, Wie hast du's mit der Religion? Sprechhandelungen und Wirkintentionen in Kohelet 4,17-5,6, in: Schoors, A., 1998.1, S.319-337.

Holland, F.T., Heart of Darkness: A Study of Qohelet 3.1-15, in: PIBA 17 (1994), S.81-101.

Holliday, W.L., A Concise Hebrew and Aramaic Lexicon of the Old Testament, Leiden 1971.

Holzer, P.-J., Der Mensch und das Weltgeschehen nach Koh 1,4-11, Regensburg 1981.

Homberger, Dietrich, Sachwörterbuch zur Sprachwissenschaft, Nachdruck Stuttgart 2003.

Hossfeldt, F.-L. / Kindl, E.-M. / Fabry, H.-J., (Art) קָהָל; *qahal*, in: ThWAT Bd. VI, Sp.1204-1222.

Hossfeld, Frank-Lothar, Die theologische Relevanz des Buches Kohelet, in: Schwienhorst-Schönberger, Das Buch Kohelet. Studien zur Struktur, Geschichte, Rezeption und Theologie, BZAW Bd. 254, Berlin 1997, S.377-389.

Huwyler, Beat: siehe Jenni, Ernst, Studien zur Sprachwelt des Alten Testaments, hg. Beat Huwyler / Klaus Seybold, Stuttgart / Berlin / Köln 1997.

Ingram, Doug, Ambiguity in Ecclesiastes. Library of Hebrew Bible / Old Testament Studies, Vol. 431, New York / London 2006.

Irsigler H., Psalm 73 - Monolog eines Weisen. Text, Programm, Struktur. ATSAT Bd. 20, St. Ottilien 1984.

Isaksson, Bo, Studies in the Language of Qoheleth. With Special Emphasis in the Verbal System, Acta Universitatis Upsaliensis: Studia Semitica Upsaliensia, Bd. 10, Uppsala 1987.

Janowski, Bernd, Die Tat kehrt zum Täter zurück. Offene Fragen im Umkreis des „Tun-Ergehen-Zusammenhangs", ZThK 91(1994), 247-271, wieder in: Ders.: Die rettende Gerechtigkeit. Beiträge zur Theologie des Alten Testaments, Bd. 2, Neukirchen-Vluyn 1999, S.167-191.

–, / Jan Assmann / Michael Welker, Richten und Retten. Zur Aktualität der altorientalischen und biblischen Gerechtigkeitskonzeptionen, in: Dies., Gerechtigkeit. Richten und Retten in der abendländischen Tradition und ihren altorientalischen Ursprüngen, München 1998, S.9-35. Wieder in: Ders., Die rettende Gerechtigkeit. Beiträge zur Theologie des Alten Testaments, Bd. 2, Neukirchen-Vluyn 1999, S.220-246.

–, Der barmherzige Richter. Zur Einheit von Gerechtigkeit und Barmherzigkeit im Gottesbild des Alten Orients und des Alten Testaments, in: Scoralick, R. (Hg.), Das Drama der Barmherzigkeit Gottes. Studien zur biblischen Gottesrede und ihrer Wirkungsgeschichte in Judentum und Christentum (SBS 183),

Stuttgart 1999, S. 33-91, wieder abgedruckt in: Ders., Der Gott des Lebens. Beiträge zur Theologie des Alten Testaments, Bd. 3., Neukirchen-Vluyn 2003, S.75-133
–, Konfliktgespräche mit Gott. Eine Anthropologie der Psalmen, Neukirchen 2006².
–, / Assmann, Jan / Welker, Michael (Hrsg.), Gerechtigkeit. Richten und Retten in der abendländischen Tradition und ihren altorientalischen Ursprüngen, München 1998.
–, siehe Betz, Hans Dieter.
Jenni, Ernst: (Art.) אחר, in: THAT Bd. 1, Gütersloh 1994⁵, S.110-118.
–, (Art.) יום, in: THAT Bd.1, Gütersloh 1994⁵, S.707-727.
–, (Art.) עלם, in: THAT Bd.2, Gütersloh 1993⁴, S.228-243.
–, (Art.) עֵת in: THAT Bd.2, Gütersloh 1993⁴, S.370-385.
–, Das Wort עלם im Alten Testament, in: ZAW 64 (1952), S.197-248 und ZAW 65 (1953), S.1-35).
–, Studien zur Sprachwelt des Alten Testaments, hg. Beat Huwyler / Klaus Seybold, Stuttgart / Berlin / Köln 1997.
–, Lehrbuch der hebräischen Sprache des Alten Testaments, Basel / Frankfurt 1981².
–, Die hebräischen Präpositionen. Band 1: Die Präposition Beth, Stuttgart 1992.
–, Die hebräischen Präpositionen. Band 2: Die Präposition Kaph, Stuttgart 1994.
–, Die hebräischen Präpositionen. Band 3: Die Präposition Lamed, Stuttgart 2000.
–, / Westermann, Claus, (Hg.): Theologisches Handwörterbuch zum Alten Testament, 2 Bde., München/Zürich 1971 / 1976 (THAT).
Johnson, Raymond Eugene, The Rhetorical Question as a Literary Device in Ecclesiastes. Diss., The Southern Baptist Theological Seminary, 1986.
Johnston, Robert K., Useless Beauty. Ecclesiastes through the lens of Contemorary Film, Michigan / USA 2004.
Joüon, Paul, Grammaire de l'hébreu biblique, Rom 1923/1947, Edition photomécanique corrigée, Graz 1965³.
Jüngel, Eberhard: Zum Wesen des Friedens. Frieden als Kategorie theologischer Anthropologie, München 1983.

Kaiser, Otto, Die Sinnkrise bei Kohelet, in: Müller, G. (Hg.), Rechtfertigung, Realismus, Universalismus in biblischer Sicht, FS f. A.Köberle, Wissenschaftliche Buchgesellschaft Darmstadt 1978, 3-21, wieder in: Ders., Der Mensch unter dem Schicksal. Studien zur Geschiche, Theologie und Gegenwartsdeutung der Weisheit, BZAW 161, Berlin / New York 1985, S.91-109.
–, Der Mensch unter dem Schicksal, in: Ders., Der Mensch unter dem Schicksal. Studien zur Geschiche, Theologie und Gegenwartsdeutung der Weisheit, BZAW 161, Berlin / New York 1985, S.63-90.
–, Gottesgewißheit und Weltbewußtsein in der frühhellenistischen jüdischen Weisheit, in: Ders., Der Mensch unter dem Schicksal. Studien zur Geschiche, Theologie und Gegenwartsdeutung der Weisheit, BZAW 161, Berlin / New York 1985, S.122-134.
–, Judentum und Hellenismus. Ein Beitrag zur Frage nach dem hellenistischen Einfluss auf Kohelet und Jesus Sirach, in: VF 27 (1982), S.68-86, wieder in: Ders., Der Mensch unter dem Schicksal. Studien zur Geschiche, Theologie und Gegenwartsdeutung der Weisheit, BZAW 161, Berlin / New York 1985, S.135-153.

–, Schicksal, Leid und Gott. Ein Gespräch mit dem Kohelet, Prediger Salomo, in: Oeming, M. / Graupner, A. (Hg.), Altes Testament und christliche Verkündigung, FS für A.H.J. Gunneweg, Stuttgart 1987, S.30-51.

–, Determination und Freiheit beim Kohelet / Prediger Salomo und in der Frühen Stoa, in: NZSTh 31 (1989), S.251-270.

–, Der Einspruch Kohelets, in: Ders., Der Gott des Alten Testaments. Theologie des alten Testaments, Bd. 1: Grundlegung, Utb 1747, Göttingen / Zürich 1993, S.282-284.

–, Grundriß der Einleitung in die kanonischen und deuterokanonischen Schriften des Alten Testaments, Bd. 3: Die poetischen und weisheitlichen Werke, Gütersloh 1994.

–, Beiträge zur Kohelet-Forschung. Eine Nachlese, in: ThR 60 (1995), S.1-31.233-253.

–, Anknüpfung und Widerspruch. Die Antwort der jüdischen Weisheit auf die Herausforderung durch den Hellenismus, in: Mehlhausen, J. (Hg.), Pluralismus und Identität, VWGTh Bd.8, Gütersloh 1995, S.54-69.

–, Die Botschaft des Buches Kohelet, in: EThL 71 (1995), S.48-70.

–, Kohelet. Das Buch des Predigers Salomo. Übersetzt und eingeleitet, Stuttgart 2007.

Kamano, Naoto, Charakter and cosmology: Rhetoric of Qoh 1,3-3,9, in: Schoors, A., Qohelet in the context of wisdom. Bibliotheca Ephemeridum Theologicarum Lovaniensum (BEThL) Bd.136, Leuven 1998, S.419-424.

–, Cosmology and character: Qoheleth's pedagogy from a rhetorical-critical perspective, BZAW Bd. 312, Berlin / New York 2002.

Kersting, Wolfgang (Hg.), Thomas Hobbes, Leviathan oder Stoff, Form und Gewalt eines bürgerlichen und kirchlichen Staates, Berlin 1996.

Kindl, E.-M.: siehe Hossfeldt, F.-L.

Kittel, Rudolf / Rudolph, Wilhelm (Hg.), Biblia Hebraica Stuttgartensia. Editio minor, Stuttgart 1984 (BHS).

Kittel, Rudolf (Hg.), Das Alte Testament Hebräisch-Deutsch. Biblia Hebraica mit deutscher Übersetzung, 16., verbesserte Aufl. Stuttgart 1971 (BHK).

Klein, Christian, Kohelet und die Weisheit Israels. Eine formgeschichtliche Studie, BWANT 132, Stuttgart 1994.

Klopfenstein, Martin A., Die Skepsis des Kohelet, ThZ 28 (1972), S.97-109.

–, Kohelet und die Freude am Dasein, in: ThZ 47 (1991), S.97-107.

Koch, Klaus, ṣädaq und Ma'at. Konnektive Gerechtigkeit in Israel und Ägypten?, in: Assmann, Jan / Janowski, Bernd / Welker, Michael (Hg.), Gerechtigkeit. Richten und Retten in der abendländischen Tradition und ihren altorientalischen Ursprüngen, München 1998, S. 37-64.

Koh, Y.V., Royal Autobiography in the Book of Qohelet. BZAW Bd.369, Berlin / New York 2006.

Köhler, Ludwig / Baumgartner, W., Lexicon in Veteris Testamenti Libros, Leiden 1953, 1958$^2$ (KBL$^2$).

–, Hebräisches und Aramäisches Lexikon zum Alten Testament, 3.Aufl., neu bearbeitet vom W.Baumgartner , J.J.Stamm und B. Hartmann, unveränderter Nachdruck der 2. Auflage (1967-1995), 2 Bde., Leiden / Boston 2004 (KBL$^3$).

Koenen, K., Zu den Epilogen des Buches Qohelet, in: BN 72 (1994), S.24-27.

König, E., Hebräisches und Aramäisches Wörterbuch zum Alten Testament, Leipzig 1936$^7$.

Koosed, Jennifer L, (Per)mutations of Qohelet. Reading the Body in the Book, Library of Hebrew Bible / OTS, Vol. 429, New York / London 2006.

Kronholm, T.: (Art.) יָתַר: *jatar* I, in: ThWAT III, Sp.1079-1090.
Krüger, Thomas, Theologische Gegenwartsdeutung im Kohelet-Buch, o.J. (Habil.), München 1990.
–, Dekonstruktion und Rekonstruktion prophetischer Eschatologie im Kohelet-Buch, in: Diesel, Anja A. / Lehmann, Reinhard G. / Otto, Eckhart / Wagner, Andreas (Hg.), 1996, "Jedes Ding hat seine Zeit...". Studien zur israelitischen und altorientalischen Weisheit. Diethelm Michel zum 65. Geburtstag, BZAW Bd. 241, Berlin / New York 1996, S.107-129.
–, Die Rezeption der Tora im Buch Kohelet, in: Schwienhorst-Schönberger, L., Das Buch Kohelet. Studien zur Struktur, Geschichte, Rezeption und Theologie, BZAW Bd. 254, Berlin 1997, S.303-326.
–, Das Gute und die Güter. Erwägungen zur Bedeutung von שׁוב und שׁובה im Qoheletbuch, in: ThZ 53 (1997), S.53-63.
–, Le livre de Qohéleth dans le contexte de las littérature juive des IIIe et IIe siècles avant Jésus-Christ, in: Rose, Martin (Hg.), Situer Qohéleth. Regards croisés sur un livre biblique. Publications de la Faculté de Théologie de l'université de Neuchatel XXI, Neuchatel 1999, S.47-74.
–, Alles Nichts? Zur Theologie des Buches Qohelet, in: ThZ 57 (2001), 184-195.
Kruger, H.A.J., Old Age Frailty versus Cosmic Deterioration? A Few Remarks on the Interpretation of Kohelet 11,7-12,8, in: Schoors, A., Qohelet in the context of wisdom. Bibliotheca Ephemeridum Theologicarum Lovaniensum (BEThL) Bd.136, Leuven 1998, S.399-412.
Kutschera, Franz, Kohelet: Leben im Angesicht des Todes, in: Schwienhorst-Schönberger, L. (Hg.), Das Buch Kohelet. Studien zur Struktur, Geschichte, Rezeption und Theologie, BZAW Bd. 254, Berlin 1997, S.363-376.

Lane, D.J. (Hg.), The Old Testament in Syriac. According to the Peshitta Version, The Peshitta Institute, Leiden, Part II, fascicle 5: Proverbs, Wisdom of Salomon, Ecclesiastes, Song of Songs, Leiden 1979.
Lange, Armin, In Diskussion mit dem Tempel: Zur Auseinandersetzung zwischen Kohelet und weisheitlichen Kreisen am Jerusalemer Tempel, in: Schoors, A., 1998.1, S.113-159.
Lavoie, J.-J., Un éloge à Qohélet: Étude de Qo 12,9-10, in: LTP 50 (1994), S.24-27.
–, Il y a un temps pour tout, mais tout est pour rien: Quelques observations à partir de Qohéleth 3,1-9, in: Revue des études et civilisations anciennes du Proche Orient 6 (1997), S.20-44.
Lee, Jae-Won, Textkohärenztypologie: ein Beitrag zur Textlinguistik, Tübingen 2002.
Lehmann, Reinhard G.: siehe Diesel, Anja A.
Lettinga, Jan P., Grammatik des biblischen Hebräisch, Basel 1992.
Lisowsky, G. / Rost, L., Konkordanz zum hebräischen Alten Testament, Stuttgart 1958, 1993[3].
Loader, James Alfred, Kohelet 3,2-8: A "Sonnet" in the Old Testmaent, in: ZAW 81 (1969), S.240-242.
–, Kohelet 3,2-8 – ein "Sonett" im alten Testament, in: Ders., Begegnung mit Gott: gesammelte Studien im Bereich des Alten Testaments, Wiener alttestamentliche Studien Bd.3, Frankfurt u.a. 2001, S.5-8.
Lohfink, Norbert, "Technik und Tod nach Kohelet", in: Schlier, H. (Hg.), Strukturen christlicher Existenz, FS für H. Wulf, Würzburg 1968, S.27-35.
–, War Kohelet ein Frauenfeind?. Ein Versuch, die Logik und den Gegenstand

von Koh. 7,23-8,1a herauszufinden, in: M. Gilbert (Hg.), La Sagesse de l'Ancien Testament, Louvain 1979 (BEThL 51), S.259-287; wieder in: Lohfink, Studien zu Kohelet. Stuttgarter Biblische Aufsatzbände Bd. 26, Stuttgart 1998, S.31-69.

–, Der Bibel skeptische Hintertür. Versuch, den Ort des Buchs Kohelet neu zu bestimmen, in: Stimmen der Zeit Nr. 198 (1980), S.17-31, wieder in: Lohfink, Studien zu Kohelet. Stuttgarter Biblische Aufsatzbände Bd. 26, Stuttgart 1998, S.11-30.

–, *melek, sallîṭ* und *môšél* bei Kohelet und die Abfassungszeit des Buches, in: Biblica 62 (1981), S.535-543; wieder in: Lohfink, Studien zu Kohelet. Stuttgarter Biblische Aufsatzbände Bd. 26, Stuttgart 1998, S.71-82.

–, Warum ist der Tor unfähig zu handeln? (Koh 4,17), in: Fritz Steppat (Hg.), XXI. Deutscher Orientalistentag vom 24. bis 29. März 1980 in Berlin: Ausgewählte Vorträge, in: Zeitschrift der Deutschen Morgenländischen Gesellschaft, Supplement 5, Wiesbaden 1983, S.113-120; erneut abgedruckt in: Lohfink, Studien zu Kohelet. Stuttgarter Biblische Aufsatzbände Bd. 26, Stuttgart 1998, S.83-94.

–, Die Wiederkehr des immer Gleichen. Eine frühe Synthese zwischen griechischem und jüdischem Weltgefühl in Kohelet 1,4-11, Archivio di filosofia (AF) 53/2 (1985), S.125-149; erneut abgedruckt in: Lohfink, Studien zu Kohelet. Stuttgarter Biblische Aufsatzbände Bd. 26, Stuttgart 1998, S.95-124.

–, Gegenwart und Ewigkeit: Die Zeit im Buch Kohelet, in: GuL 60 (1987), S.2-12.

–, Koh 1,2 "alles ist Windhauch" - universale oder anthropologische Aussage?, in: Rudolf Mosis / Lothar Ruppert (Hg.), Der Weg zum Menschen. Zur philosophischen und theologischen Anthropologie. FS für Adolf Deissler, Freiburg 1989, S.201-226; erneut abgedruckt in: Lohfink, Studien zu Kohelet. Stuttgarter Biblische Aufsatzbände Bd. 26, Stuttgart 1998, S.125-142.

–, Lohfink, Norbert, 1989.2: Kohelet und die Banken: Zur Übersetzung von Kohelet v 12-16, in: Vetus Testamentum (VT) 39 (1989), S.625-635; erneut abgedruckt in Lohfink, Studien zu Kohelet. Stuttgarter Biblische Aufsatzbände Bd. 26, Stuttgart 1998, S.143-150.

–, "Freu dich, junger Mann...". Das Schlußgedicht des Koheletbuches (Koh 11,9-12,8), in: BiKi 1/1990 (45.Jg.), S.12-19.

–, Das "Poikilometron". Kohelet und Menippos von Gadara, in: BiKi 1/1990 (45.Jg.), S.19.

–, Von Windhauch, Gottesfurcht und Gottes Antwort in der Freude, in: BiKi 1/1990 (45.Jg.), S.26-32.

–, Grenzen und Einbindung des Kohelet-Schlußgedichtes, in: Peter Mommer / Winfried Thiel (Hg.), Altes Testament – Foschung und Wirkung. FS für Henning Graf Reventlow, Frankfurt 1994, S.33-46; erneut abgedruckt in Lohfink, Studien zu Kohelet. Stuttgarter Biblische Aufsatzbände Bd. 26, Stuttgart 1998, S.167-180.

–, Freu dich, Jüngling – doch nicht, weil du jung bist. Zum Formproblem im Schlußgedicht Kohelets (Koh 11,9-12,8), in: Biblical Interpretation 3 (1995), S.158-189; erneut abgedruckt in Lohfink, Studien zu Kohelet. Stuttgarter Biblische Aufsatzbände Bd. 26, Stuttgart 1998, S.181-214.

–, Les épilogues du livre de Qohélet et les débuts du Canon, in: Bovati, P. / Meynet, R. (Hg.), Ouvrir les écritures, FS für P. Beauchamp (LeDiv 162), 1995, S.77-96.

–, Zu einigen Satzeröffnungen im Epilog des Koheletbuches, in: Diesel, Anja A. / Lehmann, Reinhard G. / Otto, Eckhart / Wagner, Andreas, 1996, "Jedes Ding hat seine Zeit...". Studien zur israelitischen und altorientalischen Weisheit. Diethelm Michel zum 65. Geburtstag, BZAW Bd. 241, Berlin / New York 1996, S.131-147.

–, Das Koheletbuch: Strukturen und Struktur, in: Schwienhorst-Schönberger, L., Das Buch Kohelet. Studien zur Struktur, Geschichte, Rezeption und Theologie, BZAW Bd. 254, Berlin 1997, S.39-122.

–, Studien zu Kohelet. Stuttgarter Biblische Aufsatzbände Bd. 26, Stuttgart 1998.

–, Zu הבל im Buch Kohelet, in: Lohfink, Studien zu Kohelet. Stuttgarter Biblische Aufsatzbände Bd. 26, Stuttgart 1998, S.215-258.

–, Kohelet übersetzen. Berichte aus einer Übersetzerwerkstatt, in: Lohfink, Studien zu Kohelet. Stuttgarter Biblische Aufsatzbände Bd. 26, Stuttgart 1998, S.259-290.

–, Ist Kohelets הבל-Aussage erkenntnistheoretisch gemeint?, in: Schoors, A., Qohelet in the context of wisdom. Bibliotheca Ephemeridum Theologicarum Lovaniensum (BEThL) Bd.136, Leuven 1998, S.41-59.

Longman, T., Fictional Akkadian Autobiography. A Generic and Comparative Study, Winona Lake / Indiana 1991.

Loretz, Oswald, Kohelet und der Alte Orient. Untersuchungen zu Stil und theologischer Thematik des Buches Kohelet, Theol. Habil., Freiburg i.Br. 1964.

–, Anfänge jüdischer Philosophie nach Kohelet 1,1-11 und 3,1-15, in: UF 23 (1991), S.223-244.

–, Poetry and Prose in the Book of Koheleth (1:1-3:22; 7:23-8:1; 9:6-10; 12:8-14), in: Moor, J.C. de / Watson, W.G.E. (Hg.), Verse in Ancient Near Eastern Prose, AOAT Bd. 42 (1993), S.155-189.

–, siehe auch Schoors, Antoon, Qohelet in the context of wisdom. Bibliotheca Ephemeridum Theologicarum Lovaniensum (BEThL) Bd.136, Leuven 1998.

Lotman, Jurij M., Die Struktur literarischer Texte, übers. von Rolf-Dietrich Keil, 4., unveränderte Aufl. München 1993.

Luder, Ernst, Gott und Welt nach dem Prediger Salomo, in: STU 28 (1958), S.105-114.

Lux, R., "Ich, Kohelet, bin König...". Die Fiktion als Schlüssel zur Wirklichkeit, EvTh 50 (1990), S.331-342.

Lys, D., Par le temps qui court, ETR 48 (1973), S.299-316.

–, L'Ecclesiaste ou Que vaut la vie? Traduction. Introduction général. Commentaire de 1,1 à 4,3 (Diss. Montpellier 1975), Paris 1977.

–, L'être et le temps. Communication de Qohèlèth, in: La Sagesse de l'Ancien Testament, hg . Gilbert, M., Louvain 1979 (BEThL 51), S.249-258.

Maas, J. / Post, J., Qohéleth et le savoir de Dieu: La modalité du croire dans Qohéleth à pratir de Qoh 3,1-15, in: SemBib 80 (1995), S.34-50.

MacNeile, A.H., An Introduction to Ecclesiastes, with Notes and Appendices, Cambridge 1904.

Marböck, Johannes, Kohelet und Sirach, in: Schwienhorst-Schönberger, L. (Hg.), Das Buch Kohelet. Studien zur Struktur, Geschichte, Rezeption und Theologie, BZAW Bd. 254, Berlin 1997, S.275-302.

Marti, Kurt, Prediger Salomo: Weisheit inmittender Globalisierung, Stuttgart 2002.

Maussion, Marie, Le mal, le bien et le jugement de Dieu dans le livre de Qohélet, OBO Bd. 190, Fribourg 2003.

Mazzinghi, Luca, Ho cercato e ho esplorato: studi sul Qohelet, Collana biblica, Bologna 2001.

Meyer, R., Hebräische Grammatik, Bde. I-IV, Berlin 1966-1972.

Michel, Diethelm, Humanität angesichts des Absurden: Qohelet (Prediger) 1,2-3,15, in: Foerster, H. (Hg.), Humanität Heute (1970), S.22-36.

–, Vom Gott, der im Himmel ist (Reden von Gott bei Qohelet), in: ThViat 12 (1975), S.87-100.

–, Qohelet-Probleme. Überlegungen zu Qoh 8,2-9 und 7,11-14, ThViat 15 (1979/80), Berlin 1982, S.81-103.

–, Qohelet, Wissenschaftliche Buchgesellschaft, EdF Bd. 258, Darmstadt 1988.

–, Untersuchungen zur Eigenart des Buches Qohelet; Mit einem Anhang von Reinhard G.Lehmann: Bibliographie zu Qohelet, Berlin-New York 1989.

–, (Art.) Qoheletbuch, in: TRE Bd. 19 (1990), S.345-356.

–, Qohelet und die Krise der Weisheit, in: BiKi 1/1990 (45.Jg.), S.2-6.

–, Probleme der Koheletauslegung heute, in: BiKi 1/1990 (45.Jg.), S.6-12.

–, Zur Philosophie Qohelets, in: BiKi 1/1990 (45.Jg.), S.20-26.

–, Gott bei Qohelet, in: BiKi 1/1990 (45.Jg.), S.32-36.

–, siehe Diesel, Anja A.

–, "Unter der Sonne". Zur Immanenz bei Qohelet, in: Schoors, A. (Hg.), Qohelet in the context of wisdom. Bibliotheca Ephemeridum Theologicarum Lovaniensum (BEThL) Bd.136, Leuven 1998, S.93-111.

–, “Warum” und “wozu”? Eine bisher übersehene Eigentümlichkeit des Hebräischen und ihre Konsequenz für das alttestamentliche Geschichtsverständnis, in: Ders., Studien zur Überlieferungsgeschichte alttestamentlicher Texte (TB 93), Gütersloh 1997, S.13-34.

Müller, Hans-Peter: (Art.) קָהָל; *qahal* Versammlung, in: THAT II, Sp.609-619.

Mildenberger, Friedrich, Der Prediger Salomo, 2.Aufl. Erlangen 1988.

Müller, Hans-Peter, Wie sprach Qohälät von Gott?, in: VT 18 (1968), S.507-521.

–, Theonome Skepsis und Lebensfreude – Zu Koh 1,12-3,15, BZ NF 30 (1986), S.1-19.

–, Travestien und geistige Landschaften. Zum Hintergrund einiger Motive bei Kohelet und im Hohenlied: ZAW 109 (1997), 557-574.

–, Die Wirklichkeit und das Ich bei Kohelet angesichts des Ausbleibens göttlicher Gerechtigkeit und Barmherzigkeit, in: Scoralick, R. (Hg.), Das Drama der Barmherzigkeit Gottes. Studien zur biblischen Gottesrede und ihrer Wirkungsgeschichte im Judentum und Christentum (SBS 183), Stuttgart 2000, 125-141.

Mulder, J.S.M., Qoheleth's Division and also its Main Point, in: Von Kanaan bis Kerala, FS für J.P.M.van der Ploeg 1979, Kevelaer/Neukirchen 1982 (AOAT 211), S.149-159.

Neef, Heinz-Dieter, Arbeitsbuch Hebräisch. Materialien, Beispiele und Übungen zum Biblisch-Hebräisch, Tübingen 2003.

Neubauer, Paul, Zwischen Tradition und Innovation: das Sonett in der amerikanischen Dichtung des zwanzigsten Jahrhunderts, American studies, ed. in behalf of the German Association of american Studies, Bd. 93, Heidelberg 2001.

Neuhaus, Stefan, Grundriss der Literaturwissenschaft, Tübingen / Basel 2003.

Nida-Rümelin, Julian, Bellum omnium contra omnes. Konflikttheorie und Naturzustandskonzeption im 13. Kapitel des Leviathan, in: Wolfgang Kersting (Hg.): Thomas Hobbes, Leviathan oder Stoff, Form und Gewaltr eines bürgerlichen und kirchlichen Staates, Berlin 1996, S.109-130.

Ogden, Graham S., The Tôb-Spruch in Qoheleth: Its Function and Significance as a Criterium for Isolating and Identifying Aspects of Qoheleth's Thought, Diss. Princeton 1975.

–, The "Better"-Proverb (Tôb-Spruch), Rhetorical Criticism, and Qoheleth, JBL 96 (1977), S.489 -505.

–, Qoheleth's Use of the "Nothing is Better"-Form, JBL 98 (1977), S.339-350.

–, Qoheleth IX 17 - X 20. Variations on the theme of wisdom's strenght and vulnerability, VT 30 (1980), S.27-37.

–, Qoheleth IX, 1-16, in: VT 32 (1982), S.158-169.

–, Qoheleth XI 1-6, in: VT 33 (1983), S.222-230.

–, Qoheleth XI 7 - XII 8: Qoheleth's summons to enjoyment and reflection , in: VT 34 (1984), S.27-38.

–, The Mathematics of Wisdom: Qoheleth IV, 1-12, in: VT 34 (1984), S.446-453.

–, The Interpretation of rwd in Ecclesiastes 1.4, in: JSOT 34 (1986), S.91-92.

Otomo, Satoshi, Kohelet und die Apokalyptik, Bielefeld 1999.

Otto, Eckhart, Theologische Ethik des Alten Testaments, Stuttgart / Berlin / Köln 1994.

–, siehe Diesel, Anja A., 1996.

Ottosson, M.: (Art.) אָכַל, in: ThWAT Bd.I, Sp,.252-259.

Pank, Johan Y.S., The Significance of אשר in Qoh 7,26: "More bitter than death is the woman, *if* she is a snare", in: Schoors, A. (Hg.), Qohelet in the context of wisdom. Bibliotheca Ephemeridum Theologicarum Lovaniensum (BEThL) Bd.136, Leuven 1998, S.373-384.

Parsons, G.W., Guidelines for Understanding and Proclaiming the Book of Ecclesiastes, Bibliotheca Sacra 160 (2003), Part 1: 159-173; Part 2: 283-304.

Perry, T. Anthony, Kohelet's minimalist Theology, in: Schoors, A. (Hg.), Qohelet in the context of wisdom. Bibliotheca Ephemeridum Theologicarum Lovaniensum (BEThL) Bd.136, Leuven 1998, S.451-456.

Polk, Timothy, The Wisdom of Irony: A Study of HEBEL and its Relation to Joy and the Fear of God in Ecclesiastes, SBT 6 (1976), S.3-17.

Preuß, Horst Dietrich, Einführung in die alttestamentliche Weisheitsliteratur, Stuttgart-Berlin-Köln-Mainz 1987.

Pritchard, James B. (Hg.), Ancient Near Eastern Texts relating to the Old Testament, Third edition with supplement, Princeton 1969 (ANET).

Pury, Albert de, Qohéleth et le canon des *Ketubim*, in: Rose, Martin, 1999.2 (Hg.), Situer Qohéleth. Regards croisés sur un livre biblique. Publications de la Faculté de Théologie de l'université de Neuchatel XXI, Neuchatel 1999, S.75-110.

Rad, Gerhard von, Weisheit in Israel, Neukirchen 1970, 3.Aufl. 1985.

Ralphs, Alfred (Hg.), Septuaginta. Id est Vetus Testamentum graece iuxta LXX interpretes. Editio minor, Stuttgart 1984 (LXX).

Richter, Hans-Friedemann, Kohelet – Philosoph und Poet, in: Schoors, A. (Hg.), Qohelet in the context of wisdom. Bibliotheca Ephemeridum Theologicarum Lovaniensum (BEThL) Bd.136, Leuven 1998, S.435-449.

Riesener, Ingrid, Frauenfeindschaft im Alten Testament? Zum Verständnis von Qoh 7,25-29, in: Diesel, Anja A. / Lehmann, Reinhard G. / Otto, Eckhart / Wagner, Andreas (Hg.), "Jedes Ding hat seine Zeit...". Studien zur israelitischen und altorientalischen Weisheit. Diethelm Michel zum 65. Geburtstag, BZAW Bd. 241, Berlin / New York 1996, S.193-226.

Rose, Martin, "Der Früheren gedenkt man nicht mehr": Erinnern und Vergessen bei Qohelet und in der biblischen Literatur, in: Müller Farguell, R. (Hg.), Memoria, Colloquium Helveticum 27 (1998), S.83-103.

–, Rien de nouveau. Nouvelles approches du livre de Qohéleth. Avec une bibliographie (1988-1998) élaborée par Béatrice Perregaux Allisson, OBO Bd. 168, Fribourg / Göttingen 1999.

–, Situer Qohéleth. Regards croisés sur un livre biblique. Publications de la Faculté de Théologie de l'université de Neuchâtel XXI, Neuchatel 1999.

–, De la "crise de las sagesse" à la "sagesse de la crise", in: Rose, Martin, (Hg.), Situer Qohéleth. Regards croisés sur un livre biblique. Publications de la Faculté de Théologie de l'université de Neuchatel XXI, Neuchatel 1999, S.27–46.

Rosenzweig, Franz, Vom Geist der hebräischen Sprache, in: Mayer, R. / Mayer, A. (Hg.), Der Mensch und sein Werk. Gesammelte Schriften Band III: Zweistromland. Kleinere Schriften zu Glauben und Denken, Dordrecht 1984, S.719-721.

–, Die Schrift und das Wort, in: Mayer, R. / Mayer, A. (Hg.), Der Mensch und sein Werk. Gesammelte Schriften Band III: Zweistromland. Kleinere Schriften zu Glauben und Denken, Dordrecht 1984, S.777-783.

–, Das Formgeheimnis der biblischen Erzählungen, in: Mayer, R. / Mayer, A. (Hg.), Der Mensch und sein Werk. Gesammelte Schriften Band III: Zweistromland. Kleinere Schriften zu Glauben und Denken, Dordrecht 1984, S.817-829.

Rosin, Robert, Reformers, the preacher, and skepticism: Luther, Brenz, Melanchthon and Ecclesaiastes, Veröffentlichungen des Instituts für Europäische Geschichte Main, Abteilung abendländische Religionsgeschichte, Bd. 171, Mainz 1997.

Rousseau, F.F., Structure de Qohelet i 4-11 et plan du livre, in: VT 31 (1981), S.200-217.

Rowley, H. H.: siehe Ginsberg, H. L.

Rudman, Dominic C., The Anatomy of the Wise Man: Wisdom, Sorrow and Joy in the Book of Ecclesiastes, in: Schoors, A. (Hg.), Qohelet in the context of wisdom. Bibliotheca Ephemeridum Theologicarum Lovaniensum (BEThL) Bd.136, Leuven 1998, S.465-472.

–, Determinism in the Book of Ecclesiastes, JSOT.S Vol. 316, Sheffield 2001.

Ruprecht, E.: (Art.) שמח *smh* sich freuen, in: THAT Bd. II, Sp.828-835.

Salters, R.B., Qoheleth and the Canon, ET 86 (1975), S.339-342.

Salyer, Gary D., Vain rhetoric: private insight and public debte in Ecclesiastes, JSOT.S Vol. 327, Sheffield 2001.

Saussures, Ferdinand de, Cours de linguistique générale, Paris 1911; dt. 1916: "Grundfragen der allgemeinen Sprachwissenschaft".

Scharbert, Joachim, Die Altersbeschwerden in der ägyptischen, babylonischen und biblischen Weisheit, in: R.Schulz / M. Görg (Hg.), Lingua restituta orientalis, FS für J. Assfalg, ÄAT Bd. 20, Wiesbaden 1990, S.289-298.

Schellenberg, Annette, Erkenntnis als Problem. Qohelet und die alttestamentliche Diskussion um das menschliche Erkennen, OBO 188, Fribourg / Göttingen 2002.

Schlageter, Johannes (curavit), Petri Iohannis Olivi Lectura super Proverbia et Lectura super Ecclesiasten: ad fidem codicum nunc primum editae cum introductione. Editiones Collegii S. Bonaventurae ad Claras Aquas, Grottaferrata 2003.

Schmid, H.H.: (Art.) חלק *hlq* teilen, in: THAT Bd.I, Sp.576-579.
Schmidt, J., Studien zur Stilistik der alttestamentlichen Spruchliteratur, ATA 13/1, Münster 1936.
Schmidt, Werner H., Einführung in das Alte Testament, Berlin 1982².
Schoors, Antoon, The Preacher Sought to Find Pleasing Words: A Study of the Language of Qoheleth, Part I: Grammar. Orientalia Lovansiensia Analecta (OLA) 41, Leuven 1992.
–, The Verb ראה in the Book of Qoheleth, in: Diesel, Anja A. / Lehmann, Reinhard G. / Otto, Eckhart / Wagner, Andreas (Hg.), "Jedes Ding hat seine Zeit...". Studien zur israelitischen und altorientalischen Weisheit. Diethelm Michel zum 65. Geburtstag, BZAW Bd. 241, Berlin / New York 1996, S.227-242.
–, (Hg.), Qohelet in the context of wisdom. Bibliotheca Ephemeridum Theologicarum Lovaniensum (BEThL) Bd.136, Leuven 1998.
–, Words Typical of Qohelet, in:, Ders. (Hg.), Qohelet in the context of wisdom. Bibliotheca Ephemeridum Theologicarum Lovaniensum (BEThL) Bd.136, Leuven 1998, S.17-39.
–, The word *twb* in the Book of Qoheleth, in: Dietrich, M. / Kottsieper, I. (Hg.), "Und Mose schrieb dieses Lied auf". Studien zum Alten Testament und zum Alten Orient. FS für Oswald Loretz, AOAT Bd. 250, Münster 1998, S.685-700.
Schubert, Mathias, Schöpfungstheologie bei Kohelet. Beiträge zur Erforschung des Alten Testaments und des Antiken Judentums Bd. 15, Frankfurt u.a. 1989.
Schulte-Sasse, Jochen / Werner, Renate, Einführung in die Literaturwissenschaft, 8., unveränd. Aufl. München 1994.
Schunck, K.-D.: (Art.) חָלַק *halaq* I, in: ThWAT Bd.II, Sp.1011-1014.
Schweikle, Günther / Schweikle, Irmgard, (Hg.): Metzler Literatur Lexikon. Begriffe und Definitionen, Stuttgart 1984, 2., überarb. Aufl. Stuttgart 1990.
Schwertner, Siegfried, Internationales Abkürzungsverzeichnis für Theologie und Randgebiete, Berlin 1976, 2., verbesserte Auflage (IATR, = Abkürzungsverzeichnis der Theologischen Realenzyklopädie, 1976ff.)
Schwienhorst-Schönberger, Ludger, "Nicht im Menschen gründet das Glück" (Koh 2,24). Kohelet im Spannungsfeld jüdischer Weisheit und hellenistischer Philosophie, Herders Biblische Studien (HBS) Bd.2, Freiburg 1994, 2.Aufl. 1996.
–, (Hg.), Das Buch Kohelet. Studien zur Struktur, Geschichte, Rezeption und Theologie, BZAW Bd. 254, Berlin 1997.
–, Kohelet. Stand und Perspektiven der Forschung, in: Ders. (Hg.), Das Buch Kohelet. Studien zur Struktur, Geschichte, Rezeption und Theologie, BZAW Bd. 254, Berlin 1997, S.5-38.
–, Leben in der Gegenwart: Kohelet 3,1-9, in: BiKi 70 (1997), S.285-289.
–, Das Buch Kohelet, in: Erich Zenger u.a., Einleitung in das Alte Testament (Kohlhammer Studienbücher Theologie 1,1), 3.Aufl. Stuttgart / Berlin / Köln 1998, S.336-344.
–, Via media: Koh 7,15-18 und die griechisch-hellenistische Philosophie, in: Schoors, A. (Hg.), Qohelet in the context of wisdom. Bibliotheca Ephemeridum Theologicarum Lovaniensum (BEThL) Bd.136, Leuven 1998, S.181-203.
–, (Art.) Nichtigkeit, in: LThK³, Band 7, 1998, 809f.
–, Neuere Veröffentlichungen zum Buch Kohelet (1998-2003), in: ThLZ 128 (2003), 1123-1138.
–, (Art.) Predigerbuch, in: RGG⁴, Band 6 (N-Q) Tübingen 2003, Sp.1579-1583.

–, Das Buch Kohelet, in: Zenger, Erich u.a., Einleitung in das Alte Testament, Stuttgart 2004[5], 380-388.

Seow, Choon-Leong, Linguistic Evidence and the Dating of Qohelet, in: JBL 115 (1996), S.643-666.

–, "Beyond Them, My Son, Be Warned": The Epilogue of Qohelet revisited, in: Barré, M.L. (Hg.), Wisdom, You Are My Sister, FS für R.E. Murphy, CBQ.MS 29 (1997), S.125-141.

–, Qoheleth, Theology when Everything is out of control, in: Interp. 55 (2001), S.237-249.

Septuaginta. Id est Vetus Testamentum graece iuxta LXX interpretes, edidit Alfred Rahlfs, Stuttgart 1979 (LXX).

Seybold, Klaus: (Art.) הֶבֶל *hæbæl*, in: ThWAT Bd.II, Sp.334-343.

–, siehe Jenni, Ernst, 1997.

Shead, A.G., Reading Ecclesiastes "Epilogically", in: TynB 48 (1997), S.67-92.

Smelik, K.A.D., A Re-Interpretation of Ecclesiastes 2,12b, in: Schoors, A. (Hg.), Qohelet in the context of wisdom. Bibliotheca Ephemeridum Theologicarum Lovaniensum (BEThL) Bd.136, Leuven 1998, S.385-389.

Spaller, Christina, "Die Geschichte des Buches ist die Geschichte seiner Auslöschung...". Die Lektüre von Koh 1,3-11 in vier ausgewählten Kommentaren, Exegese in unserer Zeit Bd.7, Münster / Hamburg / London 2001.

Spangenberg, I.J.J., A Century of Wrestling with Qohelet: The Reasearch History of the Book Illustrated with a Discussion of Qoh 4,17-5,6, in: Schoors, A. (Hg.), Qohelet in the context of wisdom. Bibliotheca Ephemeridum Theologicarum Lovaniensum (BEThL) Bd.136, Leuven 1998, S.61-91.

Sperber, A., The Bible in Aramaic. Based on old manuscripts an pointed texts, Volume IV A: The Hagiographia, Leiden 1968.

Steinmann, Michael, (Art.) Nichts, das, in: RGG[4], Bd. 6, Tübingen 2003, Sp.286-288.

Steinvorth, Ulrich: Stationen der politischen Theorie, 3., durchges. und erw. Auflage Stuttgart 1994.

Stiglmair, Arnold, Weisheit und Jahweglaube im Buch Kohelet, in: TThZ 83 (1974), S.339-368.

Stoermer, Fabian, Hermeneutik und Dekonstruktion der Erinnerung. Über Gadamer, Derrida und Hölderlin, München 2002.

Stolz, F.: (Art.) לֵב *leb* Herz, in: THAT I, Sp.861-867.

Strothmann, Werner, Konkordanz des syrischen Koheletbuches nach der Peschitta und Syrohexapla. Göttinger Orientforschungen, 1.Reihe: Syriaca, Bd.4, Wiesbaden 1973.

Tita, H., Ist die thematische Einheit Koh 4,17-5,6 eine Anspielung auf die Salomoerzählung? Aporien der religionskritischen Interpretation, in: BN 84 (1996), S.87-102.

Thilo, M., Der Prediger Salomo, neu übersetzt und auf seinen Gedankengang untersucht, Bonn 1923.

Tov, Emanuel, Der Text der Hebräischen Bibel. Handbuch der Textkritik, Stuttgart / Berlin / Köln 1997.

Tsevat, M.: (Art.) חָלַק *halaq* II, in: ThWAT Bd.II, Sp.1015-1020.

Uehlinger, Christoph, Qohelet im Horizont mesopotamischer, levantinischer und ägyptischer Weisheitsliteratur der persischen und hellenistischen Zeit, in: Schwienhorst-Schönberger, L. (Hg.), Das Buch Kohelet. Studien zur

Struktur, Geschichte, Rezeption und Theologie, BZAW Bd. 254, Berlin 1997, S.155-248.

Van der Toorn, Karel / Becking, Bob / Van der Horst, Pieter (ed.), Dictionary of Deities and Demons in the Bible (DDD), Second extensively revised edition, Leiden / Boston / Köln 1999.

Van der Wal, A.J.O., Qohelet 12,1a: A Relatively Unique Statement in Israels Wisdom Tradition, in: Schoors, A., Qohelet in the context of wisdom. Bibliotheca Ephemeridum Theologicarum Lovaniensum (BEThL) Bd.136, Leuven 1998, S.413-418.

Vetter, D.: (Art.) ראה *r'h* sehen, in: THAT Bd. II, Sp.692-701.

Verheij, A.J.C., Words Speaking for Themselves: On the Poetics of Qohelet 1:4-7, in: Dyk, J. (ed.), Give Ear to My Words. FS für N.A.Uchelen, 1996, S.183-188.

Viehweger, Dieter, siehe: Heinemann, Wolfgang, 1991.

Vílchez, José, Qohélet, Maestro de Sabiduria. Discurso leído en la solemne apertura del curso académico 1990-1991 en la Facultad de Teología de Granada, Granada 1991.

Vonach, Andreas, Gottes Souveränität anerkennen: Zum Verständnis der "Kanonformel" in Koh 3,14, in: Schoors, A. (Hg.), Qohelet in the context of wisdom. Bibliotheca Ephemeridum Theologicarum Lovaniensum (BEThL) Bd.136, Leuven 1998, S.391-397.

–, Nähere dich um zu hören. Gottesvorstellungen und Glaubensvermittlung im Koheletbuch, BBB Bd. 125, Berlin / Bodenheim 1999.

Wagner, Andreas, siehe Diesel, Anja A.

Wallis, G., Das Zeitverständnis des Predigers Salomo, in: M. Weippert / S. Timm (Hg.): Meilenstein. FS für Herbert Donner, ÄAT 30 (1995), S.316-323.

Walton, Timothy, Experimenting with Qohelet: A Text-linguistic Approach to Reading Qohelet as Discourse. Amsterdamse Cahiers voor Exegese can de Bijbel en zijn Tradities, Supplement Series 5, Maastricht 2006.

Whitley, C.F., Koheleth. His Language and Thought, BZAW 145, Berlin ( New York 1979.

Whybray, Roger N., Qoheleth the Immoralist (Qoh 7:16-17), in: J. G. Gammie et al. (Hg.): Israelite Wisdom (FS für S. Terrien), New York 1978, S.191-204.

–, The Identification and Use of Quotations in Ecclesiastes, in: Congress Volume Vienna 1980, Leiden 1981 (VT.S 32).

–, Qoheleth, Preacher of Joy, JSOT 23 (1982), S.87-98.

–, Ecclesiastes 1:5-7 and the Wonder of Nature, JSOT 41 (1988), S.105-112.

–, Ecclesiastes. Old Testament Guides Vol. 10, Society for Old Testament Study Sheffield 1989.

–, "A Time to bei Born and a Time to Die". Some observations on Ecclesiastes 3:2-8, in: Near Eastern Studies. Bulletin of the middle eastern culture center in Japan Vol.5, FS Prince Takahito Mikasa, Wiesbaden 1991, S.469-483.

–, Qohelet as a Theologian, in: Schoors, A., Qohelet in the context of wisdom. Bibliotheca Ephemeridum Theologicarum Lovaniensum (BEThL) Bd.136, Leuven 1998, S.239-268.

Willmes, Bernd, Menschliches Schicksal und ironische Weisheitskritik im Koheletbuch. Kohelets Ironie und die Grenzen der Exegese. Neukirchener Biblisch-Theologische Studien Bd.39, Neukirchen-Vluyn 2000.

Wilson, G.H., "The Words of the Wise": The Intent and Significance of Qohelet 12:9-14, in: JBL 103 (1984), S.175-192.

Wilson, Lindsay., Artful Ambiguity in Ecclesiastes 1,1-11, in: Schoors, A., Qohelet in the context of wisdom. Bibliotheca Ephemeridum Theologicarum Lovaniensum (BEThL) Bd.136, Leuven 1998, S.357-365.

Wright, A. G., The Riddle of the Sphinx. The Structure of the Book of Qoheleth, CBQ 30 (1968), S.313-334; wieder abgedruckt in: J. L. Crenshaw (Hg.), Studies in Ancient Israelite Wisdom, New York 1976, S.245-266.

–, The Riddle of the Sphinx Revisited: Numerical Patterns in the Book of Qoheleth, CBQ 42 (1980), S.38-51.

–, "For Everything There ist as Season": The Structure and Meaning of the Fourteen Opposites (Ecclesiastes 3,2-8), in: M. Carrez / J. Doré / P. Grelot (Hg.): De la Tóra au Messie, 1981, S.321-328.

Würthwein, Ernst, Der Text des Alten Testaments. Eine Einführung in die Biblia Hebraica, Stuttgart $1973^4$.

Zamora, Pedro, Fe, política y economía en Eclesiastés. Eclesiastés a la luz de la Biblia hebrea, Sira y Qumrán, Asociación Bíblica Española Bd. 38, Estella 2002.

Zapletal, Victor, Das Buch Kohelet kritisch und metrisch untersucht, übersetzt und erklärt, Freiburg i.Br. 1905, 2.Aufl. 1911.

Zimmer, Tilmann, Zwischen Tod und Lebensglück. Eine Untersuchung zur Anthropologie Kohelets, BZAW Bd. 286, Berlin / New York 1999.

Zimmerli, Walther, Zur Struktur der alttestamentlichen Weisheit, ZAW 61 (1933), S.177-204.

Zimmerli, Walther, Das Buch Kohelet – Traktat oder Sentenzensammlung?, VT 24 (1974), S.221-230.

# C) Anhang 1: Terminologie der Erkenntniswege Kohelets

| | | | |
|---|---|---|---|
| 1 | וְנָתַתִּי אֶת־לִבִּי | 1,13 | Versuch |
| | רָאִיתִי ... וְהִנֵּה הַכֹּל הֶבֶל וּרְעוּת רוּחַ | 1,14 | Ergebnis |
| | Zitat | 1,15 | Explikation |
| 2 | דִּבַּרְתִּי אֲנִי עִם־לִבִּי ... | 1,16a | Versuch |
| | וְלִבִּי רָאָה... | 1,16b | Versuch |
| | וָאֶתְּנָה לִבִּי לָדַעַת ... | 1,17a | Versuch |
| | יָדַעְתִּי שֶׁגַּם־זֶה הוּא רַעְיוֹן רוּחַ | 1,17b | Ergebnis |
| | Zitat | 1,18 | Explikation |
| 3 | אָמַרְתִּי אֲנִי בְּלִבִּי ... | 2,1a | Versuch |
| | וְהִנֵּה גַם־הוּא הָבֶל | 2,1b | Ergebnis |
| | Zitat | 2,2 | Explikation |
| 4 | תַּרְתִּי בְלִבִּי ... וְלִבִּי... | 2,3 | Versuch |
| | וּפָנִיתִי ... וְהִנֵּה הַכֹּל הֶבֶל וּרְעוּת רוּחַ | 2,11bα | Ergebnis |
| | וְאֵין יִתְרוֹן תַּחַת הַשָּׁמֶשׁ | 2,11bβ | Antwort auf 1,3 |
| 5 | וּפָנִיתִי אֲנִי לִרְאוֹת ... | 2,12 | Versuch |
| | וְרָאִיתִי אָנִי ... | 2,13 | Versuch |
| | וְיָדַעְתִּי גַם־אָנִי | 2,14b | Ergebnis |
| | וְאָמַרְתִּי אֲנִי בְּלִבִּי ... וְדִבַּרְתִּי בְלִבִּי שֶׁגַּם־זֶה הָבֶל | 2,15 | Ergebnis |
| | | 2,16-17a | Explikation |
| | כִּי־הַכֹּל הֶבֶל וּרְעוּת רוּחַ | 2,17b | Ergebnis |
| | | 2,18-19a | Explikation |
| | גַּם־זֶה הָבֶל | 2,19b | Ergebnis |
| 6 | וְסַבּוֹתִי אֲנִי לְיַאֵשׁ אֶת־לִבִּי ... | 2,20 | Versuch |
| | גַּם־זֶה הֶבֶל וְרָעָה רַבָּה | 2,21b | Ergebnis |
| | | 2,22-23a | Explikation |
| | גַּם־זֶה הֶבֶל הוּא | 2,23b | Ergebnis |
| 7 | וְעוֹד רָאִיתִי תַּחַת הַשָּׁמֶשׁ... | 3,16 | Versuch |
| | אָמַרְתִּי אֲנִי בְּלִבִּי... | 3,17 | |
| | אָמַרְתִּי אֲנִי בְּלִבִּי... | 3,18 | |
| | כִּי הַכֹּל הָבֶל | 3,19b | Ergebnis |
| | הַכֹּל הוֹלֵךְ אֶל־מָקוֹם אֶחָד | 3,20.21 | Explikation |

| | | | |
|---|---|---|---|
| 8 | וְשַׁבְתִּי אֲנִי וָאֶרְאֶה ... תַּחַת הַשָּׁמֶשׁ | 4,1 | Versuch |
| | וְשַׁבֵּחַ אֲנִי ... תַּחַת הַשָּׁמֶשׁ | 4,2-4a | Erläuterung |
| | גַּם־זֶה הֶבֶל וּרְעוּת רוּחַ | 4,4b | Ergebnis |
| | הַכֹּל הוֹלֵךְ אֶל־מָקוֹם אֶחָד | 4,5-6bα | Explikation |
| | וּרְעוּת רוּחַ | 4,6bβ | Ergebnis |
| 9 | וְשַׁבְתִּי אֲנִי וָאֶרְאֶה | 4,7 | Versuch |
| | וְאֵין קֵץ לְכָל־עֲמָלוֹ | 4,8aα | Erläuterung |
| | גַּם־זֶה הֶבֶל וְעִנְיַן רָע הוּא | 4,8bβ | Ergebnis |
| | | 4,9-12 | Explikation |
| 10 | יֵשׁ רָעָה חוֹלָה רָאִיתִי תַּחַת הַשָּׁמֶשׁ | 5,12a | Beobachtung |
| | וְאָבַד הָעֹשֶׁר הַהוּא בְּעִנְיַן רָע | 5,13a | |
| | וּמְאוּמָה לֹא־יִשָּׂא בַעֲמָלוֹ | 5,14bα | |
| | וְגַם־זֹה רָעָה חוֹלָה | 5,15 aα | |
| | וּמַה־יִּתְרוֹן לוֹ שֶׁיַּעֲמֹל | 5,15 bα | |
| | לָרוּחַ | 5,15 bβ | Ergebnis |
| | | 5,16 | Explikation |
| 11 | יֵשׁ רָעָה חוֹלָה רָאִיתִי תַּחַת הַשָּׁמֶשׁ | 6,1a | Beobachtung |
| | | 6,1b.2a | Schilderung |
| | זֶה הֶבֶל וָחֳלִי רָע הוּא | 6,2b | Ergebnis 1 |
| | וְנַפְשׁוֹ לֹא־תִשְׂבַּע מִן־הַטּוֹבָה | 6,3 | Explikation 1 |
| | כִּי־בַהֶבֶל בָּא | 6,4 | Ergebnis 2 |
| | כָּל־עֲמַל הָאָדָם ... מַה־יּוֹתֵר | 6,5-9a | Explikation 2 |
| | גַּם־זֶה הֶבֶל וּרְעוּת רוּחַ | 6,9b | Ergebnis 3 |
| | ... מַה־יֹּתֵר לָאָדָם ... מַה־טּוֹב לָאָדָם<br>יְמֵי־חַיֵּי הֶבְלוֹ ... תַּחַת הַשָּׁמֶשׁ | 6,10-12 | Explikation 3<br>und Ergebnis |
| 12 | אֶת־הַכֹּל רָאִיתִי בִּימֵי הֶבְלִי | 7,15a | Beobachtung |
| | יֵשׁ צַדִּיק אֹבֵד בְּצִדְקוֹ וְיֵשׁ רָשָׁע מַאֲרִיךְ בְּרָעָתוֹ | 7,15b | Schilderung |
| | אַל־תְּהִי צַדִּיק אַל־תִּרְשַׁע הַרְבֵּה וְאַל־תְּהִי סָכָל | 7,16-17 | Folgerung |
| | טוֹב אֲשֶׁר | 7,18-22 | Explikation |
| 13 | כָּל־זֹה נִסִּיתִי בַחָכְמָה אָמַרְתִּי אֶחְכָּמָה | 7,23a.bα | Versuch |
| | וְהִיא רְחוֹקָה מִמֶּנִּי | 7,23bβ | Ergebnis |
| | רָחוֹק מַה־שֶּׁהָיָה וְעָמֹק עָמֹק מִי יִמְצָאֶנּוּ | 7,24 | Explikation |
| 14 | סַבּוֹתִי אֲנִי בְלִבִּי לָדַעַת ... | 7,25 | Versuch |
| | וּמוֹצֶא אֲנִי ... | 7,26 | Ergebnis 1 |
| | רְאֵה זֶה מָצָאתִי... | 7,27-28 | Ergebnis 2 |
| | לְבַד רְאֵה־זֶה מָצָאתִי... | | Ergebnis 3 |
| 15 | אֶת־כָּל־זֶה רָאִיתִי וְנָתוֹן אֶת־לִבִּי לְכָל־מַעֲשֶׂה אֲשֶׁר<br>נַעֲשָׂה תַּחַת הַשָּׁמֶשׁ | 8,9a | Versuch |
| | עֵת אֲשֶׁר... | 8,9b | These |
| | | 8,10a | Beobachtung 1 |
| | גַּם־זֶה הָבֶל | 8,10b | Ergebnis |
| | אֲשֶׁר... | 8,11 | Beobachtung 2 |

| | | | |
|---|---|---|---|
| | ...אֲשֶׁר | 8,12 | Beobachtung 3 |
| 16 | יֵשׁ־הֶבֶל אֲשֶׁר נַעֲשָׂה עַל־הָאָרֶץ... | 8,14aα | Beobachtung |
| | אֲשֶׁר יֵשׁ צַדִּיקִים... | 8,14aβ | Explikation 1 |
| | וְיֵשׁ רְשָׁעִים... | 8,14aγ | Explikation 2 |
| | אָמַרְתִּי שֶׁגַּם־זֶה הָבֶל | 8,14b | Ergebnis |
| 17 | כַּאֲשֶׁר נָתַתִּי אֶת־לִבִּי לָדַעַת חָכְמָה וְלִרְאוֹת אֶת־הָעִנְיָן אֲשֶׁר נַעֲשָׂה עַל־הָאָרֶץ | 8,16aα | Beobachtung |
| | | 8,16b | Zitat? |
| | וְרָאִיתִי אֶת־כָּל־מַעֲשֵׂה ... תַּחַת־הַשֶּׁמֶשׁ | 8,17aα | Ergebnis |
| | | 8,17aβ.b | Explikation |
| 18 | כִּי אֶת־כָּל־זֶה נָתַתִּי אֶל־לִבִּי | 9,1a | Versuch |
| | | 9,1b | Zitat? |
| | הַכֹּל ... מִקְרֶה אֶחָד | 9,2 | Explikation |
| | זֶה רָע בְּכֹל ... תַּחַת הַשֶּׁמֶשׁ כִּי־מִקְרֶה אֶחָד | 9,3a | Ergebnis |
| | וְחֵלֶק אֵין־לָהֶם עוֹד לְעוֹלָם ... תַּחַת הַשָּׁמֶשׁ | 9,3b-6 | Explikation |
| 19 | שַׁבְתִּי וְרָאֹה תַחַת־הַשֶּׁמֶשׁ | 9,11aα | Beobachtung |
| | | 9,11aβ-ε | Vier Beispiele |
| | כִּי־עֵת וָפֶגַע יִקְרֶה אֶת־כֻּלָּם | 9,11b | Ergebnis |
| | | 9,12 | Explikation |
| 20 | גַּם־זֹה רָאִיתִי חָכְמָה תַּחַת הַשָּׁמֶשׁ | 9,13 | Beobachtung |
| | | 9,14-15 | Beispiel |
| | וְאָמַרְתִּי אָנִי | 9,16 | Ergebnis |
| | | 9,17-10,4 | Explikation (7 Zitate) |
| 21 | יֵשׁ רָעָה רָאִיתִי תַּחַת הַשָּׁמֶשׁ ... | 10,5-6 | Beobachtung |
| | | 10,7 | Beispiel |

# Anhang 2: Neuere Entwürfe zur Gliederung des Buches (1963-2004)

## 2a) Entwürfe von 1963 bis 1988

| Hertzberg 1963 | Galling 1969[2] | Lauha 1978 | Ogden 1987 | Michel 1988 |
|---|---|---|---|---|
| 1,1 Überschrift<br>1,2-11 Der Prolog | 1,1-11: Einleitung und erste Sentenz | 1,1 Der Titel des Buches<br>1,2 Das Leitwort: Alles ist eitel<br>1-3-11: Der Prolog: Nichts Neues unter der Sonne | Chapter 1: What is Man's Advantage?<br>1,1: Superscription<br>1,2: The Theme<br>1,3: Putting the Question<br>1,4-11: A Poem | 1,1: Überschrift<br>1,2: Rahmung (vgl. 12,8)<br>1,3-11: Prolog |
| 1,12-2,26: Was kommt bei der Weisheit heraus?<br>1,12-15: Das Programm<br>1,16-18: Der Weg der Weisheit<br>2,1-11: Der Weg der Torheit | 1,12-15 Die zweite Sentenz<br>1,16-18: Die dritte Sentenz<br>2,1-11.12b Die vierte Sentenz | 1,12-2,26: Mißlungene Versuche zur Lösung der Sinnfrage<br>1,12-15: Selbstvorstellung des Verfassers<br>1,16-18: Der Weg der Weisheit führt in die Sackgasse<br>2,1-1: Die naive Freude erweist sich auch als nichtig<br>2,3-11: Der Weg der Torheit, d.h. des Genusses, bereitet Enttäuschung | 1,12-18: The Quest<br>Chapter 2: The Quest for "Advantage" begins<br>2,1-11: Testing Pleasure | 1,12-2,11: Die Königstravestie<br>1,12-15: Das Streben nach Erkenntnis ist eine schlimme Mühe<br>1,16-18: Diese Erkenntnis beruht nicht auf zu geringem Wissen – im Gegenteil<br>2,1-2: Auch Freude bringt keinen "Gewinn"<br>2,3-11: An den Möglichkeiten König Salomos wird klar: Weisheit kann Freude ermöglichen, aber diese ist "Teil" der Mühen und kein "Gewinn" |

| | | | | |
|---|---|---|---|---|
| 2,12-23: Weisheit und Torheit sind gleich | 2,12a.13-17: Die fünfte Sentenz | 2,12-23: Der Wertunterschied zwischen Weisheit und Torheit erweist sich angesichts des Todes nur als relativ | 2,12-17: Testing Wisdom and Folly | 2,12 Rückkehr von der Salomofiktion zu den Betrachtungen des Weisen<br>2,13-15: Der behauptete "Gewinn" der Weisheit gegenüber der Torheit wird durch den Tod ad absurdum geführt<br>2,16-17: Das "Andenken" ist keine Möglichkeit, einen Gewinn über den Tod hinaus zu retten |
| | 2,18-23: Die sechste Sentenz | | 2,18-23: Is toil worthwile? | 2,18-21: Auch ein Erbe ist keine Möglichkeit, einen Gewinn über den Tod hinaus zu retten<br>2,22-23: Vorläufiges Fazit |
| 2,24-26: Die praktische Folgerung | 2,24-26: Die siebente Sentenz | 2,24-26: Schlußfolgerung: es lohnt sich im Leben nur, das Wohl zu suchen | 2,24-26 Qoheleth's Advice | 2,24-26: auch die Einführung eines Urhebergottes ändert nichts an den gewonnenen Erkenntnissen |
| 3,1-4,16: Alles hat seine Zeit<br>3,1-9: Die Tatsache | 3,1-15: Die achte Sentenz | 3,1-15 Gefangen in der Zeit | Chapter 3: All in God's Time<br>3,1-15: God's Control of Events<br>3,1-8: The "Time" Poem<br>3,9: Putting the Question again | 3,1-9: Qohelets Version der weisheitlichen Lehre von der "rechten Zeit" |
| 3,10-15: Die Begründung | | | 3,10-15: Reflections on Time | 3,10-11: Die in der menschlichen Natur liegende Mühe<br>3,12-15: Folgerungen über das Wesen von Mensch und Gott |
| 3,16-4,16: Die Auswirkungen<br>3,16-22: Das erste Stück | 3,16-17: Die neunte Sentenz<br>3,18-22: Die zehnte Sentenz | 3,16-22: Die Kreatürlichkeit des Menschen | 3,16-22: The Problem of Injustice | 3,16-22: Über einen Ausgleich irdischer Ungerechtigkeit nach dem Tode kann ein weiser Empiriker sich nicht äußern |
| | | | Chapter 4: Mathematically speaking<br>4,1-12: Mathematically speaking | |

| | | | | |
|---|---|---|---|---|
| 4,1-3: Das zweite Stück | 4,1-3: Die elfte Sentenz | 4,1-3: Die Tränen der Unterdrückten | 4,1-3: Outnumbered by Oppressors | 4,1-3: Bedrückungen unter der Sonne ohne Hoffnung |
| 4,4-6: Das dritte Stück | 4,4-6: Die zwölfte Sentenz | 4,4-6: Die Arbeit als vergebliche Konkurrenz | 4,4-6: How much Toil is too much? | 4,4-12: Die Tragik des sozialen Wesens Mensch |
| 4,7-12: das Vierte Stück | 4,7-12: Die dreizehnte Sentenz | 4,7-12: Die Einsamkeit | 4,7-9: The Purpose of Work?<br>4,10-12: The Advantage of Numbers | |
| 4,13-16: Das fünfte Stück | 4,13-16: Die vierzehnte Sentenz | 4,13-16: Sic transit gloria mundi | 4,13-16: The King and the Youth – a comparison | 4,13-16: Wie im Kleinen, so auch im Großen: Die Unzuverlässigkeit der "Masse" Mensch |
| 4,17-5,8: Höre und schweige<br>4,17-5,6: Beim Kult | 4,17-5,6: Die fünfzehnte Sentenz | 4,17-5,6: Die Reserviertheit beim Kult | Chapter 5: On Religion and Possessions<br>4,17-5,6 (5,1-7) Attitudes in Worship | 4,17-5,6: Anmerkungen zur religiösen Praxis<br>4,17: Toren opfern und hören nicht<br>5,1-2: Der Tor redet zuviel vor Gott<br>5,3-6: Toren geloben und halten nicht |
| 5,7-8: Bei politischer Willkür | 5,7-8: Die sechzehnte Sentenz | 5,7-6,9: Die Nichtigkeit des Reichtums | 5,7-8 (5,8-9): Another Look at Injustice | 5,7-9: Glosse zu der Erwartung, das gegenwärtige Unrecht lasse sich durch Änderung der politischen Verhältnisse ändern |
| 5,9-6,9: Drei Stücke von der Nichtigkeit des Reichtums | 5,9-17: Die siebzehnte Sentenz | | 5,9-11 (5,10-12): Things Cannot Satisfy | |
| 5,9-19: Das erste Stück | 5,18-6,9: Die achtzehnte Sentenz | | 5,12-16 (5,13-17): Further Evidence<br>5,17-19 (5,18-20): Good Advice for Hard Times | 5,10-19: Unwert und Wert des Reichtums |
| 6,1-6: Das zweite Stück | | | Chapter 6: Is it worth being wealthy?<br>6,1-2: No Pleasure in Wealth | |

| | | | | |
|---|---|---|---|---|
| 6,7-9: Das dritte Stück | | | 6,3-5: Children and Longevity are a questionable wealth | |
| 6,10-8,1: Fünf Stücke von der wahren Weisheit | | | 6,6-9: What is the benefit of longevity? | 6,1-10: Gegen eine positive ertung der unerfüllten Sehnsucht |
| 6,10-12: Einleitung: Die Undurchsichtigkeit des Lebens | 6,10-12: Die neunzehnte Sentenz | 6,10-12: Die Ohnmacht gegenüber der Determiniertheit | 6,10-12: On Human Limitationes | 6,11-12: Zusammenfassung und Übergang zum Folgenden: Wer weiß denn, was die Zukunft bringen wird? |
| | | | Chapter 7: Good, Better, Best ... | 7,1-10: Gegen (apokalyptischen?) Pessimismus |
| 7,1-6: Das erste Stück | 7,1-9.11f.19: Die zwanzigste Sentenz | 7,1-14: Ein didaktisches Intermezzo: Was ist gut? | 7,1-12: Priorities and Values | |
| 7,11.12.7: Das zweite Stück | 7,10.13.14: Die einundzwanzigste Sentenz | | | 7,11-24: Über den Wert der Weisheit |
| 7,8-10.13f: Das dritte Stück | | | 7,13-29: Consider what God does | 7,11-14: Gegen eine naiv-positive Weisheit |
| | | | | 7,15-18: Ne quid nimis (Nichts im Übermaß) |
| 7,15-22: Das vierte Stück | 7,15-18.20-22: Die zweiund-zwanzigste Sentenz | 7,15-22: Der goldene Mittelweg | 7,19-24: Whon then can be wise? | 7,19-22: Die Weisheit wird nie vollkommen erreicht |
| | | | | 7,23-24: Abschließende Zusammenfassung der Glossen zur Weisheit |
| 7,23-8,1: Das fünfte Stück | 7,23-8,1: Die dreiundzwanzigste Sentenz | 7,23-24: Die Unerreichbarkeit der Weisheit | 7,25-29: Pure Wisdom cannot be found | 7,25-29: Kommentar zu einer negativen Wertung der Frau |
| | | | Chapter 8: No man knows the future | |
| 8,2-9: Rebellion ist zwecklos | 8,2-8: Die vierundzwanzigste Sentenz | 8,2-9: Herrscher und Untertan | 8,1-9: Who then is wise? | 8,1-9: Kritik der weisheitlichen Lehre von der rechten Zeit |
| 8,10-9,10: Gotteswege und Menschenwege (Zwei parallele Gedankengänge) | 8,9-15: Die fünfundzwanzigste Sentenz | 8,10-15: Die Gerechtigkeit geht nicht in Erfüllung | 8,10-14: Bad Examples lead others astray | 8,10-15: Leide nicht in Hoffnung auf die unsichere Bestrafung des Bösen durch Gott, sondern fruee dich, wenn du kannst |

| | | | | |
|---|---|---|---|---|
| 8,10-17: Das erste Stück | | | 8,15: The Call to Enjoyment | |
| | 8,16-9,10: Die sechsundzwanzigste Sentenz | 8,16-17: Die Unerforschlichkeit des Tuns Gottes | 8,16-17: Human Beings cannot find out what God does | 8,16-17: Zusammenfassung und Übergang zum Folgenden: trotz gegenteiliger Behauptung der Weisen kann der Mensch "das Werk Gottes" nicht erkennen |
| | | | Chapter 9: The Primacy of Wisdom | |
| 9,1-10: Das zweite Stück | | 9,1-10: Im Schatten der Todesbestimmtheit | 9,1-6: Once again: The Problem of one fate<br>9,7-10: Enjoy Life! | 9,1-10: Gegen die Erwartung einer Vergeltung von guten Taten nach dem Tode |
| 9,11-10,11: Von der Wertlosigkeit der Weisheit (Vier parallele Gedankengänge)<br>9,11-12: Das erste Stück | 9,11-12: Die siebenundzwanzigste Sentenz | 9,11-12: Zeit und Geschick | 9,11-12: Death knows no schedule | 9,11-12: Auf der Erde ist der Erfolg von "Tugenden" auch nicht garantierbar, sondern von Zeitpunkt und zufall abhängig |
| 9,13-10,1: Das zweite Stück | 9,13-16 (18a): Die achtundzwanzig-ste Sentenz | 9,13-18a: Das Ansehen der Person | 9,13-16: Wisdoms Power to save | 9,13-16: Die Weisheit eines Armen wird nicht gehört |
| | 9,17-10,3: Die neunundzwanzigste Sentenz | 9,18b-10,3: Die Weisheit ist nützlich, aber zerbrechlich | 9,17-18: Setting the theme of wisdom and ist vulnerability | 9,17-10,1: weiteres zum Thema "Schwäche der Weisheit" |
| | | | Chapter 10: Wisdom's strenght and vulnerability | 10,2-3: Glosse über die Dummheit |
| 10,2-7: Das dritte Stück | 10,4-7: Die dreißigste Sentenz | 10,4-7: Die verworrene Gesellschaftsordnung | 10,1-4: Dead files cause problems<br>10,5-7: Fools in high places | 10,4-7: Glosse zu einem weisheitlichen Ratschlag über das Verhalten vordem Herrscher |
| 10,8-11: Das vierte Stück | 10,8-9: Die einunddreißigste Sentenz | 10,8-11: Der Unfall bedroht auch den Könner | 10,8-11: Risks to the worker | 10,8-11: Weitere Glossen zu einem behaupteten Vorteil der Weisheit |
| 10,12-15a: Vielreden ist sinnlos | 10,10-11: Die zweiunddreißigste S. | | 10,12-15: Further material on the wise-fool contrast | 10,12-14: Die Torheit par excellence |

| | | | | |
|---|---|---|---|---|
| 10,15b-20: Vielreden ist gefährlich | 10,12-14 (15a): Die dreiunddreißigste Sentenz | 10,12-15a Torengeschwätz | 10,16-20: Advantages and disadvantages of royality | 10,15-20: Allerlei ermüdendes Torengeschwätz |
| | 10,16 (15b) – 19: Die vierund-dreißgiste Sentenz | 10,15b-17: Schlechte und gute Regenten | | |
| | 10,20: Die fünfunddreißigste Sentenz | 10,18-20: Über Faulheit, Festmähler und Vorsicht | | |
| | | | Chapter 11: Limits to human knowledge | |
| 11,1-8: nicht die Zukunft berech-nen, sondern der Gegenwart leben | 11,1-8: Die sechsunddreißigste Sentenz | 11,1-6: Das Leben in der Ungewißheit | 11,1-9: It ist good to be alive | 11,1-8: Die zuzkunft ist nicht mit Sicherheit berechenbar – darum tu jetzt, was du kannst und mußt! |
| 11,9-12,8: Lebensfreude, ehe es zu spät ist | 11,9-12,8: Die siebenunddreißigste Sentenz | 11,7-12,7: Jugend und Alter | 11,9-10: Rejoice in your youth | 11,9-12,7: Freue dich in der Jugend, ehe die Mühen des Alters kommen |
| | | | Chapter 12: Enjoyment and reflection | |
| | | 12,8 Das Schlußwort | 12,1-8: Remember your creator | 12,8: Rahmung |
| 12,9-14: Der Epilog | 12,9-11: Erstes Nachwort | 12,9-11: Der Kolophon | 12,9-14: In conclusion | 12,9-11: 1. Nachtrag: Qohelet war ein Weiser |
| | 12,12-14: Das zweite Nachwort | 12,12-14: Ein Vorbehalt | | 12,12-14: 2. Nachtrag: Qohelet als Rechtgläubiger |

# Anhang 2b: Neuere Entwürfe zur Gliederung des Koheletbuches (1994-2004)

| Lohfink 1980 - 1997 | Seow 1997 | Backhaus 1993 / 1998 | Krüger 1990 / 2000 | Schwienhorst-Schönberger 1994 */ 2004* |
|---|---|---|---|---|
| | | | | *Kohelet 1-3: Darlegung der Lehre* |
| 1,1: Buchtitel | 1,1: Superscription | 1,1 | 1,1: Überschrift | 1,1: Überschrift / *Buchtitel* |
| | 1,2-4,16:<br>Part I.A. Reflection: Everything Is Ephermal and Unreliable | | 1,2: Motto | |
| 1,2-3: Voraustexte / Vorspruch | I.A.1.:<br>1,2-11: Preface<br>1,2: Thematic Statement | 1,2: Rahmenvers | | 1,2: Rahmen- und Mottovers |
| *Lineare Vierteilung des Buches:*<br>*1,2-3,15: exordium und demonstratio* | | 1,3-3,22: Teilkomposition I | 1,3-4,12: Der König und der Weise | 1,3-3,22: Programmatische Darlegung der Philosophie / der Lehre |
| *Palindromische Buchstruktur:*<br>*A. 1,2-11: Exordium* | | 1,3-2,26 | | |
| | 1,3-8: Routines in the Universe | 1,3.4-11 | 1,3-11: Gibt es einen Gewinn angesichts der Ewigkeit? | 1,3: Die Ausgangsfrage / *Leitfrage* |
| 1,4-11: Gedicht über Wechsel, Dauer und Vergessen | 1,9-11: Prose Commentary | | | 1,4-11: Gedicht über den Kosmos / *Die Vergänglichkeit des Menschen angesichts der Ewigkeit der Welt* |
| Palindromische Buchstruktur:<br>*B. 1,12-3,15: Königserzählung* | | | | |

| | | | | |
|---|---|---|---|---|
| 1,12-3,15: Königs-Fiktion: Bedingtheit des Menschen – Undurchsichtigkeit Gottes<br>1,12-2,2: Drei Überblicke | I.A.II.:<br>1,12-2,26: Nothing Is Ultimately Reliable | 1,12-3,15: Königstravestie | 1,12-2,26: Reflexionen des Königs Kohelet: Die Entwertung des unverfügbaren Glücks<br>1,12-2,11: Die Unverfügbarkeit des Glücks im Leben | 1,12-2,26: *Kohelet als König*<br>1,12-2,2: Drei Überblicke / 1,12-2,2: *Vorausschau* |
| 1,12: ? | 1,12: The Royal Self-Presentation | 1,12: Selbstvorstellung Qohelets | 1,12: Vorstellung | 1,12: Beginn der Königstravestie |
| 1,13-15: 1.Vorbericht (A) | 1,13-2,3: Introduction | 1,13-15: TT 1 | 1,13-15: Grenzen des Machbaren | 1,13-15: Taten<br>1,12-15: *Grenzen des Handelns* |
| 1,16-18: 2.Vorbericht (B) | | 1,16-18: TT 2 | 1,16-18: Grenzen der Weisheit: Weisheit ohne Freude | 1,16-18: Weisheit<br>1,16-18: *Grenzen der Weisheit* |
| 2,1-2: 3.Vorbericht (C) | | 2,1-2: TT 3 | 2,1-2: Grenzen der Freude: Freude ohne Weisheit und Tätigkeit | 2,1-2: Freude<br>2,1-2: *Grenzen des Vergnügens* |
| | | | | 2,3-26: Experimentelle Durchführung<br>2,3-26: *Der Weg des Königs* |
| 2,3-10 (11?): Hauptbericht (C'): Taten (Menschliches Glück durch Weltgestaltung) | 2,4-11: Accomplishments of the Wise King | 2,3-11: TT 4 | 2,3-11: Grenzen von Tätigkeit, Weisheit und Freude: kein Gewinn | 2,3-11: Taten /<br>2,3-11: *Der Aufstieg des Königs zu höchstem Lebensgenuss* |
| 2,11 (12?)-23 (26?): Hauptbericht (B'): Innerweltliche Reflexionen / Bildung und Besitz in ihrer Bedingtheit | | | 2,12-21: Die Unverfügbarkeit des Glücks angesichts des Todes | 2,12-23: Weisheit /<br>2,12-23: *Der Abstieg des Königs zu Hass und Verzweiflung* |
| | 2,12-17: The Leveling Effect of Death | | 2,12: Überleitung | 2,12: Dispositionsangabe<br>2,12: *Dispositionsangabe* |
| | | 2,12-17: TT 5 | 2,13-15: Grenzen der Weisheit: Kontingenz | 2,13-17: Weisheit und Torheit /<br>2,13-17: *Auch ein weiser König muss sterben!* |
| | | | 2,16-17: Grenzen der Weisheit: Tod und Vergessen | |
| | 2,18-23: Toil of the Wise | 2,18-21: TT 6 | 2,18-19: Grenzen der Tätigkeit: Erbe ohne Weisheit | 2,18-23: Weisheit ange-sichts eines Nachfolgers / |

| | | | | |
|---|---|---|---|---|
| | | | 2,20-21: Grenzen der Tätigkeit: Erbe ohne Arbeit | 2,18-23: *Der König muss seinen Besitz einem Nachfolger überlassen* |
| | | | 2,22-26: Ergebnis: Die Entwertung des unverfügbaren Glücks<br>2,22-23: Arbeit ohne Freude | |
| 2,24-3,15: Gottes Handeln in seiner Vollkommenheit und Undurchschaubarkeit.<br>*oder:* | 2,24-26: Conclusion | 2,24-26: TT 7 | 2,24-26: Freude ohne Arbeit | 2,24-26: Freude – Ende der Königstravestie /<br>2,24-26: *Die neue Erkennt-nis: Glück aus der „Hand Gottes“* |
| 3,1-13: Hauptbericht (A‘): Theologische Reflexionen / Gottes Handeln in seiner Vollkommenheit und Undurchschaubarkeit | I.A.III.:<br>3,1-22: Everything Is in the Hand of God | 3,1-3,22 | 3,1-9: Zwischenspiel: Gibt es einen Gewinn angesichts der Zeit? | 3,1-22: Systematische Reflexion<br>3,1-22: *Kohelet als Weiser: Auswertung der königlichen Erfahrungen* |
| | 3,1-15: The Determination of Events | 3,1-9: TT 1 | | 3,1-9: Zeit /<br>3,1-9: *Weg in die Zeit* |
| | | | 3,10-4,12: Reflexionen des Weisen Kohelet: Das unverfügbare Glück als höchstes Gut<br>3,10-22: Gott und das “Gute”: Das Glück als “Anteil | |
| | | 3,10-15: TT 2 | 3,10-15: Gott und die Zeit | 3,10-15: Gott /<br>3,10-15: *Berührung der Ewigkeit* |
| *Lineare Vierteilung des Buches:*<br>*3,16-6,9: explicatio*<br>Palindromische Buchstruktur:<br>*C. 3,16-4,16: Gesellschaftliche Dimension I* | | | | |

| | | | | |
|---|---|---|---|---|
| 3,16-4,16: Gesellschaftliche Dimension I: Die Übel der Welt: | | | | |
| 3,16-22: Unrecht bei Gericht | 3,16-22: The Determination of the Lot of Humanity | 3,16-17: TT 3 | 3,16-21: Gott und das Recht | 3,16-22: Ewigkeit / 3,16-22: *Ruf in die Gegenwart* |
| | | 3,18-22: TT 4 | 3,22: Die Freude als "höchstes Gut" | |
| | I.A.IV.: 4,1-16: Relative Good Is Not Good Enough | 4,1-6,9: Teilkomposition II 4,1-16 | 4,1-12: Das "Gute" und die Menschen: Das Glück als "Lohn" | 4,1-6,9: Relativierung traditioneller Werte und Bestimmung des höchsten Gutes / 4,1-6,9: *Entfaltung der Lehre* 4,1-6: *Ausbeutung und Konkurrenzkampf* |
| 4,1-6: Ausbeutung und Konkurrenzkampf | 4,1-3: Better Not to Have Lived | 4,1-3: TT 1 | 4,1-3: Unterdrückung | 4,1-3: Leben |
| | | | | 4,4-6.7-12: Erfolgreiche Arbeit |
| | 4,4-6: Better to Have a Little | 4,4-6: TT 2 | 4,4-6: Neid | 4,4-6: Arbeit in Gemeinschaft |
| 4,7-12: Der alleinstehende Mensch | 4,7-8: Depriving Oneself of Good | 4,7-12: TT 3 | 4,7-12: Habsucht | 4,7-12: Arbeit als Allein-stehender / 4,7-12: *Gefahren des Alleinseins* |
| | 4,9-12: Better Not to Be Alone | | | |
| | | | 4,13-5,8: Der König und der Gott | |
| 4,13-16: Wankelmütige Volksgunst | 4,13-16: Better to Start Out Poorly | 4,13-16: TT 4 | 4,13-16: Kritik falscher Erwar-tungen an einen König | 4,13-16: gesellschaftliche Spitzenpositionen / |

| | | | | |
|---|---|---|---|---|
| *Palindromische Buchstruktur X: 4,17-5,6: Religiöses Verhalten* | | | | 4,13-16: *Unbeständigkeit königlicher Macht* |
| 4,17-5,6: Ratschläge für das religiöse Verhalten | 4,17-5,6 (5,1-7): Part I.B. = Ethics: Coping with Uncertainty | 4,17-5,6 | 4,17-5,6: Aufruf zur richtigen Haltung gegenüber dem Gott | 4,17-5,6: Religion / 4,17-5,6: *Religion* |
| 4,17-5,2: Hören, Opfern und Sprechen im Gottesdienst | I.B.1.: 4,17-5,6 (5,1-7): Attitude Before God | 4,17: TT 1 | 4,17 | |
| | | 5,1-2: TT 2 | 5,1-2 | |
| 5,3-6: Gelübde | | 5,3-4: TT 3 | 5,3-4 | |
| | | 5,5-6: TT 4 | 5,5-6 | |
| *Palindromische Buchstruktur C': 5,7-6,9: Gesellschaftliche Dimension II* | | | | |
| 5,7-8: Beamtenherrschaft | I.B.II.: 5,7-6,9 (= 5,8-6,9): Enjoyment, Not Greed | 5,7-8 | 5,7-8: Kritik falscher Erwartungen an einen König | 5,7-8: Königtum / 5,7-8: *Ungerechtigkeit und Misswirtschaft königlicher Herrschaft* |
| | | 5,9-6,9 | 5,9-6,9: Armut und Reichtum | |
| 5,9-11: Nutzlosigkeit des Reichtums | A 5,7-11: People Who Cannot Be Satisfied | 5,9-11: TT 1 | A 5,9-11: Sprichwörter | 5,9-11: Reichtum / 5,9-11: *Ambivalenz des Reichtums* |
| 5,12-16: Reichtum, der verlorengeht | B 5,12-16: People Who Cannot Enjoy | 5,12-6,2: TT 2 | B 5,12-16: Negative Fälle | 5,12-16: Sicherung des Reichtums / 5,12-16: *Verlust des Reichtums* |
| 5,17-6,2: Reichtum, der doch keine Freude bringt | C 5,17-18: What Is Good | | C 5,17-19: Positive Fälle | 5,17-19: Freude als Gabe und Offenbarung Gottes 5,17-19: *Freude als Gabe und Antwort Gottes* |
| | D 5,19: Enjoy the Moment | | | |

| | | | | |
|---|---|---|---|---|
| | C‘ 6,1-2: What Is Bad | 6,3-9: TT 3 | B‘ 6,1-6: Negative Fälle | 6,1-2: Fehlender Genuß der gottgegebenen Gaben<br>6,1-2: *Fehlender Genuss gottgegebener Gaben* |
| 6,3-5: Langes Leben und Reichtum ohne Freude | B‘ 6,3-6: People Who Cannot Enjoy | 6,3-6 | | 6,3-6: Leben ohne Glückserfahrung<br>6,3-5: *Leben ohne Glückserfahrung* |
| 6,6-10: Langes Leben in Armut und ohne Freude | C‘ 6,7-9: People Who Cannot Be Satisfied | 6,7-9 | A‘ 6,7-9: Sprichwörter | 6,7-9: Ungestilltes Verlangen<br>6,7-9: *Ungestilltes Verlangen* |
| Lineare Vierteilung des Buches:<br>*III. 6,10-9,10: refutatio* | | | | |
| Palindromische Buchstruktur:<br>*B‘: 6,10-9,10: Auseinandersetzung* | | | | |
| 6,11-9,6: Alte Spruchweisheiten – kritisch überprüft | 6,10-8,17:<br>Part II.A.: Reflection: Everything Is Elusive<br>II.A.1.:<br>6,10-7,14: No One Knows What Is Good | 6,10-8,17: Teilkomposition III | 6,10-8,17: Kritische Diskussion gängiger Weisheiten | 6,10-8,17: Auseinandersetzung mit alternativen Glücksbestimmung-en /<br>6,10-8,17: *Verteidigung der Lehre* |
| 6,11-12: Einleitung | 6,10-12: Theological Introduction | 6,10-12 | 6,10-12: Grenzen des Menschen | 6,10-12: Einleitung /<br>6,10-12: *Einleitung des ideologiekritischen Teils* |
| 7,1-4: Zum Thema: Nachruhm<br>7,5-7: Zum Thema: Bildung<br>7,8-10: Zum Thema: Zurückhaltung und Konservativismus | 7,1-12: What Is Good? | 7,1-14 | 7,1-14: Kritik weiser Ratschläge | 7,1-10: Anthropologie I (Leben – Tod)<br>7,1-10: *Ärger ruht in der Brust der Toren* |

| | | | | |
|---|---|---|---|---|
| 7,11-18: Zum Thema: Wissen als Mittel zu langem Leben | 7,13-14: Theological Conclusion | | | 7,11-14: Wissenschaftstheorie I<br>7,11-14: *Betrachte das Werk Gottes!* |
| | II.A.2.:<br>7,15-29: Righteousness and Wisdom Are Elusive | | | |
| | 7,15-22: The Impossibility of Righteousness-Wisdom | 7,15-22 | 7,15-22: Grenzen der Gerechtig-keit und der Weisheit | 7,15-20: Theologie / Ethik I /<br>7,15-20: *Via media* |
| 7,19-22: Zum Thema: Wissen als Schutz | | | | 7,21-22: Zwischenfazit:<br>7,21-22: *Zwischenfazit: Achte nicht auf alles Gerede!* |
| 7,23-8,1a: Zum Thema: Überliefertes Wissen und Wissen aus Beobachtung | 7,23-29: The Dangers of Folly and the Elusiveness of Wisdom | 7,23-24 | 7,23-29: Grenzen der Weisheit | 7,23-25: Einleitung<br>7,23-24: *Weisheit ist unauffindbar*<br>7,25-29: *Gott hat den Menschen recht gemacht* |
| | | 7,25-29 | | 7,26-29: Anthropologie II (Mann – Frau) |
| | II.A.3.:<br>8,1-17: It's an Arbitrary World | | | |
| 8,1b-4: Zum Thema: Gebildete und König | 8,1-8: Arbitrariness and Power | 8,1-9 | 8,1-9: Wissen und Macht | 8,1-9: Wissenschaftstheorie II /<br>8,1-9: *Macht und Weisheit* |
| 8,5-12a: Zum Thema: Schicksal des gebildeten Gesetzestreuen und des ungebildeten Gesetzesübertreters | 8,9-17: Respones of the Arbitrariness | | 8,10-15: Gerechte und Frevler | |
| 8,12b-15: Weiterführung | | 8,10-15 | | 8,10-14.15: Theologie / Ethik II<br>8,10-14.15: *Frevler und Gerechter: Lobpreis der Freude* |
| Lineare Vierteilung des Buches:<br>IV. 8,16-12,8: applicatio | | | | |

| | | | | |
|---|---|---|---|---|
| Palindromische Buchstruktur:<br>*A': 8,16-12,8: Lebensweisung* | | | | |
| 8,16-9,6: Zum Thema: Grenzen der Erkenntnis | | 8,16-17 | 8,16-17: Grenzen der Weisheit | 8,16-17: Abschließendes Fazit<br>8,16-17: *Abschließendes Fazit: Gottes Werk ist unergründbar* |
| | 9,1-12,14:<br>Part II.B.: Ethics: Coping with Risks and Death<br>II.B.1.:<br>9,1-10: Carpe Diem | 9,1-12,8: Teilkomposition IV.<br>9,1-9 | 9,1-12,7: Leben in Anbetracht des Zufalls und der Vergänglichkeit<br>9,1-12: Aufruf zur Freude und zu tatkräftigem Handeln im Blick auf den Tod und den Zufall | 9,1-12,8: Aufruf zur Freude und zu tatkräftigem Handeln<br>9,1-12,8: *Anwendung der Lehre*<br>9,1-6.7-10: Carpe diem<br>9,1-6.7-10: *Carpe diem* |
| | 9,1-6: One Fate for All | 9,1-6 | 9,1-6: Der Tod als unausweichliches Ende des Menschen | 9,1-6: Tod<br>9,1-6: *Tod* |
| 9,7-12,8: Ratschläge und Sentenzen Kohelets | | 9,7-9 | 9,7-10: Aufruf zur Freude und Genuss in der Gegenwart | |
| 9,7-10: Freude und kraftvolles Handeln | 9,7-10: Carpe Diem | 9,10 | | 9,7-10: Freude<br>9,7-10: *Freude und kraft-volles Handeln* |
| | II.B.2.:<br>9,11-10,15: The World Is Full of Risks | | | |
| 9,11-12: Zufall und Zeit | 9,11-12: Time and Incidence | 9,11-12: TT 1 | 9,11-12: Unverfügbarkeit des Erfolgs / Unsicherheit der Zukunft | 9,11-12: Die Unverfügbarkeit des Erfolges<br>9,11-12: *Unverfügbarkeit des Erfolgs* |
| | 9,13-10,4: Truisms and Reality | 9,13-10,20 | 9,13-10,20: Stärken und Schwächen der Weisheit | 9,13-10,7: Grenzen der Weisheit in der Politik: |
| 9,13-18: Wissen und Macht | | 9,13-16: TT 2 | 9,13-10,1 | 9,13-16: Die Machtlosigkeit der Weisheit<br>9,13-16: *Grenzen der Weisheit* |
| | | 9,17-10,4: TT 3 | | 9,17-10,1: Weisheit und Torheit<br>9,17-10,1: *Weisheit und Torheit* |

| | | | | |
|---|---|---|---|---|
| 10,1-3: Dummheit | | | 10,2-3 | 10,2-3: Das Wesen der Torheit<br>10,2-3: *Das Wesen der Torheit* |
| 10,4: Gelassenheit | | | 10,4 | |
| 10,5-7: Ungerechte Behandlung bei Hof | 10,5-15: Problems Large and Small | 10,5-7: TT 4 | 10,5-7 | 10,4-7: Die Abhängigkeit der Weisheit<br>10,4-7: *Torheit und Macht* |
| 10,8-9: Lauernde Gefahren | | 10,8-11: TT 5 | 10,8-11 | 10,8-11: Grenzen der Weisheit im Arbeitsleben<br>10,8-11: *Kein Handeln ohne Gefahr* |
| 10,10-11: Anwendung des Wissens | | | | |
| 10,12-15: Der Ungebildete | | 10,12-15: TT 6 | 10,12-15 | 10,12-14: Schlußfolgerung: Weisheit als Torheit<br>10,12-15: *Schlussfolgerung: Weisheit als Torheit* |
| | II.B.3.:<br>10,16-11,6: Living with Risks | | | |
| 10,16-17: Königshof und Schicksal des Volkes | 10,16-20: Risks in the Political Realm | 10,16-17: TT 7 | 10,16-20 | 10,15-20: Verfehlte Lehren<br>10,16-20: *Verdeckte Herrschaftskritik* |
| 10,18: Faulheit<br>10,19: Geld<br>10,20: Vom Reden über Mächtige | | 10,18: TT 8<br>10,19: TT 9<br>10,20: TT 10 | | |
| | | | 11,1-12,7: Ratschläge für das Leben angesichts der Unsicher-heit der Zukunft und der Gewissheit des Todes | |
| 11,1-3: Berechenbarkeit und Unberechenbarkeit der Zukunft<br>11,4-8: Tatkräftiges Handeln | 11,1-6: Risks in the Economic Realm | 11,1-6 | 11,1-6 | 11,1-6: Aufruf zu tatkräftigem Handeln *angesichts einer ungewissen Zukunft* |
| | II.B.4.:<br>11,7-12,8: Conclusion | | | |
| 11,9-12,7: Freude in der Jugend im Blick auf Alter und Tod | 11,7-10: Enjoy While There Is Still Time | 11,7-12,8 | 11,7-12,7 | 11,7-8.9-12,7.8: Carpe diem |

| | | | | |
|---|---|---|---|---|
| | 12,1-8: When It Is Too Late | 11,7-8<br><br>11,9<br>11,10<br>12,1-8 | | 11,7-8: *Vorauslaufende Interpretation des Schlussgedichts*<br>11,9-12,7.8: *Aufruf zur Freude und zum Gottesgedenken angesichts von Alter und Tod* |
| 12,8: Rahmenvers | | 12,8 = Rahmenvers | 12,8: Motto | 12,8: Rahmen- und Mottovers |
| 12,9-14: Zwei Nachworte von Herausgebern<br>12,9-11: Erstes Nachwort<br><br>12,12-14: Zweites Nachwort | 12,9-14: Epilogue | 12,9-14: Zwei Nachträge:<br>12,9-11<br><br>12,12-14 | 12,9-14: Nachwort<br><br>12,9-10<br>12,11<br><br>12,12<br>12.13-14 | 12,9-14: Zwei Nachworte<br>12,9-14: *Schlussworte*<br><br>12,9-11: *Mehr als ein gewöhnlicher Weisheitslehrer!*<br>12,12-14: *Gottesfurcht und Halten der Gebote* |